비재현적 방법론:
연구를 재상상하기

NON-REPRESENTATIONAL METHODOLOGIES
Re-Envisioning Research

비재현적 방법론:
연구를 재상상하기

NON-REPRESENTATIONAL METHODOLOGIES

Re-Envisioning Research *Edited by* **Phillip Vannini**

김수정·김지혜·김진영·김현철·이보아·이지선·정예슬·정학성·최하니 공역

전남대학교출판문화원

대표 저자 소개

김수정

이화여자대학교 사회과교육학과 인문지리학전공에서 박사학위를 취득하고, 전남대학교 지역지리정보센터 연구교수, 이화여자대학교 및 전남대학교 시간강사로 재직하였다. 2021년 9월부터 전남대학교 지리교육과 조교수로 재직하면서, 개발도상국의 도시 문제와 이주자 공간, 아메리카 대륙 한인 디아스포라의 이주와 이동성에 관심을 두고 있다.

비재현적 방법론:
연구를 재상상하기

NON-REPRESENTATIONAL METHODOLOGIES

Re-Envisioning Research

인 쇄 2023년 2월 20일
발 행 2023년 2월 27일

편집자 Phillip Vannini
역 자 김수정·김지혜·김진영·김현철·이보아
이지선·정예슬·정학성·최하니

발행인 정성택
발행처 전남대학교출판문화원
등 록 1981. 5. 21. 제53호
주 소 61186 광주광역시 북구 용봉로 77
전 화 (062) 530-0571~2
영업부 (062) 530-0573
팩 스 (062) 530-0579
홈페이지 http://www.cnup.co.kr
이메일 cnup0571@hanmail.net

값 20,000 원

ISBN 978-89-6849-952-4 (93980)

목차

■ 서문

팀 잉골드*Tim Ingold*

몇 년 전 어느 날 밤, 나는 다음과 같은 시구들을 생각하며 꿈에서 깨어났다.

내가 노력하던 중에 자주
무언가 위로 올라와 말하네
"말은 그만하고, 세상을 만나자"

나는 누가 이러한 시구들을 머릿속에 밀어 넣었는지 모른다. 물론 나는 그 시구들을 만들어내지 않았다. 하지만 깨어나자마자 이 시구들을 까먹기 전에, 이를 기록하기 위해 침대에서 일어났다. 이 시구들은 내 연구실의 게시판에 고정되어 남아있고, 이 시구들이 담고 있는 메시지를 상기시키기 위해 그것들을 보곤 한다.

이 시구들은 아마도 비재현적인 작업 방식에 대한 일종의 선언으로 받아들여질 수 있을 것이다. 이는 정확히 말해 이론이 아니며, 일반적으로 이해되는 방법이나 기법도 아니다. 이는 미리 결정된 목적을 실현하기 위해 취해야 할 일련의 규제된 조치들이 아니다. 그것은 오히려 과거를 인식하고, 현재의 조건에 미세하게 적응하고, 미래의 가능성에 대해 추측적으로 열려 있는, 다른 사람, 인간 그리고 비-인간들과 함께 삶을 영위하는 끊임없이 지속하고 지속되는 수단이다. 나는 이것을 **상응**correspondence이라고 부른다. 우리 주변의 사물things이나 일어나는 일들에 대해 정확하게 일치시키거나 시뮬레이션을 생각해내는 것이 아니라, 여기에 개입하고 질문하고, 반응하는 것으로, 나만의 방식으로 그것에 **답하는 것**이다. 이것은 마치 우리가 교환 편지에 참여하고 있는 것 같다. 나에게 있어 '세상을 만나자'는 것은 그러한 상응에 동참하라는 초대, 권고 혹은 심지어 명령이다. 동시에, 그것은 내가 한때 '접선주의tangentialism'라고 묘사한 입장으로 후퇴하는 것을 선호하는 학자들의 비겁함에 대한 불평이다. 접선주의는 우리의 노력을 우리의 연구를 통해 접촉한 사람들의 삶과 시간과 지나치게 밀접하게 섞는 불편한 비즈니스에서 멀리하려는 하나의 시각에 불과하다. 실제로 상응과 접선주의는 정반대이며, 학문적 연구가 의미하는 바에 대해 상당히 다른 이해를 수반한다. 이 책은 이러한 차이점이 무엇이며, 이러한 차이가 우리가 작업하는 방식에 어떤 영향을 끼치는지 지침precept과 사례를 들어 설명한다.

나의 뮤즈는 '말은 그만' 하라고 선언했고, 나는 이를 지지한다. 우리는 우리의 학문 세계 속에서 말의 과잉으로 고통 받고 있다. 이런 말들이 좋은 음식처럼 풍미가 풍부하고, 질감이 다양하며, 이것들이 불러일으키는 사색적인 감정에 여운이 남는다면, 이는 그리 나쁜 것은 아닐 것이다. 신중하게 선택되고 잘 준비된 말들은 반추에 도움이 된다. 말은 정신에 활기를 불어넣고, 정신도 동일하게 반응한다. 그러나 이런 종류의 언어 기법들은 시poetry라고 알려져 있는 제한된 영역에만 국한되어 있다는 사실은 문제가 어디에 있는지를 보여준다. 만약 글쓰기가 영혼을 잃지 않았다면, 우리에게 왜 시가 필요하겠는가? 우리는 시의 영역으로 가서 다른 곳에서 잃어버린 것들을 찾는다. 학문적 산문의 형식적인 조합들, 불가사의한 어휘, 존칭 호칭, 그리고 끊임없이 늘어나는 인용 목록에 짓눌리고 가차 없이 공격을 받았고, 나의 뮤즈는 이만하면 충분하다고 말했다. 나 또한 마찬가지이다. 그러나 나는 완전히 끝을 보고 싶지도 않고, 말을 완전히 포기하고 싶지도 않다. 말은 실로 우리의 가장 소중한 재산이며, 반짝이는 보석 상자처럼 다루어야 한다. 그러한 보석을 쥐고 있다는 것은 손바닥 안에 세상을 쥐고 있는 것과 같다. 우리는 편지를 쓰는 사람들이 하던 것처럼 말로 대응**할 수 있지만**, 이는 우리의 말을 빛나게 할 때만 가능하다.

그렇다면 문제는 다른 글쓰기 방식을 찾는 것이다. 그것이 이 책의 내용이다. 모든 장은 실험의 성격을 띠고 있다: 시도해보고 무슨 일이 일어나는지를 보는 문제 말이다. 그러나 지금까지의 이런 실험들은 필연적으로 인쇄된 단어의 관습에 의해 제약을 받는다. 이러한 관습으로 인해 글쓰기는 필기적 수행의 하나라기보다는 언어 구성의 행위처럼 보인다. 학술적 글쓰기를 하는 사람의 전형적인 장치인 기계식 프린터에 연결된 키보드를 사용하면 종이 위에 표식을 연결하는 것과 같은 단어의 표현적 가능성이 극도로 제한된다. 물론 글꼴을 다양하게 하고 다양한 강조 방법들을 사용할 수 있지만, 손글씨에서 손의 모든 뉘앙스를 기록하는 선의 느낌과 형태를 지속적으로 변화시키는 것에 비하면 아무것도 아니다. 우리의 말이 진실로 보석처럼 빛나려면 말이 사람의 손으로 돌아가지 말아야 하는가?

분명, 작업 방식에 대한 우리의 성찰은 스타일과 구성의 문제에만 국한될 수 없다. 이는 우리가 사용하는 악기와 그들의 조직화

orchestration로 확장되어야 한다. 키보드는 펜, 연필, 붓과 비교했을 때 어떤가? 한번 시도해보자. 그러면 아마도 우리는 말을 사용해 작가가 다시 한 번 제도사draughtman나 예술가, 심지어는 일종의 음악가가 될 수 있다는 것을 알게 될 것이다. 우리는 퍼포먼스에 **대한** 끝없는 글쓰기를 그만하고, 우리 자신이 퍼포머가 될지도 모른다. 상응의 미학은 그 이상을 요구한다. 우리 학자들이 암묵지, 체현된 지식이라는 생각에 사로잡혀 있는 것은 키보드에 대한 중독 때문일 수 있다. 내 뮤즈처럼 우리가 세상과 함께 하는 유일한 방법, 다시 말해 우리 존재의 내부로부터 펼쳐지는 세계에 참여하는 유일한 방법은 언어the word, 재현의 영역으로부터 탈출하는 것이라 생각한다. 우리가 보기에 말은 항상 외부에 있는 것 같다: 말은 분명히 표현하고, 지정하고, 또 명시한다. 따라서 말의 역할은 사물을 고정하고 정의하여 움직이지 않게 만드는 것이다.

그러나 우리의 이러한 키보드 타자 뒤 우리의 말에는 암묵적인 것the tacit의 맥동하는 심장이 계속해서 우리의 움직임과 감정에 생기를 불어넣고 목소리와 몸짓으로 손을 보여주고 있다. 그렇다면 왜, 이 목소리와 몸짓들은 말이 없어야 하는가? 왜냐하면 우리가 음성(音聲)적이고 수동(手動)적인 퍼포먼스, 표현과 정동의 모든 흔적이 제거된 단어의 개념에서부터 시작하기 때문이다. 이는 우리 학계에 익숙한 말들로 정치가, 관료, 변호사, 의사, 관리자와 같이 학문적 훈련이 필수적이라고 여겨지는 직업들과 연결된다. 그러나 시인, 가수, 배우, 서예가, 장인들의 말은 이와 다르다. 그들에게 있어 말은 노련하고 감각적인 신체적 실천으로서 수행된다. 자주 시끄럽고 소란스럽게 말이다. 이는 손으로 쓰거나, 수화를 하거나, 노래를 부르거나, 말을 하는 것뿐만 아니라 소리 내어 읽는 연습에서도 수행된다. 만약 이것이 암묵적인 것의 영역이라고 한다면, 암묵적인 것은 말이 없는 것도 침묵하는 것도 아니다. 시끄럽게 구사하는 것이다. 침묵이 지배하는 것은 암묵적 영역이 아니라 명시적 영역이다. 여기 홀로 인쇄된 페이지 위를 떠도는 말은 그 목소리를 잃었다. 유성음이 무성음인 것처럼 암묵적인 것은 명시적이다. 그 반대가 아니라.

그렇다면 아마도 우리는 언어에 대한 새로운 이해, 즉 '언어화 languaging'의 실천으로 언어를 되살릴 필요가 있을 것이다. 의미적으로 범주적인 틀에 갇혀 있는 것이 아니라 화자의 독창적인 말에서 끊임없이 스스로를 창조하는 살아 있는 언어에서 말은 그들이 대응하는 실천들만큼이나 생생하고 유동적일 수 있다. 말은 마치 숙련가practitioner가 어떤 일을 잘 해낸 것에 대해 만족감을 느끼며 외칠 때, 다른 사람들을 감상에 초대할 때, 아니면 일이 잘못되어 실수와 불상사로 이어질 때, 선언적일 수 있다. 그리고 말은 내러티브와 스토리텔링에서 사용하는 것처럼 담론적일 수 있다. 그러나 두 경우 모두 명시적인 명제의 형식으로 명확하게 표현되지 않는다. 그것이 그것들을 덜 언어적인less verbal 것으로 만드는가? 학계에 갇혀 있는 사람 외에 누가 그토록 거만하고 상상의 지평이 제한적이어서, 항상 '말하기' 또는 '글쓰기'라는 단어 앞에 '분명한 articulate'이라는 단어를 붙이고, 구문적으로 결합된 집합체로서 구조화되지 않은 것들을 비언어적인 것으로 격하시키겠는가? 사실 말의 생산의 음성-제스처 흐름과 관계없이 단어를 끌어내고 참조 좌표를 고정함으로써 단어를 침묵시킨 것은 바로 '발화articulation'다.

그렇다면, 세상과 말로 만나는 것을 두려워하지 말자. 다른 생명체들은 다르게 행동하지만, 언어적 교류는 항상 우리 인간들의 방식이었고, 우리의 권리였다. 그러나 이 말이 대립의 말이 아니라 환대의 말, 심문이나 인터뷰의 말이 아니라 질문의 말, 재현의 말이 아니라 응답 response 의 말, 예측 prediction 의 말이 아니라 예상 anticipation 의 말이 되게 하자. 그렇다고 해서 우리 모두가 시인이 되거나 소설가가 되어야 한다는 것은 아니며, 세속적인 개입에 관해서는 그들이 설교했던 바를 실천하는 데 명백히 실패한 철학자들을 본받으려고 노력해야 한다는 것도, 사상의 일관성이나 표현의 일관성도 갖춘 적이 없었던 철학자들을 모방해야 한다는 것도 아니다. 그러나 이는 우리가 장인들이 그들의 작품들을 만들 때 기록의 흔적에서 그들의 생산 노동을 증명하고, 그 자체로 아름다운 것으로 제공하는 방식으로 우리들의 언어를 작업해야 한다는 것을 의미한다.

2014년 3월 1일

애버딘에서

1 비재현적 연구 방법론

서론

필립 바니니*Phillip Vannini*

연구자의 삶에는 우울한 날이 있고, 앞으로도 언제나 있을 것이다. 이런 날은 우리의 작업이 우리가 분석하고 묘사하는 대상의 복잡한 질감을 충분히 파악하지 못하고 있다는 불가피한 깨달음이 강력한 힘으로 우리를 덮치는 그런 날이다. 이런 날은 누군가의 글을 다시 읽거나, 음악이나 영상을 다시 보거나, 누군가의 사진을 보거나, 또는 누군가의 공연을 회상하면서 스스로를 불만족과 의심의 우울한 심연으로 빠트리는 날이다. 이런 날은 연구자들이 정확한 재현이라는, 가식이 없는 예술을 직업으로 선택했었더라면 좋았을 걸 하고 바라는 날이다. 우리 중 일부는 오랫동안 기다려온 출판 계약이나 이국적인 회의 장소로 출장을 떠나며 이런 쓸쓸함을 천천히 잊어가기도 한다. 그럼에도 불구하고 우리의 연구가 항상 부분적이고 단순하며 진실성과 상상력이 부족하다는 의식은 거듭되어 다시 떠오른다. **묘사는 부질없어 보인다**.

그렇다면 우리는 굴복해야 하는가? 아니면 새로운 과학적 방법을 생각해 내야 하는가? 아니면 오늘날의 시대정신과 같이, 우리의 저널을 위한 새롭고 귀여운 '앱app'이 필요한가? 아마도 우리는 할 수 있을 것이다. 그러나 우리는 이 책에서 그런 일은 하지 않을 것이다. 이 책은 인식론적 위기를 겪고 있는 중견 연구자를 위한 자기계발서가 아니다. 이 책은 이질적인 생활세계를 더욱 정확하게 표현하기 위한 편리한 해결책, 공식, 절차, 혹은 코드를 약속하지는 않는다. 또한, 이 책은 재현의 위기와 저자의 죽음에 근본적인 애도를 표하는 것을 목표로 하지 않기에, 기대어 눈물 흘릴 수 있는 어깨를 빌려주고자 하지도 않는다. 이제 당신은 궁금해할 것이다. 도대체 이 책은 정확히 무엇을 위한 것인가? 어찌 되었든, 실제로 더 급진적인 해결책을 위해서는, 재현에 대한 우리의 집착을, 바라건대 영원히 그만두게 하는 것이다. 이 책은 '비재현적 연구non-representational research'의 에토스ethos를 위한 선언서이다.

(특히, 회의적인 독자들에게) 비재현적 연구는 출간되지 않는 연구, 후원받지 못하는 연구의 동의어처럼 들릴 것이다. 결국, 연구란 '경험적 현실을 기술·이해·설명'하는 과정 그 자체인데, 어떻게 연구가 스스로의 존재 이유를 거부할 수 있다는 것일까? 소설가만은 되지 않아야 하는 직업적 책무를 가진 사람들이, 어떻게 공상의 영역으로부터 그들을 구분해내는 유일한 기준을 제거할 수 있다고 주장할 수 있을까?

분명하게 말해, 이러한 의문들은 근거도 공감도 없는, 한낱 냉소적인 비평만은 아니다. 그리고 '그림'을 더 복잡하게 만들기 위해 비재현 연구자들은 비재현적 '연구'의 가치에 대해 근본적이고 깊은 의구심을 가질 수 있다. 가끔은 자극적인 인용구를 사용할 수밖에 없으면서도 말이다. 누군가는 실제로 바로 그 연구와 방법에 실제로 의문을 품을 수 있다. 예를 들면, (인식론 혹은 방법론의) 광대한 지식a body of knowledge의 가치를 부정한 채, 오로지 더욱 더 정확하게 연구를 수행하는 것에 몰두한 채 말이다. 하지만 이 책의 저자를 포함한 우리 모두는 우리의 연구가 약간의 장점과 최소한의 가망을 갖추고 있다는 믿음을 지니고 있다. 그렇다면 재현성에 대한 부정이 저자와 재현의 위기에 대한 진정한 해답일까? 이 책에서 제공하는 비재현적 연구 방법론의 파노라마적 시선은 이러한 질문에 대하여 확정적이지는 않더라도 최소한 설득력 있는 답변을 제공한다.

조금 더 첨언을 해 보자. 비재현적 연구에 대해 왜 이렇게까지 야단법석을 떠는 걸까? 비재현적 방법론에 대한 우리의 탐구는 비재현 이론non-representational theory의 성장으로부터 비롯된다. 아주 간략하게 말하자면, 비재현 이론(때로 재현 너머의 이론 'more-than-representational' theory이라고 불리기도 한다; Lorimer, 2005를 보라)은 사회, 문화 이론에서 오늘날 가장 영향력 있는 이론적 관점 중 하나이다. 이러한 인기의 증거로 빠르게 고전에 자리에 오른 나이젤 스리프트Nigel Thrift의 『비재현 이론 : 공간/정치/정동(*Non-Representational Theory: Space/politics/affect*)』[1]을 들 수 있다. 구글 스칼라google scholar에 따르면, 이 책은 출판된 지 약 5년 만에 646번 인용되었다.[2] 오늘날 비재현 이론은 포스트모던 이론의 계승자, 후기구조주의 사유의 논리적 발전, 그리고 인지·상징적 의미·텍스트성에서 벗어난 가장 주목할만한 지적 힘intellectual force으로 널리 받아들여지고 있다.

이처럼 비재현 이론은 대중적이고 큰 영향을 미치고 있지만, 논쟁의 여지가 있고 가끔은 잘 이해되지 않기도 한다. 이는 부분적으

1 역자 주: Thrift, N. (2008). Non-Representational Theory: Space/politics/affect. London: Routledge.

2 역자 주: 2022년 12월 말 기준으로는 6,333회 인용됨.

로는 이론의 복잡성 때문이기도 하지만, 대개는 실제 연구에는 제한적으로만 적용되고 있으며 명료하게 대답되지 않은 방법론적 질문들이 남아 있기 때문이다. 이러한 점에서 비재현적 연구가 얼마나 강력하고 유용한지는 아직 충분히 인정받지 못하고 있다. 이 책에서는 비재현적 개념이 연구의 과정, 경험적 연구의 가치, 데이터의 본질, 증거의 정치적 가치, 연구의 방식과 방법, 방법에 대한 관념, 그리고 그 방법과 연구의 스타일, 장르, 매체에 영향을 미칠 수 있는 다양한 방법을 개괄함으로써 비재현적 연구의 강력함과 유용성의 가능성을 탐색하고자 한다. 따라서 다음 장들의 내용이 다양한 비재현적 연구 '의제agenda'의 출발점이 되는 것을 목표로 한다. 이러한 관점의 의회parliament of perspectives가 여러 사회문화과학을 넘나들며 오랫동안 지속될 비재현적 연구의 전통을 선도할 수 있기를 기대한다. 그러나 이를 위해서는 먼저 비재현 이론의 성질을 개괄적으로 설명해야 할 것이다.

비재현 이론

로리머(Lorimer, 2005: 83)가 간결하게 말했듯이, "비재현 이론은 자명하게 인간 너머, 텍스트 너머, 다감각적multisensual인 세계에 더 잘 대응하기 위한 다양한 연구를 표현하는 개괄적 용어이다." 비재현 이론은 순수·수행 예술에 그 뿌리를 두며, 인문지리학에서 탄탄한 기반을 다져 왔고, 문화연구·인문학·사회과학을 가로지르며 확장되어왔다. 비재현 이론은 다양한 분야에서 이론적 개념을 차용한 모자이크와 같다. 수행 연구, 물질문화연구, 과학기술학, 현대 대륙

철학, 정치생태학, 문화지리학, 생태인류학, 생물철학, 문화연구, 신체와 감정의 사회학, 감각의 인류학과 사회학 등, 일부분만 적어도 이 정도의 차이를 보인다.

이론적 관점에서, 비재현 이론은 행위자-네트워크 이론, 생물철학, 신유물론, 과정철학, 사변적 실재론, 사회생태학, 수행 이론, 후기구조주의 페미니즘, 비판이론, 후기현상학, 실용주의 등 다양하면서도 서로 연관된 이론적 관점을 연합하기 위한 통합적 노력으로 자리하고 있다. 이러한 점에서 비재현 이론은 일반적으로 잘 알려진 질 들뢰즈Gill Deleuze와 펠릭스 가타리Felix Guattari를 비롯하여, 미셸 세르Michel Serres, 브뤼노 라투르Bruno Latour, 미셸 드 세르토Michel de Certeau, 주디스 버틀러Judith Butler, 엘리자베스 그로츠Elizabeth Grosz, 도나 해러웨이Donna Haraway, 어빙 고프먼Erving Goffman, 알폰소 링기스Alphonso Lingis, 브라이언 마수미Brian Massumi, 모리스 메를로-퐁티Maurice Merleau-Ponty, 팀 잉골드Tim Ingold, 에마뉘엘 레비나스Emmanuel Levinas, 알프레드 노스 화이트헤드Alfred North Whitehead, 이자벨 스탕게르스Isabelle Stengers, 모리스 블랑쇼Maurice Blanchot, 장 뤽 낭시Jean Luc Nancy, 알랭 바디우Alain Badiou, 질베르 시몽동Gilbert Simondon, 나이젤 스리프트Nigel Thrift 등의 저작을 참고하는 경향을 보인다.

이와 같은 취사선택적인 특성으로 인해 비재현 이론의 개념적 다양성은 간결하게 요약되기 어렵다. 스리프트(Thrift, 2008)의 연구는 이런 점에서 도움을 준다. 그의 책은 난해하면서도 놀랍도록 명확하고 체계적으로 정리되어 이 주제에 대한 기초를 제공한다. 이 책의 첫 장에서 스리프트는 비재현 이론의 일곱 가지 핵심 원리, 즉 이상적인 속성을 간략하게 제시했다. 스리프트는 이처럼 비재현 이론을 영토화territorializing하려는 그의 의도가 이론을 체계화하려는 것이라기보다는, '혼종적 세계를 위한 혼종적 장르'라는 새로운 실험적 장르의 가능성을 개략적으로 설명하는 것에 가깝다고 전제하고 있다. 따라서 스리프트의 일곱 가지 원칙은 새로운 지적 지형의 잠정적인 형성으로 이해된다. 그리고 이 새로운 지적 지형은 "일련의 절차와 표현의 기술들을 응용(같은 책: 2)하여", 해석적인interpretive "평범성의 보완, 일상을 위한 성스러운 의식, 과잉superfluous에 대한 찬가"(같은 책: 2)로서 과학/예술science/art이라는 새로운 혼종성에 생동감을 불러일으키기 쉽다. 이러한 원칙들은 법칙이나 근원적 이미지가 아니며, 창조적 생산 속 운동exercises을 통해 작동한다. 그리고 정밀하지 않은 과학을 의미하는 '소명적 실천'으로서, 타당성보다는 정치-인식론적 쇄신을 원한다. 그리고 이 원칙들은 (기회주의적으로) 우리의 간략한 개요에 큰 도움이 된다.

스리프트에 따르면, 비재현 이론의 첫 번째 프로그램된 신조tenet는 "일상의 … '흐름'을 포착하라"이다(같은 책: 5). 삶은, 지리적, 실존적으로 방향이 없는 움직임이다. 모든 종류의 움직임은 세상을 지각하고, 그리고 생성하고 변형하는 심도 깊은 사회적 활동이다(Ingold, 2011). 삶은 "세상으로부터 단순히 의미를 짜내는 것 이상을 해내고자 하는 욕망"에 의해 움직이는 시공간 속에서 끈적viscous하게 되기becoming이다(Thrift, 2008: 5). 존재는 의식을 초월하는 (존 듀이의 '질성적 즉시성qualitative immediacy'과 비슷한) 본능적 의도성으로 특징지어지며, 또한 사유에 의해 프로그램되지 않고 길들여지지 않는 끓어오르는 에너지로 특징지어진다. 따라서 비재현 이론은 급진적 경험주의, 재현성 정체성 정치, 그리고 텍스트적 의미를 해체하는 것에 대한 포스트모던의 강박관념과 같은 인지적 경향을 거부한다(Lorimer, 2005). 그 대신 적응적 생활adaptive living을 위한 수행적 기술로서, 감각·놀이·상상의 도구로서, 그리고 일상생활의 의례적인 것과 과잉된 것에 기름을 끼얹는 생명력life force으로서 '전인지적precognitive인 힘'을 강조한다.

둘째, "단호히 말하건대, 비재현 이론은 반-전기적anti-biographical이고 전-개인적pre-individual이다"(Thrift, 2008: 7). (자신이 쓴) 자서전은 "거짓된 일체감spurious sense of oneness"을 제공하는 반면, (타인에 의해 쓰인) 일대기는 "죽은 자와의 의심쩍은 친밀감"을 얻게 한다(같은 책: 7). 스리프트는 개인의 삶을 관통하는, 어떠한 인위적인 해석적 일관성·전체성을 찾아내고자 하는 일대기의 욕망을 (프로이트로부터 차용하여) 두려워하는 것으로 보인다. 반면 비재현 이론은 실제로 실천되고 있는 현재에 고정되어 있다. 이것은 일곱 가지 원칙 중 가장 불분명한데, 이는 스리프트가 어떤 특정한 형태의 일대기적 작업물을 적대시하는지, 일대기를 인문학적 전체-주의와 혼합하는 (앞서 보고한 슬로건 발언 이외의) 다른 이유가 무엇인지, 그리고 그의 비평이 더 현대적인 후기구조주의적 형태의 내러티브적 질의까지 확장되어야 하는지 명시하지 못하고 있다는 점에 기인한다. 이러한 모호한 지점에도 불구하고, 첫 번째와 두 번째 교리는 비재현 이론의 방법론적 개인주의에 대한 비판과 관계성·복잡성에 대한 강력한 요구를 구성하는데, 이는 본 장의 뒷부분과 다른 여러 장에서 중요하게 다루어진다.

셋째, 비재현 이론은 실천, 행위, 수행에 관여한다. 비재현 이론가들은 사회과학의 구조주의적 유산에 지쳤고, 다른 더 실용적인 형태의 의미가 존재하거나 심지어 전혀 의미가 없는 곳에서 상징적 의미를 발견하려는 모든 시도를 의심한다. 관계적 행위에 대한 수행적 접근과 후기현상학적, 들뢰지안 철학에 주로 기초하여, 비재현적 작업은 대화나 인지적 태도 대신 육체적 의례와 체화된 행위에 배태되는 얽힘에 더 중요한 가치를 두고자 한다. 로리머(Lorimer, 2005: 84)가 말했듯,

> 그 초점은 공유된 경험, 일상의 반복, 잠깐의 마주침, 체화된 움직임, 전인지적 계기, 실천적 기술, 정동적 강렬함, 지속적인 충동, 예외 없는 통상적인 상호작용, 감각의 배치로부터 삶이 어떻게 형태를 갖추고 표출되는지에 맞춰져 있다. 이러한 종류의 표현에 대한 관심은 우리의 발견, 해석, 판단, 그리고 완전한 재현을 기다리는 의미와 가치를 밝혀내기 위해 노력하는 방향으로 확립된 학술적 관습에서 우리를 벗어날 수 있게 해준다. 요컨대, 너무나 많은 평범한 행위들은 그것이 무엇이 될지에 대하여 미리 알려주지 않는다.

넷째, 비재현 이론은 - 특히 행위자 - 네트워크 이론에서 빌려온- 관계적 유물론의 원리에 기초한다. 물질적 대상은 수행을 위한 단순한 소품이 아니라, 관계적 행위성과 분산된 개체성을 지닌 혼종적 어셈블리지assemblage의 부분과 구획part and parcel이다. "인간의 신체는 (스리프트가 말하길) 사물과 공진화하는 특유의 비견될 수 없는 능력으로 인해 존재한다."(p. 10). 이러한 의미에서 물질적 대상에게는 인간의 반려자companions에게 보증되는 것과 동일한 개념적, 경험적 가중치가 부여된다. 사물은 인간 신체의 신경계와 함께 "기술적 비의식technological anteconscious"(p. 10)을 형성하므로, 비재현 이론은 신체성corporeality, 물질성, 그리고 사회성 간의 어떠한 분리도 거부해야 한다. 스리프트의 주장을 더 넘어, 잉골드(Ingold, 2011)는 물질성materialtiy이라는 개념이 실제로 그 사물이 무엇인지, 무엇을 하는지에 대해 충분히 고려하는 것을 방해한다는 점에서 우리가 사

물에 귀속시킨 쓸모없는 추상적 관념에 불과하다고 주장한다. 사회과학적 분석에서 실제 "물질이 사라진 것처럼 보이는 까닭"(같은 책: 20)은 '대상'의 상징적 특성이 과도하게 우선시되었기 때문이다. 그러나 면밀한 검토를 통해 비재현적 저술가들은 물질들이 "순환하고, 서로 섞이고, 약간이나마 오래 지속되는 것들을 형성하면서 굳어지고 다시 용해되며" 활동적임을 깨닫는다. 물질이란 그것이 하는 것their doing이며, 이것은 물질의 질, 움직임, 그리고 물질들의 삶을 발휘exert하는 힘을 통해 이루어진다.

다섯째, 비재현 이론은 실험적인 것으로 여겨진다. 비재현적 이론가들은 전통적인 사회과학의 과잉-경험적인hyper-empirical 보수적 경향, 실재론의 관습들, 그리고 실증주의의 표명에 명백하고 깊은 반감을 느낀다. 수행 예술의 표현적 힘을 언급하며, 스리프트는 사회과학자 겸 예술가들에게 "개념의 벼랑 끝으로 기어나갈 것" (Vendler, 1995: 79, Thrift, 2008: 12에서 재인용), 방법론적 물신주의와의 전투에 참여할 것, 그리고 "연극play과 유사하다고 생각될 수 있는 에너지 방출의 시적 작법poetics"(p. 12)에 관여할 것을 요청한다. 통제, 예측, 그리고 모든 것을 설명하고 이해하려는 의지에 사로잡힌 사회과학을 거부함으로써, 스리프트는 다시금 사회과학에 경외의 감각a sense of wonder을 주입할 것을 요구한다(Ingold, 2011b를 참조). 비재현적 작업은 끊임없이 들썩거리고 고의적으로 미숙해지기 위해 노력하며, 한계로 밀어붙여 갱신을 위한 분투를 이어간다. 이 책 전반에 걸쳐 논의하겠지만, 비재현적 작업은 전달하고 재현하는 대신, 파열시키고 동요하게 하며 생기를 불어넣고 파문을 불러일으키는 것을 목표로 한다.

여섯째, 비재현 이론은 신체의 중요성을 강조한다. 스리프트(2008)

는 몸을 미시사회학의 경험적 관심의 대상이 아니라, 그가 제안하는 새로운 정치와 희망의 윤리를 주도하는 정치적 재생의 엔진으로 바라본다. 신체는 그 정동적 역량affective capacities으로 인해 특히 더 중요하다. 정동affects은 "신체에서 작동하고, 신체를 통해 생성되고, 신체에 의해 전달되는 감각, 속성, 능숙함, 감각양상, 활기, 조율attunement, 준비, 그리고 질감, 시간성, 속도, 공간성의 다양한 강도intensities"(Lorimer, 2008: 552)이다. 정동과 그 파생물, 예컨대 분위기, 열정, 감정, 강도, 그리고 느낌(Anderson, 2006)에 대한 비재현 이론의 관심은 인간을 초월하여 무생물, 생물, 비인간 물질, 장소, 일시적인 현상, 사건, 기술 등의 관계에 초점을 맞춘다(McCormack, 2006). 따라서 비재현적 이론가들은 정동을 온전한 자아에 구속되거나 인간 주체에 고정된 힘으로 국한하지 않는다(McCormack, 2006).

비재현 이론의 마지막 일곱째 교리는 "다른 세계로의 도약"(같은 책: 15)이라는 제임스주의Jamesian[3]의 잠재성을 재활성화하는 약속과 "살아있음을 증진시키는 특정한 형태"(같은 책: 14)를 제안하는 새로운 윤리를 강조한다. "투명하고, 합리적이며, 끊임없이 이어지는" 일의(一義)적인 인간 주체의 인간주의적 원리에 기초하고 있는 전통적인 윤리 시스템은 비재현적 사상가들에게 충분하지 않다. 일상생활의 숙련된 기술craftsmanship에 기반을 두고 "상호작용의 틈새"(같은 책: 15)에 존재하는 새로운 윤리는 "낯설음 자체가 새로운 형태의 이웃과 공동체의 중심지가 되는" 삶의 새로운 형태를 구축하는 데 용이하다(Santner, 2001: 6, Thrift, 2008: 14에서 재인용).

비재현 이론의 일곱 가지 교리는 사회과학자들에게 "세상을 듣

3 역자 주: 철학자 윌리엄 제임스(William James, 1842-1910)의 사유를 의미함.

고, 거친 아이디어wild idea를 생산해내는 만큼 세상이 다시 발화할 수 있게 하고, 더 정교한 질문을 통해 세상을 문제화하고," "더 많은 행동과 상상, 더 가볍고, 심지어 더 즐겁기까지 한" 이론화와 연구를 시작하도록 그들이 존재한다는 사실"(Thrift, 2008: 18-20)에 민감하게 만든다. 이러한 교리는 우리가 다음에 보게 될 것처럼 이론적 출발점과 더불어 방법론적인 영감의 중요한 지점이 된다.

비재현적 연구

재현은 교묘한 것이다. 도엘(Doel, 2010: 117)이 설명하길,

> 일반적으로, 재현은 동일의 반복이라는 특정한 형태의 반복에 구속된다. 재현을 통해, 이미 주어진 것은 다시금 주어진 것이 된다. 이것이 바로, 이미 주어진 것을 일탈이나 벗어남 없이 거듭하여 주는 재현의 충실성이다. 이는 원본에 대한 충실성인데, 이 원본은 다량의 순종적인 사본을 통해 되돌아올 운명이며; 원본의 정체성은 동일한 것의 영구적인 순환/회귀return를 통해 입증되고, 재입증된다. 동시에, 원본의 정체성은 일탈하거나 저하된 채로 순환 — 실제로는 그렇지 않지만 표면상으로는 동일한 것으로 감지될 수 있는, 위법적인 파생물을 창출할 수도 있는 순환 — 될 수 있는 (복)사본의 내재적 역량으로 인해 위협받기도 한다.

반복, 구조, 질서, 소여the givens, 재현의 정체성의 소거를 바라고 있는 비재현 이론은 상당히 야심차다. 즉 비재현 이론은 참신함과 실험적인 독창성을 추구한다. 유사성보다는 진의를 감추기를 추구

한다(Doel, 2010: 117). 비재현 이론은 우리가 어떠한 강력함을 느끼게 하고, 일시적이고 붙잡기 어려운 것에 대한 감각을 제공하려고 한다. 비재현 이론은 활성화되지 않은 것the inanimate과 인간 너머의 존재들에게 생명을 부여하기를 희망한다. 비재현 이론은 발화된 설명이나 장황한 설명문, 정보 제공자의 묘사나 기록에 반드시 의존하지 않고도 활성화되고 역동하며 끊임없이 의미 있는 것(그리고 때때로는 의미가 없고 심각하지 않은 것)을 하기 위해 노력한다. 비재현 이론은 재현을 반박하지는 않지만, 차이화differentiation와의 병행을 통해 재현을 추구한다(Doel, 2010). 실제로, 비재현 이론은 불가능한 것을 원한다. 그렇다면 놀랄 것도 없이, 듀스베리(Dewsbury, 2009)가 말했듯, 비재현 이론은 실패할 운명이다. 하지만 듀스베리가 우리에게 베켓Beckett의 유명한 격언을 따르라고 부추겼듯, 결국 비재현주의자로서 우리가 해야 하는 일은 단순히 더 잘 실패하는 것이다.

그러나 정확히 비재현주의자들이 하는 일은 무엇일까? 무엇부터 시작해야 하는가? 비재현 이론을 공부하는 학생이 새롭게 찾은 이론적 영감을 통해 어떠한 것이든 (임신 후기 낙태에 대한 여론에서부터 청소년들의 정치적 견해에 대한 모바일 미디어의 영향에 이르기까지, 또는 환경NGO의 모범 사례에서부터 자아 개념의 도덕적 차원에 이르기까지) 연구해내기를 바랄 수 있을까? 또는, 어떤 연구 주제들이 다른, 더 적절한 다른 도구들로 더 잘 다루어질 수 있기 때문에 무언가를 고정하기 위해 망치질하는 것을 두려워하도록 제안하는 것이 더 신중한 것일까? 신체와 수행을 중심으로 사상을 전개하고, "담론, 이념, 상징적 질서 같은 부가적인 차원보다는 작용과 상호작용의 다양체 속에서 의미를 만들어내기"(Anderson &

Harrison, 2010: 2)에 대한 사상을 발전시키는 비재현 이론가들의 경향을 고려했을 때, 우리는 비재현적인 연구가 (적어도 우선은) 다음과 같은 주제를 다루기 위해 더 적합하게 갖춰질 수 있다고 믿는다. 아래 주제들이 특정한 순서가 있는 것은 아니다.

첫째, 비재현적 연구는 '사건'에 집중한다. 사건은 예측을 깨트리는 예상되는 상태와 불규칙한 행위에 영향을 받은(하지만 이에 의해 과도하게 규정되지 않는) 해프닝, 전개, 정기적인 나타남이다. 사건(의 장소, 행위자, 이해관계, 결과, 정치, 일시성)은 집합적인 "존재, 행동, 사고"를 가능하게 하는, 오래되었으면서도 새로운 잠재력을 드러낸다(Anderson & Harrison, 2010: 19). 사건은 갈등과 드라마, 불확실성과 사고방식, 주체성과 차이, 반복을 일으킨다 (Dewsbury, 2000; Turner, 1975). 사건은 우리가 변화의 구조와 안정의 역학을 파악할 수 있게 해주는, 결정되어 있지 않고 과도하기도 하며 돌이킬 수 없는 일이다(Dewsbury, 2000; Massumi, 2002). 사고, 곤경, 출현, 거래, 모험, 등장, 전환, 재해, 절차, 기념, 불행, 현상, 의식, 우연한 일치, 고비, 긴급한 상황, 에피소드, 분기점, 시금석, 되기becomings, 기적, 시기, 기회, 영광, 그리고 더욱 많은 사건은 모두 "새로움, 창조와 발명의 계기를 통해 명백한 관심사로 변모하는 질서의 우발성"을 동일하게 드러낸다(Anderson & Harrison, 2010: 19). 종합하자면 사건은 도구적 계획, 행위를 위한 청사진, 선험적 조건이나 대본과 같은 것들보다는, 대안적인 미래, 재현의 실패, 우발적인 개입, 실제로 끓어오르는effervescence 일을 필연적으로 강조하기 때문에 검토된다.

둘째, 비재현적 연구는 관계성에 대한 연구에 특권을 제공한다. 비재현적 연구자들은, 관계적 관점의 학자들과 같이, 삶life이란 (인간과 비인간 동물, 유기적 물질 또는 물질적 객체와 같은) 행위자의 얽힘에서 비롯된다고 믿는다. 행위자-네트워크 이론(예를 들어 Law & Hassard, 1999를 보라), 어셈블리지(DeLanda, 2006) 또는 그물작업(Ingold, 2011)에 대한 앎에서 영감을 얻은 비재현적 연구자들은 통제되고 고립된 환경 아래의 단위를 연구하는 대신 실제로 관계가 맺어지는 필수적인 과정들을 다룬다. 여기에는 현상을 추출하고, 괄호치고, 범위를 줄이는 경향성과 사회연구와 문화연구를 인간 예외주의와 뒤섞어버리는 인문주의적 편향성을 지닌 방법론적 개인(개체)주의에 대한 비재현적 회의주의가 자리하고 있다. 반면 생활세계에 대한 관계적 관점은 형이상학적인 것과 물질적인 것 사이에 놓인 교차로에 관심을 집중시킨다. 이 교차로에는 생각하는 인간들과 더불어 우리가 알고 있는, 그리고 우리 의식의 경계선 위에서 있어 우리가 알지 못하는 다양한 범주의 행위자와 힘과 같은 서로 다른 많은 것들이 모인다(Anderson & Harrison, 2010: 10). 관계적 유물론, 내재성, 그리고 사물의 사회성에 대한 이러한 강조는 비재현적 연구자들에게 어떻게 접속사 'AND'가 동사 'IS' 보다 더 중요한지 강조하는, 연합, 상호형성, 생태계, 무리, 그리고 공동 작업 cofabrications에 대한 연구를 자극한다(같은 책: 15, Deleuze, 2001: 38).

셋째, 비재현적 연구는 실천, 수행과 같은 '행위들doings'에 초점을 맞춘다. 가장 일상적이고 규칙적인 것에서부터 가장 의례화된 반복을 아우르는 실천에 대한 비재현적 관심은 사고, 개념, 동기, 유도, 가치, 신념, 특성, 태도와 같은 '내적' 정신 상태에 집착하는 다른 관점들과 뚜렷이 대비된다. 재현적 이론들이 행동의 전제조건으로서 정신과 그 작동 과정을 연구하는 반면, 비재현적 연구자들은 비재귀적unreflxive, 준재귀적semireflexive, 비성찰적unintrospective,

전객체적preobjective, 그리고 습관적인 행위와 상호작용에 초점을 맞추며 오직 행위 속에서 사유를 탐색한다. 수행에 대한 개념은 실천의 의미를 성공적으로 포착하고 비재현적 연구자들이 "(인간과 비인간의) 새로운 잠재력을 드러내고 활성화하도록 돕는다"(Thrift & Dewsbury, 2000: 411). 수행은 일종의 행동이다. 틀림없이, 행위자actor는 수행perform하고 다른 이들도 그러하며, 대본 없이도 한다. 운동선수들은 더 빨리 달리거나 더 강하게 타격하는 방식으로 수행하며, 자동차는 더 효율적으로 운전하거나 더 안전하게 도로에 붙어 있는 방식으로 수행하며, 연인은 더 오래 지속되고 더 즐거운 방식으로 수행한다. 수행이란 본질적으로 일을 해내는 것이다. 따라서 수행은 실현되기를 기다리고 있는 하나의 잠재력, 기회opening, 즉 실천의 전개를 기다리고 있는 가능성이다(Schechner, 2006). 따라서 비재현적 연구자들은 예측되거나 예측되지 못한, 의도되거나 의도되지 않은, 독창적이거나 그렇지 않은, 효과적이거나 효과적이지 않은 특정한 효과를 낳는, 신체의 운동감각과 직관적 힘의 표현적 관계맺기expressive engagement으로서의 수행을 연구한다.

넷째, 비재현적 연구는 정동의 공명을 분석한다. 정동이란 밀고 당김, 느낌의 강도, 감각, 분위기, 충동 기분, 욕구 등에 해당하는 모든 것이기도 하며, 특정한 아무것도 아니기도 하다. 정동은 체화되지만, 신체와 동일하지는 않다. 비재현 이론의 많은 부분은 사회 구성주의의 텍스트 중심성에 대한 대응에서 비롯되었다(Anderson & Harrison, 2010). 다른 여러 우려 중에서도, 비재현 연구자들은 인간 신체를 '독해하는' 구성주의적 기술, 마치 인간의 신체를 텍스트라도 되는 마냥 여러 미디어에서 끊임없이 재현하는 것에 많은 미흡한 점이 있다는 것을 알게 되었다. 게다가, 정동을 비재현적으로 공부하는 사람들은 말할 수 없는 것과 가까스로 말해지는 것을 다루기를 선호한다(McCormack, 2002; Stewart, 2007을 보라). 따라서 비재현적 연구자들은 다른 사물과 사람을 움직이게 하고 정동하는, 그리고 움직이게 되고 정동되는 신체의 역량으로서 정동을 연구한다. 이러한 점에서 앤더슨(Anderson, 2006: 735)에 따르면, 정동이란 "신체가 (체현된 정동affection을 통해) 정동될 수밖에 없고, (변형의 결과로서) 정동할 수밖에 없는 개인초월적transpersonal 능력"이라는 점에서 비재현적으로 가장 잘 이해될 수 있다. 이러한 정의는 육체가 지닌 생산적 역량과 타자에 대한 급진적 개방성, 그리고 다양한 종류의 창발적 행위로 특징지어지는 개인초월적 공간이라는 육체의 기원에 주목할 수 있게 한다.

다섯째, 비재현적 연구자들은 배경backgrounds을 탐색하는 데 열중한다. 배경은 상식 밖의 장소, 우리가 당연하게 여기는 분위기, 습관적인 배치들이 규칙적으로 펼쳐지는 곳이다. 앤더슨과 해리슨(Anderson & Harrison, 2010: 8)에 따르면 배경이란 "특정한 사물이 나타나고 의미를 갖추게 되는 배경, 다시 말해 유동적이면서도 안정적일 수 있는 실천, 참여, 관계 역량, 경향, 여력의 앙상블이자, 파동 또는 되풀이되는 패턴의 형태를 갖는 작용과 상호작용의 다양체 속의 안정화되는 구역"이다. 따라서 배경이란 습관적인 실천의 결과로 나타나는 (후기)현상학적 생활세계이다(Ingold, 2011). 배경이란, 경로를 가리키는 표지판이 얽혀 만들어낸 길과 발자취이고(Ingold, 2011), 속력·힘·빛에 대한 우리의 요구가 만들어 낸 배관과 케이블이며(Bennett, 2011; Thrift, 1996), 우리의 행동이 만들어내는 지식, 모임, 집, 마을, 그리고 평범한 정동이 우리의 육체에 스며드는 길가의 공간이다(Stewart, 2007). 배경은 구성되어 있으며 개입,

조종, 그리고 혁신뿐만 아니라, 식민화, 지배, 통제, 경작, 개입에 열려있고 이것으로 구성되어 있지만 (Anderson & Harrison, 2010: 10-11), 그렇다고 해서 덜 현실적이거나, 덜 실체적이거나, 덜 필연적인 것은 아니다.

사건, 관계, 실천과 수행, 정동, 그리고 배경이 전부는 아니다. 이러한 것들은 사소한 것도 아니다. 이것들은 거의 이해되지 않고 거의 연구되지 않지만, 비재현적 연구의 현재와 미래의 주요한 먹거리이다. 물론 더 다양한 주제들이 있다. 하지만 비재현적 연구가 정확하게 무엇을 지칭하는지에 대한 논의를 넘어, 이 다섯 가지의 중요한 관심사는 단순한 연구의 수단의 집합 이상을 구성한다. 이 다섯 가지 힘은 생활세계를 가로지르며 파문을 일으키고, 서로를 알리고 형성하며, 새로운 연구의 방향이 드러남에 따라 더 복잡한 패턴으로 전개되며, 비재현적 분석과 해석에 영감을 제공한다. 그러나 사건, 관계, 실천과 수행, 정동, 그리고 배경이 비재현적 연구의 '무엇what'이자 '어떻게how'의 시작이라면, 비재현적 작업의 실제 진행에 대해서는 어떻게 말해져야 하는가? 비재현적 방법론은 존재하는가? 비재현적 방법론은 존재할 수 있을까?

비재현적 방법론

지금까지 비재현 이론의 중심 교리와 연구의 초점을 제대로 소개했으니, 다시 이 장의 시작과 함께한 그 사건, 즉 학계의 재현적 삶 속의 슬픈 날로 돌아가 보자. 허탈감, 무력감, 좌절감은 재현성을 헛되게 다뤄버린 학문적 노력의 본보기일 수도 있다. 그러나 이러한 상황의 중요성과 비재현적 패러다임과의 관련성을 제대로 이해하기 위해서 우리는 이 사례를 더욱 깊이 살펴보아야 한다. 사실, 솔직히 이러한 상황에 들어맞는 모범적인 비재현성은 없다. 재현의 위기(Clifford & Marcus, 1986를 보라) 이후, 이론적 신념과 방법론적 지향에 관계없이 모든 학문들은 재현성의 '타당성'과 씨름하게 될 것 같다. 예를 들어, 유명론자 nominalists들이 내러티브의 뉘앙스를 구성하기 위해 끊임없이 노력할 수 있는 것처럼, 실재론자 realists들은 사회 세계를 충실하게 설명하는 것에 몰두할 수 있다. 연구 주제에 대한 글쓰기는 (다른 방식의 학문적 대화 또한 동일하게 이야기될 수 있다) 언제나, 필연적으로, 번역하는 것이다. 그렇기 때문에, 우리 모두가 알고 있듯, '번역자는 반역자 traduttore, traditore'이다. 그렇다면 과연 어떻게 비재현적 에토스가 이 모든 것에 작용하는 걸까? 어떻게 비재현적 개념이 독특한 방법으로 이러한 문제를 다룰 수 있을까? 잠시 후 알아보겠지만, 지금은 잠시 다른 내용을 다시 소개할 단계이다.

많은 학술논문에서 잘못 혼용하고 있음에도 불구하고, 방법론 methodologies을 말하는 것은 방법method을 말하는 것과 다르다. 이를 정확하게 하자면, 연구 방법research method이란 경험적 재료(즉, 데이터)를 수집하는 절차이다(예를 들어, Denzin & Lincoln, 2011을 보라). 수집이란 인터뷰, 참여관찰과 같은 취합의 기술을 통해 획득하고 목록화하는 것을 의미한다. 연구 방법은 사례 선정, 샘플링, 참여자 모집 등 데이터 수집과 관련된 다른 문제 역시 망라한다. 즉, 방법은 우리가 데이터를 얻는 도구이다. 이렇게 충분히 축적된 이 자료들로 무엇을 하는지는 연구 전략 research strategy의 문제이다. 연구 전략은 데이터를 조직하고, 분석하고, 발표하는 것과 같은 데이터의 취급을 위한 절차이다. 따라서 참여관찰이나 내러티브 전략, 혹은 근거이론 또는 연구자의 선호에 맞는 다른 모든 것을 통해 수집된 데이터에, 어떤 연구자는 감각적 민족지 전략을 적용할 수 있다. 방법과 전략은 학생과 학자들이 연구 과정 전반에 걸쳐 판단력을 발휘하고 명시적인 선택을 하도록 요구한다. 시간의 흐름에 따라 축적되어 온 커다란 지식의 덩어리만큼이나, 이러한 선택은 거의 무작위적이다. 이때 지식의 덩어리는 방법이나 전략에 대한 실질적인 적용뿐만 아니라 찬반 및 인식론적 토대(예를 들면, 이 책)에 대한 추상적인 고찰을 포함하고 있다. 이와 같은 지식의 덩어리를 우리는 방법론methodologies 이라고 부른다.

이제 방법, 전략, 방법론을 명확하게 정의했으니, 이 장의 이면에 놓인 거대한 질문을 다룰 수 있게 되었다: 고유한 비재현적 방법론은 존재하는가? 문제에 대한 답은 '명확히 그렇다'이다. 그러나 이 책의 여러 장을 읽어 보면 알 수 있듯, 단일한, 정통 비재현적 방법론을 사유하는 학파는 없다. 그럼에도 불구하고, 필자는 우리의 좌절한 안쓰러운 동료가 낙담과 좌절감을 해소할 방법에 대해서는 어느 정도의 공감대가 존재한다고 생각한다. 그리고 그러한 접근법이 비재현적 연구방법론의 트레이드마크라고 굳게 믿는다. 그렇다면, 그 접근법은 무엇인가? 우선 몇 가지 가능한 대안들을 제외하면서 시작해보자.

가장 처음 제외되어야 하는 것은 '고유한 비재현적 방법'이다. 아주 간단히, 그런 것은 없다. 비재현적 연구자는 인터뷰, 포커스 그룹, 관찰, 참여관찰, 자기성찰, 문헌 연구, 사례 연구, 위반실험 breaching experiments, 예술적 개입, 공연, 그리고 더 많은 패러다임, 이론 등 연구자와 연계되어 있는 여러 전통적 방식으로 데이터를 수집한다. 이것에 대해서 스리프트(Thrift, 2008)가 특정 방법의 선별을 언급한 것은 잘못되었다. 비재현적 연구자는 특정한 방법의 선택이나 거부로 특징지어지지 않는다. 참신함, 즉시성, 생명력, 창발, 실험적 창의성과 같은 문제를 다루는 비재현적 연구자는 실제로 체계적인 데이터 수집의 절차에는 별로 관심이 없다.

두 번째로 배제되는 것은 '고유한 비재현적 양식' 또는 '커뮤니케이션의 매체'이다. 비재현적 연구는 글쓰기 뿐만 아니라 사진, 춤, 시, 비디오, 소리, 설치미술 그리고 이보다 더 다양한 21세기의 커뮤니케이션의 양식과 매체를 통해 전개될 수 있다(이에 대한 광범위하고 유용한 목록은 Denzin & Lincoln, 2011; Knowles & Cole, 2007을 보라). 이러한 점에서 우리는 '수행' 기반 전략이 여타의 전략보다 우위에 있다고 단언하는 것에 회의적이어야 한다. 첫째, 수행은 만능 특효약이 아니다. 수행에는 장점(활력, 체화된 현존, 관계성)과 단점(제한된 적용 가능성과 분석적 심도)이 있다. 둘째, 수행에 대한 모든 립서비스와 직접 수행을 다룬다는 여러 주장에도 불구하고, 실제로 이를 제대로 하는 사람은 거의 없고(단순히 논문을 출간하는 것이 수행하는 것은 아니다!; Saldana, 2006를 보라), 아주 솔직하게, 제대로 하는 사람은 더 적기 때문이다.

세 번째는 데이터로부터의 도피와 이론적 유아론solipsism[4]으로의 후퇴를 배제해야 한다. 즉각적으로 파악할 수 있는 경험적 배경이나 사례가 거의, 또는 전혀 없더라도 이론에 대한 논고를 작성하는 것은 아무런 문제가 없지만, 비재현적 이론이 지속적으로 유용성을

4 역자 주: 唯我論, 이 글의 '이론적 유아론'은 경험적, 이론적 분석에 매몰되어 이론의 적용가능성이 연구가능성과 동일시되는 연구방법론을 경계하기 위한 용어로 사용되었다.

확보하기 위해서는 이론을 위한 이론으로 후퇴해서는 안 된다. 연구의 성과, 그리고 대학과 지역 공동체와의 관계성에 지나치게 사로잡힌 글로벌 신자유주의적인 학문 환경에서, 경험적 분석을 완전히 회피하는 것은 우리가 누구에게도 권장해서는 안 되는 것이다. (실제로 이는 비재현적 연구의 일반적인 단점일 수 있다. (비재현성에 대한) 개념적 정교화 및 이론적 개입과 관련된 연구에 비하여, 비재현적 연구에 대한 연구non-representational research studies는 상대적으로 너무 적다.)

그렇다면 고유한 비재현적 접근이란 도대체 무엇일까? 그것은 영토화territorializing, 탈영토화deterritorializing, 재영토화reterritorializing, 그리고 생기 부여animating life에 대한 특유의 양식style에 대한 문제이다. 다 다르게 말하자면, 재현의 위기에 대한 비재현적 대답은, 생활세계를 재현하기보다는 새로운 반향을 일으키는 데에 더 관심이 있는 연구 양식과 기술의 다양화에 있다. 핵심은 '데이터'에 대한 다른 지향에 있다. 라틴어 '주어진 것'에서 기원한 데이터라는 단어는 비재현주의자들이 관심을 갖는 대상이 아니다. 현상학자, 명목론자, 구성주의자와 같은 다른 학자들 역시 세계를 주어진 것으로 보는 것에 회의적이다. 그러나 비재현 연구가 다른 연구들과 구분되는 지점은 지식의 일시성에 대해 다른 지향성을 지닌다는 점에 있다. 이는 비재현 연구자들은 재현의 행위 이전에 일어난 경험적 실제를 재현하는 것에는 관심이 덜하고, 그보다는 지식이 이후에 될 수 있는 수많은, 다양한 가능성이 일어나는 데에 더 관심을 두는 데 기인한다. 많이 복잡해질 수 있으니, 보다 단순한 다른 용어로 설명하고자 한다.

스스로를 자신이 경험한 마주침이나 느낌, 혹은 사건을 재현하는 데 있어 너무나 인간적인 무능함으로 인해 좌절하는 연구자로 상상해보자. 당신의 방향성은 지식의 과거로 향하게 된다: 당신은 이미 일어난 일을 정확하게, 또는 충분히 창의적으로 보고하기 위해 노력한다. 사건은 독특하고 모사가 불가능하기 때문에, 당신이 이미 일어난 일을 보고하는 것은 그 자체로 우연한 해프닝이다. 그런데 당신의 지향을 바꾼다고 해보자. 당신은 과거가 어떻게 펼쳐졌었는지 알아야 한다는, 그리고 그것을 포착해야 한다는 책임감에 너무 몰두하지 않게 된다. 그 대신, 당신은 바로 지금 이 순간에 독자, 시청자, 청취자에게서 미래의 느낌을 불러일으키는 것에 관심을 갖게 된다. 당신의 작업이 어떤 독특하고 참신한 방법으로 사람들에게 울려 퍼질 수 있는지, 어떤 사회적 변화나 지적인 매력을 불러일으킬 수 있는지, 어떠한 인상을 만들어내고 놀라움을 줄 수 있는지, 또는 어떤 기대를 배반함으로써 어떠한 새로운 이야기를 만들어낼 수 있는지에 대한 것들, 이렇게 갑자기 당신이 관심을 갖게 되는 것은 현재, 그리고 현재가 미래에 어떻게 펼쳐질 수 있는지에 대한 것이다. 무슨 일이 일어났는지는 더는 중요하지 않으며, 지금 무슨 일이 일어나고 있는지, 그 다음에는 어떤 일이 일어날 수 있는지가 더 중요해진다. 당신은 더 이상 묘사, 보고, 재현하며 절망하지 않는다. 오히려 당신의 관심을 끄는 것은 상연하는 것, 파열하는 것, 현실화하는 것이다. 이것이 비재현적 연구의 이상적인 성질이자 고유한 '전략strategy' 또는 (이보다 덜 기계적으로 들리게 하려면) 비재현 연구의 특유의 양식style이다.

비재현적 양식을 향하여

지난 10년 동안 비재현적 작업의 가능성을 방법론적으로 고찰한 연구들이 지속적으로 나타났다(특히 Dewsbury, 2009; Doel, 2010; Greenhough, 2010; Hinchcliffe, 2000; Latham, 2003; Thorpe & Rinehart, 2010; Stewart, 2011; Wylie, 2005의 연구를 보라). 이러한 연구자 중 누구도 자신의 작업에 진정한 비재현적 연구의 필수 요소가 포함되어 있다고 주장하지 않았으나 (그리고 그것이 존재한다면 말 그대로 엄청난 모순이 될 테지만) 이들의 작업에서는 몇 가지의 합의점이 나타났다.

예를 들어, 라담(Latham, 2003)은 방법론적 소심함methodological timidity에 대한 대항에서 출발점을 찾아야 한다고 주장한다. 소심함은 정의하기는 어렵지만 알아차리기는 쉽다. 스리프트(Thrift, 2000: 3)는 인터뷰와 민족지적 데이터 속에서 소심함의 전형적인 표현들을 찾는다. 이 데이터들은 '몇 가지의 아마도 예시적인 인용문들로 잘 포장된' 형태로, 여러 학문 영역을 가로질러 나타나는 질적 연구에서 공통적으로 보이며, 보다 광범위하게는 "알고 말하기know and tell" (Thrift, 2004: 81) 스타일의 많은 경험 연구에서도 보인다. 나는, 개인적으로, 이러한 문제가 방법 자체에 내재한다기보다는, 특정한 방법을 실천해가는 현실actuality에 있다고 본다. 실제루 "재현적인 것the representational은 적이 아니다." (Dewsbury, 2009: 323; 더불어 Doel, 2010; Lorimer, 2005을 보라). 실증적인 데이터를 보여주는 것은 아무런 문제가 없지만, 민족지적, 질적 지식을 전적으로 이론에 종속시키고 완전히 부차적인 것으로 만드는 데는 많은 문제가 있다. 이로 인해 아는 것이 말하는 것보다 우선시되고, 묵직한 서론과 더 방대한 문헌 검토, 논의와 결론 아래에서 말하는 것은 침묵하게 된다. 연구의 절차 도중 일어난 일에 초점을 맞춘, 전형적인 학술지에 '게재되는' 논문의 형식은 실제로 소심함의 헤게모니가 자신의 보수적인 권력을 주장하는 가장 강력한 무기가 되는 것은 당연하다(Stoller, 1984; Vannini, Waskul, & Gottschalk, 2011를 보라).

책과 학술논문에서 가장 일반적으로 실천되는 것보다 더 광범위한 방법과 양식을 사용하는 것은 연구자들이 더 창의적이고 더 수행적인 실천을 일구어낼 수 있도록 해준다. 이러한 취지에서 듀스베리(Dewsbury, 2009: 324)는 연구 습관의 파괴와 새로운 창의성의 표현을 요구한다.

> 요점은, 절차가 알려지지 않았다는 것이다, 오히려 요점은, 연구 자체의 수행적인 무엇인데, 실험적이고 창의적인 것 그리고 무엇보다도 문제적인 것이 일어난다는 것이다. 만약 특정한 연구 관습이 금지된다면 말이다. 이러한 '철폐'는 우리의 연구가 연출되는staged 필연적인 과학주의에 대한 일시적인 해독제와 같이, 일련의 명령으로서 일어난다. (우리는, 언제나 그런 것은 아니지만, 너무 자주 특정 결과를 미리 단정하고, 우리의 연구의 기반을 발견하고 맥락화하기 위하여 특정한 문헌을 승인, 제시해야만 한다. 우리는 익숙한 행동과 커뮤니케이션의 양식을 통해 세상과 마주쳐야만 하며, 우리가 마주친 타자들을 표현하려고 시도할 때는 현존하는 재현을 확인해야만 한다. 그리고 특히 우리는 결론을 내리고자 할 때, 확신해야만 한다) 우리 모두가 이것을 알고 직면하고 있으며, 이미 시사한 바대로 우리가 현명하고 효과적으로 이를 진행해야 하지만, 여기서 나의 불만은 이것이 너무 빈번하다는 점이다. '생각하지 못한' 순간의 불꽃이 오래 지속되고 영향을 미칠 수 있도록 하기 위해, 지금을 '항상 그런 것은 아님'의 순간이 되도록 해야 한다.

따라서, 듀스베리의 핵심은 연구를 더 수행적performative으로 만드는 데 있다. 이것은 반드시 연구를 발전시키고 발견한 것을 실천하는 것만을 지칭하는 것은 아니다(물론 수행적 미사여구를 고려했을 때, 약간이라도 이루어지면 좋을 것이다). 이는 오히려 예술에서, 체화된 삶의 시학에서, 표현되지 않았지만 인상적인 잠재력을 지닌 사회과학적 지식을 드러내려는 시도에서, 헌신적으로 위험을 감수하는 데서, 열정을 발휘하는 과정에서, 그리고 행위, 말투locution, 사유의 특별한 힘을 강조함으로써 생각과 감각, 재현을 재구성하게 되는 방법을 찾는 데서 영감을 찾으려는 노력이다(같은 책).

듀스베리와 같이, 라담 또한 감각적이고 체화된, "비-인지적non-cognitive, 전-의도적preintentional, 상식적"(Latham, 2003: 1998)인, 창조성과 가능성으로 가득 차 있는 일상생활의 실천으로부터 새로운 양식이 영감을 이끌어낼 수 있다고 주장한다. 그에 따르면(같은 책: 2000),

> 스리프트는 우리가 연구하는 방식에 일종의 파열을 일으키라고 단호히 요구하는 것처럼 보인다(파열, 단절, 불연속적인 이야기에 대한 그의 불쾌감을 생각했을 때 이런 입장은 다소 아이러니하기도 하다). 내가 여기에 첨언하고 싶은 것은, 인문지리학이 그동안 아주 힘들게 축적해 온 방법론적 기술skills을 버릴 것이 아니라, 어떻게 하면 스리프트가 추구하는 창의성, 실용성, 실천성을 전통적인 연구방법론에 스며들게 할 수 있을지 고민하고 또 노력해 볼 필요가 있다는 것이다. 이것이 적절한 방향으로 이루어진다면 이러한 방법들이 조금 더 춤을 추게dance a little 될 수도 있다.

물론, '적절한 방향'은 그것이 무엇이든지 간에, 질문거리다. 이 책의 내용에 기여한 연구들은 정확히 이 주제를 다루고 있다. 소프와 라인하르트(Thorpe and Rinehart, 2010)의 방향은 정동적, 근감각적kinesthetic, 그리고 감각적sensuous이다. 로리에와 필로(Laurier and Philo, 2006)에게 방향은 언어사용의 사례를 통해 무엇을 말할 수 있는지, 무엇을 더 말할 수 있는지 탐색하는 것이다. 스톨러(Stoller, 2008)에게 가야 하는 곳은 '사이의 내부in-between', 또는 힌치클리프(Hinchcliffe, 2000)의 표현처럼 아는 것과 말해지지 않은 것의 간극에 있다. 나(Vannini, 2012) 그리고 핑크(Pink, 2009)에게 가능한 방향은 책을 넘어선, 다중양식의 영역을 향한다. 잉골드(Ingold, 2011)는 드로잉이나 스케치와 같은 새로운 글쓰기의 자취를 바라보는 반면, 스튜어트(Stewart, 2011)의 방향은 일상적인 분위기의 일반적인 정동을 환기하는 데 있다.

연구가 '조금 더 춤을 추기 위해' 노력해야 한다는 생각은 더 많은 비재현적 연구자들에 의해 탐구되어 왔다(예를 들어, Thrift, 2003; Thrift & Dewbury, 2000을 보라). 결과적으로 사건, 성찰성, 정동적 상태, 말해지지 않은 것the unsaid, 그리고 일상적 수행의 불완전성과 개방성 등은 엄연히 비재현적 연구 양식의 특징으로 여겨지기 시작하고 있다(예를 들어, McCormack, 2002; Stewart, 2007; Wylie, 2005을 보라). 이러한 접근법은 (듀스베리(Dewsbury, 2009)의 표현에 따르면) 지식의 실패를 즐긴다는 점에서 다른 접근법과 구분된다. 예를 들어, 듀스베리(Dewsbury, 2009)와 도엘(Doel, 2010)은 실험적 과정을 받아들이고, 경험적 연구의 불가능성을 넘기 힘든 벽으로 보기보다는 창조적 기회로 바라보고, 절차의 체계성을 어지럽히고, 생활세계를 (모방하기보다는) 재구성하도록 연구자들을 자극한다. 이는 곧 실패하는 법, 더 잘 실패하는 법을 배우는 것을 지향하는 것이다.

앎의 다양한 방식이 있다는 비재현적 개념은 그 무엇보다도,

'활력animation'의 에토스의/에 있어 핵심이 된다(예를 들어, Hinchcliffe, 2000를 보라). 비재현적 연구 양식은 생활세계를 활력 있게 함으로써, 보고하기보다는 생동감 있게 만들고, 재현하기보다는 무엇이 되게 하고, 검증하기보다는 공명하고, 충실하게 묘사하기보다는 파열하고 재상상하는 것을 지향하며, 재현의 이상적 유형을 구성하기보다는 마주침의 가능성을 창출하도록 노력한다(Thrift & Dewsbury, 2000을 보라.). 만약 정말로 본질적인 비재현의 양식이 있다면, 그것은 구조와 상징적 의미에 대한 연구보다는, 관계와 객체objects에 얽혀들어 가는 것이다(Hinchcliffe, 2000).

이 스타일이 수반할 수 있는, 간략하면서도 영감을 주는 예시를 살펴보며 장을 마무리하고자 한다. 인류학자와 민족지학자가 똑같이 비-재현적 상상을 하도록 자극하고자 묶어낸 책Collection인 『인류학 다시 그리기(*Redrawing Anthropology, 2011*)』에서 잉골드(Ingold, 2012)는 호기심을 유발하는 그림으로 서론을 시작한다. 그는 스우시swoosh[5]처럼 보이는 지그재그 선을 그리고서, 이것이 연어라고 우리에게 말한다. 누군가가 우리에게 물고기를 그리라고 한다면, 우리 대부분은 타원형의 몸통과 지느러미, 꼬리, 그리고 탐욕스럽고 잘 속도록 표현되는 물고기의 특징을 잘 나타내는 머리를 그릴 것이다. 다시 말하자면, 우리 대부분에게 물고기를 그리라고 하면 당연하게도 그 이미지의, 그 존재의 재현을 그리게 될 것이다. 그러나 잉골드는, 육체는 생활세계에 열려있고, 그 내부에 있는 것이 아니라 함께 움직이고 있기 때문에, 명확한 구분의 경계선에 포함되는 것으로 삶life을 그리는 것은 죽음을 그리는 것과 다름없다

5 역자 주: 스포츠용품 브랜드 나이키(Nike)가 사용하는 갈고리 모양의 로고.

고 말한다. 유감스럽게도, 오늘날 대부분의 사회과학 연구는 안정적이고, 멈춰져 있으며, 완성된 것들에 초점을 맞추어 오고 있다. 움직임과 실천의 선으로 물고기를 그리는 것은, 연구에 다시 활기를 불어넣는 방법을 우리에게 알려준다. (타원형보다 무한히 더 많은) 지그재그 선은 물고기에 생기를 불어넣고, 물고기의 행동, 이동, 되기becomings에 반향을 일으킴으로써 삶이 어디에 있는지가 아니라, 어디로 가고 있는지에 주목해야 한다는 교훈을 우리에게 전한다.

그러면, 여기가 지금 우리가 있는 곳이라면(그런가?), 우리가 다음에 가는 곳은 어디인가? 어떻게 해야 우리는 더 편안한 기반 위에 설 수 있을까? 어떻게 비재현적 연구의 독특함에 대해 더 많은 학자와 학생과 더 잘 소통할 수 있을까? 비재현 이론에 의해 포착된 생명력이 경험적 프로젝트로 절합될 수 있게 하기 위해선 어떻게 해야 하는가? 퇴행적이고 현실주의적, 증거 기반의 제도화된 정치적 상황에서 비재현적 연구의 가치를 어떻게 확립해야 하는가? 어떻게 다른 방식의 실험을 해야 하는가? 실험은 얼마나 오랫동안 해야 하는가? 다른 미디어, 장르, 양식, 도구를 어떻게 활용해야 하는가? 윤리적 원칙이 존중된다고 어떻게 보증하는가? 대부분의 방법이 획일화되었을 때, 어떻게 생활세계의 혼종성을 전달할 수 있을까? 어떻게 글쓰기와 같은 비감각적인 방식으로 감각성을 표현하는가? 단어 수의 제한이 심해지고 있는 상황에서 유동성, 개방성, 오류가능성, 이 모든 것을 실제적으로 어떻게 보장해야 하는가? 관계성은 어떻게 전달하는가? 연구가 글쓰기나 지금 부재한 방식에 의해 먼 거리에서 지속적으로 매개될 때, 우리는 어떻게 수행성을 보장하는가? 정동에 대해서는 어떻게 쓸까write? 연구자들이 관여하지 않는 문화가 지속되는 상황에서, 우리는 어떻게 신체성corporeality을 드러내는가? 누군가를 위한 것이 아니라, 무엇인 그 자체로서 물질성을 어떻게 가치 있게 여길까? 어떻게 우리는 해석적 실천의 세계에서 발을 떼지 않고 긍정성affirmativity에 대한 공감을 얻어나갈 수 있을까? 우리는 공간이 다중양식을 지녔다고 어떻게 보증하는가? 그리고, 어떻게 형언할 수 없는 것에 집중하는 연구 실천들이 정치적으로 열성적이며, 지속가능하고 도덕적이며, 이해가능하며, 유의미하고 핵심적일 수 있을까? 이러한 문제들은 이 책에서 제기된 문제 중 일부, 실은 대부분이다.

일반적으로, 편집서edited book를 소개하는 장에서는 각 장의 내용을 몇 문장으로 요약해서 제시하곤 한다. 여기서 나는 그러지 않을 것이다. 그러한 종류의 짧은 요약은, 이미 일어났고 목록화되기를 기다리고 있는 하나의 사물로서 책을 바라보는 세계관에 대한 작은 재현, 작은 기념품, 작은 타협일 뿐이다. 그보다는 각 장의 실마리가 연속적으로 진화하고 이동하는 과정을 독자 스스로 따라갈 수 있도록 내버려 둘 것이다. 이러한 이유로 편집자로서의 나의 작업 또한 최소화되었다. 나는 저자들에게 글의 양식이나 무엇을 하라는 일련의 기대들, 꼭 언급해주었으면 하는 특정한 영역이나 주제를 제시하지 않았다. 난 그저 마감일을 꼭 지켜달라고 졸랐고, 저자들이 직접 선택한 흐름을 헤엄쳐 가는 것을 지켜보았다. 나와 같은 일을 한 헤이든 로리머Hayden Lorimer 역시 책의 다른 장들이 자신을 어디로 데려갔는지에 대한 성찰을 글로 써 내려갔다. 하지만 그도, 나만큼이나, 그리고 아마 당신도 그럴 텐데, 이 장들을 동료들의 사유의 궤적에서 일어난 사건으로 단순히 지켜보기만 했을 것이다. 지금 우리가 그들을 따를 수 있도록 하는 것은, 바로 이러한 마음spirit이다.

참고문헌

Anderson, B. (2006). Becoming and being hopeful: Towards a theory of affect. *Environment & Planning D*, 24, 733-752.

Anderson, B., & Harrison, P. (2010). The promise of non-representational theories. In B. Anderson & P. Harrison (Eds.), *Taking place: Non-epresentational theories and geography* (1-34). Farnham: Ashgate.

Bennett, J. (2010). *Vibrant matter*. Durham, NC: Duke University Press.

Clifford, J., & Marcus, G. (Eds.) (1986). *Writing culture*. Berkeley: University of California Press.

DeLanda, M. (2006). *A new philosophy of society*. London: Continuum.

Deleuze, G. (2001). *Pure immanence: Essays on a life*. Cambridge, MA: MIT Press.

Denzin, N., & Lincoln, Y. (Eds.) (2011). *The SAGE handbook of qualitative research.* Thousand Oaks, CA: SAGE.

Dewsbury, J. D. (2000). Performativity and the event: Enacting a philosophy of difference. *Environment & Planning D*, 18, 473-496.

Dewsbury, J. D. (2009). Performative, non-representational, and affect-based research: Seven injunctions. In D. DeLyser, S. Herbert, S. Aitken, M. Crang, & L. McDowell (Eds.), *The SAGE handbook of qualitative geography* (322-335). Thousand Oaks, CA: SAGE.

Doel, M. (2010). Representation and difference. In In B. Anderson & P. Harrison (Eds.), *Taking place: Non-representational theories and geography* (117-130). Farnham: Ashgate.

Greenhough, B. (2010). Vitalist geographies: Life and the more-than-human. In B. Anderson & P. Harrison (Eds.), *Taking place: Non-representational theories and geography* (37-54). Farnham: Ashgate.

Hinchcliffe, S. (2000). Performance and experimental knowledge: Outdoor management training and the end of epistemology. *Environment & Planning D*, 18, 575-595.

Ingold, T. (2011a). *Being alive*. London: Routledge.

Ingold, T. (Ed.) (2011b). *Redrawing anthropology.* Farnham: Ashgate.

Knowles, G., & Cole, A. (Eds.) (2007). *Handbook of the arts in qualitative research*. Thousand Oaks, CA: SAGE.

Latham, A. (2003). Research, performance, and doing human geography: Some refl ections on the diary-photograph diary-interview method.

Environment & Planning A, 35, 1993-2017.
Latour, B. (1999). *Pandora's hope: Essays on the reality of science studies.* Boston: Harvard University Press.
Laurier, E., & Philo, C. (2006). Possible geographies: A passing encounter in a café. *Area*, 38, 353-363.
Law, J., & Hassard, J. (1999). *Actor network theory and after.* New York: Wiley-Blackwell.
Lorimer, H. (2005). Cultural geography: The busyness of being "more-than-representational." *Progress in Human Geography*, 29, 83-94.
Lorimer, H. (2008). Cultural geography: Non-representational conditions and concerns. *Progress in Human Geography*, 32, 551-559.
Massumi, B. (2002). *Parables for the virtual: Movement, affect, sensation.* Durham, NC: Duke University Press.
McCormack, D. (2002). A paper with an interest in rhythm. *Geoforum*, 33, 69-485.
McCormack, D. (2006). For the love of pipes and cables: A response to Deborah Thien. *Area*, 38, 359-377.
Pink, S. (2009). *Doing sensory ethnography.* London: SAGE.
Saldana, J. (2006). This is not a performance text. *Qualitative Inquiry*, 12, 1091-1098.
Schechner, R. (2006). *Performance studies.* New York: Routledge.
Stewart, K. (2007). *Ordinary affects.* Durham, NC: Duke University Press.
Stewart, K. (2011). Atmospheric attunements. *Environment & Planning D*, 29, 444-453.
Stoller, P. (1984). *The taste of ethnographic things.* Philadelphia: University of Pennsylvania Press.
Stoller, P. (2008). *The power of the between.* Chicago: University of Chicago Press.
Thorpe, H., & Rinehart, R. (2010). Alternative sport and affect: Non- representational theory examined. *Sport in Society*, 13, 1268-1291.
Thrift, N. (1996). *Spatial formations.* London: SAGE.
Thrift, N. (2000). Introduction: Dead or alive? In I. Cook, D. Crouch, S. Naylor, & J. Ryan (Eds.), *Cultural turns/geographical turns* (1-7). Harlow: Longman.
Thrift, N. (2003). Performance and …, *Environment & Planning A*, 35, 2019-2024.
Thrift, N. (2004). Summoning life. In P. Cloke, P. Crang, & M. Goodwin (Eds.),

Envisioning human geographies (81-103). London: Arnold.

Thrift, N. (2008). *Non-representational theory: Space/ politics/affect.* London: Routledge.

Thrift, N., & Dewsbury, J. D. (2000). Dead geographies — and how to make them live. *Environment & Planning D*, 18, 411-432.

Turner, V. (1975). *Dramas, fields, and metaphors.* Ithaca: Cornell University Press.

Vannini, P. (2012). Public ethnography and multimodality: Research from the book to the web. In P. Vannini (Ed.), *Popularizing research* (136-141). New York: Peter Lang.

Vannini, P., Waskul, D., & Gottschalk, S. (2011). *The senses in self, society, and culture.* New York: Routledge.

Wylie, J. (2005). A single day's walking: Narrating self and landscape on the South West Coast Path. *Transactions of the Institute of British Geographers*, 30, 234-247.

2. 뉴잉글랜드의 빨강

캐이틀린 스튜어트*Kathleen Stewart*

> 나는 열망보다는 빛의 학생이 되려고 했다
> (Nelson, 2009: 95)[1]

빨간 집

사라 메서 바이킹Sarah Messer Viking은 빨간 집Red House이라고 불렸던 것에 대해 다양한 생각을 풀어놓았는데, 이렇게 시작된다 - 빨간 집은 뉴잉글랜드에서 가장 오래된, 사람들이 계속 살았던 집 (같은 것이라고 그녀는 말한다).

> 고속도로, 기름 띠, 배수구 관에 앞서; 눈보라, 바다 괴물, 걸 스카우트 캠프에 앞서; 나체촌(村)과 화원이 있기 전; 해일이 강 어귀에서 부서져 삼나무 숲에 소금을 뿌리기 전; 제철소, 압정 공장, 신발 굽을 박는 공장이 있기 전; 알몸으로 수영하던 백인 소년들이 딸기 덤불 사이에서 뛰어내렸던 부두에 앞서; 목초지, 페리호, 굴 양식장에 앞서; 대니얼 웹스터Daniel Webster의 말들이 무덤에 묻힌 채로 멈춰있기 전; 민병(民兵)대원의 떨어지라는 말이 있기 전; 유니테리언교도와 퀘이커교도, 조선소

1 역자 주: 매기 넬슨(Maggie Nelson)의 시집 *Bluets* 에 나온 구절이다. 푸른색과 관련된 철학적이고 개인적인 명상에 대해 썼다.

와 제분소, 인디언 습격 속에서 불탄 19개의 외양간이 있기 전 – 그 전에도 누군가the Hatches[2]는 빨간 집을 지었다. (2004: 1)

이 구절에서 빨간 집은 여러 구성요소들을 연결하는 교점a compositional node이다; 경관과 사건을 세계되기worlding하는 물질의 형태다. 빨간 집은 주의를 기울이면서도 지속적으로 존재하는데, 이는 투시적 에이전시로, 사물들things의 관계 속으로 뛰어 들어오면서도 접착하지 않은 채로 있다. 접촉선들은 새겨지고 반복되는 프리즘적인 구조 안에서 뿜어져 나온다. 눈에 보이는 것은 그 어떤 객체나 각도도 회전될 수 있는 경로의 생태이다. 역사는 말 그대로 융합하여 증대된다. 에너지는 주체-객체-신체-경로-정동 affects의 장 전역에 분포한다.

빨간 집에 따르자면 세계는 다음과 같은 형태와 힘에 대한 부착attachment이다: 유착(癒着)과 발생 그 자체, 증대와 상실, 잠재성과 그 잠재성이 이것과 그것에 대한 실제actuality 속에서 불완전하게 포획되는 것. 구성요소로서 시작되는 지점으로서, 빨간 집과 이것이 기대는 모든 것은, 죽어버린 사물의 영역에서 나와 현상이 된다. 사라 바이킹의 글은 빨간 집이 기록한 차이, 특이성, 운동, 그리고 변환의 음역registers에서 만난다. 이것은 마치 두 개의 유사한 마법의 색칠하기 책과 같아서, 지도만들기를 넘나들며 자질qualities과 장면들을 펼쳐 놓는다. 재현적 너머의 방식more-than-representational mode은 재현적 질서를 지각하고, 맥락화하고, 이를 야기하는 것에 대해 비

2 역자 주: 영단어 hatch는, 어원사전에 따르면 기원이 분명하지 않다는 뜻을 담고 있기도 하다. 이런 점에서 Hatches는 과거 그 순간에 존재했던 누군가를 나타내는 것으로 보고, the Hatches를 그 전의 누군가로 번역하였다.

판적으로 추적하는 작업의 방향을 비튼다. 이 재현적 질서란, 특정한 어디라고 할 수 없는, 아무 데도 아닌 곳에 위치할 수도 있고, 혹은 주state나 지역에 대한 편견과 같은, 어떤 피해망상적으로 과장된 장소 속에 있을 수도 있다. 그 대신에 일어나는 것은, 숲과 물, 영역, 기분mood, 분위기atmosphere, 그리고 감각이 지니는 현상들을 함께 알아가는 것이다.

인간, 강, 시간과 공간은 의미 있게 불쑥 나타난다. 마치 불룩 올라온 코듀로이 천이나 꿈의 세계에서 나온 종이인형처럼 말이다. 재현된 것들 – 한때 이름 붙여진 것들, 아마도 글로 기록된 것들, 아마도 순간적으로 의견이 일치된 것들, 혹은 단지(조금도 과장하지 않고) 속임수나 조작, 혹은 사고 등을 통해서 어쩌다보니 전이되고 순환된 것들– 은 발생되고, 새겨지고, 특이하게 되어 가득 차게 되고, 우리의 마음에 무언가를 떠올리게 하는 에테르ether가 된다. 혹은, 기압이 바뀌면서 머리에 퍼진 두통의 무게와 같이 우리에게 머무른다. 재현적인 것들이 우화적으로 소설화되는 것은, 분위기의 자취, 혹은 순간적으로 그렇게 되었을지도 모르는 것으로서, 우리에게 나타난다.

그들의 감각/본체의 음역은 에린 매닝Erin Manning이 경험 '너머the more-than' 라고 말한 것을 활성화한다 – "형언할 수 없는 비(非)양식으로, 이것은 사건의 윤곽을 활성화하여 움직이고, 마주치고, 실천의 복잡한 생태학 속에서 움직여질 수 있도록 한다(Manning, 2011: 41)."

공간은 바로 주변처럼 뻗어 나가기도 하고, 안으로 움츠러들기도 하며, 시간은 빠르게 가기도 하고 느려지기도 하며 동시에 정물에서 멈추기도 한다. 시간은 시대era를 빠르게 통과하기도 하는데, 이는 마치 중요한 사건이 일어난 시대epochs가 마치 구름처럼, 형상의 구성물에 그림자를 드리우는 것 같기도 하다. 변하는 집, 이는 꼭 그 자체에 담겨 있는 역사와 장소의 커다란 호를 빨리 감기하는 사실주의 영화필름 같다.

여기서 나는 사라 메서 바이킹스의 책 처음 시작 문단을 현상의 자질에 조율되는 재현 너머 방식의 글쓰기로 대한다. 이 문단 구성성compositionality은 궁금증을 유발시키고, 무엇이 일어나는 사물의 가능성에 관심을 가진다. 주변 거주지에 자신을 맞추기도 하고, 잠깐 스쳐 지나가거나 지속적으로 강력하게 주는 충격에 자신을 맞춘다. 이것은 글쓰기 방식의 이중 구성으로, 형상과 물질 사이 뻗어나는 표현도의 후렴구를 불러내어 작곡한다.

그 백인 소년들과 말들이 …를 할 때는 어땠을까? 인디언은, 혹은 유니테리언교도, 그 누군가 a Hatch는 무엇이었나? 이 밖에 여기서는 무슨 일이 있었나? 어떤 찰나에 무엇이 일어나거나, 절반만 일어났나? 아니면, 무엇인가가 일어나려고 했는데 실패했을까? 입이 망가진 강, 혹은 습지 물이 스민 들판은 무엇인가? 강이나 들판은 지금 무엇을 하고 있나? 사람이나 사물이 포기하거나, 불안정하게 흔들리고, 닳는다는 것은, 혹은 어떤 이유가 있어서 다시 시작하는 것은 어떤 것이었을까?

글쓰기를 통해서, 이론은 사람이나 사물이 실재real들을 모험하는 방식에 개입될 수 있다 실재들은, 꼭 말해져야 하는데, 재현이 나중에 생명을 불어넣는다거나 의미를 부여하는 것 등이 아니다. 오히려, 되풀이되는 이것임haecceity3 (Deleuze & Guattari, 1987)으로, 실재들은 막 나타나기 시작하거나 혹은 켜켜이 부착되는 것들을 통과

해 고리 모양으로 움직인다. 실재들은, "마치 음악적 후렴구처럼, 물질과 상황, 인간 신체와 내재된 뇌에 질서를 부여하는 성질이나 활동의 횡단 집합체이다. 이는 마치 어떤 동작이 일어났는데, 이 동작이 다시 근육을 만들고 정신을 연마한 것과 같다 (Anderson & Harrison, 2010b: 8)." 이것은 죽은 것에 대한 상상의 작업이 아니다. 되려 이것은 "물질화 mattering로, 이는 **물질과 의미**의 (우연적이고 일시적인) 확정적-되기(불확정적-되기)에 관한 것으로 (Barad, 2010: 254)" – 행위와 부착/애착의 특정한 선들에 따라 다시 작용하는 것이다.

구성적 실재들을 이해하는 데에 중요한 것은, 인간과 물질이 서로 관련되어 형성되었다는 것보다는, 오히려 관련성과 사건의 실재가 음역과 역량 capacities을 가지고 있다는 것이다. 오히려 현재시점에서의 세계는 재현이 아닌 어떤 것이며, 혹은 우리가 아는 것이 아닌 어떤 것이다(Anderson & Harrison, 2010a). 오히려 실재들은 차이와 반복(Deleuze, 1994)으로 만들어지고, 잠재태와 상실(Berlant, 2011)로 구성되었으며, 사건 혹은 틈으로 단일하게 존재하는 것으로 기울어진다. 무(無)배경에 근거하거나 대적하지 않고 말이다 (Dewsbury, 2010). 오히려 사회적인 것은 존재하고 부재하는 개체들로 구성되었다 – 분위기, 정동, 가상의 기억들, 사로잡힘, 그리고 이들은 그 자체로 지속적인 것들의 순간들이며(혹은 아니거나), 이질

3 역자주: 이것임(Haecceity)은 들뢰즈와 가타리의 『천개의 고원』에서 제시된 개념이다. "어느 계절, 어느 여름, 어느 시각, 어느 날짜는 사물이나 주체가 갖는 개별성과는 다르지만, 나름대로 완전한, 무엇 하나 결핍된 것이 없는 개별성을 갖고 있다. 이것들이 '이것임(haecceity)'들이다. 여기에서 모든 것은 분자들이나 입자들 간의 운동과 정지의 관계며, 모든 것은 분자들이나 입자들 간의 운동과 정지의 관계며, 모든 것은 변용시키고 변용되는 능력이라는 의미에서 말이다." (질 들뢰즈, 펠릭스 가타리, 2001: 494)

적임 자체들이 뭉쳐진 것의 일순간들이다(Doel, 2010). 실재에 있다는 것은 유형과 무형의 역량으로 물질과 사건의 지속적인 변주 속에 있다는 것이다 - 이는 포착력에 대한 질문을 야기시킨다 (Seigworth, 1998).

이들은 구성적인 교점이 모여 보여지고 또 회전을 일으키는 선들이다.

색 빨강

실재는 요소들의 얽힘으로, 함께 던져졌지만 여전히 방향을 갖고 움직이는 단독이자, 무리의 일부이고, 다른 것들을 향해 열려 있다. 그 어떤 하나의 요소는 영역이 될 수도 있고, 혹은 그 자신이나 다른 것, 양상이나 질에 의하여 탈선될 수도 있다. 경로는 단일한 선 혹은 복수의 선에 대해 열려 있으며, 다른 선들과 교차되면서 다른 선이 이 경로를 따르기도 하고, 혹은 버리고 떠나기도 한다. 비재현적인 방식으로서의 구성적인 글쓰기는, 그렇다면, 함께 던져져 있으면서도 서로 떨어져 여기저기 흩어져 있는 에이전시들을 잘 따라갈 수 있도록 민첩성을 잃지 않도록 부단히 노력해야 한다. 또한 구성적 글쓰기compositional writing는 사물들이 향하는 곳을 따라가기 위한 시도들, 즉, 조율 attunement이라는 습성이 연관된 로직associational logic이 되도록 하는 실천들, 그 안에 있다.

예를 들어, 빨간색의 요소를 보자. 이것은 개울과 덩굴을 지나 연결과 차이, 물질과 본체noumena(本體), 영향(을 주고받는 선)들과 물질의 작은 부분들이 응고되고 발산되는 연합된 음역에 도착한다.

빨간 집은 분명히 처음부터 빨간 색은 아니었다. 하지만 빨간 집을 만든 이는 페인트칠을 하지 않은 나무의 풍화작용에 주의를 기울였다. 빛의 줄기들, 바람이 부는 패턴과 물 빠짐의 가능성을 신경 쓰면서 말이다. 하지만 집의 오랜 삶 속에서 어느 순간, 뉴잉글랜드에서는, 빨강에의 감각 속에서 색이 감지되고, **그 일**이 일어났다. 빨간 집과 빨간 외양간은 색의 원초성에 의해 활기를 띤 경관 속에서 건축적 양귀비가 되었다. 빨간 잎사귀에서부터 빨간 외양간, 빨간 사과에 의해 촉발된 붉음은 초록하디 초록한 풀과 하얀 눈, 어둡디 어두운 바다와 호수와 연못, 여기저기에 있는 흰, 빨간, 파랑 깃발과 장식용 깃발, 창문을 지나 뜰을 비추는 노란 빛과 대조된다. 붉음은 눈에 덜 띄는, 아마도 덜 활동적이거나 유망하지 않은 것들과 대비하여, 자신의 날카롭고 불쑥 떠오르는 산뜻한 색깔을 두드러지게 하는 생태계를 작동시킨다.

붉음은 (다른 것들 중에서도) 경치가 나타낼 수 있는 다양한 음역대의 스펙트럼 중에서 지역만의 세계되기를 확고히 하며 지역의 아이콘이 되었다. 하지만 이 붉음이라는 의미에 바로 들어가거나, 이에 대한 사회적 구성이라는 바구니에 밧줄을 매어 들어올리기 보다는, 붉음의 생life(生) 그 자체가 깜박거리거나 굳어지는 파편들과 각도를 통해서 경관과 장소에 아로새겨져왔으며, 종국에는 어떤 방식으로 살게 되고, 감지되고, 세계가 되었음을 염두해야 한다. 붉음은 청교도에게 무언가를 의미했다. 미국 독립 혁명에서 영국군은 빨간 외투the Red Coats[4]였으며, 바로 그 전쟁의 발생은, 빨간 외투를

4 역자주: 빨간 외투(Red coats)는 미국 혁명 당시 영국 군인 제복의 일부로, 영국 군인을

격양된 식민지적 분위기이자 실제 사람들이 거주하는 경관이 되게 하는 시각적이자 청각적인 후렴구로 형상화되고 재형상화되었다. 미국 선주민들은 복잡한 기호학을 통해 '빨강red'이 되었다. 그 복잡한 기호학이란 것은 식민주의자들과 맞닥뜨림, 토착민들 사이에서의 통용, 특별한 행사를 기념하기 위해 바디 페인트에 사용되었던 색의 의례적 의미(Shoemaker, 1997)를 말한다. 식민지에서의 붉음은 (미국)초기의 전통성을 굳히는 데 기여했다. 이민자들의 고국the Old Country과 초기 미국적인 것Americana의 다른 부분들을 촉각적으로 결부시키면서 말이다. 이때, 이 미국적인 것의 다른 부분들은 펜실베니아의 네델란드Dutch 미신적 미술(악마를 겁주기 위해서 집과 외양관에 그린 크고 형형색색의 헥스 사인들), 혹은 빨간 벽돌, 빨간 제라늄, 그리고 심지어 독일인들 사이에서는 적갈색의 소들에서 느끼는 구세계의 매력과 위안 같은 것들을 포함한다.

그림 속 빨간 색은 빨강의 한 계통이다 (다른 계열은 단풍 나무, 살갗이 트거나 술에 취했을 때의 볼, 벽돌로 된 거리와 보도, 초기 산업시대의 직물 공장의 기계에 긴 머리카락이 걸렸을 때 머릿 가죽이 벗겨져 나는 소녀들의 피, 기근 때 보스톤에 물밀듯이 밀려오던 - 빨강 머리의 아이리쉬 이민자들, 초기 노동조합 파업 중에서의 워블리스the Wobblies[5], 그리고 생계를 위해 들고 일어난 파업참가자들과 경영진의 선동적 전략에의 혼유 속에서 공장에 걸쳐지도록 꿰맨 거대한 적-백-청의 깃발들의 '붉음'이다.)

첫번째 그림인 '인디언의 빨강'은 평범한 이야기가 가지고 있듯,

의미한다.

5 역자주 : 워블리(Wobbly)는 1905년 시카고에서 설립된 세계 산업 노동자 조합(The Industrial Workers of the World)의 조합원들을 가리킨다.

미국 원주민의 전통을 따라 만들어졌는데, 찰흙에 칠면조 알 중 흰자, 그리고 칠면조 피를 혼합한 것이다. 그 후, 변색을 막고 외부에서 사용할 수 있도록 플라스틱과 같은 코팅을 했는데, 이것은 탈지유와 라임, 벵갈라로 만들어져 또 다른 자연스런 빨간 색조를 만들어 낸다. 빨간 페인트는 뉴잉글랜드적 실용성을 실현하는 것이라 일컬어진다 (이것은 겨울에 태양광을 흡수하는 기능과 유용성을 지녔다). 여기에 아마(亞麻)씨 오일이 첨가되는데, 이는 색이 나무에 우러나올 수 있도록 하고, 빨리 딱딱해지거나 켜켜이 떨어져 나가는 것을 방지한다.

일련의 실험은 결국 몇몇 관습과 형태가 되고, 그리고 연결, 친밀성, 혼합물이 문자 그대로 응고되는데, 이를 통해서 페인트는 현상이 되기 시작하며, 나무를 덮기 위한 목적으로 사물을 자석화하며 궤도로서의 자신을 확고히 한다. 그 후, 페인트는(그리고 예술은) 산업이 되었다; 자연적인 물질과 색조는 마케팅과 그들의 비현실적인 색의 증대를 위해 밝게 날조한 것으로 대체된다 - 붉음보다 더 붉어지고, 실재보다 더 실재적이게 된다(Taussing, 2009).

하지만 인위적으로 합성된 세계는 페인트의 이전과 그즈음, 그리고 이후에 다시 변경된다. 페인트가 산업이 되기 오래 전과 그 이후, 자연과 상업의 관계성은 혼란스러워진다. 색과 자연의 춤, 사회적 위계와 집단적 감성들, 불쑥 나타나는 밝은 적, 녹, 청색으로 된 식민지 시기 뉴잉글랜드의 집들. 19세기가 되어서야 고도로 산업화된 지역의 무게는 순백색의 (하얀 색보다 더 하얀) 식민지 시기의 집에 대한 미래의 상vision이 되었다. 마치 날카롭고, 산뜻한 특성으로 돌아가는 듯하게, 마을 서민들을 에워싸면서 말이다(Conforti, 2001). 마을의 중심가들은 함께 내던져지고, 외양간의 빨간 양귀비와 빨간 집과 같은 외딴 농가들은 밖으로 발산되어 언덕에 점을 찍는다. 이것은 시골의 색, 그리고 메이플 설탕을 제조하고 낙농업을 하는 가내 공업의 색이 된다. 아름답고, 때때로 충격을 주는 빨강은, 나무로 된 구역에 아늑하게 자리를 잡는다. 그리고 이민자들로 가득 한 실험적인 공업촌에 걸터앉아 있는 크고 밝은 하얀 집들이란 방식으로 지배되는 회색의, 피투성이의 산업의 강경한 운율에서 벗어난다.

뉴잉글랜드의 빨강은 그 자체로서 상징이 되고 장소성senses of the place이 되었다. 이것은 나무에서 피, 페인트, 살갗, 사진으로 촉발되고 있었다. 색의 지도만들기cartography는 선명하게 되어 일시적인 물질로 만들어진 세계를 드러내고, 이는 역사와 장소와 동시에 존재하는 존재의 양식이다. (백-녹-청과 함께 있는) 붉음은 “막 형태를 갖추기 시작한 운동의 발단(Manning, 2008: 325)”이라는 특질qualia이다. 그 구성성은 사물들을 회전시키는데, 활기를 띠는 움직임과 죽은 것 같은 움직임, 전개념들, 예상들의 중간에서, 사이-세계되기interworlding 속에서 회전시킨다(Manning, 2008: 334). 이것은 빛이 움직임을 만나 계속해서 변형되는 현실주의realism이자, 비행기 사이를 오가면서 진동하는 성운들constellation에서 색조가 되어가는 현실을 감지하는 (에너지의) 변환transduction이다(Manning, 2008: 334).

뉴잉글랜드의 빨강은 인식의 새로운 장을 활성화할 잠재성에 따라 깜빡이며 변동했다. 그리고 이것이 일상적이면서도 남아도는 약속의 징표를 보완하게 되었다. 본능적인 의도가 되어, 세계의 즉각적인 흐름과 상실, 가상, 그리고 도화선과 기술, 감각적 기질 속에서 형태를 지니는 붉음의 관계적 정밀성 안에서 유발되었다. 뉴잉글랜드의 빨강이 무엇이 되고 있었는지에 대해 사전에 어떠한 통보라도 있었나? 그 빨강이 최고조에 달한 파도처럼 느껴진 적이 있었나(McCormack, 2010)?

뉴잉글랜드의 빨강에 대한 이야기에서, 색은 다음과 함께 뒹굴고 절정에 달한다 - 지역주의, 1930년대와 1970년대 향토색 운동, 초현실주의, 겨울 하늘, 페인트칠한 나무와 직조한 천, 여러 크고 작은 빛, 색, 밀도의 사건들에 의해 가시화되는 노동의 중요성. 붉음은 강화되어 경관에 다시 생기를 띠게 하고, 실재보다 더 실재 같았던 자질 대한 추상작용이 된다. 로버트 프로스트Robert Frost는 혼자서 뉴잉글랜드를 재구성하였는데, 힘들고 불쾌한 산업화된 남부 세 개의 주로부터 분리하고, 뉴햄프셔를 적, 백, 녹, 청색으로 된, 꿈꾸는 듯한 추상의 세계로 들어가는 문이 되도록 했다. 초기 미국의 언어와 사물이라는 거대한 저장고는 새로운 목표와 함께 보존되었다. 양키 잡지의 대공황 시대의 시골의 모습은 정직하게 미국적인 것들의 꿈을 도발하여 전후시기 상승 이동하려는 국가가 되었다(Conforti, 2001). 새로운 뉴잉글랜드는 걸어온 길, 소리와 시야, 그리고 날씨라는 특질들에 의해 생동하는 장면과 같은 구성의 순간 속에서 (그리고 순간으로서) 자신을 나타내는 삶의 방식이다. 이미지가 니다나는 아주 찰나의 순간 동안 시간이 정지된 것처럼; 꾸미지 않은 소박함이 다시 강렬함을 나타내었던 것처럼. 선들의 오래되고 프리즘적인 경로에서, 붉음은 색의 특질로 격상되었다 - 특정한 느낌이나 무엇이었던 경험들로 만들어진 무엇임whatness. 피어스Peirce는 이러한 현상을 처음으로 불렀다: "마젠타색, 화향유(花香油)의 냄새, 철길의 호각 소리와 같은 느낌의 어떤 자질들(Peirce, 1931: 304)." 붉음은 뉴잉글랜드를 흠뻑 적셨다. 예술과 상업의 행사 안에, 종교, 계급, 인종, 이주 속에 박혀 있어서 더 이상 환원할 수 없는 자질로서 말이다. 이것은 눈에 보이는 곳 전역에 퍼져서 빨간 메이플, 설탕을 제조하는 집들과 붉은 외양간이라는 핵심적인 광경으로 굳어졌다. 붉음은 가을이 되면 단풍나무 잎들과 함께 이동한다, 그림 같은 달력과 시 뭉텅이, 단풍놀이를 지나서. 그것이 어떤 종류의 욕망과 두려움, 그리고 막다른 길일지 누가 알겠는가. 이는 사고로, 우연으로, 법, 두려움, 교환, 모험, 가끔 나타나는 것들, 지루한 루틴, 번뜩임, 기회, 이정표, 그리고 상실이라는 형태로 일어난다. 이는 사건, 현장, 행위자, 이해관계, 결과, 성질, 역량, 양식, 기분, 그리고 속도를 지닌다 (Anderson & Harrison, 2010b를 보라).

종국에는, 붉음은 재현적 질서 속에 있는 상징적 요소 너머의 것이었으며, 사실 자체보다 더한 것이었다. 이것은 재현이 실현된 것이 아니라, 현실적 구성이 재현, 사물, 감각을 환기시키는 상태로 회전한 것이다.

이것은 약속된 의도로 다시 칠해지는 기반시설들 안에서 튀어나왔다. 이는 사물들을 끌어당겨 궤도에 오르게 하듯 자질과 감각들을 자석처럼 끌어당긴다. 이것은 케루악Kerouac의 작품 『거리에서(*On the Road*)』의 속도-시각의 장에서 그림처럼 앉아 명백히 드러난다. 이것은 멀리 떨어진 시골 터, 지평선으로의 길, 마주침의 약속으로 침전된다. 이것은 주민들과 관광객 같은 사람들에게 주문을 건다. 이것은 사진, 그림, 문학과 엽서를 쇄도하게 하는 데 영감을 불어넣는다.

이것은 막 싹트기 시작한 미학, 실천의 덩굴이 되었으며, 감각이 모아져 형태의 에너지론이 되었다. 이것은 이동하는 사람들과 사물들에 대해 관련성, 우연적인 혼합물, 그리고 반복을 만들어 냈었다.

그리고 이를 통해 세계되기 했었다.

빨간 집 그 자체처럼, 뉴잉글랜드의 빨강은 각각의 독특함들이 함께 만나고 또 떨어지면서 오래도록 살아남아 세계로 열리는 특수한 경첩이 되어왔었다.

많은 것들이 뒤따랐다.

붉음은 즉흥적인 개념성이 되어, 창발적 표현성의 상태로 물질 자체를 밀어 넣는다 (Deleuze & Guattari, 1987). 딱딱하고 비인간적인 그것은 경관, 기후, 역사에 의해 축적되어 결정된 겹겹의 결들, 일어난 모든 것의 잔재들의 윤곽에 침투한다.

붉음의 순간적인 불꽃은 사회성, 인간성, 사람들에게서 나온 언어라는 자질들을 끌어다 분위기를 생성한다 (예를 들자면, 마을의 엑센트, 산책을 하는 친밀하고도 공적인 공간들, 말을 하기 위해 서는 것, 함께 앉기, 인간의 조건과 이야기들에 대해 농담하기). 이것은 사람과 사물들을 동원한다. (예를 들어, 이웃들이 다함께 나무를 잘라내고, 내 동생이 더 이상 다락의 다람쥐와 씨름하지 않아도 되었음에 만족한 것). 빨간 외양간들과 빨간 식사 공간은 돌봄, 영역, 질서, 두려움의 공간을 만든다 (예를 들면, 당신은 오래된 가구를 다른 사람들이 가져가도록 길가에 두지 않는다, 페인트칠이 바래면 계속 페인트칠을 한다, 당신은 이방인을 쉽게 좋아하지 않는다, 당신은 당신이 누구에게 말을 하고 있는지 안다, 무엇이 일어날지 조심한다, 당신은 당신의 무리 중에 도움을 필요로 하는 사람을 돕는다).

창문은 물질이 된다. 바깥 세계와 접속하는 미학으로서뿐 아니라, 그 자체로서도 세계되기의 방식인 사회성과 기분의 선에 대한 교점으로서 물질이 된다. 내가 자란 뉴잉글랜드의 작은 마을의 시내 인근은 빨간 집으로부터 50마일 떨어져 있는데, 창문에는 커튼이 계속 달려있지 않았다. 커튼이 달려있는 집들은 이웃에서 싱크홀이었는데, 이는 단순히 어떤 잘못된 것(우울, 퇴출, 무관심, 역기능)을 나타내는 표시가 아니라, 보고 보여지는 몸짓의 경제a gestural economy라는 순환을 끊는 상태로서, 실제로 물리적인 그늘이었던 것이다. 사람들은 신문을 읽는다거나, 일찍 일어난다거나, 여느 때처럼, 커피를 마신다거나 하는 등의 내부의 정적인 삶을 보기 위해 인근을 걸었다. 램프는 머리 위 전등보다 더 인기가 많았고, 장면에 질감과 특수성을 보탰다.

창문은 밤에도 열려 있었다. 이는 집의 침실이 겨울에도 난방이 되지 않은 채로 있었다는 것을 의미하며, 이에 따르는 모든 것들을 뜻한다 (강한 방광, 전기 담요, 난방 때문에 자는 동안 콧구멍이 말라도 평생 잘 참을 수 있게 된 것).

하루의 규칙적인 리듬 중 하나는 창가에 멈춰서 세계를 살피는 것이었다. 창에는 판유리와 덧문이 달려 양 방향으로 여닫을 수 있었고 세계는 유리를 통해 안으로 끌어당겨 지기도, 바깥으로 끌어내지기도, 주름지기도 했다. 이것은 그저 바라보기라는 실천이 아니라 기분a mood이었다. 좋든 나쁘든 곰곰이 생각하게 되거나, 감명을 받는 기분. 그런 기분은 갇히거나 막힌다는 위협과 연결되는 지점이었다(Pine, 2012를 보라). '나가는 것'은 균형을 유지하기 위해 필요한 행동인 듯했다. 일상적인 것들의 구성에 조율된 강력한 창문, 그 안에서 밖을 내다보면서 오는 강렬함intensity에 맞서서 말이다. 나뭇잎 긁어 모으기, 눈을 삽으로 파기, 집을 페인트칠하기, 마을의 골목마다 있는 던킨 도넛과 아이스크림 집에 가기, 이웃과 나무 베기 등은 어쨌든 기분의 강렬함을 가볍게 하는 확산dispersal의 임시방편적 행위였다. 공공장소는 강렬하게 친밀하다: 사람들이 거리나 가게에서 만나면, 잠깐 서서 날씨에 대해 이야기를 했다 (즉, 인간적인 조건); 이웃들은 주변을 보며 살폈고 마지막에는 경야wake(經夜)에 갔다; 앉았다가 갈 수 있는 벤치들은 여기저기에 있었다; 마을에 있는 술집들은 1970년대 집 지하의 오락실 같이 느껴졌다; 마을의 엑센트는 친근한 영역감을 표시해주었고 기꺼이 입을 딱 벌려 함께 있다는 것을 나타냈다 (Vannini, 2011: 289도 보라).

뉴잉글랜드의 빨강은 세계를 듣는 방식이 되었다 – 사고(思考)를 숨기기도 하고 사고(思考)에 충격을 주기도 한다. 그리고 사물들이 우연히 만나기도 하고 떨어지기도 하며, 굳어지기도 하고 버려지기도 하는 기계.

구성

선의 가닥들은 구성 속에서 엉킨다. 『빨긴 집』의 첫 구절이나 내가 그린 뉴잉글랜드의 빨간 집의 윤곽은, 여러 가지 요소들의 혼합과 이런 요소들이 변하고, 굳어지거나 혹은 깜박이는 존재론들에 대한 지도학을 연상시킨다. 작동하는 요소들을 광범위하게 지도화하는 것은 재현적 비평이라는 완고한 주문들이 점점 더 방향을 잃게 한다: 이 재현적 비평들은 추상적 카테고리들의 작동(즉, 실재/허구, 자연/인간의 거주, 야생/길들임, 적(赤)/백(白), 높음/낮음)이 냉혈하게 세상을 결정하거나 적절하게 세상을 묘사한다고 여기거나; 모든 것은 정치적이라고 말하는 것은 무엇이 정치적인 것인지 언제나 이미 알고 있다는 것을 뜻한다고 여기거나 (즉, 이미 커다란 그림이나 보다 광범위한 의미 속에서 존재하는 무엇, 매우 명확한 무엇이 - 하지만 대부분의 사람들에게는 그렇지 않은! - 이 있다고 여기는 것); 의미들이 쉽게 (심지어 자동적으로) 사물에 부과되고, 그 의미가 사물의 가치에 대한 근본이 된다고 여긴다.

구성에서는, 분류, 의미, 힘의 작용이 무엇이 일어나는 중에 생겨난다. 이는 산업과 예술 전반에서 촉발되었던 국가, 지역, 계급, 인종, 젠더, 민족, 섹슈얼리티, 이주라는 선들, 그리고 일상의 삶을 구성하는 지속적인 변화와 굳어짐 속에서 뉴잉글랜드의 빨강에 일어난 일들이 그저 맥락적 효과라거나 혹은 원인이라는 말이 아니다. 그렇다기보다는, 역사와 확정은 색의 선들, 그리고 함께 내던져 지기도 하고, 닳아가던 사물들을 겪으며 삶의 구성성의 다른 형태를 통해 일어난다. 이러한 일들은 순간들과 장면들로, 산처럼 부풀어 오르고 물질들을 실재와 더불어 선으로 가다듬는 형태로 일어난다: 시각적 경험의 비현실적 형식이 신현실주의의 특징이 되고 마을 중심부가 완전히 하얗게 되었던 19세기의 순간; 빨간 외양간과 빨간 단풍나무 잎이 가내 공업의 특이성과 자연에 대한 약속으로 경관을 채우는 장면; 주관적 경험이나 객관적인 물리적 성질로는 환원 불가능한 색을 통해 시작되는 하트 크레인Hart Crane의 단편 소설의 방식.

크레인은 우울blue의 감정을 그의 언어에 불어넣기 위해 시각적으로 보여지는 외양에서 우울을 꺼냈다. 그 언어는 세상을 만지는데, 단순히 음역에 대응되는 것이 아니라 생성의 관계다. 가스킬(2009)은 이러한 관계를 터빈 사이를 흘러가는 물과 이것이 생산하는 전류 사이의 관계에 비유한다. 마찬가지로, 시각 예술가들이 색을 사용하는 것은 새로운 초원자가hypervalent 형식을 단순히 복제하는 것이 아니며, 홍보 포스터와 토마토캔 라벨의 색을 복제하는 것이 아니다. 오히려, 형식으로서 예술은 세기말적 도시와 시골을 지각하며 경험하면서 활기를 얻는데, 이를 통해 생기를 띄고, 심지어 색을 인격화한다(Gaskill, 2009: 731).

구성적 요소들의 지도학에서는, 형식적인 구성과 표식없는 얽힘이 날아오르고 서로를 뒷받침한다. 월리스 스티븐스Wallace Stevens의 시는 색의 퀴어-구성성queer-compositionality을 20세기로 흘러들게 한다. 색들을 추상화하여 구조가 되게 함으로써 그렇게 하는데, 이 구조는 변화하는 요소들의 질로부터 구성된 세계 속에 존재한다(McFadden, 1961: 187). 색의 팔레트는 존재being에 형식form을 더함으로써 실재(받아들여질 수 있는 무엇)를 만들었다: 검은 하늘과 대양(한계, 외양, 요소들의 끊임없는 유동, 변화되도록 형태 없이 기다리는 물질); 하얀 얼음과 눈 (정체stasis), 모양과 형태, 구성에 도전하는 공백, 아이스크림 콘의 일시성; 빨강 (죽어가는 별들의, 희미하게 실재하면서도, 긴, 저주파의 파장, 과거, 죽은 실재를 거푸집에 고정하는 노력); 초록(냉엄한 현실과 함께 쏘아보는 식물들, 우리가 거주하는 세계의 중심에 있는 폭력); 파랑(패턴으로 나타나는 고정된 경험 속 제한된, 일시적인 성공) (McFadden, 1961: 189). 주요 색들은 인지 변화에 대한 능력을 일컫는데, 이는 만들진 형태 혹은 생life 물질에서 떼어낸 형태에 주의를 기울인다. 잠시 살았다가 사라져가는 찰나의 존재는 우리가 사물의 기초에 가장 근접하게 한다(Miller, 1964: 100). 현재는 '눈이 충분히 빠르다면 물리적'이며(Stevens, 1954: 444), 또한 구성적이어서 '아직 여름으로 가득한 하루'는 나뭇잎이 나무에서 마치 잠이든 것처럼 매달려 있다가 갑자기 떨어질 때, '그래서 나뭇잎이 없는 나무에 부는 바람의 소리가 더 이상 여름의 소리가 아닐 때' 완전히 바뀐다(Stevens, 1954: 488).

스티븐스의 시는 '생생하게 변화'하는 사물의 순수한 감각에 주의를 기울인다(Stevens, 1954: 380). 시는 형식과 무형식 사이의 순간에 자신을 고정시키며, 소멸의 가능성으로 가득 찬 결정체이다. 이것은 사물들과 사건들, 단어들을 사이에서 리드미컬하게 변화하면서 실재를 노출시키는 해체적-창조de-creation이며, 모든 것이 여전히 시작될 수 있는 아직 창조되지 않은 세계이다. "뉴헤이븐에서의 일상적인 저녁"은 "비영구적인 것으로 구성된 영구적인 것"이다. 그러니까 아침과 저녁은 마치 지켜진 약속들 같다" (Stevens, 1954: 471). 실재는 전제 때문이 아니라, "음영이… 먼지를 가로지고, 힘이 음영을 가로지르기" 때문에 견고하다(Stevens, 1954: 488-489).

열려있는 결말들

뉴잉글랜드 빨강의 질문은 행동, 노동, 악몽, 유충, 화학물질, 접촉과 반감의 형태에 대한 질문이다. 이것은 펼쳐지고 다시 접히는 일련의 세계들에 대한 질문으로, 각각은 구성의 물질인 '우리'와 함께한다. 이 일련의 세계들은 고리타분한가, 아니면 신선한가? 그들은 희미한가, 실험적인가, 기이한가, 습관적인가, 일반적인가, 몸짓으로 나타내지는가 반쯤 외면되는가? 기분, 고취, 목소리의 톤이라는 표현성에 도달한 적이 있는가? 그들은 사물을 가볍게 하나? 아니면 짓눌리게 하나?

나의 어머니는 양로원에서 죽음을 맞이하고 계신다. 나는 점심을 핑계로 양로원에서 벗어나 닭고기가 든 그리스식 샐러드와 피타 빵을 사기 위해 고속도로에 있는 피자 팩토리로 몇 마일을 걷는다. 빨간 외양간에 유혹되어, 숲 속의 길로 원래의 길을 이탈한다. 이것은 모험이다. 나는 혼자이고 불안하지만 또한 이 모험을 시작한다. 돌아가는 길에 언덕으로 올라가는 다른 길들이 보여, 우회로로 가기로 결정한다. 그렇게 길을 잃은 채 시간이 금방 지난다. 나는 점점 목이 말라왔고, 물리적으로 방향감각을 잃어간다. 하지만 결국 내가 왔던 발자국을 다시 되짚어갈 수 있게 된다. 키가 많이 자란 덤불과 라즈베리 들장미로 된 긴 나무가 우거진 곳을 저편에 하얗고 회색의 빌딩들을 언뜻 본다. 나는 하드톱hardtop 자동차로, 그리고 잠시 보류되어 기다리고 있었던 듯한 빌딩으로 쭉 달려간다.

이런 정동적 사건, 너무도 약간은 무모한 모험에 대한 충동, 사고가 일어나지 않도록 신경쓰는 몸을 창 밖으로 끌어내 길에서 벗어나도록 하는 장소로 모험하길 원하는 충동은 익숙하며, 이상하게 만족스럽고, 거의 강제적이다. 변덕스러움으로 가득한 나무의 세계에 고립되고자 하는 유혹은 빨강에 의해 중단되고, 심지어 촉발되며, 잦은 비바람을 맞아 부서진 판잣집과 갑자기 튀어나오는 야생 칠면조에 의해 깨진다. 나는 자연의 정물 속에 서는 것의 매력을 감지하고, 인간 세계의 장면들을 간과한다. 경험에 새겨진 우상화된 이데올로기적 메시지로서의 인간 세계의 장면들이 아닌, 이미 지나가고 있는 미래와, 가능성과 위협으로 포화된 현재, 적극적인 생존자의 형태와 그 영향을 알고 읽는 자를 통해 명확히 만들어지는 구성에 부착된 구조로서 인간세계의 장면들을 간과한다. 길에서 벗어나고 다시 길을 찾는 행위는, 나의 어머니 아버지가 안에 자신들을 머무르게 했던, 빨갛게 자극된 세계의 흔적을 찾는 것이었다. 마치 아이처럼, 부서지는 파도와 현재의 닳아버린 그루브가 연계적 회전을 그리며 날아가버릴 때, 우리는 그 세계의 시작을 때때로 포착해 왔었다. 신경쓰는 것이-충동으로-바뀌는 것은 의미로 끝나지 않으며, 세계의 상상 불가능한 세부사항들의 촉각적이고, 다각적이며, 감각운동의 질로 끝난다.

현상적 빨강

『왜 빨강은 종처럼 소리가 들리기보다 빨갛게 보이나(*Why Red Looks Red Rather Than Sounding Like a Bell*)』에서, 케빈 오리건(Kevin O'Regan)은 감각운동의 네 가지 자질에 대해 서술한다. 이 감각운동은 환경과 상호작용하는데, 이때 환경은 생각이나 상상, 혹은 환경 내 사물이 지닌 물리적 속성으로 환원될 수 없다: 풍성함 richness (염탐된 장면은 당신이 지어낼 수 있는 것 너머의 무한한 세부사항들을 제공한다), 신체성 bodiliness (감각적 입력에 영향을 미치는 신체의 동작들), 불복종함 insubordinateness (세계는 자신만의 삶을 가지고 있다; 사물들은 스스로 이동한다), 그리고 움켜잡음 grabbiness (감각적 영향은 그 인지와는 별개로 중요하다) (2010: 16). 현상적 경험이 있다는 것은 이러한 자질들에 대한 기술을 지니고 있다는 것이다.

***

뉴잉글랜드의 빨강은 그것이 현실적이 아닐 때에도 존재한다. 열다섯 살, 처음으로 술에 취해 집으로 돌아오던 밤, 나는 메인 스트

릿에 있는 커다란 느릅나무 아래서 오줌을 쌌는데, 마치 이 단풍으로 붉게 물든 나무들이 이 세상 밖에 친밀한 공공 공간을 만든 듯했다(Berlant, 2008을 보라).

***

나는 코치키윅Cochichewick 호수의 얼음창고를 찍은 오래된 사진을 우연히 보았다. 사람들은 호수에서 큰 덩어리의 얼음을 잘라 말에 이고는 사계절 얼음이 얼어 있는 얼음 창고까지 끌어오곤 했다. 그리곤 얼음을 여러 개의 덩어리로 잘라서 온 마을의 아이스박스로 배달했다. 얼음 창고는 설탕을 제조했던 집이 그랬던 것처럼 빨간색으로 칠해지지 않았다. 이 모든 노동에 대한 질문은 무엇이며, 왜 그들은 이렇게 했나?

***

신체는 붉음에 대응하도록 배운다. 예를 들어, 당신이 만약 머리를 돌린다면. 혹은 당신이 겨울 중 언덕 꼭대기에 있는 애디론댁Adirondack 의자에 앉아있다면. 당신은 벌거벗은 나무들 너머로 호수, 그리고 그 뒤의 언덕을 볼 수 있다. 겨울 하늘은 아름다운 청회색이다. 언덕 아래 양로원에 있으면서 보낸 힘든 시기를 보내며 그 시간을 잃었다. 거기의 벽과 침구의 색깔은 억제되어 있지만, 건물에서 나무로 만들어진 부분들, 그리고 해변 마을과 빽빽한 가을 나무를 지나는 길을 그린 사진과 그림에서 뉴잉글랜드는 자신의 존재감을 뿜어낸다. 여기서는 색이 상쾌한 냄새를 지닌다. 그들은 볼을 찌른다. 당신은 숨 쉴 수 있다. 이것은 빨강의 현상이 만들어 낸, 비상경계선으로 만들어진 구역으로, 주변과는 다른 막간interlude이다. 지금은 아니지만, 곧, 붉은 양동이들은 언덕 아래의 단풍나무에 걸릴 것이다. 그곳에서 몇몇 노인들은 여전히 산책을 하거나, 최소 산책했던 것을 기억하거나, 혹은 그 언덕의 만연한 빨간 색을 볼 것이다.

체크인하기

글쓰기는, 뉴잉글랜드의 빨강처럼, 우발징후적이거나 학계에서 획득한, 이미 알고 있는 지식을 표현하는 것이 아니다. 그보다, 참여하고 구성하는 현상적 방식이다. 그것은 잘 풀리는 일이 될 수도 있고, 감각을 자아내는 것을 조리해낼 수도 있고, 비판적 사고를 - 손쉬운 도덕주의나 나쁜 것을 좋게 날조한 것을 높게치는 - 나쁜 습관으로 만들 수도 있다. 글쓰기는, 빨강처럼, 경첩이 될 수 있다. 혹은 꼭 필요한 우회. 혹은, 표현성의 지점에 도달하는 현상적 지도학: 변덕이 심한 구조의 퀴어 수행성, 참여의 에너지학, 사물의 공동 자화comagnetizing(磁化).

『문제 없음(*Checked out OK*)』(2013)에서 코윈 에릭슨Corwin Ericson은 작은 마을인 서부 메사추세츠 문서에서 경찰 보고서를 꺼내 부드럽고, 사색적인 작은 덩어리의 현상으로 만들었다. 하위현상subphenomena이 튀어나와, 자신들만의 작은 선을 만들고, 엉킨다. 공동-인식corecognition의 형태로 목격된 어떤 것은 망상적인 것something saucy이 될 때까지 요리된다. 구성은 형태를 기준으로 나눈다. 기록의 조각들은 벌어지는 일들과 이를 경험 '너머의 것'으로 조율하는 반복적 행동을 포착하는 현상적 구성을 밝히도록 약간의 빛을 드리운다.

8월 4일 오후 2시 15분. 그리고 8월 6일 오전 11시. 웬델 로드Wendell Road에 사는 마을 주민이 경찰에게 이렇게 이야기했다. 누군가가 자신 소유지에 있는 나무 가지들을 제거하기 위해 가지치기 기계를 이용해 왔었다고. 경찰은 실제로 손상을 입힌 것은 호저때문이라고 판단했다.

오전 9시 14분. 브룩 에스테이츠Brook Estates의 집에 혼자 있었다고 보고된 어린이는 사실은 어른이었고, 괜찮았다고 경찰은 결론 내렸다.

오후 2시 38분. 스프링 스트리트Spring Street에 있는 차 창문을 들여다 보고 있던 수상한 남자가 보였는데, 이 사람은 버스를 기다리고 있었던 시각장애인 남자로 판명되었다.

오후 6시 34분. 한 무리의 남자들이 하크니스 로드Harkness Road에 못이 있는 나뭇가지를 놓아두었는데, 이는 알고 보니 소나무가지였다.

오후 4시 50분. 퍼퍼Puffer의 연못에서 수영하던 사람이 보고하길, 무기와 -휴대용 무전기를 들고 있던 세 명이 그 구역에서 어슬렁거리고 있었다고 한다. 경찰은 비밀 탐정국 직원들이 일을 하고 있었다고 판단했다.

오후 4시 7분. 앰버트Ambert 거리의 거주민이 보고하길, 그녀의 뒷마당에 쓰레기 비닐봉지를 확 잡아채서 공격하는 광견병에 걸린 두더지가 있다고 한다. 거주민은 물 양동이로 두더지를 익사시켰다. 경찰은 두더지에게 광견병에 걸린 흔적이 없다고 보았다. 주민은 동물을 묻어주라는 충고를 들었다.

아침 10시 48분. 메인 스트리트Main Street 한 가운데에서 기어가는 남자는 오른쪽 차선에서 떨어지라는 경고를 받았다.

(차선 한복판을, 주로 핥으며, 기어가던 남자에 관해 다른 세 건이 보고되었다. 이는 작성된 구절이다.)

오후 2시 52분. 사우스 플레즌트 스트리트South Pleasant Street 하부를 가로지르는 노와턱Norwattuck 철도를 따라 쌓인 눈더미에서 자켓 두 개를 찾았다고 어떤 사람이 보고했다. 그 자켓은 의도적으로 놓아둔 것처럼 내버려져 있었다.

오전 9시 33분. 어떤 남자가 노쓰 플레즌트 스트리트North Pleasant Street에 있는 아파트의 출입구 잠금 장치를 핥고 있었는데, 경찰이 도착했을 때에는 가고 없었다.

(핥는 것이 또 있다)

오후 3시 28분. 벨처타운 로드Belchertown Road의 한 거주민은, 어떤 사람이 그녀의 아파트에 들어와 바나나를 먹었다고 말한 후, 이를 룸메이트에게 알리라는 조언을 들었다.

오후 5시 06분. 요술Witchcraft이 펠햄 로드Pelham Road 집에서 행해졌다는 의혹을 샀다. 요술에 대해 신고한 여인은 그 다음날 8시 28분에 다른 사기행각에 대해 보고하기 위해 경찰에 전화했다.

(수상한 행동이나 부당한 행위에 대해 강박적일 정도로 지켜보는 것에 대한 구절이 있다. 사람들은 24시간 문을 연다고 했던 가게가 새벽 5시에 열려있지 않거나, 혹은 아침 6시에 문을 열기로 했던 가게가 안에 사람들이 돌아다님에도 불구하고 6시 5분에도 열려 있지 않자 경찰에게 불평을 늘어놓는다.)

오후 4시. 경찰은 바츠 홈메이드Bart's Homemade의 경영진으로부터 보고를 받았는데, 문제를 일으킨 여자가 가게를 떠나지 않으려고 한다고 한다. 여자는 경찰에게 다음과 같이 말했다. 그녀가 파이 한 쪽을 달라고 부탁했지만, 자신은 그렇게 안 보이는데 가게에서는 파이가 얼었다면서 자신의 부탁을 거절했다고. 그녀가 다시 가게로 돌아갔을 때, 그녀는 그 파이가, 이미 해동된 후에 다른 고객에게 팔렸다는 것을 알게 되었다. 가게를 상대로 민원을 제기할 수 있다고 그녀는 경찰에게 말했다.

오후 12시 50분. 경찰은 고텐 오브 재팬Goten of Japan 레스토랑 근처 116번 도로 한 가운데에 사람의 손이 있다고 보고받았다. 경찰은 그것이 고무장갑이라 보고, 이를 치우기 위해 고속도로 부서에 연락했다.

(몇 달이 지난 후, 피에 흠뻑 젖은 장갑이 웨스트 스트리트West Street의 디비 마트DB Mart 외부 땅바닥에 있다고 보고되었다. 경찰들은 장갑의 정확한 위치를 찾아냈고, 원래는 장갑이 분홍색이었는데 달빛에 비춰져서 빨간 색으로 보인 것이라고 결론 내렸다. 거기에는 차 안에 앉아있는 사람들이 많이 있었는데, 이들은 그저 별을 보고 있었던 것으로 밝혀졌다.)

오전 10시 33분. 폰드뷰 드라이브Pondview Drive에 사는 주민이 자신의 소유지에서 위험하게 보이는 동물이 돌아다니고 있다고 신고했는데, 알고 보니 바람에 날리는 검은 비닐봉지였다.

오후 2시 47분. 빌리지 파크Village Park의 여인이 자신의 자동차 등록판 아래에서 브라우니를 찾았다고 경찰에게 말했다.

오후 6시 25분. 캠퍼스 연못 근처의 오리가 3일 이나 4일 동안 움직이지 않았다며 전화가 걸려왔다. 경찰관은 이를 조사했고, 의문의 오리는 목제 오리라고 결정 내렸다.

오후 2시 59분. 빌리지 파크Village Park 여인이 60와트 전구 4개와 크렌베리 빵 반죽 박스 4개가 주택에서 사라졌다고 신고했다. 경찰은 주거 침입이 있었는지 아닌지 확신하지 못했다.

오후 5시. 와이올라Wyola 호수 지역 주민은 그의 잔디밭에 위협적인 그래피티가 있다고 경찰에게 말했다. 경찰은 그 그래피티가 전화회사 직원이 그린 표시라고 결론지었다.

오후 9시 57분. 스테이션 로드Station Road의 주민은 그 지역에서 이상한 소리를 들었다고 보고했다. 경찰은 그 소리는 나무에서 부는 바람 소리라고 결론 지었다.

오후 9시 12분. 호킨스 메도우Hawkins Meadow의 여인은 집에 돌아왔을 때 변기가 오줌으로 가득 찬 것을 보고, 그녀가 집에 없을 때 누군가가 아파트에 들어온 것 같다고 경찰에 신고했다. 이 사건 외에도 변기에 타인의 오줌을 보고서 오줌을 누기 위해 누군가가 집에 침입을 했을 거라고 추정하는 여성 세 명이 또 있었다.

재현 너머의 것, 우리가 아는 것 너머의 것은 땅 아래까지 펼쳐져 있다가, 감각적인 현상과 구성적 도약의 음역으로 다시 돌아온다. 이는 관심을 끌고, 선들과 습관을 유발하며, 경로의 생태학으로 뻗어간다. 이 경로의 생태학은 우리가 주의를 놓쳤지만 조율되는 현재에서 일어나는 것들을 논의하는 데에 중요하다.

터싱Taussing이 발터 벤야민Walter Benjamin의 구성적 방법론에 대해 다음과 같이 썼듯이,

아편의 영향 아래 보이는 듯한 빨간 나비로 돌아가라, 양귀비 꽃이 들판을 채우고, 이비자Ibiza의 여름 실안개 안에서 진동하는 핏빛 빨강과 같은 색이니. 괴테로 돌아가라. 색은 인간 신체의 기능을 할지니, 이는 자연과 문화가 서로 관련을 맺는 계속되는 실험으로 보일 수 있다. 고대의 담쟁이덩굴보다 더 긴밀하게 얽혀져 있는 자연과 문화 그 사이, 바로 거기에 언어가 있다. (2009: 252)

빨강에 대한 것

이 빨강은 피비린내 나는 회색 빛깔의 산업화와는 거리가 먼, 나무와 페인트칠한 얼굴들, 전쟁의 색깔들, 가내 공업에 대한 꿈들이 무리지어 있는 것이다. 이것은 집 안에서 어루만져진 것이기도 하고, 경관의 발명이기도 하며, 사건과, 선, 그리고 부착물들이 얽혀 회전하는 어떤 장소에 네가 있기 위해 지불해야 할 비용이기도 한다. 이것은 물질을 통해 작곡한 구성적 방법이며, 세계되기를 향한 기울임이다. 위로 세게 치기, 형태와 물질 사이에서 나갔다가 다시 들어오는 순환의 반복. 이것은 분위기 있고, 감각적이게 되는 자질이고, 폭력과 돌봄으로 특징되는 잠재성의 생태이다. 장을 가로질러 뻗어 있는 표현성. 구성성에 대한 음역이자 인간과 사물이 실재를 향해 모험하는 모든 방법들이다. 계획들과 순간적으로 그렇게 되었을 지도 모르는 일들의 프리즘적 부채. 이것은 재현적인 것에 이질적이며, 그 너머의 능력이 된다. 이처럼 이 글에서는 빨강의 선들을 따라가는 비재현적인 방법, 즉 물질의 조각들과 영향의 선들이 연결되고 분기되며, 응고하고 발산하는 연관적 논리를 제안했다.

참고문헌

Anderson, B., & Harrison, P. (Eds.) (2010a). The promise of non-representational theories. In B. Anderson & P. Harrison (Eds.), *Taking place: Non-representational theories and geography* (1-35). Surrey, UK: Ashgate.

Anderson, B. & Harrison, P. (Eds.) (2010b). *Taking place: Non-representational theories and geography*. Surrey, UK: Ashgate.

Barad, K. (2010). Quantum entanglements and hauntological relations of inheritance: Dis/continuities, spacetime enfoldings and justice-to-come. *October*, 28, 240-268.

Berlant, L. (2008). *The female complaint.* Durham, NC: Duke University Press.

Berlant, L. (2011). *Cruel optimism.* Durham, NC: Duke University Press.

Conforti, J. (2001). *Imagining New England.* Chapel Hill: University of North Carolina Press.

Deleuze, G. (1994). *Difference and repetition.* Trans. P. Patton. London: Athlone.

Deleuze, G., & Guattari, F. (1987). *A thousand plateaus.* Minneapolis: University of Minnesota Press.

Dewsbury, J-D. (2010). Language and the event: The unthought of appearing worlds. In B. Anderson & P. Harrison (Eds.), *Taking place: Non-representational theories and geography* (147-160). Surrey, UK: Ashgate.

Doel, M. (2010). Representation and difference. In B. Anderson & P. Harrison (Eds.), *Taking place: Non-representational theories and geography* (117-130). Surrey, UK: Ashgate.

Ericson, C. (2013). *Checked out OK.* Hadley, MA: Factory Hollow Press.

Gaskill, N. (2009). Red cars with red lights and red drivers: Color, crane and qualia. *American Literature*, 81(4), 719-745.

Manning, E. (2008). Coloring the virtual. *Configurations,* 16(3), 325-346.

Manning, E. (2011). Fiery, luminous, scary. *SubStance,* 40(3), 41-48.

McCormack, D. (2010). Thinking in transition: The affirmative refrain of experience/experiment. In B. Anderson & P. Harrison (Eds.), *Taking place:*

Non-representational theories and geography (201-220). Surrey, UK: Ashgate. New England Red 3

McFadden, G. (1961). Probings for an integration: Color symbolism in Wallace Stevens. Modern Philology, *February*, 186-193.

Miller, J. H. (1964). Wallace Stevens' poetry of being. *English Literary History,* 31, 86-105.

Nelson, M. (2009). *Bluets.* Seattle: Wave Books.

O'Regan, J. K. (2010). Why red looks red rather than sounding like a bell. Humana. *mente*, 14, 5-24.

Peirce, C. S. (1931). *The collected papers of C.S. Peirce (Vol. 1).* Ed. C. Hartshorne & P. Weiss. Cambridge: Harvard University Press.

Pine, J. (2012). *The art of making do.* Minneapolis: University of Minnesota Press.

Seigworth, G. (1998). Houses in motion. *Antithesis,* 9, 9-24.

Shoemaker, N. (1997). How Indians got to be red. *American Historical Review*, 102(3), 625-644.

Stevens, W. (1954). *The collected poems of Wallace Stevens*. New York: Alfred A. Knopf.

Taussig, M. (2009). *What color is the sacred?* Chicago: University of Chicago Press.

Vannini, P. (2011). Mind the gap: The tempo rubato of dwelling in lineups. *Mobilities*, 6(2), 273-299.

Viking, S. M. (2004). *Red house: Being a mostly accurate account of New England's oldest continuously lived-in house*. New York: Viking.

역자 추가 참고문헌

질 들뢰즈, 펠릭스 가타리, 『천개의 고원』, 김재인 옮김 (서울: 새물결, 2001), 494쪽.

3 분위기적 방법

벤 앤더슨, 제임스 애쉬Ben Anderson and James Ash

우리는 어떻게 삶과 사유의 비재현적 배경background에 다가갈 수 있을까? 비재현 이론 전반에 걸쳐서 공유되는 주장은 배경이 중요하다는 것이다. 배경에는 비재현적 행동과 수행을 위한 일련의 정동적이고 체현된 조건들이 존재한다. 배경은 비활성화된, 자연적인 뒷무대가 아니라 집합적으로 생동하며 형성된 조건이다. 그렇다면 어떻게 재현적인 삶을 형성하는 조건들을 확정하려 하지 않으면서 연구할 수 있을까? 그리고 사회분석을 위해 이러한 조건들을 연구하는 것이 가진 문제점에 우리는 어떻게 집중할 수 있을까? 이 챕터에서 우리는 이 집합적인 조건, 즉 정동적 분위기들affective atmospheres을 연구하는 방법론적 과제에 대한 성찰을 통해 앞서 제기한 질문들을 다뤄보고자 한다.

사회과학에서는 최근 분위기 개념에 대한 문헌들이 급증해오고 있다(Adey *et al.*, 2013; Anderson, 2009; Ash, 2012, 2013; Stewart 2011). 이 문헌들은 정동과 정동이론에 대한 기존 작업으로부터 파생했거나 혹은 이를 발전시키기 위해 등장했다. 정동과 정동이론은 어떻게 철저히 재현적인 음역과 의미의 구조 밖에서 삶이 구성되는지 분석하는 탁월한 일련의 이론적 궤적이다. 비재현 이론에 있어서 정동으로의 선회는 종종 당연시 다뤄지는 몸과 공간의 관계, 그리고 인간과 비인간 몸 간 발생하는 조우에 대한 암묵적 효과implicit effect[1]에 관한 새로운 사고방식들을 열어왔다. 기존의 정동 관련 문헌이 개별화된 실현individualized actualization을 인간 몸의 특정한 감정적 상태로 집중한 것과 달리 정동적 분위기라는 개념으로의 선회는 정동적 삶의 확산된, 집합적 특성에 대해 생각해보기 위한 방식이 되어오고 있다. 애디 등(Adey *et al.*)이 아래와 같이 적었듯이,

> 정동적 분위기에 대해 생각하는 것은 어떻게 정동이 "집합적"일 수 있는지, 그리고 사람들 간에 옮겨질 수 있는지에 대해서도 주목하게 한다. 이러한 분위기들은 "일상생활 도처에 존재하는 뒷무대의 부분을 형성"하지만 동시에 이러한 뒷무대는 "강제적이며 우리가 공간에 거주하는 방식에 영향을 미친다"(Bissell, 2010: 272).(Adey *et al.*, 2013: 301)

분위기들은 삶과 사유의 "도처에 존재하는 뒷무대"의 부분임과 동시에 어떤 종류의 힘을 행사하기도 한다는 측면에서 비재현적 탐구 대상의 예시로 여겨지는 듯하다.

그럼에도 분위기라는 개념은 일련의 방법론적 과제를 준다. 애디 등(Adey *et al.*)은 실실적으로 "정확히 어떻게 현장field이 정동의 현장site으로 번역될 수 있는지, 그리고 어떻게 이를 연구할 수 있을 것인지에 대한 개념적 한계가 있다"(같은 책: 301)고 주장했다. 게다가 이러한 한계들은 두 존재나 개체가 어떠한 방식에 의해 서로 접촉하게 될 때 정동이 발생하는 마주침(혹은 조우)의 개념을 전제로 하는 정동의 이론화와도 관련된다. 이로 인해 어떻게 정동들이

1 역자 주: 이 표현은 심리학 용어인 암묵적 기억 효과(implicit memory effect), 즉 잠재적인 기억이 사람들의 행동에 영향을 미친다는 심리학 개념에서 비롯된 것으로 보인다.

이동할 수 있는지 혹은 어떻게 동일한 정동이 복합적인 몸들에 의해 경험될 수 있는지 묻는 여러 비평들이 제기되었다. 세이퍼트Seyfert의 말에 따르자면, "어떻게 정동이 몸들 간의 조우로 나타나는 효과로만, 이러한 몸들에 대한 외부의 힘으로만 일제히 정의될 수 있을 것인가?"(Seyfert, 2012: 29)

문제는 분위기가 조건인 동시에 조건 지어지는 것이라는 점이다. 정동적 분위기의 형성(즉 분위기는 어떻게 조건 지어지는가)에 대한 질문, 그리고 분위기가 무엇을 하는가(즉 분위기는 어떻게 조건 지으며 영향을 미치는가)에 대한 두 질문 모두를 연구하는 것은 어떻게 가능할 것인가? 비재현적 배경을 조건이자 조건 지어지는 것으로 이해하는 것은 정동적 분위기라는 개념에만 국한된 것은 아니다. 오히려 그 반대이다. 배경에 대한 강조는 어떻게 의미가 수행적 행위에서 나타나는지, 또 어떻게 사건이 삶에 어떤 다른 것을 도입할 기회를 불러일으키는지에 대한 세심한 주의와 더불어 비재현 이론 전반에 걸쳐 공유되어 있다. 배경은 환경milieu[2]이나 맥락과 같은 수많은 이름으로 불려왔다. 그러나 브루노 라투르(Bruno Latour, 2005)가 사회라는 개념에 대해 비판한 것과 상당히 비슷한 방식으로 맥락이나 배경은 해석의 논리에 걸려들 수 있다. 배경이 다른 무언가를 참조해 해명되거나 혹은 다른 무언가를 설명하기 위해 사용되는 식으로 말이다. 비재현 이론은 배경을 해석하는 환원론적 논리를 끊어낸다. 이는 비재현적 방법들이 비재현적 현상을 조건 짓

2 역자 주: 환경(milieu)은 비달학파가 지역을 인식하는 개념으로 "이질적인 사회 요소들을 조화시키는 역할(harmonizer)"(권정화, 2001, 84, Buttimer, 1971 재인용)을 하며, "사회적 존재로서 인간의 환경을 의미한다. 그러므로 인간 생활은 환경의 영향에 따라 수동적으로 결정되는 것이 아니라, 지역 주민들이 지닌 사고방식에 따라 동일한 자연환경이라도 다른 방식으로 이용하게 된다."(같은 책: 84)

는 것이자 동시에 비재현적 현상에 조건 지어지는 것으로 다루는 연구와 분석 스타일의 일부임을 의미한다. 모호하고 퍼져있으며, 찰나인 것처럼 보이지만, 분위기는 그럼에도 효과를 지니며 그 자체로 효과이다. 비재현적 방법들은 배경이 어떻게 구성되고 조직되는지 감지하고 밝히기 위해 배경이 사회분석방식에 제기하는 문제를 강화하고자 한다.

이 장은 분위기라는 개념과 관련해 강화된, 하지만 또한 다른 비재현적 현상과도 공유된 네 가지 정도의 문제적 사항들로 구성되어 있다. 우리는 이러한 문제적 사항들을 영국의 뉴캐슬어폰타인Newcastle Upon Tyne과 게이츠헤드Gateshead 내 국민보건서비스National Health Service, NHS 병원에서 대기했던 최근의 경험을 통해 논의할 것이다. 첫째, 만약 명명naming이 일반적으로 현상을 고정함으로써 환원하는 재현적인 행동으로 여겨진다면 어떻게 분위기에 이름을 붙이는 것이 가능한가? 집단 공황이나 공포 같은 특별히 강렬한 분위기들은 아마 쉽게 식별할 수 있을지도 모르나, 사회적 삶의 지속적인 유지 혹은 권력과 정치의 수행에 있어 사실 더 중요해 보이는 더욱 일상적인, 평범한, 매일 일어나는 분위기들을 분석하고 구별하는 것은 더욱 어려워 보인다. 둘째, 비재현적 조건들의 공존을 설명하는 것이 어떻게 가능할 것인가? 다시 말해, 분위기들은 같은 장소에 공존할 수 있는가, 혹은 분위기들이 존재하기 위해서는 상호 간 분리나 외면성이 요구되는가? 셋째, 우리는 힘을 행사하지만 또한 모호하고 퍼져있으며 찰나이고 막연해 보이는 현상의 인과적 동력들causal powers에 어떻게 민감해질 수 있을 것인가? 분위기들이 다른 참여자들과 섞이거나 혹은 분위기들 그 자체가 다층적인 상황에서 어떻게 하나의 분위기를 설명하거나 그 인과관계를 부여할 수 있을 것인가? 넷째, 만약 분위기들이 찰나라면 어떤 메커니즘이나 과정이 변화에 대한 분위기의 능력을 좌우할 것이며 또한 어떻게 이러한 변화들이 생겨날 것인가? 어떻게 우리는 직선적 승계모델을 재생산하지 않으면서 사유와 삶의 배경에 있는 변화에 대해 생각해야 할 것인가?

식별

아이를 앉혀 진정시키고 아픈 곳을 닦아낸다; 카운터 직원이 한 이름을 부르고 몇 분 후, 거래 차 사람들이 오고 떠나고, 이따금 형식적인 안전 절차가 적혀져 있는 포스터를 곁눈질한다; 어디론가로 향하는 문, 낮은 목소리들의 백색소음 같은 대화들. 머리 상처가 어때 보여, 어깨에 두른 팔, 팔에 어색하게 기대고 있는 머리. 우리 중 한 명은 어느 정도, 하지만 아주 많이 진정되지는 않은 아이와 함께 기다리며, 아이가 아프지 않기를 바란다.

아마도 우리는 뉴캐슬어폰타인 국민보건서비스 병원의 응급부서[3] 대기실 분위기를 불안한 기다림이라고 명명할 수 있을 것이다. 아마도 그것은, 만약 분위기가 '그것it'이라면, 응급상황에서의 절박과 기대로 더 적절히 이름 붙여질 수 있을 것이다. 아마도 더 나은 치료를 희망하는 불안한 기다림이 분위기를 자아내는 것일 것이다. 아마도 이 모든 이름임과 동시에 이 모든 이름이 아닌 것들이 이

3 역자 주 : 원문에는 A northeast A&E department라고 표기되어 있다. 영국의 국민보건서비스 병원의 응급부서를 A&E라고 부른다. 글의 저자가 간 곳은 NHS-The Newcastle upon Tyne Hospitals의 The Great North Major Trauma Centre and Emergency Department (A&E)로 보인다. 아이들의 응급상황을 다루는 전문가들이 있는 곳이다. 관련 링크: https://www.newcastle-hospitals.nhs.uk/services/emerg ency-department-ae/

방의 정동적 특질의 배경, 즉 결코 멀리 떨어져 있지 않은 삶과 죽음의 문제들을 표현하거나 반영하거나 혹은 상연하는 데 기여하는 것일 테다.

분위기들은 명명됨으로써 일상적으로 그리고 주기적으로 개별화된다. 물론 명명하기는 분위기들을 개입을 위한 주체로 만들기 위한 노력에 매우 중요하다. 명명하기는 이러한 점에서 실용적인 행위이다. 이름은 어떠한 개입을 통해 생산되기 위하여 종료 지점을 고정한다. 명명하기는 무엇이 존재being로 표면화될 수 있는지, 그리고 무엇이 분위기들의 익숙한 분류학의 일부가 될 수 있는지 특정한다. 명명하기는 또한 상황이나 사건을 이야기하기 위한 실용적인 방식이다. 이름들은 인식을 가능하게 하거나 가능하게 하지 않는 방식, 혹은 인식을 잇는 방식으로 분위기들에 귀속된다. 그러나 명명하기는 또한 분위기들 내에서 그리고 분위기들과 더불어 진행되는 연구의 부분으로도 일어난다. 여기에서 이는 비재현적 접근에 영향을 받은 분석에 있어 더한 문제점을 야기한다. 즉, '재현적 경제 내부에 고정하기'라는 하나의 특정한 기능으로 명명(의 역할)이 과소화될 수 있다. 이러한 이해에서 명명하기는 무엇이 진행 중인지, 무엇이 확정적인지 혹은 무엇이 불확정적인지에 대한 논의를 동결시켜버리곤 한다. 이런 경우 분위기, 혹은 일련의 분위기들은 이름의 통일성 내로 틀어박히게 된다. 이 과정에서 잃게 될 것은 바로 규정되지 않고 어름어름하게 존재하는 조건으로의 분위기이다.

분위기들은 갤러웨이와 새커(Galloway & Thacker, 2007: 11)가 "이름-붙여질-수-없는-개체에 대한 집요한 이름 붙이기"라고 부른 것처럼 비재현적인 것의 낯선 부류로 나타난다. "명확하고 즉각적인 것은 그늘지고 알려지지 않은 것과 같다"(같은 책: 11). 그렇다고 할 때, 문제는 이름이 그 지시물을 놓친다는 감각뿐 아니라 재현과 지시물 사이의 구분이 재현의 특정 버전의 효과라는 감각이 분위기뿐 아니라 다양한 비재현적 현상들 사이를 가로지른다는 것이다. 설사 그 분위기의 내부 혹은 분위기 외부로 막 빠져나간 것들로부터 주기적으로 이름을 짓는다고 할지라도, 명명을 의심하게 하는 그 무언가, 비재현적 방법론 관련 책에 거북한 듯 앉아있는 것처럼 보이는 무언가가 있을 것이다.

명명과 관련해서 더 할 얘기가 많이 있지만 분위기들과 재현을 연구하는 것과 관련해 너무 일차원적인 이야기만을 재생산할 위험이 있다. 특히 재현적인 것과 비재현적인 것의 차이에 대해 짐작하는 것, 그리고 재현의 일차원적인 이해만을 재생산할 위험이 있다. 대안적인 재현적 실천과 전략들을 요약하기 위해 대기실 안에 공존하던 분위기들을 이름짓기 주저하던 우리로 돌아가 보자. 분위기들의 이름을 증식시키는 것은 분위기가 고정적인 성질과 능력을 지닌 확정적인 것인가에 대해 질문함으로써 분위기들의 휘발성, 혹은 그들의 애매모호하고 불확정적인 상태에 응하는 한 방법이 될 수 있을 것이다. 또 다른 재현적 전략으로는 이름의 그릇된 방향에 대한 힌트를 주거나 혹은 그릇된 방향을 통해 삶과 사상의 배경에 이름붙이는 것이 내재하고 있는 긴장을 인정하면서 분위기에 주어진 이름에 아리송해하는 것이다. 또 다른 재현적 방법은 조우하게 되는 모든 배경에 멋진 새로운 이름들을 발명해서 분위기에 보편적인 서술어descriptors들을 들먹이는 것을 거부하는 것이다. 인식을 참작하지 않는 이름들, 헷갈리는 이름들, 공명하는 이름들. 모든 분위기를 위해 새로운 이름들을 개발하는 것은 이런저런 분위기의 특이성과 그 환원불가능성을 긍정하는 것일 수 있다. 여기에서 이름은 선반에서 끄집어내져서 상황에 갖다 붙이는 식이 아니게 될 것이다.

그러나 우리가 명명을 서술과 추론의 조합을 포함하는 방법론적 수행으로 생각한다면 명명이 하는 일에 대한 다른 감각을 가질 수 있을 것이다. 이때 이 수행은 이름 없이는 분위기와 직면할 수 없음을 인정하지만, 동시에 명명을 분위기의 발산에 지향을 두는 하나의 행위로 다루는 것이다. 분위기를 명명하는 것은, 첫째, 특정 분위기의 개별성 및 다른 분위기들과의 다름을 인지하는 것이다. 명명은 그렇다면, 이름 지은 것에 대한 현존을 전제한다. 이는 이런저런 분위기의 개별화를 현존하게 하는 연구 과정과 더불어 나타나는 분위기에 하나의 독자성을 부여하는 과정의 부분이다. 특히, 명명은 분위기의 구성 및 어떠한 앙상블로부터 연유된 분위기의 발산을 조율하는 서술의 수행에 관한 행위이다. 수행으로서 명명은 하나의 이름이 분위기의 특정한 정동적 특질과 부합되기 이전에 많은 이름들이 시도되는 것일 수 있다. 이러한 점에서 명명은, 일정 부분, 연구자가 어떻게 분위기를 지향하는 동시에 같은 분위기 내에 머무르는가로부터 나타난다.

식별은 부분과 조각의 다면성으로부터 기인하는 분위기의 조립적 자취들을 포함하는 지속적인 과정이다. 하지만, 두 번째로, 명명하기는 또한 이름을 넘어서는 무언가를 유발하는 행위이며 어떻게 불확실성이 분위기에 독자성을 부여하는 과정에 내재하고 있는지 시사할 수 있다. 우리는 우선 어떤 이름이든 어떠한 분위기의 특이성과 보편성을 끌어낼 수 있다고 말할 수 있을 것이다. 이름은 어떻게 특정한 분위기가 발산하는가에 대한 특수성에 관해 말한다는 점에서 특이하다. 이는 이름의 통일성을 명확하고 분명하게 넘어서는 무언가에 손짓한다. 이름은, 그럼에도 불구하고, 또한 보편적이다.

이름은 다른 분위기들과의 공통성과 다름에 손짓한다. 이는 우리로 하여금 분위기들이 발산하고 또한 동시에 분위기들이 영향을 미치는 방식들로부터 형성되는 앙상블 사이 공유되었을 무언가에 대해 숙고하게 한다.

그렇다면, 조금은 다른 방식으로, 어떻게 명명하는 행위가 분위기의 독특함에 무언가를 유발하는지, 그리고 어떻게 분위기가 영향을 미치는지에 대해 강조할 수 있을 것이다. 아마도 특정한 분위기는 다른 분위기들을 불러일으키면서 이름 그 자체로 부착되는 것일지도 모른다. 라일리(Rliey, 2005)는 이름들에 각각의 톤이 있음을 우리에게 상기시킨다. 이름들은 움직인다. 명명의 역할이 분위기의 개별화를 지향하는 것에 있음을 강조함을 통해 우리는 명명을 비재현적 방법에 역행하는 어떤 재현적 행위로 평가절하하는 것으로부터 구하고자 한다. 아리송하든 독창적이든, 혹은 다른 방식으로 명명하든 간에 명명은 분위기들 사이에서 분위기를 하나의 개체entity로 이끌어낸다. 명명의 행위는 분위기들이 삶과 사고를 위한 조건의 일부인 실제 현상들이면서도, 그 현존은 언제나 문제적인 기묘한 현상들이라는 분석의 시작점에 우리가 설 수 있게 해준다.

공존

한 무리의 사람들이 정사각형의 대기실에 앉아있다. 대기실 옆 복도에는 다양한 검사와 치료를 위한 방들이 늘어서 있다. 검안부서에 자리한 그 방은 병원에 와 일반 대기구역에서 예약을 하고 간호사나 의사에게 진료받기를 앞둔 환자들에게 앉을 자리를 제공한다.

이곳에 온 환자들은 모두 눈과 관련한 문제를 가지고 있다. 그들은 기다린다, 다른 환자들이 (혹은 그들 자신도) 어느 정도의 심각한, 혹은 일반적인 의료 문제로 고통받고 있는지 모르는 채로. 다른 환자들이 대기실의 벽을 따라 닫혀있는 문들 뒤에서 어떠한 치료를 곧 경험하게 될지 모르는 채로. 아마 몇몇은 일반적인 시력검사를 하러, 몇몇은 좀 더 외과적인 조치를 위해, 몇몇은 불분명한 질환에 대한 진단을 받으러 왔을 것이다. 각 개인의 의학적 상태에 대한 이러한 모호함은 검사실 혹은 치료실에서 무엇이 일어날지 아는 것에서, 혹은 모르는 것에서 기인하는 공포, 기대, 혹은 평온과 함께 대기실에 다양하게 모여든 몸들을 통합하거나 혹은 이들에게 고루 스며든 포괄적 분위기를 알아내기 어렵게 한다. 어떤 부모들은 안도하고, 어떤 부모들은 긴장하고 불안해한다. 한 젊은 남자가 바닥을 바라보면서 발을 톡톡 두드리는 동안 두 나이 든 여인들은 텔레비전 연속극와 이민에 대해 이야기한다.

공포나 공황과 같은 포괄적인 하나의 이름으로 분위기의 톤이나 느낌을 요약하고, 분위기의 단일한 느낌이나 톤이 특정한 상황이나 환경을 좌우하거나 지배할 능력을 가지고 있다고 가정하는 것은 혹할만한 일이다. 이러한 전략은 아마 앞서 기술했던 대기실을 구성하는 몸이나 사물의 어셈블리지가 분위기의 불확실성이나 애매모호함을 생성했다고 제안할지도 모른다. 예를 들어, 나이 든 여인들이 느긋하고 수다스러워 보이는 반면, 다른 환자들은 긴장하고 불편해 보인다는 식으로 말이다. 그러나, 다시 이 간단한 삽화로 돌아오면, 대기실이 단 하나의, 포괄적인, 혹은 지배적인 분위기로 구성되었다기보다는 접촉하고, 닿고, 스쳐 가는 다양한 분위기들로 구성되어 있다고 주장할 수 있을 것이다. 이야기를 나누는 두 여인들은 편안해 보이며, 표면적으로 공적인 주제와 텔레비전 쇼에 대해 안정되고 부드러운 태도로 나누는 그들의 대화는 차분한 유쾌함의 분위기를 보강하고 증폭시키면서 대기 중인 다른 환자들에게 닿아 그들을 대화로 끌어들인다. 동시에 이 대화에 참여하고 싶지 않았던 대기실의 몇몇 사람들은 일상적인 수다에 말려들지 않기 위해 머리를 바닥으로 숙이거나 대화가 이루어지는 곳이 아닌 곳으로 고개를 돌렸다. 이 환자들은 앉은 자리에서 크게 한숨 쉬거나 좌우로 계속 자세를 바꾸는 등의 신체언어와 행동들을 표현함으로써 꺼리거나 두려워하는 행동거지를 더욱 발산하고 있었다. 이러한 힘들과 그 힘들에 연관된 정동들(내키지 않음, 침착함, 잠재적 우려와 같은)은 서로 경쟁한다기보다는 직접적인 충돌이나 경쟁 없이 함께 존재하고 있었다. 이 예시에서 하나의 분위기가 다른 분위기를 압도하거나 말소하는 식의 명확한 지배적 관계는 존재하지 않았다. 달리 말해, 이 다층적인 분위기들은 정동적으로는 별개이면서 상호 접촉하거나 닿아있는 것으로 보인다. 분위기의 비재현적인 분석을 효과적으로 하기 위해서는 이러한 형태의 접촉과 닿음에 대해 어떻게 이야기할 것인가에 대한 이해가 필요하다.

이러한 측면에서 장-뤽 낭시Jean-Luc Nancy의 접촉touch 이론에 대한 그레이엄 하먼Graham Harman의 독해는 유용한 시사점을 제공한다. 하먼이 주장하였듯,

> 무언가와 접촉한다는 것은, 비록 만지는 객체들이 함께 더불어 융합되지 않고 여전히 별개로 남아있는 상황에서조차도, 그것과 닿는다는 것이다. 접촉하는 것은 또 다른 무언가에 속해있는 표면을 어루만지지만 절대 그 표면을 소유하거나 소비하지 않는 것이다. 접촉은 존재들 간 특정한 거리를 요구하지만 또한 그들이 만날 수 있는

접촉면을 필요로 한다. (Harman, 2012: 98)

앞서 논의한 예시들과 연관해서, 대기실의 다양한 몸들과 사물들에서 발산된 분위기들은 접촉했지만 서로 단순히 섞이거나 융합되지 않았다. 오히려 그들은 별개의 현상으로 존재했다. 대기실에 앉아있던 두 여인의 목소리의 음파와 억양은 몸을 돌리거나 눈길을 돌리는 식으로 대화에 참여하기를 더욱 꺼리는 환자들의 몸에 영향을 줬을 수는 있지만, 그 목소리들에서 배어나온 분위기가 내키지 않는 분위기를 압도하지는 않았다. 이러한 경우, 분위기를 구성할 수 있는 정동들은 분위기를 변화시킬 수 있는 다른 정동들을 완전히 놓칠 수 있다. 하먼은 장지문paper screen과 같은 간단한 예를 통해 똑같은 환경 내에 있을 때조차 서로 '놓치'거나 접촉하지 않거나 영향을 받지 않는 사물들에 대해 언급한다:

> 우리는 상류층의 방들을 나뉘었던 동양 장지 타입의 문을 생각해볼 수 있다. 이 문들은 등불을 은은한 빛으로 여과한다. 이러한 장치는 지속적으로 쌓이는 먼지 입자나 문에 튕겨 나가는 자갈 조각에는 가공할만한 장벽을 제공한다. 그러나 방을 통과하느 부드러운 빛은 이 문을 오직 부분적인 장애물로만 마주하게 된다. (Harman, 2002: 31)

분위기들은 엄밀히 말해 서로를 융합하거나 녹이지 않고 공존할 수 있다. 이는 분위기를 만드는 사물과 몸들이 온전히 쌍방향적이거나 접근 가능한 일련의 관계로 존재하지 않기 때문이다(Ash, 2013도 보라).

우리는 더 나아가 몸의 무게와 질량을 구분하는 낭시의 논의를 통해 어떻게 분위기들이 같은 환경에서 공존하면서도 서로에게 필연적으로 영향을 미칠 필요 없이 별개로 분리되어 나타날 수 있는지 설명할 수 있다. 『코르푸스(*Corpus*)』에서 낭시(Nancy, 2008)는 몸의 무게는 다른 것들에 영향을 발휘한 것인 반면, 것[a thing]의 질량은 이를 구성한 물질의 양이라고 주장한다. 무게와 질량을 비교하면서 "낭시는 몸이 다른 몸에 행사하는 무게와 자신의 내부에 집중하는 질량을 비교한다…여기에서 상호 관계의 무게는 명확한 우선순위를 갖는다"(Harman, 2012: 100). 낭시에게 있어 몸이나 사물은 그것의 경계로 정의되며, 그 경계는 그 몸이나 사물 외 무언가와의 관계로 결정된다. 하먼의 독해에서, 낭시에게 있어 것[a thing]에 경계를 갖게 하는(그럼으로써 그 경계를 정의하게 하는) 가장 주요한 것은 몸들간 상호적인 무게짓기[weighing]이다. 그러나 동시에 무게짓기 과정은 고유한 것이자 다른 것들과의 조우에 선행하는 것[a thing]의 질량이 있기 때문에 가능하다. 것의 비관계적 질량과 관계적 무게는 그러므로 서로 얽혀있다. 그러나 다른 것들과 닿거나 접촉했을 때 떠오르는 것은 것[a thing]의 질량이기보다 무게이다.

이를 분위기의 언어로 번역하면, 질량은 다른 것들과의 관계적 배열에 따라 영향을 미칠 독특한 잠재력을 가진 개별 물체이자 몸의 특징 혹은 성질을 말한다. 무게는 주어진 상황에서 실제로 발생해서 특정한 분위기를 형성한 사물 간의 선택적인 관계에서 떠오른 정동을 의미한다. 달리 말하면, 몸들이나 사물들은 영향을 미칠 능력을 구체화할 질량을 가지고 있지만, 그렇다고 꼭 반드시 서로를 내리누르지는 않는다. 예를 들어, 음파가 콘크리트 블럭과 물리적으로 접촉한다고 하더라도 음파는 콘크리트 블럭에 영향을 미치지 않을 수 있으며 그렇기에 콘크리트 블럭과 연관된 분위기를 구체화하지 않거나 분위기 형성에 기여하지 않을 수 있다. 동시에, 사물의 측면이 서로에게 닿아 영향을 미칠 때, 이는 정동적 소통을 발생시켜 분위기를 형성하는 상호적 무게짓기를 창출할 수 있다. 비록 보기에는 추상적일지라도, 무게를 갖는 것으로서의 분위기는 실제로 흔히 사람들이 '무겁다'고 말하는 상황이나 '가볍고 경쾌한 느낌'으로 방을 표현하는 것과 같은 살아있는 경험과 조화를 이룬다.

선택적으로 서로 마주치는 사물에 대한 이해와 더불어 우리는 비관계적 질량과 관계적 무게의 구별을 통해 어떻게 분위기들이 상호적으로 서로에게 외부로 남아있으면서도 다수의 같은 몸들과 사물들로 구성될 수 있는지 이해할 수 있다. 예를 들어 방에 앉아있던 여인들이 그들 목소리의 특정한 소리와 억양을 통해 일으킨 정동들은 확장되어 대기실에 있던 다른 환자들의 몸들과 만났다. 대부분의 환자들은 이에 영향을 받아 몇몇은 몸을 돌려 대화에 참여했고 몇몇은 고개를 돌렸다. 이 경우, 이 동일한 정동은 이 조우에 포함된 몸들에 다른 영향을 미쳤다. 몇몇 정동들은 접촉했고, 소통했고, 서로를 견주며 분위기를 일으킨 반면, 다른 경우 특정한 몸들이나 사물들은 접촉했지만 서로 소통하지 않았거나 서로를 놓쳤기에 분위기의 바깥에 남아있었다. 다른 경우로는 한 환경에 있는 몸들이나 사물들이 서로 전혀 접촉하지도, 소통하지도 않는 경우를 들 수 있다. 결국 이러한 접촉, 소통, 그리고 비접촉의 관계들은 다른 효과들을 발생시킴으로써 또 다른 분위기를 창출한다. 유쾌한 대화와 정중한 불만. 이 두 분위기는 이들이 별개로 남아있는 동안에도, 심지어 특정한 사물들과 몸들이 동시에 양 분위기에 관여할 때조차도 결정적으로 똑같이 현재적이다. 검안 병동에서 이 두 분위기의 무게짓기를 통한 공존은 결국 치료나 진찰을 위해 기다리고 있던 환자들에게 이들 간의 차이와 다름을 강조하고 부각한다.

비재현적 방법의 측면에서 어떻게 사물들이 선택적으로 서로 조우하고 무게를 재거나 혹은 무게를 견주는 데 실패하는지 이해하는 데에는 쇼 등(Shaw *et al.*, 2013)이 '관점 존재론standpoint ontology'으로 발전시킨 논의가 도움이 될 것이다. 쇼 등은 모기를 언급하면서 관점 존재론을 "세상-안에-존재하는 굉장히 특정한 경험으로서 불가피하게 부분적이며 파편적인 살아있는 경험"(같은 책: 263)을 보는 것으로 파악했다. 모기의 관점을 점유하기 위해 그들은 "몰적 형태의 이면을 파고들어 환경과 유기체가 서로 고동치는 이온과 불꽃의 화학적 작용의 세계를 발견하는 것"(같은 책: 263)이 필수적이라 제안한다. 쇼 등의 관점 존재론은 살아있는 것들에 제한된 시각을 가정한다. 분위기를 공부하기 위해 관점을 발전시키고자 한다면 연구자는 사물이나 힘이 어떻게 다른 것들을 마주치는지 고려할 때, 살아있는 것들뿐 아니라 살아있지 않은 다층적인 개체들의 입장 역시 점유하려는 시도가 필요할 것이다.

분위기들의 공존에 대한 비재현적 접근은 모든 사물이 분위기에 똑같이 영향을 미치거나 무게를 견줄 잠재성을 가지고 있다는 것을 제안하기 위해 살아있고 죽은 물질 간 구별을 평평하게 하고 파괴하는 것을 포함한다. 다양한 사물의 관점에 집중하는 것은 단순히 사물들의 성질에 대한 리스트를 만드는 것만을 의미하지 않는다. 오히려 분위기에 대한 비재현적 접근은 사물의 잠재성만큼이나 분위기 내 현존하는 다른 몸들이나 사물들에 의존적인 관계의 실제적인 양상들 역시 고려한다. 앞서 말한 예시에서 우리는 대기 중인 환자들의 한숨에서 내쉬어진 공기의 힘과 도달 정도, 부피, 음색 등을 관점으로 하여 분위기에 대한 조사를 시작할 수 있을 것이다. 혹은 어떤 특정한 불빛을 빛어내며 대기실을 푹 적시고 있는 백열전구로부터 조사를 시작할 수 있을 것이다. "모사mimesis가 불가능하다"(Vanini, 이 책: 12)는 비재현적 확신에 따라 백열전구의 관점을 점유하고자 시도하는 것은 정말 백열전구가 되는 것이 어떤지 혹은 공기 내 숨결이 되는 것이 어떤지 이해하기 위한 시늉을 하는 것이 아니다. 오히려 이는 인간의 의식적 인지 혹은 인간들에게 전혀 현상적으로 나타나지 않는 문턱 이면에 존재하는 교환과 소통의 형태에 집중함으로써 분위기들의 공존을 구체화하는 한계와 경계에 대한 질문을 열기 위함이다.

인과적 동력들

분위기 간의 공존 및 그 경계, 한계, 그리고 농도를 결정하는 상황이 발생하는 것(혹은 발생에 실패하는 것)은 정서적 상호작용 유형들의 대상이자 골자이며 바로 그 특성이다. 그럼에도 분위기들은 환원불가능한 현상들이다. 분위기는 분위기를 구성하는 관계들에 완전히 분리되어있지도, 그렇다고 해서 그 관계들에 의해 온전히 결정되지도 않는다. 분위기의 환원불가능성을 강조하는 것은 분위기의 낯설고 모호한 인과력으로 우리를 향하게 한다. 응급대기실 내 갑작스러운 울음으로 놀람이 파문처럼 번져나갔던 순간을 또 다른 예로 생각해보자.

오후 2시 40분쯤이었고, 방은 조용했다. 사람들은 아파 보였다. 몇몇은 걱정하고 있었고, 다른 몇몇은 대개 조용히 졸고 있었다. 의사들이 오갔고, 사람들은 오고 떠났다. 두 보호자는 피곤한 채로 깨어있었다. 딸은 엄마의 어깨에 아늑하게 자리 잡고 자고 있었다. 그러다 갑자기 울기 시작했다. 그 울음소리는 우리가 들어보지 못한 것이었다. 그 소리에 우리는 소스라치게 놀랐고 무서웠다. 언제 의사를 볼 수 있는 거야? 물어봐야 하나? 그 소음은 다른 사람들을 동요하게 했다. 그들은 우리 쪽으로 몸을 돌렸고, 몇몇은 우리 딸을 흘깃 쳐다보았다. "불쌍한 것." 한 남자가 작게 말했다. 그의 파트너라고 우리가 추정한 사람이 고개를 끄덕였다.

한 편으로, 방의 분위기들은 기다림이 일어나는 방식을 좌우한다. 분위기는 어떻게 그 분위기가 정착 혹은 조금 옮겨가는지, 그럼에도 어느 정도 머물기를 지속하는지와 같은 행위를 구체화하는 준-자율적인 실재를 가지는 듯하다. 아마도 분위기는 우리가 더 명확한 물질적 조건들에 부여해왔던 견고함에 대한 감각을 결여한 채, 상황과 사건이 일어나는 방식의 일부가 되어감을 통해 영향을 미치는 듯하다. 다른 한 편으로, 분위기들은 그들 스스로 발산하는 부분과 조각의 앙상블로 조건 지어진다. 우리는 아마도 분위기를 결정짓지 않으면서 조건 짓는 요소들에 대한 열린 결말의 리스트를 만들 수 있을 것이다. 이를 작성해보는 것은 그 자체로 이런저런 분위기들의 (비)물질적인 이종성의 '기원들'에 대해 다시 일깨워주는 행위이다. 분위기의 '기원'에 대한 베넷(Bennett, 2010: 33)의 이해에 따르면, 그 '기원'은 분위기가 아래와 같은 요소들의 열린 결말의 리스트를 어떻게 발산해야 할지 중재하는 "힘들에 지시하는 복잡한, 동적인, 이질적인 존재"이다.

… 응급처치 체계와 필요에 따른 우선순위 시스템

… 자고 있는 아이

… 흰 벽, 피, 아픔
… 공감의 실천과 표현
… 낯선 이들과 함께 있는 것
… 울음, 울음의 부재
… 권태로움의 파동
… 질병과 고통의 불확실한 공통성

우리는 어떻게 이러한 앙상블의 효과이지만 또한 동시에 특정 상황이나 사건에서는 그 자체로 인과적 동력인 환원불가한 현상으로서의 분위기를 조율할 수 있을까? 이 질문에 대한 미켈 뒤프렌(Mikel Dufrenne, 1976)의 견해는 분위기라는 용어에 대한 숙고에 핵심이 되어왔다. 현상학자인 뒤프렌은 분위기를 일련의 분리된 부분으로 분해할 수 없는 '전체적 효과'라 강조한다. 심미적 분위기에 초점을 맞추면서 뒤프렌은 "모리스 라벨의 죽은 왕녀를 위한 파반느의 멜랑꼴리한 우아함, 세자르 프랑크의 찬송가의 찬란함, 혹은 클로드 드뷔시의 아마빛 머리의 소녀의 다정한 세심함은 환원될 수 없다"(같은 책: 327)고 강조한다. 분위기가 요소들의 세트로 구성되는 반면, 고유한 정동적 자질로서의 분위기는 이를 초월한다. 뒤프렌의 논의에서 동의하지 않는 부분도 있긴 하지만, 뒤프렌이 분위기를 '전체적 효과'로 강조하는 것은 흥미롭다. 왜냐하면 그의 이러한 강조는 이미 부여된 방법론적 권위에 기반하여 어떤 특정한 분위기를 관계적 네트워크의 이차적인, 활기 없는 산물로 환원하곤 하는 방법론에 의문을 제기하기 때문이다. 그렇다면 어떻게 분위기의 인과적 동력에 접근할 수 있을까?

분위기가 발산하는 방법을 생각해보기 위해서는 하먼(2010)이 선형 당구공 인과linear billiard-ball causation라고 불렀던 것이 유용할 것이지만, 분위기들은 다른 요소들을 스미게 하고 섞이게 하는 등 요소들을 휩싸기 때문에 분위기의 조합됨을 효과와 결정요인으로 분리하고자 하는 시도는 엄밀히 말해 불충분하다. 다시 응급대기실의 풍경으로 돌아가 보자. 원인과 효과 혹은 조건 짓고 조건 지어지는 것을 어떻게 분리할 것인가? 델란다(Delanda, 2005), 코널리(Connolly, 2005), 그리고 다른 여러 사람들이 '효율적 인과성efficient causality'라고 불렀던 용어로 말할 수 있는 경우가 있을 수 있다. 효율적인 인과성은 분위기적 효과가 결정요인에 의한 것이며, 그 효과는 특정 궤적의 세트에 직선적인 방식으로 진행된다는 것이다. 방법론적으로, 우리는 분위기들이 무엇을 하는가에 대한 질문을 열어놓기 위해 이러한 경우가 있을 가능성에 열려 있을 필요가 있다. 그러나 우리는 또한 분위기들이 무엇을 하는지에 대해 대안적인 조율 방식을 제공할 다른 형태의 인과관계를 실험할 필요가 있다.

분위기가 무엇을 하는가에 대해 접근할 때에는 윌리엄 E. 코널리(William E. Connolly, 2011)의 '창발적 인과성emergent causality'로부터 배울 게 있을 것이다. 코널리는 '창발적 인과성'을 원인이 효과가 되거나 그 반대일 수도 있는 과정이라고 묘사하였다. 이는 어떻게 분위기와 같은 것이 요소들의 집합적 효과이자 동시에 발산된 요소들의 집합을 적극적으로 변화시키는 중재적 힘인지에 대한 좋은 감각을 가지게 해준다. 분위기의 인과적 동력은 그러나 오직 다음과 같은 변화를 통해서만 드러난다.

> 창발적 인과성은 인과적이다. 확정된 관계만으로 형성된 망에 환원적으로 인과적이라기보다 특정 힘-장force-field 내의 움직임이 다른 움직임의 변화를 유도한다는 점에서 그러하다. 하지만 또한 그런 의미에서 창발

적 인과성은 창발적이다. 첫째, 또 다른 장으로 전해진 몇몇 난기류는 창발하는 효과를 통해 어렴풋하게 도착하기 전까진 언제나 구체적으로 인식할 수 있는 것은 아니다. [그리고] 둘째, 새로운 힘들은 창발적 현상의 바로 그 조직에 어느 정도 불어넣어지기에 인과적 요인은 후자의 장latter field과 완전히 분리되어 있지 않다(같은 책: 171).

비록 분위기에 대해 직접적으로 논의하지는 않았지만 코널리는 어떻게 분위기가 집합으로부터 발산하는 효과이면서 동시에 그 자체로 어느 정도의 무게를 가지고 있는 원인인지에 대해 생각하게 한다. 분위기는 몸들이 하는 것의 효과를 음역화하기 전에는 그 분위기의 성격을 잘 알 수 없다는 점에서 '창발적 원인'이다. 분위기는 바로 그 육체적인 느낌을 통해 표현된 것, 그리고 감정과 다른 행위를 통해 자질화된 것들을 통해 드러난다. 앞서 말한 삽화에서, 분위기는 포옹 및 발화되거나 간접적으로 표현된 공감의 말의 범주를 포괄하는 우려의 행위를 통해 창발되고, 반영되고, 또 시연되는 듯하다. 아마도 분위기는 그러한 행위들, 그리고 또 다른 행위들에 의해 불어넣어지는 듯하다. 분위기는 부재/현존와 주관적/객관적의 구별에 관해 모호할 뿐 아니라 원인과 효과의 차이에 관해 모호하다. 분위기가 다른 것들에 모호하게 무게 지어지는 것도 이러한 감각에서다. 그들은 서로에게 우연히 효력이 있는 요소가 되지만, 이는 엄밀히 말해 그들 주위를 휩싸고 둘러싼 그들의 모호한 상태로 인해 불분명하다. 삶을 조건 짓게 하는 특정한 방식의 상황과 장소, 사람, 혹은 것을 느끼기 위한 정동적 제안, 끝나지 않는 유인으로 분위기를 이해할 때, 분위기는 더 잘 연구될 수 있을 것이다.

변환

분위기들은 변화한다. 응급실에서의 울음이나 검안부서 이곳저곳에서의 대화와 같은 예시에서 충분히 보았듯 말이다. 그러나 문제는 분위기의 접촉과 무게를 유지한 채로 어떻게 그리고 어째서 그 분위기가 변화하는지 명확히 이해하는 것이다. 분위기들의 공존을 고려한다면 극단적으로 전염적이거나 지배적인 분위기, 예컨대 집단 공황이나 공포는 일상 경험의 평범함을 이루는 다양한 사소한 분위기들과 비교할 때 사실 흔치 않은 현상이라 할 수 있다. 이러한 경우, 분위기의 내부적 변화를 통해 발생하는 변환과 분위기가 다른 분위기와 만나 영향을 미칠 효력을 발휘하거나 해소하며 발생하는 분위기의 변화를 구별하는 것이 중요하다. 이러한 구별은 분위기를 비재현적으로 접근하기 위한 주요 열쇠인데, 이는 우리에게 분위기의 이해를 위한 지식과 형태의 잠재적인 방식들을 억제하기보다는 이를 증식시키는 미분[differentiations]을 도입할 수 있게 하기 때문이다. 결과적으로 이러한 구별은 연구자와 해당 연구의 우발적인 독자 모두가 분위기적 변환의 복합성에 관해 강화된 자각을 갖도록 돕는다. 다시 대기실의 예로 돌아가자. 다음 삽화를 통해 내적, 그리고 외부적 변환 사이의 차이를 구체화해볼 수 있을 것이다.

내시경 검사 병동, 한 여자가 치료실에서 나와 대기실에 나타났다. 그녀가 치료실에서 나오기 전까지 대기실은 고요했다. 잡지를 읽는 환자, 벽에 붙은 평평한 텔레비전 스크린을 보는 환자들이 있을 뿐이었다. 치료실을 나서는 여자는 눈에 띄게 속상해 보였다. 그녀의 코 한쪽에서 나온 튜브는 의료용 반창고가 붙여진 채로 귀 뒤쪽을 돌아 그녀의 목 아래 티셔츠 안쪽으로 들어가 있었다. 대기실에 앉아있던 그녀의 파트너, 친구, 혹은 친척으로 보이는 사람이 재빨리 일어나 그녀를 위로하려는 듯 다가갔다. 그녀는 외면한 채 방을 나갔고, 친척으로 보이는 사람은 물건들을 챙겨 급히 그녀를 쫓아갔다. 단 몇 초밖에 되지 않는 이 사건은 명백하게 대기실의 분위기를 바꾸었다. 이전의 고요했던 감각은 중단되었고 불안과 동요의 감각으로 대체되었다. 텔레비전을 보거나 잡지를 읽고 있던 환자들은 그녀가 대기실에서 성급히 나간 것에 더해 치료실에 들어갈 때는 보이지 않았던 튜브를 그녀의 몸에 두른 것을 눈치챘다. 이 사건은 같은 검사를 위해 대기실에 왔을지도 모르는 사람들에게 공포감이나 우려와 같은 감정들을 자극하면서 여러 상상을 하도록 동요하게 했을지도 모른다. 분위기 내 이 명백한 변화는 여자가 발산한 분위기 내의 내적 변화로부터 야기되었다. 여자가 발산한 분위기는 심지어 그녀가 떠난 후에도 방의 분위기를 형성하면서 기존 분위기와 결과적으로 충돌했고, 기존의 분위기를 압도하는 쪽으로 작용했다.

이 장면을 다시 구체적으로 살펴보면, 그녀가 발산했던 분위기의 내적 변화는 그녀가 겪은 치료에서 야기되었지만 또한 동시에 증가한 의료기기를 통해서도 야기되었다. 그녀의 기분[disposition]과 무드가 변화한 것은 명백했지만, 단순히 그 상황에서 분위기를 대체한 것은 의료기기가 늘어났다는 것 때문만은 아니었다. 그보다는 오히려 그녀의 몸에 의료기기들이 배열되고 배치된 바로 그 특정한 방식 때문이었다. 코 안의 튜브는 그녀의 얼굴 표정 및 몸짓 언어와 공명하면서 불편하고 낯선 일련의 센세이션을 생산하는 듯했다. 이전 치료와 튜브는 그녀 개인의 주관적인 경험임에도 불구하고 튜브의 영향력은 대기실에 있던 다른 사람들로 하여금 이를 내재적으로 경험하게 하고, 또한 공적으로 느끼게 했다. 여기에서 튜브는 저자

중 한 명에게 일종의 공감각적 인식을 야기했다. 그는 심지어 튜브를 쓰는 것의 감각을 개인적으로 경험해본 적이 한 번도 없음에도 불구하고 튜브의 감각에 대해 상상하기 시작했다. 이 예시는 일관되거나 강력한 분위기를 발생시키고자 할 때, 특정 상황에서 사람이 경험할 수 있는 정동이 다른 사람에게 정확하게 전달되거나 옮겨질 필요가 사실 없다는 것을 보여준다. 중요한 것은 전송 그 자체의 힘이 얼마나 많은 몸에 영향을 미치는가, 그리고 어떤 방식으로 그게 가능한가이다. 이 경우, 대기실을 떠난 여자는 그녀의 몸 자체에 바로 국지화된 개체들의 어셈블리지를 통해 분위기를 만들었지만, 이는 강력하고 전염적인 정동을 가진다.

우리가 일전에 주장하였듯, 분위기는 같은 환경에서 서로 마주치거나 영향을 미치지 않더라도 균형 있게 공존한다. 그러나 앞선 사례에서 보듯, 한 분위기의 존재 및 다른 분위기로의 전래는 새로운 분위기가 지배적인 것이 되게끔 한다. 이때, 하나의 분위기에 존재하고 있던 정동들은 새로운 분위기의 정동들을 만난다. 그 과정에서 이 정동들은 영향을 받지 않고 지나친다기보다 소통하고 강도를 갖게 되며, 결국에는 분위기의 경계를 바꾸게 된다. 분위기 간 소통이 지속된다면, 이는 기존 분위기의 영향력에의 동력이 어느 시점 이후 사라지면서 더 이상 그 상황 내 사물이나 몸들에 접근 가능하지 않은 (바로 앞서서 기술한 것과 같은) 상황을 이끌어낼 수 있다. 그 환경 내 몸들과 사물의 입장에서 보았을 때, 이는 기존의 분위기가 모든 의도와 목적의 측면에서 더 이상 영향력이 없기에 새로운 분위기에 포섭된 것으로 여겨진다.

방법론적으로 보았을 때, 이는 분위기적 변화가 분위기 내 개체 간 새로운 관계를 생산하는(혹은 생산에 실패하는) 방식을 통해 서로 만나는 정동의 문제로 이해될 수 있음을 의미한다. 변화를 이해하기 위해서는 분위기로 향하는, 혹은 분위기로부터 기인한 요소들을 단순하게 더하거나 빼는 양적 언어보다는 임계치threshold과 임계점tipping point에 관한 질적 언어를 사용하는 게 나을 것이다. 이 두 용어는 앞서 세 번째 섹션에서 논의했던 무게와 질량의 개념과 더불어 상세히 설명할 수 있다. 특정 환경 속 각각의 사물과 몸은 질량을 가지고 있다. 이 질량들은 서로 무게를 견줌을 통해 분위기를 현현하게 한다. 그러므로 내적 변화를 위한 분위기의 임계치는 사물 및 몸들이 지닌 질량의 현존과 분포를 통해 형성되는데, 이는 분위기의 영향력을 결정하는 것이 바로 사물과 몸의 질량이자 그 배치이기 때문이다. 분위기 내에서 몸의 자세를 바꾸거나 어떤 조건을 변화시키는 것은 분위기의 영향력을 변화시킴으로써 분위기가 발생시키고 있었던 전반적 혹은 지배적인 정동으로 유지되던 임계치를 잠재적으로 넘어서게 할 수 있다. 예를 들어, 몸에 설치된 튜브는 그 몸의 태도나 행동을 완전히 바꿀 수 있는 잠재력을 가진다. 내시경 검사 병동에서 여자의 초반 품행을 특징지었던 침착함은 이후 짜증과 좌절, 그리고 자의식의 표출로 대체되었다. 여기에서 튜브, 그리고 튜브가 있던 코와 귀라는 특정한 위치는 새로운, 겉으로 보기에 부정적인 정동들을 도입하였다. 이는 더욱 강렬하고, 부정적인 새로운 분위기가 그녀의 확실한 분위기를 구성했던 이전의 임계치를 부순 것이었다.

비슷한 방식으로 분위기들이 서로 선택적으로 만날 때 긴장 속에서 그들을 분리하거나 붙잡아놓으며 분위기의 임계지점을 형성하는 것은 분위기 간 상호적 무게 재기라고 말할 수 있을 것이다. 이때 임계점은 분위기가 특정한 정동을 발산하기를 멈추는 바로 그 지점으로 이해되는데, 이는 바로 그 지점에서 외부에서 오는 다른 분위기에 의해 압도되거나 포섭되기 때문이다. 내시경 검사과의 대기실에 있던 새로운 의료기기를 두른 여자의 경우 그 분위기가 그 상황에 전해졌고, 순간적으로 대기실 내 기존의 분위기와 공존했다. 그러나 사람들이 그녀로부터 발산된 부정적인 정동들을 인식하게 되었거나 반응하게 되었기 때문에 새로운 분위기는 그 새로운 분위기가 주가 될 때까지 기존 분위기를 압도하기 시작했다. 지금으로는 분위기의 임계점은 절대적이거나 고정적이지 않으며 기존의 분위기를 구성하던 사물 및 사물의 배치, 그리고 새로운 분위기에서의 정동의 강도에 상대적이다라고만 말해도 충분할 것이다. 보다 정확히 말한다면, 질량이 분위기의 내적 변화를 야기하는 임계치를 결정하는 반면, 분위기 간의 관계적 무게짓기가 그들의 임계점 혹은 분위기가 다른 분위기에 의해 야기된 외적 변화를 통해 포섭되거나 압도되는 지점을 결정한다고 말할 수 있을 것이다. 달리 말해 분위기들은 특정 분위기 내에서 개체들의 특정한 현상적 출현을 나타내게 되는데 이는 정동들이 서로 만나는 데 성공하거나 실패하고, 강도를 쌓아 올리는 데 성공하거나 실패하기 때문이다. 결과적으로 강도의 생산(혹은 결여)은 조우에 관여하는 사물과 몸에 따라 분위기적 변화를 야기하거나 야기하지 않는 현상적 출현을 창출한다.

비재현적 방법의 문제로 돌아와서, 변환의 이러한 다층적 형태에 몰두하는 것은 각각의 분위기를 명명하기의 특정한 세트로 고정시키고자 함이 아니다. 사물이 상호 간 무게짓거나 혹은 무게짓는 데 실패하기 때문에 분위기의 다양한 내적, 외적 변화의 형태를 철저히 식별해 기술하려 하기보다는 분위기의 지속적인 미분에 집중하여 분위기의 애매모호한 특성에 중점을 두는 임계점과 임계치에 관한 질적 단어들을 사용하고자 함이다. 언어와 단어로 분위기를 재현하는 것은 특정 연구 질문에 대답하기 위하여 이러한 미분과 변화의 과정을 따르는 동시에, 연구자가 대안적인 관점이나 시각을 점유하고자 시도할 때, 기존의 미분 과정이 새롭게 나타나는 또 다른 미분 혹은 다른 형태의 노출의 대상이 된다는 것을 인지하는 것이다.

결론

이 장에서는 비재현적 방법을 이중으로 설명하고자 했다. 첫째, 비재현적 방법은 어떠한 묘사 저변의 비재현적인 조사대상을 고려한다. 분위기는 그런 조사대상의 예라고 할 수 있다. 그 막연함, 그 애매모호함, 그 불확정성, 그 무게에서 분위기는 단순히 전형적인 비재현적 대상일 뿐만 아니라 묘사와 설명에 관한 사회과학의 습관과 실천에 비재현적인 논의가 제기해왔던 도전들을 고조시키는 것에 대한 문제이기도 하다. 이는 분위기가 재현적 형태와 장치에서 다소 떨어져 있음을 말하고자 함이 아니다. 천만의 말씀이다. 오히려 이는 분위기가 의미작용의 체계에서 단독적인 강조점으로 취급될 수 없음을 의미하며, 분위기의 낯선 실재가 사회분석에 어떠한 문제를 제기함을 의미한다.

이는 우리가 이 글에서 논의했던 비재현적 방법의 두 번째 감각으로 이어진다. 비록 첫 번째보다 더 함축적이지만 말이다. 비재현적 방법은 현재 불충분하다고 여겨지는 방법들로부터 깔끔하게 구별되어 분리된 일련의 방법들을 말하는 것이 아니다. 오히려 우리는 현상에 접근하는 일련의 방식들, 즉 무언가와 관련되어 무게짓거나 만지는 것 혹은 그러지 못하는 것에 대한 일련의 방식들, 그럼으로써 사회분석을 위한 조사대상 설정에 관한 문제를 강화하는 일련의 방식들을 말하고자 비재현적 방법에 주력하는 것이다. 그렇다면 비재현적 방법은 문제의 강화를 포함하며 이러한 문제들과 어느 정도 함께 하는 것을 요구한다고 말할 수 있을 것이다.

이러한 견지에서, 우리가 이 장에서 하고자 했던 것은 분위기가 사회과학에서 관심거리가 되면서 나타난 문제를 강화시키는 것이었다. 분위기와 다른 비재현적 조건 및 고려 사이에서 나누었던 문제들, 어떻게 배경을 단지 비활성화된 '맥락' 혹은 모든 매개의 바깥에 있는 불가사의하고 접근 가능하지 않은 실체라는 식으로 가정하지 않으면서 삶과 사유의 배경을 분석할 것인가에 대한 그 모든 우려와 관련한 문제들 등 말이다.

실제로 우리는 서문에서 제시했던 다섯 가지[4] 질문에 답함으로써 어떻게 분위기가 실제로 작동하는지를 연구할 수 있는 방법론을 발전시켰다. 그렇다면, 결론적으로, 분위기적 방법론이 무엇을 할 수 있는지, 그리고 분위기의 사례가 어떻게 비재현적 방법에 대한 확장된 질문을 할 수 있는지 요약하기 위해 그 질문들로 돌아가자.

첫째, 어떻게 분위기를 식별할 수 있으며, 명명은 인식과 식별을 통해 분위기를 감지하게 하는 데 어떤 역할을 하는가? 여기에서 우리는 명명의 오인에 관한 문제와 더불어 명명을 그저 삶을 억누르기 위한 권력에 의해 부여된 것으로 바라보기보다 분위기가 현존하

4 역자 주: 실제 질문은 네 가지였다. 오타로 추정된다.

게 하기 위한 하나의 방식이라는 점에서 실용적인 행위로 다루기도 하였다. 명명은 그럼에도 양면적이다. 명명은 특정 반응을 불러일으키면서 동시에 참조적이다. 이러한 측면에서 명명은 분위기를 지금 현재 여기에 있는 고유한 것인 동시에 특정 장소와 네트워크, 사건들의 변주와 더불어 반복되며 공통점을 가지게 되는 조건 지어진 조건들로 다룰 필요가 있음을 호소한다.

둘째, 우리는 분위기가 존재론적으로 그리고 공간적으로 서로 별개이지만 또한 동시에 같은 공간이나 환경에서 서로에게 반드시 영향을 미칠 필요 없이 공존할 수 있음을 주장했다. 이는 특정한 공간이나 시스템이 전체를 아우르는 하나의 분위기를 생산한다는 서술 방식을 복잡하게 한다는 점에서 중요하다. 어떻게 다중의 분위기가 서로 함께 공존할 수 있는지 논의하기 위해서는 다중점 관점을 점유하고자 시도해야 한다. 이는 다르지만 또한 동시적으로 발생하는 분위기들에 몸이나 사물이 어떻게 기여하는지 고려하기 위함이다. 결과적으로 분위기가 불러일으켜질 때, 인간만큼이나 비인간을 진지하게 고려하는 것이 요청된다. 비재현적 방법과 관련해 이는 분위기의 과잉되면서도 잘 붙잡을 수는 없는 특성을 강조하기 위해 관점 존재론을 발전시키는 것을 의미한다. 실제로 튜브나 의료포스터의 관점에서 분위기를 조사하는 것은 그 자체로 독자로 하여금 낯섦이나 익숙하지 않은 감각을 불러일으킬 수 있다. 이 책의 서문에서 바니니가 제안하였듯, 현상을 설명하는 방식을 통해 경외의 감각을 일으키는 것은 비재현이론을 가로지르며 공유되는 하나의 정신ethos과도 같은 것이다. 이처럼, 이 관점들은 불가능한 위치를 점유하려고 하지 않으며(튜브와 의료포스터가 실제로 존재하는 것을 고려해본다면 말이다), 분위기에 대한 논의를 인간으로부터 시작해서 끝내고자 하는 충동을 피할 수 있게 해준다. 정확히 무엇이 분위기를 구성하는가에 대한 질문을 열어놓음으로써 비인간적인 것들의 광범위한 범주가 적어도 어느 정도 연구자의 관심을 점유할 수 있게 하는 틈이 만들어질 수 있다.

셋째, 어떻게 우리는 우리의 방법론적 실천에 분위기의 환원불가능성을 쌓아올릴 수 있을 것인가? 분위기는 관계들에 의해 조건 지어지지만, 그렇다고 관계에 의해 완전히 환원되지도, 분리되지도 않는다. 이는 분위기의 인과적 동력에 접근하는 방식과 더불어 분위기 분석을 시도해야 함을 의미한다. 어떻게 분위기들은 장소의 배경에 실천들을 휩싸고 둘러싸고 불어넣으면서 그 배경의 일부가 되는가? 첫 번째 포인트로 돌아가서, 분위기에 이름을 붙이는 것은 그들의 우연한 역할을 환기시키고자 함이다. 그러나 이를 위해서는 창발적 인과성에 관한 아이디어처럼 원인과 효과 간의 구별되지 않음 사이에서 조율되면서 어떻게 정동적 조건이 발생하는지 계속 붙잡을 수 있게 해주는 인과성의 복잡한 형태와 더불어 일할 것이 요구된다.

넷째, 우리는 분위기 내 변화가 두 가지 과정을 통해 발생함을 주장했다. 분위기는 분위기 내 사물이나 정동의 내적인 미분을 통해 바뀔 수 있다. 또한 분위기는 근본적인 차원에서 영향력을 압도하거나 대체하는 또 다른 분위기를 만날 때 바뀔 수 있다. 이러한 측면에서 분위기 내 변화는 분위기를 구성하는 개체들이 그 분위기에서 바뀌거나 취해지거나 혹은 더해질 수 있다는 점에서 점진적일 수 있다. 혹은 분위기 내 변화는 급격히 이루어질 수도 있는데, 굉장히 유력한 분위기가 다른 덜 유력한 분위기의 영향력을 상쇄하면서 그 분위기를 압도했을 때가 그러하다. 따라서 분위기의 변화를 연구하기 위해 연구자는 분위기적 변화의 내외적 다름에 대해 민감해져야 한다. 한편으로 이는 상황 내 모든 개체들을 식별하는 것, 그리고 이 개체들의 어떤 부분이나 측면이 현재 존재하는 분위기를 증폭시키거나 보강하는 방식으로 다른 개체들과 상호 작용하고 관계하는가를 밝히는 것을 포함한다. 다른 한편으로, 이는 현재 분위기의 외부에서 새로운 일련의 정동들이 떠오르는 순간을 지각하는 것을 포함한다. 분위기의 무게와 접촉에 민감해지는 것은 기존의 연구 방법을 버리거나 폐기하는 것을 의미하지 않는다. 오히려 이는 기록하고 분석하고 쓰는 스타일의 문제이다. 정동적 변환의 핵심적 원인인 사물과 몸에 즉각적으로 이름을 붙이려 하는 대신, 분위기를 만들고 또 변화시킬 능력을 구체화하는 것들의 다층성에 함께 하고자 하는 스타일 말이다. 그럴 경우, 사물과 몸들은 하나의 시각이 아닌 여러 시각에서 분석된다. 튜브는 하나의 단일한 정동을 가지지 않으며, 튜브-코 정동, 튜브-얼굴 정동, 튜브-이방인 정동 등을 가진다.

끝으로 이 장에서 발전시킨 개념과 전략들이 연구자들로 하여금 분위기의 복잡성에 민감해지는 데 도움이 되기를, 그럼으로써 이 찰나이지만 동시에 구성적인 현상에 대한 비재현적 작업을 확장하고 제공할 수 있게 되기를 바란다.

참고문헌

Adey, P., Brayer, L., Masson, D., Murphy, P., Simpson, P., & Tixier, N. (2013). "Pour votre tranquillité": Ambiance, atmosphere, and surveillance. *Geoforum, 49,* 299-309.

Anderson, B. (2009). Affective atmospheres. *Emotion, Space and Society, 2*(2), 77-81.

Ash, J. (2012). Attention, videogames and the retentional economies of affective amplification. *Theory, Culture and Society, 29*(6), 3-26.

Ash, J. (2013). Rethinking affective atmospheres: Technology, perturbation and space-times of the non-human. *Geoforum, 49*, 20-28.

Bennett, J. (2010). *Vibrant matter: A political ecology of things*. Durham, NC: Duke University Press.

Bissell, D. (2010). Passenger mobilities: Affective atmospheres and the sociality of public transport. *Environment and Planning D: Society and Space, 28*(2), 270-289.

Connolly, W. E. (2005). *Pluralism*. Durham, NC: Duke University Press.

Connolly, W. E. (2011). *A world of becoming*. Durham, NC: Duke University Press.

DeLanda, M. (2005). *A new philosophy of society: Assemblage theory and social complexity*. New York: Continuum Press.

Dufrenne, M. (1976). *The phenomenology of aesthetic experience*. Trans. E. Casey, E. Anderson, A. Domingo, & L. Jacobson. Evanston, IL: Northwestern University Press.

Galloway, A., Thacker, E. (2007). *The Exploit: A Theory of Networks*. Minneapolis; London: University of Minnesota Pressvu

Harman, G. (2002). *Tool being: Heidegger and the metaphysics of objects*. Chicago: Open Court.

Harman, G. (2010). *Towards speculative realism*. London: Zero Books.

Harman, G. (2012). On interface: Nancy's weights and masses. In P. Gratton & M. Morin (Eds.), *Jean-Luc Nancy and plural thinking: Expositions of world, politics, art, and sense* (95-107). New York: SUNY Press.

Latour, B. (2005). *Reassembling the social: An introduction to actor-network theory*. Oxford: Oxford University Press.

Nancy, J. L. (2008). *Corpus*. New York: Fordham University Press.

Pile, S. (2009). Emotions and affect in recent human geography. *Transactions of the Institute of British Geographers, 35*(1), 5-20.

Riley, D. (2005). *Impersonal passion: Language as affect*. Durham, NC: Duke University Press.

Seyfert, R. (2012). Beyond personal feelings and collective emotions: Towards a theory of social affect. *Theory, Culture and Society, 29*(6), 27-46.

Shaw, G. R., Jones, J. P. J., III, & Butterworth, M. (2013). The mosquito's

umwelt, or one monster's standpoint ontology. *Geoforum, 48*, 260-267.
Stewart, K. (2011). Atmospheric attunements. *Environment and Planning D: Society and Space, 29*(3), 445-453.

역자 추가 참고문헌

권정화. 2001.「부분과 전체: 근대 지역지리 방법론의 고찰」. 《한국지역지리학회지》, 7권 4호, 81~92쪽.

4 방법에 반하여

에린 매닝 *Erin Manning*

> 몇 가지 커다란 인류의 재앙들은 좋은 방법론을 지닌 인간의 편협함으로 인해 일어난 것이다. (Whitehead, 1929: 12)

최근 학계 내 학제 간 연구나 초학문적 연구에 관한 물음은 캐나다에서 '연구-창작research-creation'이라 부르는 것의 문을 열게 하였다. 소위 '예술 기반 연구'인 연구-창작은 방법론에 관한 다양한 물음을 경유하여 학문 언어로 채택되었다. 연구-창작은 박사학위는 없지만 대학에서 학생들을 가르치는 예술가가 큰 규모의 학계 보조금을 신청하는 것을 가능하게 만든 자금 지원 부문[1]으로서 시작되어, 애초에 창의적이라기보다는 수단적인 이유로 출현하였다. 그러나 예술가는 늘 예술 작품을 창작하는 일 자체로 연구에 참여해오지 않았던가? 내가 보기에 이 문제는 단순히 예술가 또한 연구자라고 인정한다는 점이 아니라, 이미 존재하는 연구 범주를 학술 기관이

1 인문사회과학(SSHRC: Social Sciences and Humanities Research Council) 연구 지원을 위한 캐나다 정부 자금 기관은 2003년 지원금 범주에 연구-창작 항목을 신설했다. 이 항목은 그 이후로 꾸준히 예술가들에게 약속을 이행했으며 이제는 연구-창작 프로젝트로도 큰 규모의 지원금에 신청할 수 있게 하였다. 학계 내의 예술가들에게 이러한 지원은 분명히 생산적인 측면이 있지만, 한편으로는 방법론적 지식을 강조하고 다른 한편으로는 산업 지향적 지식 전달을 강조하기 위해서 지식의 형태인 "연구"를 특정 범주로 분리하게 되었다. 예술이 가장 잘 생산할 수 있는 일종의 사변적 지식은 그러한 분리로 지식에 관여할 수 없게 되었다.

더 쉽게 식별할 수 있는 지식의 양태mode들로 바꾸는 제도적 비틀기가 있다는 점이다. 예술가-연구자가 되는 것은 이제 보조금을 타기 위해서 예술 수행과 연구 방법론 사이의 설명을 체계화할 수 있다는 것을 의미하는데, 일반적으로 보조금이 이러한 방식으로 기능한다는 점을 고려해 보면 결국 이러한 것들은 '학문적' 목표를 향한 연구를 지향하게 된다.

여기에서 발생하는 문제는 복잡하다. 이것은 예술 그 자체가 어떻게 **자력으로** 새로운 형태의 지식을 활성화하고 구성하는가에 관한 문제를 건드리고 있을 뿐만 아니라, 가장 중요한 점일 수도 있는데, 수행이 어떻게 지식을 생산하는가, 그리고 그러한 형태의 지식이 방법론적 질서라는 제약 안에서 매력적으로 포착될 수 있는가에 대한 바로 그 물음을 우리가 질문하도록 자극한다. 내 생각에 이러한 질문은 (각자 자신만의 방식으로 과학, 심리학, 철학에서 방법론적 틀에 관한 질문을 던진 앙리 베르그손Henri Bergson, 윌리엄 제임스William James, 알프레드 노스 화이트헤드Alfred North Whitehead와 같은 철학자들을 비춰보자면) 모든 형태의 지식에서 제기될 수 있는 것이지만, 이 장의 목적은 연구-창작과 관련한 물음에 주목하는 것이고, 특히나 관련 명제들의 횡단성에 주목하는 것이다.

자금을 대주는 기관에서 사용하는 정의definition나 여타 교육 기관에서 보급하는 정의에서는 연구의 구성요소가 예술적 실천에서 부차적인 것으로 여겨지고, 따라서 이론과 실천의 분열[2]로 알려진 것

2 대학 환경을 전제하고 두 가지 시나리오를 생각할 수 있다. 하나는 작업이 이루어지는 학과들(studio departments)이 일반적으로 철학적 요소가 강한 실천들을 불신하는 것이다. 공포가 발생하는 지점은 아마도 이론적 모델이 외부에서 예술 작품으로 단순하게 이식될 때 일어날 수 있는 예술의 고착화에 있다. 이론과 실천의 분열의 또 다른 예시는 인문학, 특히나 간

이 나타난다고 강조하지만, 나는 그와 달리 연구-창작이 새로운 형태의 지식을 제시한다는 생각을 진지하게 받아들인다. 비록 그중 많은 것들이 지식이라면 이래야 한다는 현재의 이해를 기반으로는 쉽게 이해될 수 없어도 말이다. 여러 동료들과 학생들의 작업은 나에게 일종의 영감이 되는데, 그들의 작업은 내게 지식이 어떻게 주조되는지 고찰하도록 만들었다. 또한 나의 개인적인 실천들을 시작점으로 삼아, 나는 연구-창작이 자금 지원 기관들이 준비해 둔 것 이상의 일들을 할 수 있다고 주장할 것이다. 가령 연구-창작은 새로운 형태의 경험을 창출하고, 종종 본질적으로 다른 실천으로 보이는 것들을 놓고 집합적 표현이 가능하도록 둘 사이의 통로를 제공한다. 질문의 규범적 방식과 제한이 그것의 가치를 제대로 평가하는데 종종 무능하다는 것을 마지못해 인정하며, 언어를 넘어선 extralinguistic 지식의 형태를 만들어내고, 이러한 새로운 형태의 지식을 고려하도록 하는 유동적인 위치 잡기를 위한 운영 전략을 만든다. 그리고 교육학에서, 현장에서, 집단 실험에서 의존하고 있는 것들에 대한 질문을 재고할 수 있도록 견고한 어셈블리지를 제안한다.

새로운 형태의 지식은 그에 맞는 새로운 형태의 평가가 필요하며, 더욱이 우리가 하는 일의 가치를 평가하기 위한 새로운 방법이 필요하다. 불가피하게 서로 다른 분야와의 횡단적 참여를 수반하는 연구-창작의 경우, 새로운 형태의 지식과 평가 방법은 (인류학, 철

학문적 연구-창작 프로그램이 있는 인문학이라는 보다 큰 장에서 찾을 수 있다. 나는 여기에서 프로젝트에 대한 명확한 설명이 부족하다고 한탄하는 교수들을 볼 수 있다. 그들은 강력한 이론적 뼈대를 갖추길 원하는데 많은 경우 이를 위해 더 많은 예술-역사적 접근을 채택하는 대신 실천을 제쳐 두는 쪽으로 빠지게 된다. 내가 보기에 지금까지 말한 두 가지 경향 모두 생산적이지 못하다. 내가 제안하려는 것은 상당히 다른 관점을 취한다. 예술 과정을 사고의 생성으로 받아들이고, 그러한 행위 중의 사고를 글쓰기 실천과 횡단적으로 연결하는 접근이다.

학, 예술 사학, 영화, 커뮤니케이션, 생물학, 물리학, 공학과 같은) 다양한 학문들이 무엇을 할 수 있는지에 관한 질문을 예술적인 실천을 통해 다시금 던지는 방법을 고찰하도록 한다. 이 지면에서 나는 예술적인 실천과 관련된 사변적 장치들을 고안한 역사를 지닌 철학에 관심을 둔다. 나는 예술적인 실천의 맥락에서 어떻게 지식이 생산되는지를 사유하는 것이 일종의 연구-창작의 실천으로서, 철학 그 자체를 사유하는 것의 시작점이 될 수 있는지 물을 것이다. 연구-창작을 **생각하는 실천**으로 재위치 시키는 것은 어떻게 다음의 질 들뢰즈Gilles Deleuze의 말을 진지하게 고려할 어휘를 제공할 것인가? "철학적 이론은 그 자체로 그의 목적만큼이나 실천이다. 그것은 그 목적보다 더 추상적인 것이 아니다. 그것은 개념의 실천이며, 따라서 우리는 그것을 간섭하는 다른 실천들에 비추어서 그것을 판단해야 하지 않을까(1989: 280, 번역 수정)?"[3]

이를 위해 먼저 예술art이라는 개념을 재정향하고 사고라는 개념에 대해 재고할 필요가 있다. 내가 다른 곳에서 주장한 대로, 이미 완성된 물질의 수준에서 예술을 찾는 것이 아니라 일련의 궤적에서 찾도록, '방식'이나 '태도'로 정의되는 중세의 예술 정의로 눈을 돌리는 것이 필요할 것이다(Manning, 2015). 사고에 관해서는 인간 주체에 의존하는 것에서 벗어나 계기의 발단으로 초점의 방향을 바꿀 필요가 있다. 이는 사고가 여전히 완전히 활성화되어 있는 내적 한계 범위 지점에서 그것과 관계하며, 언어로 발화된 것을 넘어서 '사고의 움직임the movement of thought[4]'을 향해 여는 것을 의미한다.

---

3 SenseLab(www.senselab.ca)은 이러한 종류의 사고를 위한 창의적 인큐베이터 역할을 해왔다. 그들은 여러 다른 사람들 사이뿐만 아니라 다른 종류의 실천들 사이에서 자신들을 새로운 형태의 협업에 열어두는 그러한 사건들이 어떻게 만들어질 수 있는지에 대한 질문을 던졌다.

시작을 위한 4가지 제안이 있다.

1. 만약 '예술'을 '방식way'으로 이해한다면, 그것은 아직까지는 객체, 형태, 내용을 말하는 것이 아니다.
2. 만들기는 그 자체로 사고하기이며, 개념화는 그 자체로 실천이다.
3. 연구-창작은 객체에 관한 것이 아니다. 연구-창작은 새로운 과정들을 구성할 때 가장 흥미로운 활동 방식이다. 다만 이는 이미 존재하는 학과의 방법들과 제도적 구조에 맞춰 조정되기 이전에, 잠재력이 발휘될 경우에만 발생할 수 있다(여기에는 창조 자본이 포함된다).
4. 새로운 과정들은 현재 학문 모델 내에서는 평가 수단이 없을지도 모르는 새로운 형태의 지식을 창출할 가능성이 높다.

내재적 비평-물질에 관하여

알프레드 노스 화이트헤드는 저서 『사고의 양태(*Modes of Thought*)』에서 그가 "자연의 분기bifurcation"라고 부르는 것을 주장한다(1939: 30). 물질의 개념과 그것을 인식하는 것을 분리하는 것, 다시 말해 "의식적으로 포착한 자연과 그러한 의식의 원인이 되는 자연" 간의 구성적 차이를 만드는 경향은 경험의 분열을 초래한다(1938: 30). 이 주장으로부터 마주침의 생태에서 인간 주체가 분리되는 경험을 설명할 수 있다. 즉, "문제는 알려진 사물들 사이에 존재하는 관계에 대해서만 논의하는 것이고, 그들이 알려져 있다는 기본적인 사실은 다루지 않는다는 것이다(1938: 30)." '정신 내부' 와 '정신 외부'라는 두 가지 구조를 상정하는 것은 학문 모델의 비판적 장치에

---

4 사고의 움직임은 개념이다. 베르그손의 연구, 그 중에서도 들뢰즈의 작업을 다룬 베르그손의 연구가 참조로 자주 사용된다.

서는 여전히 매우 유효한 방법론적 자세이다. 우리가 아는 것은 (단지) 정확하게 해독되는 이해 체계로 추상화될 수 있는 경험들인데, 추상화는 작동하는 맥락에서 따로 떼어져 나와 말없이 작동하기 때문이다. 화이트헤드의 설명에 따르면,

> 자연의 분기가 늘 과학 철학으로 후퇴하는 이유는 우리가 불에서 인식하는 붉음과 온기를 한 체계 내에서 드러내는 것이 매우 어렵기 때문이다. 그 체계는 동요하는 탄소와 산소 분자, 그것들에서 방출되는 복사 에너지, 그리고 불이라는 물질적 신체가 지닌 여러 기능들의 관계 체계이다. 우리가 모든 것들을 포괄하는 관계를 생산하지 않는다면, 우리는 분기된 자연과 마주할 수밖에 없다. 즉, 온기와 붉음이 한 축에 있고, 분자, 전자, 에테르가 한 축에 있게 된다. (1938: 32)

정량화할 수 없는 경험은 우리가 기존의 범주화를 거부하는 질문 방식을 채택할 때에만 설명될 수 있다. 설명이 무엇을 할 수 있을지 탐구하기 전에 설명의 조건을 고정해 버리면 설명이 지닌 잠재력을 망쳐놓고, 선행하여 존재하는 지식의 도식에 이미 맞춰진 것으로 그것을 좌천시킬 뿐이다. 이미 (측정되고) 확인될 수 있는 무언가로 지식을 제한하는 대신에, 윌리엄 제임스가 제안했던 것처럼, 우리는 분석의 조건뿐만 아니라 조건들끼리 횡단적으로 얽혀서 만들어진 모든 것들을 설명할 방법을 찾아야 한다. 제임스(2003)는 이를 "급진적 경험주의radical empiricism"라 불렀다.

급진적 경험주의가 직면한 어려움은 이것이 아직 '주체'나 '객체'와 같은 개념으로 조직되기 전 혼란한 관계들 속에서, 그 한복판에서 시작한다는 점에 있다. 제임스는 이러한 관계들의 장을 '순수한 경험'이라 불렀고, 여기에서 순수가 지닌 의미는 '깨끗함'이 아니라

현실적 관계에 내재하는 것이라는 뜻이다. 순수한 경험은 현실적인 것과 잠재적인 것이 만나는 끝단에 놓여 있다. 즉 순수한 경험은 아직 도래하지 않은 것들이 적힌 경험의 명부에 있다. 이는 제임스가 '아는 자-알려진 것'의 관계라 부른 것 속에 경험이 자리 잡게 되는 방식에 이것이 정동적으로 기여한다는 점에서 경험적이다. 들뢰즈의 현실-잠재 구분에 의거하면, 순수한 경험은 현실 경험을 그 너머에 지속적으로 열어 두는 잠재력의 주름잡힘이다. 잠재적인 것은 결코 현실적인 것의 반대가 아니다. 잠재적인 것은 현실이 현실화의 한계 너머와 공명하는 것이고, 앞선 예시에서 언급한 붉음과 온기이다.

급진적 경험주의는 붉음과 온기와 같은 경험의 특성이 불의 분자 조합만큼이나 실재적이라고 주장하면서 실재와 실재가 아닌 것 사이의 대립을 반대한다. 제임스가 말하길, "한정된 시간 속 어느 경험자에 의해 경험될 수 있는 것을 제외하고는 (중략) 그 무엇도 사실이 될 수 있는 것은 없다. 지금까지 경험된 사실의 모든 특성에 따르면 궁극적 실재의 체계는 반드시 어딘가의 특정 장소에서 발견되어야 한다. 다시 말해서, 모든 실재하는 것은 공간을 점유한 채로만 경험될 수 있고, 경험된 모든 것들은 어디에선가 실재해야 한다(1996: 160)." 실재를 (알려져 있는 것 대신) 경험될 수 있는 것을 포함하는 방향으로 재정립하는 것은, 지식이 정량화를 기반으로 한다는 개념에 진지하게 도전한다. 왜냐하면 제임스의 설명에 따르면 실재하는 것이 정량화될 수 없는 경우가 있기 때문이다. 실재란 경험이 수행되고, 그와 같이 경험이 느껴지게 됨을 통해 형성된 관계들의 장이다. 실재란 지금까지 일어난 경험만큼이나 앞으로 펼쳐질 경험이다.

제임스는 경험 속 행위를 "무언가 하기"라 부른다(1996: 161; 또한 Massumi, 2011을 보라). 무언가 할 때, 새로운 관계적 장이 그것들과 함께 새로운 존재 방식을 형성한다. 새로운 존재 방식은 그것과 관련된 지식의 양식들을 불러들인다. 그러나 이러한 지식의 양식은 아직 제한되지 않는데, 양식들은 관계적 장에서 활성화된 작동 방식들을 횡단하기 때문이다. 양식들은 여전히 수행 중인 것이다. 이것이 급진적 경험주의의 힘이다. 우리에게 경험의 핵심인 수행 중인 것에 대해 작업할 수 있는 테크닉을 제공하고, 아는 자와 알려진 것 사이의 유동하는 관계를 구성할 수 있는 섬세한 방법을 제공한다. 물론 이때 아는 자는 인간 주체가 아니라, 관계들이 스스로 주체화 구조로 진입하는 방식이라는 점을 염두에 두어야 한다.[5]

화이트헤드의 "자기초월체superject" 개념(1978)은 경험의 계기 그 자체가 그 고유의 아는 자와 알려진 것의 관계를 제시한다는 점을 강조함으로써, 주체란 경험에 **외재한** 주체가 아니라 **경험의 주체**가 된다. 자기초월체 개념과 유사하게 급진적 경험주의는 경험이 다른 모든 인간관계 이전에 구성된다는 개념을 거부한다. 이런 방식으로 경험을 이해하는 것은 인간인 우리를 지식과의 보다 미묘한 관계에 위치시킨다. 경험의 계기, 혹은 앞서 관계의 장이라 부른 것은 결국엔 경험이 이것 혹은 저것이라고 스스로를 정의할 수단을 생산한다. 화이트헤드의 용어에 의하면, "현실적 존재는 경험하는 주체인 동시에 경험의 자기초월체이기도 하다(1978: 43)." 즉, 경험의 계기가 주체성의 조건을 생산한다는 의미이며, 그렇다면 주체성은 사건이 결실을 맺게 되는 방식과 결코 구분할 수 없게 된다. 급

5 주체성을 생성으로 이해하는 것에 대한 질문은 가타리(Guattari) (2012)에서 보다 자세히 다룬다.

진적 경험주의의 접근은 이러한 관점을 시작점으로 삼아, 관계 스스로를 경험의 장으로 사유하도록 하는 수단을 제공한다.

주체성은 계기 자체가 스스로를 설명하는 방식이다. 그리하여 자기초월체, 혹은 계기의 주체성은 최종적 결단에 관한 것이라기보다는 계기에 의해 제시된 경향성, 즉 그 지향에 더 가깝다. 그렇다고 해서 주체성이 어떤 실체 혹은 시작점이 된다는 것은 아니다. 오히려 반대이다. 자기초월체는 새로운 구성에 이미 덧붙여진 경험을 설명하기 위한 찰나의 명제이며, 이는 결국 자신만의 새로운 자기초월체를 만들어 낼 것이다.

주체/객체라는 개념에서 벗어나 지식에 대해 질문하는 것으로 방향을 바꾸게 되면 경험 내부에 있는 물질의 장소에 대해 재사유하게 된다. 이는 어쩌면 인식 가능성이 경험에 대한 방법론적 규율을 설명하는 길로부터 우리를 멀어지게 할지도 모른다는 점을 강조하며 우리를 경험의 한복판으로 내던지기에, 알려지지 않은 것은 곧 알 수 없는 것이란 생각에 문제를 제기한다.

내재적 비평2-이성에 관하여

지식에 관한 질문, 가령 경험에서 지식의 역할, 지식의 가치, 그리고 지식의 책임과 같은 질문은 우리가 딛고 있는 철학의 시대에서는 아직까지 이성에 관한 질문이다. 학문은 수십 년 간 초학문적 사유에 참여했음에도 불구하고, 여전히 적절한 방법을 구성하는 것에 관한 특정한 이해understanding에 따라 지식을 배열한다. 뿐만 아니라 학문은 이러한 방법들을 동료 평가나 기관 평가라는 유구한 시스템을 통해 감시하는데, 이러한 시스템은 많은 경우 간학문적 연구가 방법에 주의를 기울이지 않는다는 점에서 본질적으로 취약하다는 주장을 제기하는 경향이 있다. 여기에서 말하는 방법이란 경험을 합리적으로 만드는 것과 연관되며, 지식을 이미 형성되어 있는 범주에 속한 고정적인 구성물로 만드는 것과 연관된다.

그러나 만약 우리의 질문이 지식이 **하는** 것의 문제를 향해 초점이 맞춰진다면 어떨까? 내가 생각하기에 이것은 화이트헤드가 1929년에 펴낸 자신의 저서 『이성의 기능(*The Function of Reason*)』에서 이성에 대한 물음에 접근하는 방식과 같아 보인다. 처음에는 마치 이성에 관한 아주 생소한 설명이자 칸트Kant가 제기한 이성 개념의 핵심을 비판하고 있는 것으로 읽히고, 또한 "둘 중 하나는 신과 이성을 공유하고, 다른 하나는 여우와 이성을 공유하고 있다"라고 말한 플라톤Plato과 율리시스Ulysses에 빗지고 있는 것으로 읽힌다. 그러나 『이성의 기능』은 이성이 어떻게 지식을 피상적으로 배열하는가 하는 쉬운 문제를 넘어서, 이성을 재맥락화하는 비범한 업적이다(1929: 10).

하이트헤드의 설명에는 두 가지 종류의 이성이 걸려 있다. 실용주의적 이성과 사변적 이성이 그것이다. 그가 분석에서 강조한 지점들을 따라가다 보면, 사변적 실용주의라 부를 수도 있는 것에 대한 요청이 생겨난다. 사변적이란 과정이 잠재적인 것에 열려있는 상태에 있다는 것을 의미하며, 실용적이란 '무언가 하기'의 수행에 뿌리내리고 있다는 의미이다.

화이트헤드는 이성의 기능을 "삶의 기술(1929: 4)"을 증진하는 것이라 정의하며 시작한다. 그의 정의에 따르면, 삶의 기술은 "우선 살아있는 것이며, 두 번째로는 만족스러운 방식으로 살아있는 것이고, 세 번째로는 그 만족이 점차 증가하는 것이다(1929: 8).” 화이트헤드의 주장에 의거하면 만족을 높이는 것은 ‘적자생존’의 원칙에 의해 제한될 수 없다.[6]

> 사실 생명 그 자체는 생존 가치의 측면에서 상대적으로 결함이 있다. 지속의 기술은 죽는 것이다. 오직 무기물만이 매우 오랜 시간 존속한다. 바위는 8억 년 동안 생존하지만 나무는 고작해야 1000년 정도 살 수 있다. 사람이나 코끼리는 대략 50년에서 100년 정도이고, 개는 20년, 그리고 곤충은 1년 정도만이 살 수 있다(1929, pp. 5-6).

화이트헤드는 “왜 진화의 경향은 위를 향하는가”라고 질문한다. “유기적 종이 무기물들로부터 파생되어 생성되었다는 사실이나, 시간이 지남에 따라 더 상위 유형의 유기적 종으로 진화해 왔다는 사실은 그 어느 투쟁론이나 환경 적응론으로도 설명되지 않는다(1929: 7).” 화이트헤드는 이성이 상향 진화, 특히 삶의 기술로 야기된 만족

6 화이트헤드는 이렇게 말한다. “생물 종의 범위는 매우 넓다. 인류부터 시작해서 모든 척추동물, 곤충, 그리고 세포의 사회처럼 보이는 거의 조직화되지 않은 동물들, 다양한 식물들, 그리고 아주 미세한 생명의 형태까지 이른다. 가장 낮은 스케일에서는 생물과 무기물을 예리하게 구분하는 것은 위험하다. 종 범위를 조사하는 데는 두 가지 방법이 있다. 하나는 시간을 소거한 방법으로 다양한 층위의 생명으로 표현되는 종 다양성을 고려하는 것이다. 다른 하나는 종들 간의 유전적 관계를 고려한다는 점에서 시간을 강조하는 방법이다. 후자의 경우 진화론을 수용하고 환경에 적응하지 못해 산발적으로 변형된 개체와 종들의 소멸을 설명한다. 이러한 설명은 진실의 척도를 지니고 있다. 과학의 위대한 일반화 중 하나인 것이다. 그러나 열정지지자들은 이 방법이 모든 것을 설명한다는 사실로 인해 아주 억지로 끼워 맞춰 설명하는 바람에 결국 아무것도 설명하지 못하게 만들었다. 우리는 종들의 소멸을 야기한 투쟁의 정확한 특성을 거의 알지 못한다. (중략) 존재를 위한 적자생존에서 중요성은 살아있는 존재가 충분한 수의 건강한 자손을 스스로 재생산하며, 그리하여 환경에 적응하는 것이 유일한 결정적 요인이라는 가정에 달려있다. 당연하게도 번성과 건강함에 대한 이중 가정은 특정한 경우 항상 참인 것은 아니다.” (1929: 5-7)

의 증가를 설명하기 위한 한 가지 방법일지 모른다고 제안한다. 왜냐하면 그가 정의한 바에 따르면 이성은 관계의 장을 현실화하는 방향으로 이끌기 때문이고, 만약 이것이 없다면 세계는 "무정부적"일 것이다(1929: 1). 다시 말해 그것은 "한정성의 복잡한 형태에 대한 가능성을 깨닫는 것이고 동시에 세계를, 그의 요인 중 하나 속에서, 그러한 한정성의 형태를 예시하는 것으로서 이해하는 것이다(1929: 9)."

이성의 **기능**은 이성의 **정의**와는 다르다. 앞서 언급한 이성에 대한 설명들 중 많은 것들이 여전히 오늘날에도 유효한데, 이 설명들은 존재의 생태학 내에서 이성의 기능에 대해 설명하는 것이 아니라 지식을 이루는 것에 대해 정의할 때 이성이 맡은 역할에 대해 설명한다. 여기에서 이성은 대체로 "조사하고, 판단하고, 이해하는, 신을 닮은 능력"으로 이해된다(1929: 9). 그러나 화이트헤드에게 이성의 작동에서 중요한 것은 "엄청난 양의 과정"을 거치며 스스로 규율이 만들어지는 것을 수반하는 이성의 기능이지, 이 과정이 부재한 판단 능력이 아니다(1929: 9).

칸트주의적 입장에서 이성은 방법에 대한 현대의 정의에서 핵심이지만, 오늘날 방법을 조직하는 핵심적인 힘으로서 이성이 두드러지는 경우는 드물다. 그렇지만 방법을 이용하여 지식의 틀을 만드는 것은 이해관계가 조직되는 방법을 설명해 주고, 그러한 조직화는 곧 닥칠 문제들을 이해하는데 이미 존재하는 형식으로 제한하는 경향이 있다. 이렇게 한계를 결정하는 것은 포획하는 장치로서 기능한다. 그것은 진단하고, 위치시키고, 조직하고, 궁극적으로 조사하고, 판단하고, 이해한다. 우리는 방법이란 끊임없이 변화하는 것이라 배우고, 이것은 확실히 그러하다. 그러나 외부에서 조직되는 모든 질서 만들기에 관한 의제는 이와 관련한 연구는 고사하고, 인식되는 지식에 관한 이해 속에서 여전히 논리적이지 못한 여러 과정들을 배제하는데 적극적이다. 따라서 방법은 말로 표현할 수 없는 것에 대항하는 안전장치가 된다. 만약 어떤 것이 분류될 수 없다면, 그것은 스스로 설명할 수 없기 때문에 존재하지 않게 된다. 그 결과, 모든 지식은 '의식적 지식'의 영역으로 밀려날 뿐만 아니라 과정을 활성화하는 변화의 힘은 사라진다. 결국 분석은 죽은 개념으로 남게 된다. 그러므로 방법의 문제는 단순히 조직하는 것에 관한 것은 아니다. 방법은 지식을 규율적 지식으로 전락시켜 한정된 공동체의 지역적 이해관계에만 놓이게 할 뿐만 아니라 방법은 지식을 정의할 때 그 핵심에 방법을 두어 무엇이 지식을 이루고 있는가에 관한 질문을 규율한다. 화이트헤드는 쓴다.

> 방법론마다 각각의 일대기가 있다. 처음은 생명에 대한 초기의 충동을 성취하도록 촉진하는 일종의 회피로 시작한다. 방법론이 전성기에 들어서게 되면 그것은 사유와 행동이 이루어지도록 광범위하게 조정하는 것을 재현하고, 그리하여 충동은 스스로를 존재의 주요한 만족이라 표현한다. 마침내 방법론은 두 번째 어린 시절이라 할 수 있는 노년의 나른함에 접어들게 된다. 각 방법의 범위 내에서 발견할 수 있는 극한 대립들은 탐구되었고 익숙해진 것이다. 반복에 기인한 만족은 점차 희미해진다. 생명은 그리하여 자신의 운명이 달린 마지막 대안을 마주하게 된다. (중략) 생명의 어떤 방법론이든 그 범위에 한정되어 참신함이 소진되고 피로감이 젖어들 때까지 그것들을 이용할 때, 하나의 최종적 결단은 종의 운명을 결정하게 된다. 그것은 스스로 안정시킬 수 있고, 생을 그저 유지하기 위해 예전 상태로 다시 돌아갈 수도 있다. 아니면 (순응에서) 빠져나와 더 나은 삶을 위한 모험으로 진입할 수도 있다. (1929: 18-19)

교육 기관이나 학과에서 벗어나 화이트헤드가 정의하는 방법에 관한 물음은, 결국 존재의 방식에 맞춰져 있다. 화이트헤드는 "더 잘 살아가려는 모험(1929: 19)"을 위한 조건을 만드는 것이 무엇인지 묻는다. 무엇이 흐름을 멈추게 하는 단절이 지닌 생성적 잠재력과 무정부적 힘 사이의 창조적인 배열을 생산할 수 있는가? 이것은 화이트헤드가 내린 과정의 정의이다. 즉, 잠재력과 활동 사이, 그리고 경험의 계기에 대한 수행과 그것의 관계적 상호 작용의 흐름 사이의 미묘한 상호 작용이 과정인 것이다. 무언가 존재하기 위해서, 그렇게 느껴지기 위해서, 단절이 있어야 한다. 왜냐하면 단절이 경험의 계기를 가져오고 그것이 그 자체로 알려지게 하기 때문이다. 화이트헤드에게 이성이 바로 이 단절이다. 그러나 그것은 작동하고 있는 단절인 반면에, 방법은 정지되어 있는 단절이다. 방법은 과정 자체가 만들어내는 복잡한 관계적 장들에 온전히 관여할 기회를 갖기 전에 그 과정에 끼어들어 잠재력을 차단한다.

이러한 설명에 따르면 "방법론의 탄생은 본질적으로 살기 위한 회피의 발견이다(1929: 18)."[7] 잠재력과 단절 사이의 상호작용이 어떻게 조직될 수 있는지 미리 알고자 하는 모든 시도는 주체 (역시나 인간 주체)를 경험의 공급자로 상정한다. 이것은 경험을 죽어있는 것으로 만든다. 스스로가 발전해 온 것이 아닌 그 외부에 의거하

---

7 여기에서 '방법론'이라는 용어를 사용할 때 방법(method)과 방법론(methodology) 간 차이에 대한 이슈가 제기된다. 나는 그 둘 사이를 굉장히 예리하게 나누는 화이트헤드의 의견에 동의한다. 누군가 '방법론'이라는 용어의 규범적인 사용을 학위논문이나 보조금 지원서 부분으로서 고려하게 된다면, 이 용어가 방법의 가치를 재귀하는 것이 아니라 주로 특정 학문의 기준을 자신이 보유하고 있음을 보여주는 것으로 생각된다는 점을 깨닫게 된다. 물론 나는 방법이 그것이 지닌 잠재력을 개방하는 것이 불가능하다는 말을 하려는 것이 아니라 그것을 지칭할 때 보다 선호하는 용어는 테크닉이라는 것을 말하려는 것이다. 왜냐하면 테크닉은 과정이 스스로 현실화의 한계를 한정하는 것의 필요성을 보다 잘 강조하기 때문이다.

여 설명되는 사건은 이미 생기를 빼앗긴 사건이며 이미 존재하는 형태의 지식의 범위 내에서 조직된 사건이기 때문이다.

화이트헤드가 제시한 이성에 관한 설명 중에서 가장 흥미로운 것은 경험의 단절과 잠재력 사이의 상호작용을 설명할 때 방법이 하던 역할의 대안을 제공한다는 것이다. 그는 우리가 경험을 조직하는 것을 전적으로 자제해야 하는 것은 아니라고 주장한다. 학술 연구를 위해서 경험을 조직할 때 우리가 아는 경험과 관련하여 새로운 통설을 창조하는데 얼마나 기여하는가에 보다 집중해야 한다는 것이다. 화이트헤드에 따르면, 만약 그렇게 하지 않을 시 "여러 참신함은 사라지고, 그 종은 오래된 관습의 맹목적인 욕구로 살아가게 된다 (1929: 19)."

결국 과거에 내가 말했듯(Manning, 2013), 나에게 이성은 너무 강하게 판단을 함축하고 있기 때문에 이성을 "욕구appetition[8]"로 대체하려고 한다.[9] 내게 욕구란 경험의 계기 자체가 결실을 맺으려고 하는 방식을 강조할 뿐만 아니라 그 자신의 자기초월체-되기의 경로를 활성화하는 방식을 강조하면서, 즉각적으로 사건-긴급성의 감

---

8 화이트헤드의 욕구 개념은 스피노자가 정의한 것과 유사하다. 스피노자는 『윤리학(*The Ethics*)』에서 욕구를 "욕구 그 자신에 대한 의식을 가지고 있는 욕구(Deleuze, 1988: 20)"라고 말한다. 스피노자의 사유 (그리고 화이트헤드의 사유)에서 핵심은 "의식이 욕구에 더하는 것은 없다. ('우리는 그것이 좋다고 판단하기 때문에 어떤 것도 노력하지도, 원하지도, 바라지도 않는다. 반대로 우리는 무언가를 위해 노력하고, 그것을 할 것이고, 원하고, 바라기 때문에 그것을 좋다고 판단한다')" (윤리학Ⅲ, Deleuze에서 인용, 1988: 20-21)

9 화이트헤드에게 이성은 "욕구의 욕구" 즉 정신성의 2차적 과정이라는 사실에도 불구하고 나는 이성을 욕구로 대체하려고 한다. 화이트헤드는 말한다. "인지적 경험의 상위 형태는 정신적 경험과 육체적 경험의 복잡한 통합, 재통합이 이루어질 때에만 발생한다. 그렇다면 이성은 욕구의 비판으로서 나타난다. 이성은 정신성의 2차적 유형이다. 이성은 욕구들의 욕구이다. (중략) 이성은 세상을 구할 규율된 대항-행위자로서 우리에게 특별하게 체화된 것이다." (1929: 33-34)

각을 제공한다. 욕구는 또한 화이트헤드가 살아있는 이성의 개념에서 찾은 참신함에 대해 더 잘 설명한다. 화이트헤드는 참신함을 계기들의 결합 속에 발생하는 공동 구성cocomposition의 생산적 잠재력에 열려 있는 사건의 수용력이란 의미에서 본다.[10] 질서는 설명의 일부분이지만 현실의 영역에서 효과를 발휘할 수 있도록 충분히 안정성을 확보하는 계기를 위한 조건들을 조성할 때에만 그 질서는 가능해진다.

욕구의 연속체에 관하여 화이트헤드의 또 다른 주요 개념인 정신성mentality을 알아보자. 그의 과정 철학에서 정신성의 정의는 그것의 단순한 생명을 초월하여, 어느 정도 형언할 수 없는 채로 남아있는 존재의 특성으로 물리적인 것을 이끄는 힘이다. 화이트헤드에 따르면 모든 현실적 존재, 즉 계기들은 정신적인 것과 물리적인 것이 존재한다. 중요한 것은 이 둘이 각각 정신과 몸을 의미하는 것이 아니라 하나의 복잡한 과정의 서로 다른 측면이라는 점이다. 물리적인 것은 과거의 형식에 순응하여 그것을 지속하는 것이다. 정신적인 것은 순응을 무효화하고 그 이상으로 진입하는 것이다. 그에 따르면, "정신적 경험은 모든 개별 물리적 경험과의 단절에 관한 것으로 한정적 형식의 경험이다. 하지만 그들이 그러한 경험에 기여할 수 있는 것에 대한 추상적 가치 평가가 동반된다(1929: 32)." 정신성은 의식에 의존하지 않는다. 여러 단계의 정신성이 존재하는데, 어떤 단계의 정신성은 의식적이지만 어떤 단계에서는 그렇지 않다. "최하위 단계 형식의 정신적 경험은 경험의 **형식**을 향한 맹목적 충동이다. 즉 현실화를 **위한 형식**을 향한 충동이라는 의미이다(1929: 32)."

10 화이트헤드의 결합체(nexus) 개념에 대한 보다 자세한 설명은 Portanova, Scliar, & Prevost (2009)을 보라.

우리가 여기에서 이성의 기능으로서 (가장 생산적 의미에서) 이해하는 정신성이란, 한정성이 없다면 설명되지 않은 채 남겨지기 쉬운 것들을 고려하는 쪽으로 향하는 "다소 공허한 한정성에 대한 충동"이다(1929: 32). 화이트헤드의 용어에서 이것은 욕구가 등장하는 지점이다. "이러한 충동이 바로 욕구이다. 감정적인 목적이고, 곧 행위성이다(1929: 32)." 욕구는 단절을 가져오는 유인이고, (제임스의 말을 빌리자면) 모든 것들이 실재하는 과정 속에서 말로 표현할 수 없는 것들을 활성화하는 힘이다. 그리고 이성의 기능으로서 새로운 형태의 지식, 새로운 방식의 실현, 니체가 말했을 법한 더 많은 생명력에 대한 새로운 충동이 수반된다.

화이트헤드의 과정 철학은 절대 인간 범주를 특권화하지 않는다. 경험은 그저 경험이며, 서로 다른 종류의 경험은 다른 효과를 발휘한다. 경험의 계기가 무엇을 할 수 있는가에 대해 탐구할 때, 욕구는 탐구를 시작하기에 효과적인 장소이다. 왜냐하면 욕구는 충동이 과정의 일부이며, 분석이 우리를 이끄는 곳에 영향을 미친다는 점을 상기시켜 준다는 점에서 그러하다. 화이트헤드에게 이성은 과정으로 진입하게 하는 문을 열어주는 욕구이면서, 특정 방향으로 향하도록 정렬하기 위해서 과정에 끼어드는 결단이다. 욕구의 개방성을 드러냄으로써 정신성이 무정부 상태로 가는 과정을 열어젖힌다면, 그다음 두 번째 질서에 대한 욕구는 그 과정에 조직감을 줄 수 있다. 그러나 이러한 조직은 방법으로서의 조직과는 다른데, 왜냐하면 전자는 과정에 존재하는 무정부적 부분을 부정하려고 하지 않기 때문이다. 이것은 순수한 무정부적 상태가 "경험의 공허를 의미한다(1929: 33)"고 인정하면서도, 그것을 인정한다. 대신, 이성의 작용으로서 욕구는 계기가 무정부 상태를 포함하는 대조적인 것에 동조하도록 행하지만, 또한 질서를 향한 "방향 잡기canalysing(1929: 33)"를 통해 방향성을 반영한다. 정신성을 지침으로 하여 욕구는 계기가 자기통제하도록 만들고, "내재하는 무질서적 생산들 가운데 차별화되는 고차원의 욕구(1929: 34)"로 유도한다.

이성은 차이를 만들고자 하는 과정의 욕구이다. 이성은 경험의 계기들이 엄청난 양의 활동과 스스로를 구별하도록 만드는 것이다. 다시 말해, 이성은 "세계를" 단순한 생명으로부터 "구출해 내는 대항-행위성counter-agency(2019: 34)"인 것이다. 이것은 우리를 다시금 사변적 실용주의로 이끈다. 내 생각에 화이트헤드가 주장한 욕구로서 이성에 관한 설명은, 우리에게 실용적 과정에 사변적으로 기여할 수 있는 도구를 쥐어준다. 그리고 그러한 과정은 사건이 추상화되어 이루어지는 인간의 설명 수준에서 수행되는 것이 아니라 경험 자체에 의해 조건 지어진 관계의 장 내에서 수행된다.

내재적 비평3-사고에 관하여

사변적 실용주의는 사고를 수행의 수준에서 작동하는 제약이라고 이해한다. 사고는 사후에 사건을 조직하는 무언가도 아니고, 사건을 언어로 표현하는 무언가 역시 아니다. 대신, 사고란 욕구의 중요한 측면이며, 욕구는 경험에서 이것이나 저것으로 스스로를 표현하도록 계기를 추동한다. 경험과 딱 맞는 매트릭스로서 지식을 위치시키는 지식의 정의와 만들어지는 과정 속 경험에 내재한 것으로서의 지식 사이에 있는 차이와 같이, 수행 중 사고하기는 계기의 창조성이 표현에 도달하는 데에 있어서 사고가 핵심적인 측면이라고 제안한다. 이것은 화이트헤드의 초기 구분으로 돌아가보면, 자연의 분기를 피할 수 있게 해 준다.

이성의 기능에 관해 쓴 마지막 페이지에서, 화이트헤드는 "경험의 작용은 주로 그것이 포함하는 사유의 요인에 의해 질이 결정된다(1929: 80)"고 서술한다. "모든 권위가 사고보다 사실을 우위에 두는 것에 기초한다"는 말이 있듯, 사고하는 것 위에 사실들을 위치시키려는 습관에 의문을 제기하면서, 화이트헤드는 경험 외부에 사고를 두는 경향성에 질문을 던진다. 그리고 이러한 경향성은 어떤 방법에 대한 개념에서도 분명 잘못된 것임을 주장한다(1929: 80). 사고 그 자체가 "경험이라는 사실에서 한 요인일 때(1929: 80)," 이러한 계기에 대한 사실 – 무엇을 하고, 어떻게 느끼고, 어디로 가는지 – 은 사고하는 것에서 어떻게 분리될 수 있는가? **사건 중에** 사고하기를 두는 것은 사전에 구성된 주체가 사건에 더해진다는 생각과 사고하기가 바깥에서-안으로 발생한다는 생각을 한 번 더 비판하는 것이다. 대신에 사건 중에 사고하기는 욕구의 책략이 작용하고 있으며, 그것들은 철저히 효과를 발휘한다고 주장한다. 사고는 생성을 위한 운동량으로, 과정의 활성화와 결단을 향한 움직임이다.

화이트헤드의 또 다른 저작에서, 그는 느낌을 이러한 방식으로 이야기한다. 사유하기-느끼기는 경험의 계기가 진화하는 것에 달려있다고 강조한다. 왜냐하면 사고와 마찬가지로 느낌은 스스로 형성하는 세계에 대해 계기가 참여하는 방식의 핵심을 차지하고 있기 때문이다. 이는 아마 브라이언 마수미(Brian Massumi, 2011)가 말한 것과 같다. 화이트헤드는 다음과 같이 설명한다. 경험의 계기는 "많은 데이터를 느끼고 그것들을 하나의 개별적 '만족'으로 통일하도록 흡수하기 위한" 과정을 통해서 세계를 파악한다(1978: 65). 여기에서 느낌은 발생한 경험을 데이터의 객관성에서 현실적 계기의 주관성으로 이동하게 하는 작동을 제시하며, 여기에서 데이터는 정보의 꾸러미가 아니라 새로운 경험의 계기를 형성하기 위해서 받아들여지고 파악될 수 있는 과거에 발생한 경험의 흔적들로 이해된다. 화이트헤드에 따르면, "느낌은 주체성으로 이행하는 데 영향을 미치는 여러 특수한 작동이다(1978: 65)." 물론 여기에서 느낌이 가져오는 주체성은 먼저 존재하고 있던 인간 주체의 주체성이 아니라 그 계기 자체, 즉 자기초월체의 주체성이라는 것을 기억하는 것이 핵심이다. 예술은 바로 그 경험의 조건 속에서 느껴진다는 베르그손의 직관처럼, 느낌은 사고와 함께 사건을 아직 생각되지 않는 것으로 열어젖힌다.[11]

의식에서 빠져나온 사고를 통해서 우리는 의식적 사고란 단지 스스로 개방성의 상당 부분을 박탈한 경험의 정점에 불과하다는 것을 상기한다. 니체에 따르면, "우리의 의식적 사고의 논리는 우리 유기체, 더 정확하게는 유기체의 특정 기관이 필요로 하는 조잡하고 용이한 형태의 생각일 뿐이다. 예를 들어 우리는 거의 눈치채지 못하지만, 동시에 생각하기thinking-at-the-same-time가 요구된다(2003: 8)." 스스로에 대해 거의 눈치채지 못하는 사고는 행위 중의 사고이고, 경험의 계기를 만드는 과정 속의 생각이다. 이것은 리듬과 느낌에 직접적으로 배어있는 생각으로, 표현으로 실현되고자 하는 강렬함을 불러일으

11 화이트헤드는 이 지점에서 데카르트 역시 참조한다. 그는 다음과 같이 썼다. "이 강의에서 사용되는 '느낌'이라는 단어는 훨씬 데카르트를 연상시킨다. 예를 들면 이런 것들이다. 그렇다면 그런 것이겠지. 내가 빛을 보고, 소음을 듣고, 온기를 느낀다고 적어도 나에게 그렇게 보이는 것은 꽤 확실하다. 그것은 거짓일 수 없다. 적절하게 말하자면 그것은 내 안에 있는 느낌(감각하기: sentire)이라 불리는 것이다. 그리고 감각은 다름 아닌 생각하기와 정확히 같은 의미로 사용된다." (1978: 65)

키는 초기 활동이다. 니체는 인식과 앎erkennen and kennen에 차이를 둔다. 그는 강렬한 감각에 대해 앎이 부족하더라도 종종 인식의 감각이 있다는 것을 상기시키며 형성 중에 있는 사고의 기묘한 비적시성untimeliness을 활용한다(2003: 14). 앎은 때론 언어의 리듬, 망설임, 더듬거림에서만 살아있기 때문에 말로는 해독하기 어렵지만 활발하게 느낄 수 있으며, 때론 그런 식으로만 알려져 있는, 당면한 경험에서 막 시작된다.

그리고 이 모든 것은 이미 현존하는 주체에 속한 것이 아니다. 니체는 "나는 내the I가 생각한다는 말에 동의하지 않는다. 나는 **나 그 자체를 사유의 구조**라 여긴다. '물질', '사물', '실체', '개별적', '목적', '수'와 같은 것들과 동등한 지위의 구조로 말이다. 다시 말하자면, 나는 일종의 항상성 덕분에 규제되는 이야기일 뿐이며, 그리하여 '앎의 가능성'은 생성의 세계에 삽입되고 **발명된다**(Nietzsche, 2003: 20-21)." 나I는 행위로 인해 불안정해진 사고의 움직임이며, 경험을 규제하는 능력 그 자체가 되는 상태인데, 다만 다시 불안정화되기까지 충분히 긴 시간이 걸린다.

물론 이것이 '나'가 없다는 것을 의미하지 않는다. 이는 단지 나는 사건에 선행하여 위치할 수 없고, 나는 언제나 과정의 한복판에서 있으며, 경험의 수행으로 발생하는 벡터의 일종으로서 관계적 장에서 활성화된다는 의미이다. '나이다'는 늘, 혹은 대부분은, '나였나?'이다.

내재적 비평4-테크닉에 관하여

나는 연구-창작으로 서문을 열었고, 예술이 할 수 있는 것이 무엇인지에 대한 질문을 던졌다. 내가 생각하기에 모든 방법은 (단순히 지식의 재생산이 아니라) 지식 생산의 능력 측면에서 재고할 필요가 있지만, 이러한 재사유는 아마도 재정의를 하더라도 그 본성이 여전한 영역에서 가장 생산적일 것이다. 연구-창작은 그러한 영역 중 하나로, 오랜 시간 풍부하게 쌓인 초학문적 논의들에서 비롯된다.

방법은 초학문적 연구에서 주요한 것으로 다뤄진 적이 없다고 해야 타당할 것이다. 비록 간inter-이나 초trans-를 방법에 결합하려는 많은 시도가 있었지만 말이다. 이러한 시도는 대개는 대학원생 학술 세미나에서 학생들에게 그들의 '필드'를 소개하는 과정에서 조직되는데, 주로 하나의 학문에 존재하는 문제를 해결하는 방법을 다양한 방식으로 설명하기 위해서 여러 학문 분야의 텍스트들을 한데 모으는데 초점이 맞춰져 있다. 이러한 과정의 배후에는 그들이 사상가를 사유의 공동체 안에 배치하여 문화에 대한 논쟁에 활기를 부여하고, 그렇게 함으로써 행하기와 사유하기 방식의 다원성에 대한 논의를 시작한다는 가정이 있다. 가장 성공적인 경우에, 이것은 학생들이 한두 개의 필드가 간학문성을 처리하는 방식을 이해하도록 이끌며, 학생들에게 연구에 대한 한계를 느끼게 만든다. 이것이 효과가 있을 때, 학생은 여러 접근 방식 중 하나의 접근을 채택하거나, 이미 존재하는 틀로 분석을 하는 것에 부담을 느끼지 않게 된다.

그러나 여전히 질문이 있다. 이러한 배움에 대한 접근법은 우리가 학제나 학문의 한계를 생각하도록 가르치는 것 그 이상을 달성하는가? 개념 만들기를 포함하여, 앎의 양식과 만들기의 양식을 떨어뜨려, 범위를 정해버린 채로 시작된 배움의 접근법을 통해 생각할 수 없는 것은 무엇인가?

사변적 실용주의는 실험의 엄격함을 출발점으로 삼는다. 사변적 실용주의는 모든 과정의 중심에 있는 무질서에 관심이 있고, 그러한 무질서 상태를 새로운 지식의 방식으로 조정하는 테크닉과 관련이 있다. 사변적 실용주의는 또한 질서에서 탈출한 것, 특히나 그러한 초과가 할 수 있는 것에 관심이 있다. 그 결과 지식은 탈출에서 그리고 초과에서 창조된다는 것을 암묵적으로 인정한다.

그러므로 사변적 실용주의의 엄격함을 조직하는 것이 외부에서 과정으로 도입된 방법이 될 수는 없다. 그것은 반드시 경험의 계기 내에서 발생해야 하고, 그것의 형성 과정에서 현실화 위험을 배제해야 한다. 여기에서는 테크닉technique이 열쇠이다. 철학에서, 면밀히 읽는 것은 테크닉 중 하나이다. 버트런드 러셀Bertrand Russell의 다음의 명제를 출발점으로 삼자. "철학자를 연구할 때 올바른 태도는 존경도 경멸도 아닌 먼저 일종의 가설적 공감이다. 그의 (또는 그녀의) 이론을 믿는 것이 어떤 느낌인지 알 수 있을 때까지 말이다. 그리고 나서야만 비판적 태도, 지금까지 붙잡고 있던 의견을 버리는 사람의 마음의 상태와 최대한 비슷해져야 하는 그 태도가 살아날 수 있다(1996: 47)."

면밀히 읽는 과정에는 러셀(1996)이 말한 "가설적 공감"을 가능하게 하는 테크닉이 수반된다. 베르그손의 직관 개념(직관은 공감을 벡터라 이해하는데, 직관은 과정 내에서 이 벡터를 통해 스스로를 생산적으로 해결한다)과 일치할 수 있는 이 공감은, 작업물이 하는 일로 눈을 돌리고 작업물 자체의 관계의 장으로 자신을 열어달라고 요청한다. 관계들은 어떻게 놓여있는가? 그들은 무엇을 하는가? 텍스트의 리듬, 운율, 강도는 어떻게 사유와 내용물이 맞닿는 질문을 열 수 있을까? 사유-느낌은 어느 지점에서 이미 존재하는 지식의 형식으로부터 벗어날 수 있을까? 이 모든 질문들은 "내가 서 있는 곳은 어디인가"라는 물음을 탐구하기도 전에 전개된다. 아마도 그 무엇보다 흥미롭지 않은 질문일 것인데, 왜냐하면 흔히 학술적인 위치짓기 방식에서 "내가 서 있는 곳은 어디인가"라는 질문은 곧 1) 과정을 멈추고, 2) 행위에서 글쓰기를 제외하며, 3) 지식의 계보에서 그 질문을 여기 혹은 저기에 배치하고, 4) 학문적 방법과 제도적 권력에 맞춰 그것을 조정하는 질문이기 때문이다. 물론 우리 모두는 어느 정도 이러한 일을 하지만, 나에게는 우리가 이 '자리를 점하는 것'이 너무 자주 독서라는 창조적 행위의 종말을 알리는 조짐이 된다는 점을 명심해야 한다고 느껴진다. 우리는 다른 입장을 취해야 한다. 한가운데에서 분출하는 것, 차이를 만드는 핵심에서 알 수 없는 것에 동정적으로 관여하는 것, 아직 분류할 수 없는 경험의 불안에 주의를 기울이는 것이 그러한 입장들이다. 그렇지 않으면 우리는 우리가 시작한 곳으로 돌아가서, 이미 인식 가능한 것과 이미 알려진 것을 토대로 밖에서 안을 바라보는 자신을 발견하게 될 것이다.

그 가운데에서 자리를 점하는 것은 혼란스러운 일이다. 일례로 포도 더미에 맨발로 앉아 발효 과정을 돕는 우리의 이미지가 떠오른다. 이때 그 과정은 세세한 부분까지 이해되는 것은 아니지만 직접적으로 느껴진다. 그리고 그 이미지를 더 밀고 나가면 틀림없이 얼룩이 남을 것이다. 읽기와 만들기는 포도를 찧는 것만큼 지저분하고, 불편하며, 흥미진진하다. 우리가 그것의 위치성을 진지하게 받아들인다는 전제하에 그러하다. 왜냐하면 그들이 유도하는 관계들의 장의 한가운데에서, 실천은 가장 창의적이고 가장 강도가 높기 때문이다. 물론 그러한 관계들의 장은 위험의 장소이기도 하다. 이 모든 것이 작동해도, 여전히 와인은 변하거나 전혀 좋지 않을 수 있다. 똑같은 상황이 개념을 만들거나, 혹은 객체를 활성화하는 예술적 과정을 만들어내는 공감적 읽기에 해당된다. 이것들은 아마도 사라지지 않을 것이다. 그게 무엇이든 그들이 하는 것이라면 과정을 창조하는 것이고, 이 과정은 차이를 만들어 낼 것이다. 왜냐하면 욕구의 충동을 느끼게 할 것이기 때문이다.

사변적 실용주의는 욕구의 충동을 액면 그대로 받아들이는 것을 의미하며, 사고-느낌이 **이 사례에서** 무엇을 하고 어떻게 하는지 묻는다. 즉 '가설적 공감'의 수행으로 발생하는 존재의 방식에 대해 질문하고, 횡단적 조작에서 그 방식이 어디로 이어질 수 있는지 보는 것을 의미한다. 이것은 여러 권의 책이나, 여러 개의 구절, 여러 생각과 질감의 균형을 책상 가장자리에서 스튜디오의 벽에 대고 맞추는 것이며, 어떻게 그것들이 달리 합쳐질지, 함께 무엇을 할 수 있을 지에 대해 궁금해하는 것이다. 러셀에 따르면, 이것은 "그의 (또는 그녀의) 이론을 믿는 것은 어떤 느낌일지" 묻는 것이다. 기껏해야 사변적인 작업이고, 이러한 추측을 실용적 한계까지 가져가는 것이다. 가령 이것으로 무엇을 **할** 수 있는가? 그것은 행동 중에 사유하는 것, 즉 사고에 무엇을 할 수 있는가?

이것이 내재적 비판이며 연구-창작 과정의 핵심이라 생각한다.

내재적 비판5-연구-창작에 관하여

테크닉은 과정이 어떻게 그 자체로 드러나는지를 다룬다. 춤추기 테크닉은 반복적인 움직임에 반응하는 방식뿐만 아니라 안무적 사유를 창조하기 위한 집합적 기여에도 관여한다. 그림 그리기는 색, 질감, 형태에 관한 테크닉 뿐만 아니라 전시 양식, 보고 만지는 테크닉도 수반한다. 테크닉은 방법이 아니다. 방법보다 훨씬 역동적이고 반복이 만들어내는 변화에 열려 있으며, 또한 몸이 변화하고 환경이 조절되고 조절하며, 생태가 구성되는 방식이 관여한다. 화가-페인트-캔버스 생태는 끊임없이 변화한다. 앉아 있는 것에서, 서는 것, 보는 것, 느끼는 것, 만지는 것, 보는 것으로. 작가-키보드-책 생태 역시 독창적으로 그 테크닉을 바꾼다. 차 한 잔 더 마셔야 할 필요성에서, 인용문부터 시작하는 습관을 갖게 하는 구절을 다시 읽는 것까지, 그리고 글쓰기 자체의 즐거움과 두려움까지.

테크닉은 사유의 기술art, 특히 수행 중의 사유에 있어서 필수지만, 그 자체가 기술은 아니다. 다른 지면에서 나는 기술이 그것의 테크닉을 능가하는 데에 무엇을 할 수 있는지에 대해 이야기할 수 있는 한 가지 방법으로 테크니시티technicity이 있을 수 있다고 제안한 바 있다(Manning, 2013). 테크니시티는 경험의 초과나 경험 그 이상으로 작품 그 자체가 개방되는 경험일 것이다. 그 너머의 것, 즉 테크니시티의 특질은 형언할 수 없다. 즉, 느껴지기는 하나 언어로 분명히 표현하는 것은 매우 어렵다.

연구-창작이 할 수 있는 것은 테크니시티를 명부에 기재하여 명확하게 감지할 수 있게 만드는 것이다. 급진적 경험주의가 그러하듯, 이는 경험의 전환을 통해 개방된 연접의 복잡한 장에서 작동할 수 있다. 제임스는 다음과 같이 썼다. "급진적 경험주의는 경험을 불연속적이고 정적인 객체들로 토막 내는 이성주의적 경향성에 대항하여 저항한다. 이것은 그들이 오는 대로, 그들의 '액면-가치'에서 연접할 것을 주장한다. 예를 들어 '그리고', '함께', '근처에', '더하여', '향해'와 같은 접속사를 생각해 보자. 우리가 이러한 연접 속에서 살고 있는 동안, 우리의 상태는 문자 그대로의 의미에서 **전환**에 있다(1996: 236)."

전환이란 제약 없는 순수한 과정을 의미하지 않는다. 오히려 반대를 의미한다. 흐름과 단절, 불연속과 차이를 의미한다. 과정은 불연속에서 성장하고, 경험의 계기가 그런 식으로 스스로를 한정하는 방식과 관련하여 늘 창발 한다. 이것은 욕구가 정신성의 힘과 함께 하는 바로 그것이다. 제임스는 이런 식으로 불연속의 필요성에 대해 말하고, 현실적 계기가 어떻게 편향의 벡터가 되는지를 강조한다. "하나가 더 지속될 것이며, 또 다른 것이 방향을 바꾸거나 속박할 것이다. 우리의 경험은 그러한 방향 속에서 심지어 지금도 움직이고 있다. 우리는 틀림없이, 우리를 그쪽으로 움직이게 하는 서로 다른 용어들을 이름 붙이는 것을 제외하고는, 우리의 서로 다른 삶을 '그리고들'이나 '함께들'이라 **이름 붙일** 수 없다. 그러나 우리는 그러한 용어들이 명백하게 도착하기 이전에 그들의 세부 설명서 specification와 차이로 **살아간다**(1996: 238)."

연구와 창조 사이의 연접이 하는 일은 지식의 양태가 어떻게 늘 서로 역류하고 있는지에 대해 명확히 하는 것이며, 차이들의 횡단적 작동을 향하도록 스스로를 재조정하고, 각 연접의 중심에 있는 굴절을 강조한다. 연접은 항상적으로-내재하는 연구와 창조 간의 결합을 적극적으로 조정하고, 수행 중 사유하기가 어떻게 표현될 수 있고 어떤 종류의 유사 경험과 그것이 결합될 수 있는지를 물으며, 만들기가 어떻게 그 자체로 사유하기인지 질문을 던지며, 그러한 사유가 무엇을 **할** 수 있는지 물어보면서 작용한다.

아마도 연구-창작에서 만들기와 사고하기가 결합하는 방식과 매우 강하게 연결되는 유사 경험은 철학이다. 철학은 욕구의 힘으로 받아들여지고, 직관적인 만들기에서 '가설적 공감'으로 여겨지는데, 다만 먼저 철학이 나름대로 만들기와 사고하기의 실천으로 인정되고, 예술이 객체-만들기의 과제가 아닌, 사고하기 중 만들기로 북적거리는 태도, 방식, 궤적으로 이해되어야 한다.

이러한 경우 철학이 할 수 있는 것은, 수행 중 사유하기를 바로 철학적인 것으로 받아들이는 것이 아니라 그 나름대로 사변적이고 엄격한 것으로 받아들이면서, 예술적 과정으로 활성화된 욕구에 관심을 가지기 시작하는 것이다. 그러면 철학은 이러한 초기의 행하며-생각하기의 중심에 있는 충동과 결합하기 시작할 수 있다. 어떤 방법으로도 이러한 기획에서 철학을 도울 수 없으며, 어떤 방법으로도 예술가를 철학적 개념에 더 나가살 수 있게 하지 못한다. 왜냐하면 철학과 예술은 이미 질서 지어진 방법에서는 서로 꼭 맞지 않기 때문이다. 오직 테크닉이 과정에 내재되어 있는 한에서만 그것에 도움을 줄 수 있을 것이다.

사고하기와 수행하기의 관계적 장이 횡단적으로 활성화되는 것이 바로 내가 연구-창작이라 부르는 것이다. 여기서 중요한 것은 지식의 재정의redefinition라는 데는 의문의 여지가 없다. 연구-창작이 하는 일은 많은 경우 언어로 표현될 수 없거나 표현되지 않을 과정에 직접적으로 참여하도록 요구하는 것이기 때문이다. 철학적으로, 이것의 효과는 지식이 위치해 있는 곳과 지식이 할 수 있는 것에 관한 이미 존재하는 이해에 반항하는 사변적 실용주의를 향해 열린다는 점에 있다. 예를 들어 직관, 추측, 타고난 지식 등 이러한 모든 것들은 이들이 어떻게든 정량화될 수 없다면, 어떤 방법론적 접근에서도 무시된다. 연구-창작에 대해 박사 과정 프로그램만 봐도, 우리가 글로 쓰여진 문서에서 막 발생한 것을 상황 짓고, 직관을 위치시키고, 추측을 관리하는 것을 중요시한다는 점을 알 수 있다.

연구-창작은 새로운 방법이 필요하지 않다. 필요한 것은 다만 사고하기-수행하기의 과정에서 글쓰기가 할 수 있는 것이 무엇인지를 다시 이야기하는 것이다. 기껏해야 글쓰기는 불확실성의 리듬과 횡단성이 가장 첨예하게 이루어지는 환경의 힘에 관여하는 사변적 실용주의로의 열어젖힘으로 북적거리는 행위이다. 그러나 이것들은 일반적으로 말하는 것이 아니라, 연구-창작을 공부하는 학생들에게 요구하는 문서이다. 우리가 요구하는 것은 평가 작업을 용이하게 하는 문서이고, 기술하고, 지향하고, 방어하는 글쓰기이다. 이것은 역설적이다. 우리는 연구-창작이 열어준 것에 흥분하면서도 자신의 용어로 취하기를 꺼리고, 새로운 존재 방식과 새로운 형태의 지식으로 그것들과 실험하기를 꺼려한다. 내 생각에 우리가 막 시작된 나름의 방식으로 지식을 평가할 능력이 없거나 (혹은 내키지 않거나), 더 나은 방법으로 새로운 개념의 가치 평가에 생산적으로 참여할 능력이 없기 때문에 기존 방법에 계속 집착하는 것 같다.

연구-창작이 제기하는 질문은 대학이 무엇을 지식으로 인정하는가에 관한 핵심을 건드리는 것이다. 비언어적 실천이 그 자체로 지식의 형태라는 점을 무의식적으로 인정함으로써, 우리는 우리와 지금까지 함께 해 온 장애물에 직면하게 된다. 즉, 어떻게 과정을 평가할 것인가? 분명히 우리는 평가 모델과 함께 조사 방법을 개발했지만, 이러한 방법들이 정말로 가장 흥미로운 사고나, 가장 창의적인 실천들을 생산하는 데 성공했는가?

내재적 비평6-메타 모델링에 관하여

수십 년 전 펠릭스 가타리Felix Guattari도 비슷한 물음을 마주했다. 자크 라캉Jacques Lacan과 아주 긴 연구를 한 바 있고, 그 자신은 정신의학 분야에 입문하며 가까이에 있는 모델들이 과연 새로운 존재 양태를 (창조하는 것은 고사하고) 지원할 수 있을지 자문하기 시작했다. "애초에 정신분석은 그것의 범주가 그 시대의 규범적 모델을 따르는지 확인하려고 노력했다"라고 그는 말한다(1984: 85). 그의 주변에서는 오직 언어와 신경증에 집중했다. 그는 언어를 앞서거나 초과하는 표현의 방식은 무엇이 있을지 궁금해했다. 주체와 객체, 정신분석가와 정신분석 대상자 간의 분할을 통해서 정의될 수 없는 주체성의 방식은 어떠한가? 신경증을 (그리고 오이디푸스 콤플렉스 경향)을 거부하고 새로운 방식으로 경험과 마주치는 것에 열려있는 존재 양태는 무엇인가? 전이transference가 스스로 강력한 모델일 때, 우리는 어떻게 모델을 뛰어넘을 수 있을까? 가타리는 이렇게 말한다. "특정 정식분석 커리큘럼에 관계없이 미리 결정된 규범성 모델에 대한 참조는 그것의 분석틀에 암묵적으로 남아있다. 물론 분석가는 원칙적으로 이 정상화normalization가 분석가와 분석 대상자 간의 순수하고 단순한 식별의 산물이라고 기대하지는 않지만, 그에 못지않게 효과가 있으며 그에도 불구하고 (중략) 기존 사회 질서와 양립할 수 있는 인간 프로필에 근거하여 분석 대상자를 식별하는 과정으로 작동한다(Guattari, 1996: 65-66)."

분열 분석은 가타리가 제안한 대항 모델이었다. 그는 이것을 '메타 모델'이라 불렀다. 가타리에게 메타 모델은 기존에 형성되어 있는 힘과 지식을 뒤엎는 제안이었고, "모델의 응용이나 이질성과의 접촉을 엄격하게 제한하며, 대부분 배제와 환원으로 작동되는" 모델의 경향성에 도전했다(Murphie & Genosko, 2008, 연도 미상). 메타 모델링은 특별히 한 모델에서 시작하는 것이 아니라 성취하기 위해서 경쟁하는 여러 개의 모델을 적극적으로 고려하여, 형성의 선들을 느끼게 만들 것이다. 메타모델링은 방법에 반대하고, 기존의 존재 양태를 적극적으로 반박한다. "메타는 끊임없는 변주 속에서, 그리고 다양한 편향을 가로지르며 추상적이고 형성되고 있는 연접을 지도화한다는 측면에서 메타이다(Manning & Massumi, 2014)." 앤드류 머피Andrew Murphie와 개리 제노스코Gary Genosko는 다음과 같이 말한다.

> 메타 모델링은 모델링이 지닌 재현적 기반과 모방적 재생산 모두로부터 모델링을 분리한다. 메타 모델링은 무-의미한a-signifying 힘을 모델 영역에 허락함으로써 의미화를 누그러뜨린다. 다시 말해 의미 있음의 중심성과 안정성은 특이성의 예측불가능성과 불명확함을 위해 대체된다. 지금까지 접근할 수 없었던 것은 자신을 새롭고 창의적인 방식과 조합으로 나타내고 투영할 수 있는 여지를 갖게 된다. 메타 모델링은 이러한 점에서 모델링보다 훨씬 불안정하며, 동질성, 표준적 제약, 이해의 편협함과 점차 더 멀어지게 된다. (2008, 연도 미상)

메타 모델링이라고 부르든 아니면 단순히 급진적 경험주의의 복잡한 편향과 연접에 주의를 기울이든, 핵심은 지식이 어떻게 만들어지는가에 대해 질문하는 것이다. 지식의 매우 구성적인 본질과의 연동된 조우는 존재 방식과 학문의 가장자리에 그어진 강력한 경계를 해체할 위험이 있다는 점에서 필연적으로 파괴적인 작업이다. 지식의 구성적 본질은 분열 분석을 통해 확장된 새로운 형태의 주체성의 수준에서, 혹은 사고하기와 수행하기가 공존하는 방법으로 재정향할 때 존재한다. 물론 우리는 이것을 이런저런 방식으로 수십 년간 말해왔다. 그리고 학문은 계속해서 승리하였고 말이다.[12] 그렇지만 우리의 시기는 다른 순간에 있다. 가령 교육 기관과 사회에서 그것의 역할에 의문이 제기되는 바로 그 사실의 순간일 수 있다. 아마 연구-창작의 횡단성을 역설함으로써 가능해지는 것은 경험의 미학을 그것이 가장 필요한 곳, 바로 배움의 장으로 되돌려 놓음으로써, 지식이 어떻게 도구성에서 벗어날 수 있고 어떻게 벗어나고 있는지 대해 재고찰하는 것이다.

분열 분석의 맥락에서, 가타리는 말한다.

> 분열 분석의 측면에서 (중략) 분열 분석은 새로운 사회적 실천이나 문

12 명백히 예술 시장의 맥락이나 교육 기관 모두에 해당한다. 존재하는 "학문"의 경향에 잘 지도화되지 않는 예술의 궤적은 종종 간과되며, 실제로 진정으로 횡단적 실천을 하는 학자들도 그러하다. 내 경험 상, 가령 취업 면접에서 학자의 작업을 존경의 눈빛으로 보는 것이 꽤 흔하다. 해당 학문의 필요를 적절하게 충족시킬 수단을 가지고 있지 않다고 보여지기 때문에 그 혹은 그녀의 지원서를 제쳐두고 있음에도 말이다. 초 학제적 사고를 하는 사람들이 일반적으로 매우 창의적이고 지능적이라는 사실, 그리고 필요에 따라 그들 스스로를 재정향할 능력이 충분하다는 사실을 감안하면, 이러한 상황은 내게 항상 이상하다는 인상을 준다. 해당 학문 분야에서 학부 수업은, 예상치 못한 연결고리를 만들어 새로운 연구 분야를 열어젖히는 누군가에게 그 수업을 맡겨 위험을 감수하기 보다는 종종 적은 임금을 받는 (그리고 낮은 가치로 매겨지는) 시간제 교수진에게 맡기는 작업이다.

제들의 총체를 끌어안을 수 있는 보편적인 방법이라고 스스로를 내세울 수 없다는 점은 분명하다. (중략) 교조적인 프로그램을 홍보하는 체 하지 않는다면, 결국 문제는 우리가 얽혀있으며, 우리의 마음과 정신 모두를 오염시키는 과정인 모델화의 체계에서 벗어나기 위하여 네트워크와 리좀을 구성하는 문제이다. (중략). 분열 분석은 기껏해야 하나의 질문만을 제기한다. "어떻게 스스로를 모델로 삼을 수 있는가?" (중략) 분열 분석은 (중략) 대안적인 모델화가 아니다. 메타 모델화이다. 분열 분석은 당신이 현재 있는 곳에 어떻게 도달했는지 이해하려고 노력한다. "너의 모델은 무엇인가?" 그것이 잘 되지 않는가? 그렇다면, 나도 잘 모르겠지만, 무엇인가는 같이 작동하기 위해 노력할 것이다. (중략) 표준 모델을 제시하려는 것은 당연하다. 여기에서 진리의 기준은, 당신의 선호에 따라 자기-모델링[자동화] 혹은 자기-관리[자주적 관리]로 메타 모델링이 스스로를 변형할 때 정확하게 나타난다. (1996: 133, 번역 수정)

방법에 반하는 것은 단순히 학문적인 입장만은 아니다. 더 많은 것이 달려있다. 당신이 어떻게 현재 있는 곳에 도달했는지 묻는 것은 유효한 질문이다. 어떤 모델이 당신의 모델을 만드는가? 마주침의 순간에 감정적으로 또 어떤 것들이 창작될 수 있는가? 사건 중에 어떤 종류의 모델링이 가능한가? 이러한 질문들은 가치에 관한 질문에서 멀어질 수 없다. 왜냐하면 가치는 오늘날 자본주의적 실천으로 정의되고, 그러한 실천들은 예술의 영역, 즉 고급 가치의 영역에서 가치를 증식하는 도구적 측면으로 지식을 받아들이기 때문이다. 우리는 어떻게 횡단적으로 그러한 자본주의적 포착을 할 것인가? 어떤 새로운 가치 평가 과정이 실험될 수 있으며, 지식의 측면에서 그러한 실험들이 어떤 영향을 미칠 것인가?

새로운 양태의 평가는 무엇이 지식을 구성하는가 하는 바로 그 질문에 있는 균열을 분명하게 하고, 지식 내부의 알 수 없는 것의 부분을 느끼게 할 것이다. 창조적이고 생성적인 방식에 있는 균열에 집중하기 위해서, 의식적인 앎에 대한 명부뿐만 아니라 경험에 개입하는 사건의 복잡성을 그의 기획으로 여기는 직관의 수행에 대한 명부에도 관여해야 한다. 비약은 반드시 생겨나고 그 비약은 반드시 혼란스러울 것이다.

> 물에 몸을 던지는 사람은 그 낯선 환경의 유동성에 맞서지 않는다면 즉시 익사할 것이다. 그는 오직 단단한 땅에 저항하는 법 밖에 모르는 사람이다. 다시 말해, 그는 굳이 말하자면 물이 보여주는 그 딱딱함에 부득이하게 집착할 것이다. 오직 이 조건에서만이 그는 유체의 유동성에 적응할 것이다. 마찬가지로 우리의 사고가 비약하기로 결정했을 때가 바로 그 조건이다.(Bergson, 1998: 193)

연구-창작은 비약을 수용하고, 급진적 경험주의는 횡단하는 연구 분야에 걸쳐 도약과 함께 구성하는 테크닉을 제안한다. 이 틈을 가로질러 창발 하는 것은 미리 지도로 그릴 수 없다. "걷기를 주제로 한 수천 가지의 변형은 수영을 위한 규칙을 절대 만들어 내지 못할 것이다. 와서 물에 들어간 다음, 수영하는 법을 알았을 때에야 비로소 당신은 수영의 작동 방식이 걷기의 작동 방식과 어떻게 연관되는지 이해할 것이다(Bergon, 1998: 193)." 만들기와 생각하기, 예술과, 철학은 결코 그들 간의 차이를 해결하지 못할 것이다. 그것들은 우리에게 사전에 어떻게 그들의 초기 일탈들을 가로질러 구성되는지 만을 말해줄 것이다. 이 사건, 이 시간, 이 문제가, 이 목소리, 이 재료들, 이 방식을 통해서 이런 질문 방식을 어떻게 제안하는지 갱신하는 것이 바로 각 단계이다. 돌이켜보면 발전된 과정이 마치 방법처럼 보이기도 한다. 그렇지만 반복하는 것은 결코 그것을 되살릴 수 없다. 왜냐하면 테크닉은 매번 재창조되어야 하고 사고는 언제나 비약해야 하기 때문이다.

참고문헌

Bergson, H. (1998). *Creative evolution*. Trans. Arthur Mitchell. New York: Dover.

Deleuze, G. (1988). *Spinoza: Practical philosophy*. New York: City Light Books.

Deleuze, G. (1989). *Cinema: The time-image*. Minneapolis: University of Minnesota Press.

Genosko, G., & Murphie, A. (2008). *Metamodels*. Fibreculture Journal, 12, n.p. (www.fibreculture.org. Accessed October 18, 2014.)

Guaatari, F. (1984). *Molecular revolution: Psychiatry and politics*. Harmondsworth: Penguin.

Guaatari, F. (1996). *The Guattari reader*, ed. Gary Genosko. Oxford, UK: Blackwell.

Guattari, F. (2012). *Chaosmosis: An ethico-aesthetic paradigm*. Seattle: University of Washington Press.

James, W. (1996). *Essays in radical empiricism*. Lincoln: Nebraska University Press.

James, W. (2003). *Essays in radical empiricism*. Mineola: Dover Publications.

Manning, E. (2013). *Always more than one: Individuation's dance*. Durham, NC: Duke University Press.

Manning, E. (2015). *Artfulness*. In R. Grusing (Ed.), The nonhuman turn. Minneapolis: Minnesota University Press.

Manning, E., & Massumi, B. (2014). *Thought in the act: Passages in the ecology of experience*. Minneapolis: Minnesota University Press.

Massumi, B. (2011). *Semblance and event: Activist philosophy and the occurrent arts*. Cambridge, MA: MIT Press.

Nietzsche, F. (2003). *Writings from the late notebooks*. Ed. R. Bittner. Trans. K. Sturge. Cambridge, UK: Cambridge University Press.

Portanova, S., Scliar, B., & Prevost, N. (2009). Rhythmic nexus: The felt togetherness of movement and thought. Inflexions, 2, n.p. (www.inflexions.org. Accessed October 18, 2014.)

Russell, B. (1996). *The spirit of solitude*. New York: Simon and Shuster.

Whitehead, A. N. (1929). *The function of reason*. Boston: Beacon Press.

Whitehead, A. N. (1938). *Modes of thought*. New York: Free Press.

Whitehead, A. N. (1978). *Process and reality*. New York: Free Press.

5 물고기에게 듣기
인간 너머의 먹거리 정치

엘스페스 프로빈Elspeth Probyn

> 왜 버팔로의 노래인가? 물고기가 버팔로를 놓쳤기 때문이다. 버팔로는 무더운 여름 낮 호수나 강가로 다가가, 통통하게 살이 오른 진드기를 흘려 물고기들에게 먹을 것을 주었고, 그들의 변은 물고기가 좋아하는 다른 곤충들을 불러들였다. 물고기들은 버팔로가 다시 돌아오길 바랐다.
>
> (Erdrich, 2012: 181)

치페와족 출신 작가 루이스 어드리치Louise Erdrich의 신간 『둥근 집(*The Round House*, 2012)』에는 잠꼬대를 하는 노인 무숨의 이야기의 수면으로 물고기가 헤엄쳐 나간다. 강간과 세대 갈등, 노스다코타의 원주민 보호구역에서의 일상의 변덕에 관한 어드리치의 소설의 복잡한 구조는, 재현을 한계까지 밀어붙인다. 그렇지 않다면 어떻게 여러 층위들과 여러 세대에 걸친 고통을 드러낼 수 있겠는가. 물고기는 비록 단 한 두 번뿐일지라도 기이함과 평범함 사이의 경계를 갉아 먹으며 그 안과 밖을 오갔다. 이와 같은 어드리치의 능란한 처치로 우리는 세계가 유동적인 것으로 보일 때나 스테판 헬메르Stefan Helmreich가 썼듯 세계가 "물질 — 난민, 유목민, 무기, 마약, 그리고 물고기 — 들이 서로를 가로질러 '흐르는' 것으로 상상되며 경계에 도전하는(2010: 137)" 곳이 될 때, 어떤 일이 생기는지 알게 된다.

2008년 나이젤 스리프트Nigel Thrift가 쓴 비재현 이론에 관한 책에 대해 필립 바니니Phillip Vannini는 다음과 같이 평하고 있다.

> 비재현 이론은 퍼포먼스 연구들, 물질문화 연구들, 현대 사회학, 문화 이론, 정치 경제학, 생태인류학, 생물철학, 문화연구, 몸과 감정 사회학, 감각들에 대한 사회/인류학과 다름없는 분야들로부터 빌려온 아이디어들의 모자이크이다. 이론적인 측면에서, 비재현 이론은 다르지만 상호 연관된 다음의 이론적인 관점들을 통합하는 종합적 노력으로 볼 수 있다. 행위자-네크워크 이론, 생물철학, 신유물론, 사회 생태학, 퍼포먼스 이론, 포스트구조주의 페미니즘, 비판이론, 그리고 상호작용주의와 실용주의(2009: 282).

이러한 점에서, 이 용어가 설명할 수 없는 것은 거의 없는 것으로 보인다. 때때로 포스트구조주의, 포스트모더니즘, 퀴어, 문화연구 등등에 관한 피터지는 논쟁 — 그 의미가 무엇이며, 좋거나/나쁜지, 정치적이거나/비정치적인지 등 — 이 있어왔기 때문에, 나는 이 새로운 용어의 출현을 열렬히 환호할 수만은 없었다. 바니니가 논평에서 시사한 것처럼, 실질적인 연구가 거의 이루어지지 않은 이론의 구멍을 메우는 데에 너무 많은 시간이 소비되어왔다. 게다가 쓰리프트가 '개인적인' 일상의 생동하는 조각들에서 영감을 받은 다수의 페미니스트 글쓰기에 대한 반자기기술지적이고 암묵적인 무시와 오해를 옹호한 경우에서처럼 많은 부분들이 버려질 수도 있다. 이러한 점을 고려해 나는 헤이든 로리머Hayden Lorimer의 "인간너머의more-than-human, 문맥 너머의more-than-textual, 다감각적인 세계를 자기확신적으로 감당하기 위한 작업(2005: 83)"이라는 표현을 선호한다. 로리머는 “하나의 문화-페미니스트 프로그램으로서 재현 너머에 것에 대한 우선 점유한 백인, 서구의 궤도를 벗어난 논쟁”에 관해 설명한다(같은 책: 89).

무엇을 이론화 하고 싶은 것인지에 대해 우리 스스로 질문을 던질 필요가 있다. 바니니가 책의 서문에서 주장하듯, 재현에 대한 강박을 내려놓아야 하는가? 이는 연구에 있어 정확히 무엇을 의미하는가? 물론 이는 무엇을, 왜 연구하는지에 달려있다. 또한 재현이 단순히 문맥적이거나 수치적이지는 않은 것임을 고려하는 것이 필수적이다. 캐이틀린 스튜어트Kathlenn Stewart는 다음과 같이 얘기한다.

> 이야기를 통해 이론을 생각하거나, 이를 시도할 때, 또는 서술적 우회로를 통할 때 지각하게 되는 놀랍고 때로는 사건적이며 때로는 들뜨고 때로는 지속되고 때로는 몹시 슬픈 난해한 합치로 학술적 어조를 끌어당겨오기 위한 세상의 작업. 즉, 몸-들, 리듬-들, 그리고 소음과 빛, 공간 안에 존재하는 방법들에 대해 지각할 수 있게 되어가는 언제나 일상다반사인 노동. (2011: 445)

몇몇 우회로들을 지나, 아이디어와 이야기의 모자이크를 거쳐, 이 장에서 나는 물고기-인간 커뮤니티라고 명명한 지속가능한 어업의 무대에 개입하려던 여러 시도들과 좌절들을 상세히 기술해보려 한다. 어종 보호를 위한 친환경 캠페인에 대한 수많은 주목들과는 반대로 나는 물고기, 환경, 그리고 인간들의 어셈블리지와 해양 생태계를 지속가능한 것으로 생각하고자 한다. ‘슬로우 피쉬(*Slow Fish*, www.slowfood.com/slowfish/)’와 같은 몇 웹 사이트들을 돌아보면, 환경이슈들에 대한 지배적 재현이 '내편 아니면 남의 편'이라는 듯 매우 제한적이라는 것이 명백해진다(예를 들어 어부 대 '녹색주의자greenies' 또는 벌목꾼forestry 대 '환경운동가tree-huggers'처럼). 그러나 본 장에서 개진하려는 복잡하게 얽힌 바다, 물고기, 그리고 인간을 둘러싼 이슈들은 단순화되고 적대적인 것으로 이분화 된 관계성 안에서 이해할 수 없다. 보다 복잡한 존재론은 이들에 관해 연구할 수 있는 더욱 절묘한 방법들을 요구한다. 그러므로 나의 인간-물고기 커뮤니티들에 대한 프로젝트에서 나는 몇 가지 다른 방법론들을 그려 볼 것이다. 이 방법론들은 종합적으로 인간 너머의 방법론으로 이해될 수도 있다. 신중한 청자들을 따라 나는 보다 복잡한 이해를 짓는 연결선들을 쫓으려 한다. 이것은 체현된, 대화체의 민족지와 연관된 것으로 이야기들을 듣고, 따라가고, 다양한 양식의 묘사를 통해 정동적인 공간들을 포착하는 것을 시도하고, 그리고 역사 깊이에 달해 개인들의 체현된 방식 안에서 발화되는 암묵지를 알아채도록 조율한다. 나는 이렇게 사용된 방법들의 앙상블이 계속해서 새롭게 만들어지는 얽힘이란 변이적 움직임을 포착하는 하나의 방법이자, 마치 물고기와 인간이 다양한 층위의 경계들을 가로지르고 흐리는 것과 같은 모종의 알로포이에시스를 생산하길 바란다.

먹거리 전쟁

일반적으로 '먹거리' (생산과 소비)는 적대적 구조와 함께 포착되어 온 경향이 있다. 공적·학문적 논쟁에서 음식은 경제적이자 문화적,

정동적인 투자일 뿐 아니라 국가 정책의 양태로 재현되는 혼란한 현장으로서도 꾸준히 주목되어왔다. 이러한 논쟁은 결코 새로운 분야의 것이 아니다. 우리는 인류를 어떻게 먹일 것인지, 무엇들과 함께 살아왔는지에 대해 천년까지는 아닐지라도 수십 년에 걸쳐 질문해 왔다. 그리고 이에 대한 최신의 표현들은 지난 십년간의 무수한 진보 저널의 작업들에서부터 기인했다고 얘기할 수 있다. 예를 들어 바바라 킹솔버Babara Kingsolver의 삶터에 대한 회고록 『동물, 채소, 기적(*Animal, Vegetable, Miracle*, 2007)』과, 마이클 폴란Michael Pollan의 『잡식동물의 딜레마(*The Omnivore's Dilemma*, 2007)』 에릭 슐로저Eric Schlosser의 『패스트푸드의 제국(*Fast Food Nation*, 2002)』은 마치 영화 <푸드 주식회사(*Food, Inc.*, 2008)>처럼 어떻게 먹거리가 우리의 건강과 환경에 영향을 미치는지에 대한 인식을 고취시켜왔기 때문이다(Marcher, 2013을 보라).

그러나 과연 어떤 종류의 재현이 먹거리 지속가능성 정치에 대한 더 넓은 관심을 불러오는지를 아는 것은 훨씬 더 까다롭다. 에밀리 마처Emily Marcher는 폴란의 우리가 선대의 할머니들이 행한 실천들로 돌아가야 한다는 경솔한 발언에 대해 '성차별주의자a sexist pig'이냐는 직설적인 반문으로 답한다.

> 이런 이야기들은 우리의 집단적인 향수를 불러일으킨다. 분홍 뺨의 농부들이 빵을 반죽하고, 모녀가 시골의 현관에서 햇빛에 달궈진 완두콩 껍질을 까고, 대가족이 행복하게 밥상에 모여 할머니가 털을 뽑아 구운 닭을 두고 옹기종기 앉아 있는 모습에 대한 향수(Marcher, 2013).

줄리 구스만Julie Guthman은 자신의 논문의 제목에 "마이클 폴란과 그 외의 저작은 치토스가 당기게 한다(*Michael Pollan et al [make] me want to eat Cheetos*, 2007)"라며 기억에 남을 만한 표현으로 이를 담아냈다.

구스만처럼 계층과 피부색에 대해 고려하지 않고 단순화한 '먹거리 향수foodie nostalgia'에 대한 재현에 반기를 드는 작업들은 오늘날의 먹거리에 문제가 있다는 사실이나, 더 엄밀하게는 몇 구조적 문제들이 내재해 있다는 사실을 더욱 강조한다. E. 멜라니 드퓌E. Melanie DuPuis, 데이비드 굿맨David Goodman, 마이클 굿맨Michael Goodman(2012)을 비롯한 여러 학자들은 미국, 그리고 세계적으로 먹거리 생산과 소비가 불평등을 야기하는 방식으로 조직되어 있는 심층적 구조적 이유들을 오랫동안 이론화해왔다. 어떤 먹거리가, 어떻게 누구의 손을 거쳐 자라나서 어디에서 섭취되는지는 자본, 젠더, 계급, 인종, 그리고 지정학과 깊은 상호연관을 가진다. 레이첼 슬로컴Rachel Slocum과 아룬 살다나Arun Saldana의 『인종과 먹거리의 지리학(Geographies of Race and Food, 2013)』이 밝히듯, 인종은 먹거리 생산과 소비의 모든 면을 결정하고, 그 안에서 결정된다. 역사적으로 특정 작물을 가능하게 하고 때로는 특정 음식(아보카도, 바나나, 송곳니, 캥거루 등)을 인종-코드화하는 노동 과정에서부터 세계 경제에 의해 유통되는 노예화와 침략들에 이르기까지, 식품과 사료는 감시와 처벌의 제도에 필수적인 요소였다.

세계 곳곳을 황폐하게 하고 있는 먹거리 안보 또는 먹거리 안전이나 관련 질병에 대한 문제 인식들은 충분하다(Goodman & Maye, 2010). 문제는 먹거리 지속가능성이 수반되는 어떤 다양한 측면들을 어떻게 다룰 것인가이다. 레슬리 헤드Lesley Head와 크리스 깁슨Chris Gibson이 기후 변화(먹거리 문제와 명백하고 깊게 연관된)의 재현의 문제에 대해 다음과 같이 논쟁했듯, "인류의 기후변화에 대한 반응은 대체로 모더니즘 프로젝트의 용어들로부터 나오고 이를 수반한다. 그리고 우리 중 많은 사람들은 위험한 기후 변화를 '수정하고', '관리하고', 또는 '뒤집고' 싶은 충동을 가지고 있다(2012: 700)."

이 용어들은 먹거리에 관한 공공 정치의 많은 부분을 포착한다. 이 프레임을 뒤흔들어 먹기eating의 (비)재현 안에 수반될 요소들을 추가하기 위해, 본 장에서 나는 지상(식량의 생산과 소비에 관한 많은 논쟁의 근거가 되어온)에서 눈을 돌린다. 나는 이러한 질문들이 또 다른 관점에 의해 다르게 주조 될 수 있는 방법을 찾고 싶다. 이러한 질문들은 복수의 감각들을 선두하고 재현의 방법을 한계로 밀어붙인다. 나는 우리의 눈을 바다라는 인간 너머 먹거리 생산과 소비가 이뤄지는 곳으로 돌려 그동안 시현되어 온 먹거리 정치에 관한 질문들을 확장하기를 원한다. 이런 작업은 과연 어떻게 우리의 개념적인 그리고 방법론적인 기원을 바꿀까? 우리가 정주해온 '땅'의 경관 너머, 바다는 무얼 '보게' 일깨워줄 것인가? 푸코가 질문했듯, "마치 바닷가 모래사장에 그려진 얼굴처럼 인간이 지워질 때" 과연 무엇이 모습을 드러낼 것인가(1970: 368-387)?

다시 말하자면, 먹거리 정치(생산과 소비의 지속 가능한 실천을 위한)에 대한 나의 관심은 바다, 물고기, 어업, 어민이라는 인간 이상의 영역에 활기를 불어넣는 부착, 얽힘, 애착의 형태에 대한 것으로 바뀌어왔다. 나는 우리가 보다 넓은 분야에서 먹거리를 살피기 위해 어떻게, 무엇을 해야 하는지를 고려하며 지속가능성에 대한 질문을 던질 필요가 있다고 주장한다. 몇몇 과학기술학자들 중 특히 윤리에 관해 페미니스트 전통을 접목시키려는 연구자들은 새로운 돌봄의 윤리가 시급하다고 주장한다. 그러나 마리아 푸이그 들라 벨라카사Maria Puig de la Bellacasa가 묻듯, '어떤 종류의' 윤리가 필요한 것인가(2010: 152)? 아네마리 몰Annemarie Mol은 '먹는 몸the eating body'에 대한 프로젝트로 돌봄과 관련된 건강 실천들에 대한 그녀의 이전 작업들을 먹기의 영역으로 불러들인다(Mol, 2008; Yates-Doerr, 2012).

마라 미엘Mara Miele은 우리가 무얼 먹는지를 돌본다는 것의 의미가 무엇인지에 대한 감각의 지평을 개념적 차원과 실천적 차원 모두에서 넓혀왔다. 미엘은 가축 복지에 대한 더 나은 가이드라인을 세우는 유럽 연합의 연구에 관여하면서 '행복한 닭'에 대해서 어떻게 이해할 수 있는지를 연구했다. 그리고 동료 아드리안 에번스Adrian Evans와 함께 그는 여러 차원의 '걱정 가득한 소비 실천의 윤리 그리고 책임(2010)'에 주목한다. 미엘과 에번스는 먹기를 사유하는 방법이 재현 이상의 방향으로 나아가는 분투를 포함해야 한다고 주장하며, 이를 '먹거리 감지하기', 즉 "소비자들이 먹거리를 감각하고 동시에 이해하는 복합 과정들)"이라고 부른다(2010: 300). 이 지점에서 그들은 제니퍼 헤이스콘로이Jennifer Hayes- Conroy와 앨리슨 헤이스콘로이Allison Hayes-Conroy가 먹기의 '내장 지리학visceral geographies'이라고 부른 것과 조우한다. 이들은 비재현에 대한 생각을 넓히며 어떻게 물질과 담론이 우리가 본능적 육체들 안에서 결합되는지에 주목할 필요가 있다고 주장한다(2010: 1280). 이는 들뢰즈와 가타리가 "우리는 꾸준히 명령어들order-words로부터 물질들의 침묵의 질서를 향해 흘러간다"고 말한 그 방법의 중심을 관통한다(1988: 87, Miele & Evans, 2012: 302에서 인용). 이러한 상황에서 우리는 푸코가 『말과 사물(*Les mots et les choses*)』에서 항상 물질성에 흠뻑 젖어 있다고 한 구절을 듣지 않을 수 없다. 우리는 물질과 담론을 분리할 수 없다.

먹거리가 어떻게 유통되는가를 둘러싼 중요한 변화들이 그 예이다. 서구사회의 중산층 소비자들을 위해 점점 수치상으로 증가하는 (그 비중은 적을지 몰라도) 아시아 국가들의 소비자들을 위해, 행복한 닭과 케이지 프리 달걀은 오늘날 일종의 규준으로서 널리 받아들여져 심지어는 월마트나 맥도날드와 같은 다국적 식품유통사나 패스트푸드 체인점들마저 이를 장려하고 있다. 이 괄목할 만한 성과는 유명 미디어 요리사, 수년간의 풀뿌리 활동, 소셜 미디어의 대중들, 그리고 행복한 닭을 위해서라면 더 많은 돈을 지불해야 한다는 것을 깨달은 소비자들에 의해 달성되었다. 그러나 이러한 복지에 대한 고려는 닭, 돼지, 그리고 나아가 소들을 향한 것으로 아주 점진적으로만 옮겨왔을 뿐이다. 지상의 먹거리를 생각하는 것이 해산물을 생각하는 것보다 쉬운 걸까? 바다보다는 땅인가? 어부보다는 농부인 것인가? 우리는 명백히 보기에 좋은 생김새를 가졌거나 운이 좋게도 사람의 형태와 비슷한 방식으로 귀여운 몇몇 종들을 다른 종들보다 더욱 아낀다. (불가능하지는 않겠지만) 물고기를 꼭 껴안기란 어려울 것이다. 하지만 무엇이 좋고 좋지 않은가 같은 자의적인 위계질서의 영역에서 벗어나는 방식으로 지속 가능한 식량 생산과 소비라는 보다 광범위한 문화정치를 불러일으킬 수 있을까? 아마 어셈블리지에 주목하는 보다 구체적인 방법론적 관심이 돌봄 윤리에 관한 정보들이 지속가능성이란 이슈에 대한 더 큰 감성을 촉진할 수 있을 것이다. 이 감성은 (*Le possion durable*이란 지속가능한 물고기에 대한 프랑스식 표현에 의하면; Probyn, 2013) 시간이 지나도 '견딜만한' 방식의 지속가능성을 체현할 수 있는 능력으로 이해된다.

최근 사회과학 및 인문학자들은 산업혁명 이후 영국과 같은 과거

해양제국 시대의 대중적 시각에서 점차 사라지기 시작한 해양에 관한 문제로 되돌아가기 시작했다. 필립 스타인버그Philip Steinberg의 해양 역사 지리는 그리스 지리학자 스트라보Strabo의 생각으로부터 해양 공간에 대한 이해를 도표화한다. 이천 년 전 스트라보는 해양에서 인간의 존재와 혼합된 한 공간을 보았는데, "우리는 육지뿐 아니라 바다에도 연결되어있는 어떤 의미에서는 양서류이다(Stinberg, 1999b: 368에서 인용; Helmreich, 2010도 보라)." 스타인버그의 프로젝트는 시간과 공간에 걸친 자본의 흐름을 도표로 만드는 것이었다. 이 점에서 그는 해양이 어떻게 고정성과 정지상태와 관련되게 되었는지를 밝혀냈다. 그에 따르면 18세기 중반부터 육상의 산업적 발전에 초점을 맞추면서, "해양은 담론적으로 구성된, 사회, 진보, 문명, 그리고 발전으로 정의되는 육지로부터 지워진 곳이 되었다(Steinberg, 1999a: 409)." 해양 규제의 근대적 양태의 촉발을 추적할 때 스타인버그는 해양에 대한 지배적인 이해가 '말살된 공간,' '타자의 곳,' 그리고 자원을 찾는 과정에서 자본이 투영되는 영역이라고 주장한다(유엔해양법협약이 1994년까지도 국제법상에 비준되지 않았다는 점을 고려해보았을 때 이는 매우 최근의 일이다). 유체역학의 진보(와 관심이) 얼마나 느린지 기억하는 것은 이상할 지라도, 당연히 해양은 여전히 남아있다. 그리고 킴벌리 피터스Kimberly Peters가 말했듯이 "지구의 70%는 바다이며, 무역의 95%는 아직도 배를 이용한다(2010: 1260)." 스타인버그는 화물선이 여전히 2차 세계대전이 종전될 때와 같은 속도로 이동하고 있다고 썼다. (나는 이 부분을 곱씹으며, 내 짐이 퀘벡에서부터 오스트레일리아까지 바다를 건너오기까지 40일이 넘게 걸렸었다는 생각에 빠졌다. 이 40일이란 시간은 나의 증조부의 배가 1915년 영국에서 오스트레일리아까지 부상병들을 집으로 실어 나른 시간과 비슷하다.)

스타인버그는 어선과 노동자들을 위한 것이 아닌 관광객들의 취향을 위해 재건된 전 세계의 수많은 항구들처럼 해양에 대한 향수를 불러일으키는 주조된 재현들을 비난한다. 스타인버그는 또한 어떤 해양의 지속가능성에 대한 담론이 할리우드의 "자연이 결여된 곳으로서 해양이나 그저 우리가 지나가는 길에 지나지 않는 듯한 이미지(1999a: 406)"에 의해 좌절되었음을 설명한다. 그의 연구는 영화 <니모를 찾아서(2003)>의 흥행 전에 기획되었는데, 이 영화는 아이들이 냉동 생선튀김을 그만 먹도록 하는 결과를 낳았다. 한 어머니가 블로그 <맘마미아>에 썼듯, 아이들은 영화를 본 후 '물고기는 친구이지 음식이 아님'을 확신했기 때문이다(Hudson, 2013). 스테인버그의 비관론과는 대조적으로 피터스는 "해양 세계는 새로운 실험적인 차원과 표현의 형태를 열어준다(2010: 1262)"고 주장한다. 물론 폴 길로이Paul Gilroy의 천재적인 책 『검은 대서양(*The Black Atlantic*)』은 "배는 살아있는, 미시문화, 미시정치 체계들(1993: 15)"이라는 것을 상기시키며 대서양을 가로지르는 흑인 문학적 재현의 움직임과 인간(노예) 무역의 경로를 재-형상화하는 새로운 지평을 열었다. 길로이의 호소로부터 우리는 푸코의 헤테로토피아가 가진 무거운 개념적 힘을 느낄 수 있다. 비록 푸코는 헤테로토피아를 시간과 역사에 대한 19세기의 선입견과는 반대로 전경 공간foreground space을 설명하기 위해 쓰지만, 내게는 (일전에 주장했듯) 헤테로토피아가 우리에게 인간 너머의 현 시대의 작동에 대한 방법론적 통찰력을 제공하는 것으로 생각된다(Probyn, 2014). 우리가 이미 알고 있듯, 푸코에게 "배는 가장 큰 상상의 교두보이며 … 배가 없는 문명의 꿈은 모두 마른다(1986: 27)." 그리고 인류세의 인류가 만든 위기에서 벗어날 방법을 찾으려면 우리에게는 분명하게도 상상력이 절실히 필요하다. 그러나 우리가 특히 주목해야 할 것은 푸코가 우리에게 물려준 건축술의 적절한 방법론이다. "헤테로토피아는 하나의 실제 장소에 여러 개의 공간, 그 자체가 호환되지 않는 여러 곳들을 병치할 수 있다(같은 책: 25)." 인간, 바다, 물고기 사이의 관계를 어떻게 이해할 수 있는지를 엿보기 위해서라도 우리는 겉으로 보기에 양립할 수 없는 몇 가지 알 수 있는 방법들을 함께 모아야 하며, 저평가되어왔거나 아직 알려지지 않은 것들에게 열려있어야 한다.

바다를 느끼며

본 절은 재현의 다감각적인 양태에 대한 질문과 그 정동적인 소질들에 대한 질문으로 돌아간다. 이러한 정동적 소질들은 바다, 그 안의 물고기, 그리고 그 일꾼들에 대해 보다 돌볼 수 있도록 공적 담론들 안으로 불러들이는 방법을 발굴 할 수 있게 할지도 모른다. 나는 다양한 고찰들을 전개해볼 것이나 동시에 어업인들의 해산물 유통 조약을 향한 '대체 어떻게 해야 대중들에게 어민들도 가족이 있는 사람들임을 알게 할 수 있는가?'하는 질문처럼 애처로운 목소리를 듣는 것도 계속 해나갈 것이다. 나는 바다와 땅, 물고기와 인간, 마음과 몸을 가르는 비정형화된 일반적 구분들에 영향을 주는 바다에 대한 이미지를 모았다. 체현이라는 개념이 여러 영역에서 잘 구현되어 왔을지라도, 우리는 공간적이고 시간적인 것들을 묶어 결합된 삶의 내구력에 대해 주장할 필요가 있다. 이러한 도전은 '인류세 속의 **인류**'를 개념화 할 것인가에 대한 간학제적인 문제제기가 필요하다는 사실을 강조한다. "인간의 활동의 규모나 영향, 환경 연구의 우세한 자연과학의 지나치게 좁은 시야를 고려하면, 인문·사회과학의 관점이나 통찰력을 선두에 두기 위한 큰 노력이 필요하다 (Pálsson *et al.*, 2013: 3)"는 것은 점점 고통스러울 만큼 명백해지고 있다.

우리는 어떻게 우리의 근원을 이처럼 흐트러진 세계에서 찾아 낼 수 있을까? 나는 바다가 우리에게 강력한 지평선horizon을 제공한다고 제안하고 싶다. 그리고 지평선을 하늘과 땅 사이에 형성된 선이라는 상식적인 선에서, 그리고 해석학의 철학자 한스게오르크 가다머Hans-Georg Gadamer가 제공한 선에 대한 구체화된 이해라는 두 측면에서 모두 사용하고자 한다. 가다머에게 지평선의 식별은 기술하고 해석하는 과정에 필수적이다.

> 지평선은 시야의 범위로, 특정 유리한 관점에서 관측될 수 있는 모든 것을 포함한다. 지평선을 갖지 않은 한 사람은, 충분히 멀리 볼 수 없는 사람이며 근처에 있는 것들에 과도한 가치를 매긴다. 그러니 '지평선을 갖는 것'의 의미는 무엇이 가까이 있는지에 의해 갇히지 않으며 그것 너머를 조망할 수 있다는 것이다(1997: 302).

가다머의 중점은 우리가 주어진 순간에 지평을 구성하는 것에 대해 성찰적일 필요가 있다는 것이다. 이런 의미에서, 현대의 문화적 사조의 많은 부분은 의식적이든 아니든 우리 발밑의 땅과 관련이 있다. 바다를 지평으로 보는 것은 우리의 생각을 바꿀 것을 약속한다. 물론 해양은 오랫동안 사람들에게 매혹의 원천이 이었다. 그럼에도 단지 부분적으로만 존재 해 온 것은 인간의 소망에는 너무도 초연하고 무관심한 것처럼 보이기 때문이다. 가스통 바슐라르Gaston

Bachelard가 썼듯, "물은 진실로 전환의 요소이다. 이는 하늘과 땅heaven and earth 그 사이의 필수적이고 존재론적인 변형이다(Conery, 1996, 291에서 인용)." 그렇지만 이와 마찬가지의 의미에서 바다는 "인간을 위해 직접적으로 제공되지 않기 때문에 모든 숭고한 것들이 가진 우선적 의무를 충족하지 못한다는 점에서 비인간적인 물(Bachelard, Connery, 1996: 291에서 인용)"에 지나지 않는다. 나는 해양이 인간의 삶에 초월적으로 무관심한 존재라는 틀이 바르트Barthes, Roland가 그의 책 『신화론(*Mythologies*)』에서 "나는 여기 바다 이전에 있고, 그러므로 무의를 견디는 것은 진실이다(1972: 163)"라고 적었던 수수께끼 같은 각주를 쓰면서 얻었던 것 이라고 생각한다. 그러나 바르트와 많은 문화 연구자들에게 해변은 기호학적semiotic 물질로 가득 차 있다. 예를 들어, 존 하틀리John Hartley는 "[호주] 문화 연구에 있어 해변은 문화와 국가 정체성의 상징이었다(2003: 123)"고 썼다. 해변의 몸들에 대한 연구와 서핑 의식에서부터 쾌락주의와 자유의 구현으로서의 많은 국가 문화에서 해변의 역할에 이르기까지, 해변은 실제로 인간의 삶의 많은 측면에 대한 배경을 제공한다. 인간이 만든 기표인 해수욕장(la plage, 프랑스어로 해변)과 대조적으로 바다 그 자체는 우리 뭍사람들에게는 너무도 이상하고, 이국적이어서, 우리는 그것을 쉬운 의미로 바꿀 수 없다. 해양적인 것에 대한 바르트의 탐사에서 크리스토퍼 코너리Christopher Conery는 바르트가 바다에 대한 의미를 부정하는 것에 대해 다음과 같이 반박한다. "그러나 그것은 해결 불가능한 방식으로라도 그것을 나타낸다. 지상의 상징체계를 활성화시키는 것은 공허함인가? 흐르는 불연속성의 땅, 그 상징적 체계 아래에 있는 것은 실재인가(1996: 290)?"

초기 현대 영국 문학에서 바다의 역할에 대한 매혹적인 설명에서, 스티븐 멘츠Steven Mentz는 우리에게 "순수한 변화로서의 바다(2009: 1001)"라는 감각이 얼마나 오래 지속되었는지를 상기시킨다. 그는 항공 여행과 우주 탐사로 인해 바다와의 연결이 끊겼다고 주장한다. 게다가 해양 연안 공간을 길들이는 것은 "바다를 혼돈의 환영에서 놀이터로 변화시켰고, 현대 세계는 그것의 문화 역사의 일부를 잃었다(같은 책: 998)"고 말했다. 멘츠의 초기 근대적 시각에 대한 표현에서 우리는 '해양적 자유'에 대한 초기 현대적 상상, '끊임없는 변화와 불안정'에 대한 감각을 가지고 있는데, 이것은 질서 있는 땅의 영역과 대조되는 것이다(같은 책: 1001). 이러한 이분은 서구적 사고의 특권적 뿌리로 깊이 들어가는데, 멘츠는 플라톤이 『법률(*Laws*)』에서 "바다는 기분 좋기는 하지만 위험한 동반자이며, 상업뿐만 아니라 낯선 도덕과 매너의 고속도로(Mentz, 2009: 998 에서)"라고 한 것을 인용한다.

물론 누구도 해양 세계에 대한 대중의 관심을 불러일으킨 레이첼 카슨Rachel Carson을 인용하지 않고 바다에 대해 말할 수는 없을 것이다 (그가 대중의 주목을 받은 것은 살충제를 복용하기 10년 전의 일 이었다). 카슨은 바다의 경이로움을 형상화했다. 아만다 하굿은 그가 해양 환경에 완전히 적응했다고 묘사했다. "목을 길게 빼고, 눈과 귀를 기울이면, 발은 그녀를 다음 사색의 대상으로 준비된 듯 운반한다... 그의 태도는 바다의 경이로움에 부합한다(2013: 72)." 카슨의 말을 빌리자면, "육지에서는 결코 아니었지만, 인간은 그의 세계가 물의 세계라는 사실을 안다. 이 행성은 물로 뒤덮여 있으며, 대륙은 단지 전부를-순환하는 바다의 표면에의 일시적으로 침입한 것일 뿐이다(1951: 19)."

뱃멀미

바다가 우리의 환경과 인간의 관계를 반영하는 데 있어 강력한 지평을 제공해왔다면, 인간 너머의 연구를 위한 새로운 방법론에 대한 결정적인 방향을 제공할 수 있는 관련된 영향들이 있다. 카슨의 경외감은 왠지 사회과학에 더 많은 경이를 불어넣으려는 최근의 요구보다 더 정직해 보인다. 1950년대 부모들에게 보낸 그녀의 조언은 이제 우리에게 진실로 다가온다. "젊은 과학자들의 교육에 있어서 '여러 사실들' 보다는 '경이로움'이 가장 중요한 요소이다 (Hagood, 2013: 58에서 인용)." 일전에 내가 여러 번 주장했듯, 흥미와 놀라움은 강력한 체현의 형태이기 때문이다. 그것들은 우리의 몸을 세상에 의존하게 하고, 개방되도록 지시한다. 그리고 비재현적 연구와 긴밀하게, 바다는 언제나 언어 이전의 것에 대한 확장을 불러일으킨다.

팔손이 보여준 아이슬란드에서의 뱃멀미에 대한 이해는 바다에서 일어날 수 있는 육체적이고 함축적인 격변을 포착한다. 팔손은 다음과 같이 저는다.

> 아이슬란드인들은 지식과 실천 사이의 관계, 그리고 감정과 인지, 몸과 마음의 통일성을 암묵적으로 인식한다. 이들에게 '뱃멀미(sjoveiki)'라는 용어는 현실적 지식이 부족해 가끔 발생하는 몸속 메스꺼움, 예상치 못한 세상의 흔들림을 뜻할 뿐 아니라, 타인과 함께 배움을 비유하는 말로도 쓰인다. (1994: 901)

이 세계의 근본적인 메스꺼움의 순간 — 그에게는 연구를 구상하는 배 위에서 스스로 경험한 뱃멀미에 해당하는 ― 은 하나의 체현된 렌즈를 제공한다. 그리고 우리는 그것을 통해 감정과 인지, 몸과 마음, 인간과 물고기 등 위치된 구별과, 분리된 실체의 다른 층위들의 존재론적인 무질서를 고려해 볼 수 있다. 명백한 영향은 아닐지라도, 뱃멀미는 우리에게 인간과 비인간들의 그물망에 의해 구체화되고 얽히는 물질성과 의미라는 본능에 대해 경고한다. 바다, 그 움직임, 인간-기술의 접힘에 대한 압력과 더불어 배우는 것으로서 테크네techne, 가령 배의 종류, 어구, 그리고 현재 관행에서 재생산되는 과거에 대한 암묵적 수준의 기술. 이 모든 것들은 흔들리는 배와 움직이는moving 수평선의 프리즘에 붙잡혀있다.

이 장면은 바다의 힘 앞에서 우리의 완전한 지배력의 결여를 깨우쳐주는 배움의 장면이기도 하다. 이 학습의 형태는 팔손이 "필수적으로 집단적인 산업 ― 모든 개인들, 사회적 관계들, 실천의 공동체들과 연관된(1994: 901)" 것들에 대해 '능숙해짐enskilment'이라고 부르는 것이다. 어부로서 바다에서 일하는 사람들에게, 능숙해짐은 인간과, 보다 중요하게 여겨지는 비인간 모두를 포함하는 타자의 존재를 통해서 배우게 된다. 이것은 다양한 형태의 지식(과거, 현재, 세포, 펠트, 냄새, 이동 등)을 한데 모아주는 해양의 접힌 곳에서의 학습으로 체현된다. 이러한 학습 방식의 총체를 그것의 적절한 이름으로 부르기 위한, 이것은 묵시의 영역이다. 이 지식은 발화되지 않는다. 교훈적이지 않으며, 느낌으로부터 배운다. 이것은 체현된 배치이다. 팔손이 "현장연구에서의 능숙해짐이 진정한 '본능적 반응'은 아닐지는 몰라도, 필연적으로 심리학적 과정을 수반한다(같은 책: 902; Probyn, 2004도 보라)"고 본 것은 놀라운 일이 아니다.

듣기

나는 바다를 샅샅이 돌았다. 아니 더 정확히 말하자면, 감명을 줄 수 있는 그 경외에 대한 인간의 묘사를 샅샅이 살폈다. 부분적으로 이는 인간이 바다를 전달할 때 느끼는 이야기의 순수한 기쁨을 위한 것일 뿐이다. 그러나 보다 실용주의적으로는 이것은 어부들이 훨씬 더 잘 느껴왔고, 알고 있던 또 다른 환경에 대한 경고이기도 하다. 이를 통해 나는 인간 너머의 환경에 더 밀접하게 관련된 인간들의 암묵지가 형성될 수 있기를 희망한다. J. K. 깁슨-그레이엄J. K. Gibson-Graham은 "실험적인 기원을 적용하기 위한 시도는 '땅 위에서 발생하는 것들로부터 우리는 무얼 배울 수 있는가?' 하는 질문과 함께 세계에 접근해야 한다"고 말한다. 이것은 '무엇이 좋고 나쁜가?'하는 질문과는 매우 다른 많은 수사를 요청하는 것과 연관된다. 이 실험적 기원은 또 하나의 (전환적) 연결을 만드는 방법이며, "그것은 배움의 행위로부터 세계를 '흡수'하려는 의지이다(2011: 22)." 이러한 종류의 연구는 감각을 연장시킨다. 즉, 주의 깊게 듣는 일은 촉각, 시각, 청각, 후각으로 이어지는 맥루한적McLuhanesque 연장을 수반한다.

교착이라는 아이디어가 가진 생산적인 측면 중 하나는 그것이 인간-비인간 어셈블리지를 주조하는 현재와 과거의 교착, 그리고 그 형태를 포착한다는 것이다. 미셸 칼롱Michael Callon과 볼로로나 라베하리소아(Vololona Rabeharisoa, 2004)는 생태사회적 부착이 우리의 휴머니티 안에 존재하는 핵심적인 요소라고 주장한다. 다음과 같은 지점에서 이는 간단한 문제가 아니다. 이를 테면, 나의 행동이 당신에게 정동한다면 우리는 얽힌 것이고, 당신의 행동이 내게 정동을 유발한대도 마찬가지이기 때문이다. '정동됨'은 것은 너와 나를 별개의 것으로, 동시에 얽힌 세계들임을 보여준다(Callon & Rabeharisoa, 2004: 17). 또 다른 점에서 이러한 형상은 '훌륭한' 사회학적 관계와 도덕적 행동(또는 연구 윤리)의 바탕이 되고 이를 따르도록 안내한다. 이 사회적 관계와 도덕적 행동들은 "부착되어 있는 실체에 의해 스스로를 움직이게 하는 하나의 명령법(같은 책: 16)"이다. 지금까지 나는 뿌리 깊은 정동적 연결을 증명하는 인간-해양-물고기의 어떠한 강력한 분절도 교란하는 이미지들을 찾아 항해해왔다. 그러나 해양자원을 보호해야 한다고 공공연한 주장을 하는 국제, 국가, 그리고 국가통치의 형태라는 당혹스러운 그물 안에 점점 더 갇혀가는 몸들을 생각해보자. 이들은 어떠한가? 어부, 물고기, 시장, 그리고 소비자들 간의 얽히고설킨 어떤 관계들은 지속가능성을 위한 효과적인 장치의 기반이어야 만 하는 것인가?

안나 칭Anna Lowenhaupt Tsing은 그의 책 『파편(*friction*, 2005)』에서 지구적 연결의 민족지를 주장한다. 칭은 먼저 인도네시아 숲의 한 가운데에서부터 진행하며 이에 대해 다음과 같이 서술한다. "뉴욕이나 도쿄, 혹은 제네바 같은 세계의 중심이라는 이미지로부터 국제간 연결을 다시 이야기해나가기 시작할 어떠한 이유도 없다(같은 책: 271)." 물, 물고기, 어업, 그리고 인간에 대한 더 복잡한 관점을 종합하는 데 있어서, 나 역시 국제적 관심들에서부터 가장 주변적인 것으로 보이는 어딘가의 '한 가운데서' 시작하고 싶다. 칭은 그가 '민족지적 파편들'이라고 불렀던 것들을 통해 그가 듣고 다시 쓰는 이야기들의 단편들과 조각들을 연구한다. 디테일에 초점을 맞추면 우리가 가야 한다고 생각하는 방향에서 벗어날 수 있고 디테일은 지역특성을 보편적인 주장으로 요약하고 싶어 하는 이야기를 중

단시킬 수 있다. 방법론적으로 이것은 우리에게 몇몇 가지들을 한 번에 할 것을 요구한다.

특정한 것들과 디테일에 우리의 초점을 맞춘 외곬수일 것, 그리고 문맥의 풍부함에 대해 육체적으로 열려있을 것. 내가 이단적인 주제에 대해 논의한 것을 떠올리자면, 이것은 몇 가지 방법론적 입장이나 스타일, 그리고 인간-비인간 관계의 공간과 시간을 파악하기 위해 양립할 수 없어 보이는 몇 가지 연구 방법을 연습하기 위한 것이다.

물고기 가두기

기어를 바꿔 당신을 도로 위로 데려가자. 다른 곳과 마찬가지로 호주에서도 줄어드는 어류와 손상된 해양 환경을 보호하기 위한 공동의 노력이 있다. 이러한 노력의 두 가지 주요한 방법은 어업할당제와 해양공원으로 해안과 해수를 구획·규제하는 것이다. 몇 년 전, 나는 운이 좋게도 호주 수산 관리청AFMA, the Australian Fisheries Management Authority의 연구단 뿐 아니라 물고기와 관련된 거의 모든 위원회에서 활동해온 롭Rob이란 굉장히 흥미롭고 헌신적인 분에게 호주의 어업관리에 관해 개인지도를 받을 수 있었다. 롭과 나는 어느 따뜻한 저녁에 오래된 술집에서 만났는데, 우리는 그곳에서 밤늦게까지 이야기를 나누었다. 아니 듣고 메모를 했다. 그는 어업관리에서 자신과 다른 사람들의 역할을 미래의 물고기를 위한 정부관리자로 보았다. 그러니 물고기가 바로 '주요 고객'이란 것이다. 물고기는 '꼬리가 있고, 관할선을 인식하지 못 한 데도' 말이다. 복합적인 과학적 노력의 중심에는 물고기가 보호되는 두 가지 주요 방법인 '인풋-아웃풋 제어'가 있다. 인풋은 그물의 크기, 보관할 수 있는 물고기의 크기, 죽은 물고기의 수를 조절하려는 시도에 초점을 맞춘다. 아웃풋 제어는 주로 할당량을 통해 경쟁을 규제하여 견제한다. 개별적인 이전이 가능한 할당량ITQs, individual transferable quotas 이면에 있는 개념적 근거는 그것이 해양 커먼즈commons와 어떻게 교차되는가이다. 즉, 배타적 경제 구역EEZs, the exlusive economic zones 과 같이 타 국가의 구역 내 모든 사람에게 속하는 것으로 보일 수 있는 것을 어떻게 민영화할 수 있는지는 널리 논의되고 있다(Pálsson, 1994; Pálsson & Helgason, 1995). 롭은 어쩌면 이것이 어부들 간의 경쟁을 막을 수 있는 유일한 방법이라고 생각한다. 기본 아이디어는 특정 기간 내에 잡히는 어종의 수를 제한하는 것이다. 물론 인간은 인간이기 때문에 여러 혼란스러운 상황을 야기하기도 한다. 실제로 수많은 어장에서 일어난 일은 더 크고 공격적인 선수들이 더 작은 팀들과 그들의 할당량을 사들였다.

누구와 말하느냐에 따라 이 할당체계는 작동하는 듯 보이기도 하고, 그렇지 않아 보이기도 했다. 많은 지자체들은 할당체계가 아닌 구획화 방식을 더 지속가능한 것으로 선전하고 있다. 오스트레일리아에서는 해상레져 이용자들 뿐 아니라 상업 및 취미 어부들로부터 바다의 일부를 탈환하고 보호구역으로 구획하는 거대 프로젝트가 1998년 당시의 환경부 장관에 의해 처음 제기되었다. 당시 환경부 장관은 "해상 '국립공원'들에 대한 계획 체계는 우리의 800만 평방 제곱미터에 달하는 우리의 해상 배타적 경제구역의 대부분을 포함한다"고 발표한 바 있다(Darby, 2011). 이와 같은 야심찬 계획은 일반적으로 보호주의자로는 여겨지지 않는 '보호주의적 정부'로부터 세워진 것인데, 실제로 이러한 추진력은 어업 경제를 보호하고 석유 및 가스 탐사에 대한 요청을 수용하기 위한 것일 수도 있었다. 하지만 만약 이것이 사실이라고 해도 몇몇 정치적 측면들이 더 이상 환경 보호주의적이지 않다는 점을 들어 특정한 정당을 비난하기는 어렵다. 현재 호주 노동당 정부 아래의 환경부 장관은 최근 해상공원을 밀어붙일 의지를 발표했는데, 이 해상공원은 "세계에서 가장 큰 해상공원이 될 텐데, 오스트레일리아 남서쪽에서 서쪽 아우그스타Augusta에서부터 거의 에스페란스Esperance에 이르는 놀랍도록 넓은 322,390 평방킬로미터의 바다를 덮는 면적이 될 것"이다 (Coghlan, 2011). 이는 세계에 존재하는 해상공원의 38 퍼센트가 오스트리아 유역이 된다는 의미이기도 하다.

이러한 조치에 의해 가장 큰 영향을 받을 작은 바다 공동체에 대한 나의 연구는 인간과 물고기가 어떻게 공존하는지, 그리고 인간과 어업 공동체들의 지속 가능성을 보장하는 방법에 대해 더 많은 것을 알고자 하는 깊은 열망에서 추동되었다. 일종의 유행어로서 지속가능성은 자주 회복탄력성의 대체어로 사용되어왔다. 과학에서 회복탄력성은 탄성에 관한 것으로, 인간이 측정되고 스트레스를 받은 후에 다시 튕겨져 나올 수 있다는 우리의 생각을 알려주는 특징이다. 하지만 여러 면에서 너무 많은 방향으로 발산된 것으로 보이는 공동체에는 이러한 탄성이 거의 남아있지 않다. 내가 에어Eyre 반도에 있는 현장의 작업장으로 돌아왔을 때, 코웰Cowell과 링컨Lincoln 항구들도 어쩐지 탄성을 잃은 채 밋밋해 보였다. 어부들과 가게주인들도 동의한다. 이 평평함을 만든 가장 큰 이유는 곧 닥칠 해양공원에 대한 걱정이다. 좀 더 많은 것을 살펴보고자 나는 남 에어 해양 공원Lower Eyre Marine Park의 지역 옹호 단체LAG, Local Advisory Group

와의 미팅에 참석했는데, 이 단체의 목적은 남오스트레일리아의 에너지 및 천연자원부DENR, the South Australian Department of Energy and Naural Resources의 협의를 전달하는 것이었다. 주민 스포츠 센터의 회의실에 들어서니 어느 누구도 회유하는 분위기를 느끼지 않는 것은 분명해 보였다. 지역 시의원이 지역 옹호 단체(LAG)의 의장을 맡았고, 모임은 어업과 캠핑 가게 등 다양한 분야의 어업, 관광 사업, 종사하는 다수의 지역 사람들에 더해 단 한 명의 외로운 '녹색주의자'로 구성되어있었다. 우리는 이 그룹이 이후 협의에 참여할 '이해관계자들'을 대표하지 않는단 사실을 들었다. 이 모든 중요한 이해당사자들이 정확히 누가 될지는 분명하지 않았으나, 시의원은 이 모임이 '정부와 지역사회의 소통'을 우선으로 하는 자리라며 회의의 조건들을 제시했다.

시의원은 큰 기대를 걸지 않으며 노골적으로 '우리는 합의를 기대하지 않는다'고도 얘기했다. 이게 그나마 절제된 표현이라는 것이 곧 명백해졌는데, 나는 방청석앉아 치솟는 열기를 느낄 수 있었다. 나를 포함해 약 20명 방청객들은 말을 하거나 질문을 해서는 안되었지만, 뒤에 서 있던 건장한 어부들은 이 지시를 무시하였다. 에너지 및 천연자원부DENR에서 온 한 젊은 과학자는 지금까지 대중들로부터 받은 제안들을 요약하는 불쾌한 일을 하고 있었다. 그는 반응을 읽으면서 공원이 어디에 위치할지에 대한 스크린에 컴퓨터로 선을 그었다. 반면 우리는 누가 어떤 제안을 하는지, 그리고 관련된 전문지식에 대해서도 전혀 들을 수 없었다. 그 젊은 과학자가 제안들을 읽어 내려갈 때, 뒤에 서있던 사람들은 그에 대해 말들을 덧붙였지만 그중에 과학자나 자문위원들에 대한 칭찬은 없었다. 그 과학자가 특정 영역을 보호하도록 선 하나를 긋자, 사람들은 "저곳에서 낚시를 하면 중국놈 취급을 받게 되겠군"하고 소리쳤다. 적대적인 분위기가 점차 거세지고, 거의 음모론에 가까운 이론들이 회장 안을 휘저었다. 참석자들 중 일부는 과학적 견해에 대항하려고 노력했다. 한 노인은 바닥에 앉은 채 소리쳤다. "그 생물-다양성이라는 놈은 100년 동안이나 두들겨 맞았는데 아직도 그대로 있어!" 회장 안에선 물물교환도 벌어졌는데, 마치 '사거나 말거나deal-or-no-deal' 게임 쇼를 방불케 하듯 보호구역설정에 대한 다양한 제안들이 오고 갔다. 한 레저 낚시꾼recreational fisher은 이런 상황에 익숙하지 않아 보이는 당황한 과학자와 경쟁 입찰을 하는 것 같았다. '우리가 그 부분을 주면, 우리는 전갱이가 잡히는 여기를 얻을 수 있나?'라던가 '이동식 주택caravan 구역에서 나오는 하수가 여기로 흘러오니까 당신이 이 부분을 가져도 좋다'는 제안들이 회장을 떠들썩하게 했다.

비록 가끔은 즐거워지는 순간도 있었지만, 회장을 감돌던 주된 음율은 낚시꾼, 작은 관광사업자, 주민, 또 다른 어업 구성원들의 달라지는 미래에 대한 좌절, 분노, 그리고 두려움에 대한 것이었다. 존경받는 어류 가공업자인 스티브는 이 과정이 냉소적인 방식으로 수행되었다고 이야기하며 다음과 같이 지적했다. 어부들은 본질적으로 환경 보호론자이며 사우스 오스트레일리아의 어업관리가 성공적이어왔다고 보았으며, 문제의 중요도에 대한 의사소통이 거의 이루어지지 않은 채, '지중해의 경우처럼' 결론이 나질 않기를 바라는 마음으로 가득한 상태였다는 것이다. 나아가 스티브의 "우리가 해양 공원을 위해 해양 공원을 만드는 것 같다"는 말은 그 자리의 많은 사람들의 마음을 대변한 것처럼 보였다.

애들레이드로 돌아오는 길에 나는 코웰지역학교the Cowell Area School에 들렀다. 나는 이전 12월에 '과학자, 요리사, 그리고 재배자'

라는 심포지엄에 이 학교에 참여를 요청한 일이 있다. 우리는 다른 지역의 농어업인들을 초청해 생산물을 가져오도록 하고 사회과학자들과 농업과학자들, 요리사들과 이야기를 나눌 수 있었다. 학교는 굴을 대접했는데 이는 아주 싼 값에 가능했고, 이후 교장 잔(Jan)은 주 전역의 음식과 와인 행사에 굴을 제공하라는 요청을 일상적으로 받게 되었다는 좋은 소식을 전해왔다. 노르웨이와 뉴질랜드에서 비슷한 학교 프로그램을 시행하고자 관심이 있는 국외의 사람들의 접촉도 점점 늘고 있었다. 이 학교는 확실히 미래에 대한 희망(아이들을 도시로 떠나보내지 않기를 바라는 가족들의 것만이 아닌 그 다음 세대, 그들의 작은 마을, 나아가 굴 산업에 대한)을 제공하는 것 같아보였었다. 하지만, 다시 찾아갔던 그날이 그저 나쁜 날이었던 것인지, 아니면 잔이 '교육부의 기계'라고 불리는 것에 지쳐 있던 탓인지 알 수 없지만, 열성적이던 포부는 잔에게서부터 빠져나간 듯 보였다. 그는 학교와 지역사회에 포부가 없는 것에 대해 큰소리로 걱정했다. 나는 내가 학교에서 본 열정과 추진력에 대해 언급했지만, 잔은 '그렇지만 어떻게'를 질문해왔다. "당신이라면 어떻게 그 열정을 효과가 있는 어떤 것으로 바꿀 수 있겠는가?"

어떻게 우리는 바다에서 살고 일하는 이 사람들이 가진 에너지와 다양한 형태의 지식을 활용할 수 있을까? 물고기와 인간 공동체의 열정과 심장박동에 깊이 귀를 기울이는 사회과학과 인문학 연구의 역할이 여기에 있는지도 모른다. 다음의 칭의 주장은 이와 직접적으로 관련이 있다.

> 보존은 과학자, 기업, 산림 거주자, 주 규제 기관, 대중, 그리고 비인간 사이의 협력의 영감이다. [...] 협업은 단순한 정보 공유가 아니다. 공동

작업자가 공통의 목표를 공유한다고 가정할 이유는 없다(2005: 13).

이러한 의미에서 지속가능성은 매우 다른 참여자들 사이의 진정한 협력에 의해서만 달성될 수 있다. 학교, 취미 낚시꾼들과 상업 어민들, 소규모 관광 사업자들, 광업에 대한 이해관계자들, 여러 종류의 과학자들, 어업 관리인들, 그리고 시인, 철학자, 작가들 말이다. 이들의 관심은 딱 떨어지게 수렴되지 않고, 칭이 말했듯 사실 이들이 원하는 것은 완전히 양립할 수 없을 수도 있다. 인간 너머의 시선으로 확장되는 여러 관점에서 보려고 노력하는, 이야기를 모으고 말하는 것의 역할은 위화감을 지우기 위한 것이 아니다. 오히려 "우리는 어디에서 차이가 생기는지 알 필요가 있기(Tsing, 2005: 259)" 때문이다.

여기에는 내가 물고기-인간 공동체들이라고 부를 정도로 다양한 역사를 지닌, 다양한 플레이어들이 모여 있다. 롭과 같은 사람들은 그 어업을 지속 가능하게 만들기 위해 살았고, 때로 죽음의 위협을 받기도 했다. 그리고 어부들이 있다. 이들은 '그들의' 물고기와 '그들의' 해양 경로에 대해 수 년 동안, 가장 긴 세대에 걸친 경험과 지식을 제공해왔다. 이 모든 참여자들과 이 이상의 참여자들은 어떻게 물고기를 지속케 할 것인가에 대한 문제와 그들을 아끼는 사람들에게 양립할 수 없는 아이디어와 희망을 안겨주게 마련이다. 물론 어떤 사람들에게는 해양 환경의 지속가능성이, 어떤 사람들에게는 다양한 물고기 종의 지속가능성이, 또 다른 사람들에게는 어떻게 그들의 공동체를 가장 먼저 지속하게 할 것인가가 문제일 것이다. 심지어 '공동체'라는 용어에 대한 이해조차도 작게 나뉜다. 누군가에게는 학교 프로그램을 통해 하루하루를 살아가는 희망을 채우는 회복탄력성을 위한 것일 것이며, 누군가에게는 지속가능성의 지평을 야기하는 어업을 사수하려는 목적을 위한 것일 것이다.

자, 어떤 역할이 우리에게 남아있는가? 듣는 이와, 계승자, 이야기꾼? 바다의 인간들과, 비인간-거주자들이라는 바다에게는 다를 것 없어 보이는 두개로 쪼개진 만 gulf을 우리는 어떻게 연결할 수 있을까? 어떻게 하면 사람들이 관심을 갖게 할 수 있을까? 다른 사람들을 배려하며 해양 생물 세계와 삶을 유지하는데 있어서 인간 너머에의 관여에 관심을 가질 수 있을까? 나는 이 점에서 나의 주장이 재현의 문제에 깊이 박혀있는 두 가지 학문적 전통의 영역을 어색하게 가른다는 것을 알고 있다. 한 쪽으로는 텍스트와 (또는) 문학으로 이해되는 문학적 표현의 형태에 대한 분석이며, 다른 한 쪽으로는 해양부유물에 대한 민족지적 연구들이 있다. 내가 이들이 서로 다른 음역에 있을 뿐 동시에 작동함을 알고 있음에도 두개의 영역이라고 부르는 것은 이것이 스토리텔링의 수단에 지나지 않음을 잊게 할 수도 있다. 그렇지만 우리가 인간-물고기 세계의 지속가능성을 다양한 청중들과 지지층들에 의해 더 쉽게 이해시킬 수 있도록 하는 놀라운 도전을 새로운 묘사하는 새로운 방법을 공식화하려면, 여러 가지 수준에서 동시에 작업을 해야 할 수도 있다. 나는 우리가 단절의 선뿐 아니라 연결의 선을 그리는 것을 도울 수 있을 기회의 순간을 기다린다. 갑작스럽게 끝날 것 같은 이야기들을 따라가다 보면 겉으로 보기엔 위화감에 휩싸인 것처럼 보인다. 인간의 말을 최대한 주의 깊게 듣고, 비인간의 관점에서 우리가 배울 수 있는 것을 최대한 가까이서 얻자. 인간 너머의 광활한 바다와 해양생물은 고사하고 서로 다른 인간 행위자들이 무엇을 원하는지 미리 판단할 수 있다는 생각조차도 자만심일 뿐이다. 하지만 이를 하나로 모으는 것은 적어도 우리가 눈을 아래로 두고 귀를 열 수 있도록 할 것이다. 만약 우리가 물고기의 이야기를 더 주의 깊게 듣지 않는다면, 최소한 인간-물고기의 얽힘에 대한 사유에 귀를 기울이지 않는다면, 그들은 우리의 삶에서 헤엄쳐 나갈 것이고, 우리는 오로지 늙은 남자와 여자에 관한 이야기 속에서만 살아가게 될 것이다.

참고문헌

Akerman, C. (Director) (1975). *Jeanne Dielman, 23 quai de Commerce, 1080 Bruxelles.* Produced by Corinne Jénart and Evelyne Paul,

Brussels. G. (1983). *Water and dreams: An essay on the imagination of matter.* Trans. E. R. Farrell. Dallas: Pegasus Foundation. R. (1972). *Mythologies.* Trans. A. Lavers. London: Paladin.

Callon, M., & Rabeharisoa, V. (2004). Gino's lesson on humanity: Genetics, mutual and the sociologist's role. *Economy & Society, 33,* 1-27.

Carson, R. (1951). *The sea around us.* Oxford: Oxford University Press.

Coghlan, S. (2011). Can rec fishing and marine parks co-exist? *Fishing World,* 9. www.fishingworld.com.au/news/comment-can-rec-fishing-and-marine-parks-co-exist. Accessed October 20, 2014.

Connery, C.L. (1996). The oceanic feeling and regional imaginary. In R. Wilson & Dissanayake (Eds.), *Global/local: Cultural production and the transnational imaginary* (284-311). Durham, NC: Duke University Press.

Darby, A. (2011). Lines on a map don't tell the whole story of marine reserves. *Sydney Morning Herald,* May 30. www.smh.com.au/opinion/politics/lines-on-a-map-dont-tell-the-whole-story-of-marine-reserves-20110530-1fc3p. YBVk7zMm. Accessed October 18, 2014.

Erdrich, L. (2012). *The round house.* New York: HarperCollins.

Foucault, M. (1970). *The order of things.* New York: Random House.

Foucault, M. (1986). Of other spaces. *Diacritics, 16,* 22-27.

Gadamer, H. G. (1997). *Truth and method.* New York: Continuum.

Gibson-Graham, J. K. (2011). A feminist project of belonging for the Anthropocene. *Gender, Place & Culture, 18,* 1-21.

Gilroy, P. (1993). *The Black Atlantic: Modernity and double consciousness.* Cam-MA: Harvard University Press.

Goodman, D.E., DuPuis, M., & Goodman, M. K. (2012). *Alternative food networks: Knowledge, practice and politics.* London: Routledge.

Goodman, M. K., & Maye, D. (2010). Guest editorial: "Ethical foodscapes?" *Environment and Planning A, 42,* 1782-1796.

Guthman, J. (2007). Can't stomach it. How Michael Pollan et al. made me want to Cheetos. *Gastronomica, 7,* 75-79.

Hagood, A. (2013). Wonders in the sea: Rachel Carson's ecological aesthetic or the century reader. *Environmental Humanities, 2,* 27-77.

Hardin, G. (1968). The tragedy of the commons. *Science, 162,* 1243-1248.

Hartley, J. (2003). *A short history of cultural studies.* London: SAGE.

Hayes-Conroy, J., & Hayes-Conroy, A. (2010). Visceral geographies: Mattering, relating, and defining. *Geography Compass, 4,* 1273-1283.

L., & Gibson, C. (2012). Becoming differently modern: Geographic con- tributions to a generative climate politics. *Progress in Human Geography, 36,* 699-714.

S. (2010). Human nature at sea. *Anthropology Now, 2,* 49-60.

Hudson, K. (2013). Everything I know about being a parent I learned from a small fish. Mamamia. www.mamamia.com.au/parenting/finding-nemo-everything-about-Accessed October 18, 2014.

Kingsolver, B. (2007). *Animal, vegetable, miracle.* New York: Harper Collins.

Lorimer, H. (2005). Cultural geography: The busyness of being "more-than-representational." *Progress in Human Geography, 29,* 83-94.

Marcher, E. (2013). Is Michael Pollan a sexist pig? *Salon,* April 28. www.salon. /04/28/is_michael_pollan_a_sexist_pig. Accessed October 18, 2014.

Mentz, S. (2009). Toward a blue cultural studies: The sea, maritime culture, and modern English literature. *Literature Compass, 6,* 997-1013.

Miele, M. (2011). The taste of happiness: Free range chicken. E*nvironment and Planning A, 43,* 2076-2290.

Miele, M., & Evans, A. (2010). When foods become animals: Ruminations on ethics responsibility in care-full practices of consumption. *Ethics, Place and Environment, 13,* 171-190.

Mol, A. (2008). *The logic of care: Health and the problem of patient choice.* London: Routledge.

Pálsson, G. (1994). Enskilment at sea. *Man, 29,* 901-927.

Pálsson, G., Szerszynski, B., Sörlin, S., Marks, J., Avril, B., Crumley, C.,... R. (2013). Reconceptualizing the 'Anthropos' in the anthropocene: Integrating the social sciences and humanities in global environmental change research. *Environmental Research and Policy, 28,* 3-13.

Peters, K. (2010). Future promises for contemporary social and cultural geographies of the sea. *Geography Compass,* 4, 1260-1272.

Pollan, M. (2006). *The omnivore's dilemma.* New York: Penguin.

Probyn, E. (2004). Thinking with gut feelings. *Public, 30,* 101-112.

Probyn, E. (2013). Sentiments oceaniques: Les representations du "poisson durable" *Poli-Image, 7,* 50-59.

Probyn, E. (2014). Women following fish in a more-than-human world. *Gender, Place & Culture, 21,* 589-603.

Puig de la Bellacasa, M. (2010). Ethical doings in naturecultures. *Ethics, Place & Environment, 13,* 151-169.

Schlosser, E. (2002). *Fast food nation.* New York: Perennial.

Slocum, R., & Saldana, A. (Eds.) (2013). *Geographies of race and food.* Farnham: Ashgate

Steinberg, P.E. (1999a). The maritime mystique: sustainable development, capital mobility, and nostalgia in the world ocean. *Environment & Planning D: Society & Space, 17,* 403-426.

Steinberg, P. E. (1999b). Navigating to multiple horizons: Toward a geography of space. *Professional Geographer, 51,* 366-375.

Stewart, K. (2011). Atmospheric attunements. *Environment & Planning D: Society & Space, 29,* 445-453.

Thrift, N. (2008). *Non-representational theory.* London: Routledge.

Tsing, A.L. (2005). *Friction: An ethnography of global connection.* Princeton, NJ: University Press.

Vannini, P. (2009). Nonrepresentational theory and symbolic interactionism: Shared and missed articulations. *Symbolic Interaction, 32,* 282-286.

6 대기적인 것을 행하기 위한 장치

데렉 맥코맥*Derek P. McCormack*

"때로는 나의 모습이 나를 놓지 않을 때가 있어."

타운스 반 잔트Townes Van Zandt[1]

나는 이 책이 주로 '어떻게' 라는 질문에 관한 것이라고 생각한다. 비재현 이론들이 그 자신을 발견한 세계들의 부름에 어떻게 반응하는지에 대한 것이라고 말이다. 이 세계란 때때로 미리 주어지지 않은 방식으로 사고를 발생하도록 강요하거나, 강제하거나, 야기하는 세계이다. 이사벨 스탕게르스(Isabelle Stengers, 2005: 192)가 이야기한 바와 같이, "**어떻게**는 사고할 의무가 있는 사람들을 위험에 빠뜨리고 노출시키는 질문인데," 왜냐하면 이 의무의 본성과 그것의 창발 과정이 지닌 본성 때문에 항상 열려 있는 질문으로 남아있기 때문이다. 비재현 이론에서 **이** 시간, **이** 때, **이** 상황들 속에서 세계와 함께/세계 속에서 사유하는 법에 관한 질문은 절대로 미리 정리되어 있지 않으며, 스탕게르스가 들뢰즈를 따라 언급한 것처럼 반드시 "환경을 통한par le milieu" 사고의 과정을 통해서 풀려야 하고, 그것을 통해서-형성되어야per-formed 한다. 이것은 또한 비재현 이론을

1 역자 주: 미국의 싱어송라이터(1944-1997)

비록 겸손한 방식일지라도 일반적인 접근 방식이나 교리에 결코 합산되지는 않을 각 사례에 맞춘 방식으로, 필연적으로 실험적이게 만드는 것이다. 대신, 비재현 이론은 알프레드 노스 화이트헤드가 "새로운 유대novel togetherness(1978: 21)"라고 부르는 형태를 취하는 소수의 실험적 경험주의를 배양하는 것으로 향한다.

이러한 의미에서 비재현 이론에 대한 하나의 유용한 "사고를 위한 도구"는 스탕게르스의 『실천의 생태학(*ecology of practices*, 2005)』에서 찾아볼 수 있다. 이 용어에 대한 스탕게르스의 용법은 물리학과 같은 과학에서의 경험과 조직에 대한 그녀의 사유와 상당부분 관련이 있다. 하지만 이것은 세계 속에서 진행되는 일련의 방식으로서 비재현 이론에 대해 말하고 이를 육성한다는 것이 어떤 의미인지 사유하도록 도와줄 수도 있다. 스탕게르스가 언급한 대로, 실천의 생태학에 대한 사고의 모든 과정은 "실행가들이 사고하고, 느끼고, 행동하게 만드는 것"(같은 책: 195)을 현실화하는 도전이다. 한 층위에서, 그리고 이 책의 맥락에서, 이것은 비재현적 사고의 특정한 장르와 기술이 창발하는 상황과 힘을 명확하게 하는 문제이다. 이는 자서전과 완전히 다른 의미에서, 여러 가지 습성과 몸들 속에 기입된 것과 같이 집단적인 이해(利害)의 문제를 형성하는 힘과 참여자의 민족지학과 행동학의 혼합으로서 다중-전기(傳記)적인 설명을 포함한다. 그러므로 이곳의 더 넓은 목표는 단순히 고백적인 자기 폭로의 형식을 생산하는 것이 아니며, 주어진 일련의 방법론에 대한 현행 상태를 담은 지도를 제공하려는 것도 아니다. 오히려 행동의 가능성을 증식시키고, 비재현 이론이 무엇이 될 수 있는지에 대해 다시, 또 다시 질문을 제기하고자 하는 것이다. 따라서 스탕게르스를 따라 실천의 생태학을 통해 비재현 이론을 생각하는 것은 "실천의 가운데에서 무엇이 작동하고, 어떻게 작동하는지에 대한 실용적인 학습의 역학으로서 실험적인 유대를 생산할 수 있다. 이것은 도전과 실험 변화에 답하기 위해, 즉 자신의 힘을 펼치기 위해, 실천이 필요로 하는 능동적인 종류의 '환경'이자, [실천을] 조성하는 종류의 '환경'이다"(같은 책: 195).

이 생태학의 지속적인 정교화에 기여할 수 있는 가능한 방법들이 많이 있으며, 세계 속의worldly 유대 형식을 새롭게 생성하는 과정으로서 사유가 존재하는, 겸손하고 작은 형태의 실험주의에 대한 약속에 응답하는 방법들도 마찬가지이다. 이 장에서 나는 **사물**의 속성과 질에 주의를 기울이는 것이 어떻게 실천의 일환이자, 사유의 비재현적 스타일을 고안하는 것의 일환이 될 수 있는지 생각해보고 싶다. 더 구체적으로 나는 **대기적인 것**들과 함께 사유하고 **대기적인 것**을 행하는 것의 가능성에 대해 곱씹어보고 싶다. 나에게 대기적인 것이란 때때로 상대적으로 분리되어 모양을 갖춘 형식으로 파악될 가능성을 지닌 존재를 의미하기도 하지만, 퍼져있음에도 감지할 수 있을 만큼 정동적이고 대기적인 시공간의 생성에 기여하고, 또 그 생성으로부터 창발되는 것을 의미한다. 그래서 나는 일종의 대기적인 현장연구를 추구하기 위한 장치로서 풍선과 함께 사고하고자 한다. 다시 말해서, 풍선은 무언가의 일어남에 대한 대기적인 감지의 발생에 가담하는 장치이며, 그 대기적인 감지는 그 장치가 푹 담가져 있는 구성적 정동관계의 구름 덕에 느껴질 수 있는 것이다.

그림 6.1. (그림 출처: McCormack, 2013)

차이를 쪼개고, 방법을 가볍게 하기

그러나 우선 일종의 확장된 고백을 하려 한다. 나는 비재현 이론의 작업을 기술하기에 방법method이 너무 무거운 용어라고 오랫동안 생각해왔다. 이에 대해 나는, 인식론적 명령어로서 방법이 세계 속 참여의 전제조건으로서 사고를 결박해야 할 필요성에 대한 가정으로 너무 자주 채워져 있는 방식에 연루되어 있다고 의심한다. 또한 개념적 사유라는 명백히 공허한airily 사변적 작업을 경험적인 땅의 속성earthiness에 고정시켜야 할 필요성에 대한 주장들에 너무 자주 무게를 두어왔던 방식과 연관되어 있다고 의심한다. 그리고 그것은 또한 방법의 엄격한 제한이 너무 쉽게, 종종 꾸짖는 어조로, 이론이 세상의 위나 외부에 존재하는 무언가라는 점, 게다가 그것을 사용하는 사람들은 신뢰할 수 있고, 영향력이 있고, 관련성이 있기 위해서 그 세계로 돌아가기 위한 길 혹은 그것의 한 가운데로 돌아가는 길을 필요로 한다는 점을 상기하는 것으로서 언급되는 것과도 연관되어 있다. 그리고 그것은 특히 구름과 무지개[예: 와드 외(Ward *et al.*, 2011)에서 인용한 앤더슨Anderson 논의 참조]가 매우 흥미로운 대기적인 것의 일부이기 때문에 뜬구름을 잡거나 무지개를 꿈꾸는 것이 그렇게 나쁜 일이 아닐 수도 있다는 느낌과도 관련이 있다. 따라서, 비재현적 방법non-representational methods이라는 용어에 대한 나의 의구심은, 이 용어의 두 번째 부분(방법)이 너무 쉽게 자격이나 근거가 있는 방식으로 사용된다는 사실과, 이 용어의 첫 번째 부분(비재현)이 적절히 경험적인 것으로부터 터무니없이unearthly 벗어나 있는 것처럼 사용된다는 사실로부터 비롯된다. 또한 나의 의구심은, 우리가 어떻게든 사유에 대한 나쁜 습관으로 여겨지는 우리 자신에 대한 추상화에서 벗어나려는 것보다, 오히려 더 많은 또 더 나은 추상적인 존재 방식을 찾는 것이 필요하다는 확신에서 비롯된다.

아마도 이러한 여러 가지 이유 때문에, 나는 이 책의 다른 저자들처럼, 비록 동일하지는 않을지라도, 비재현적 사고를 하는 데에 형태와 일관성을 부여하는 방식으로서 테크닉technique을 선호하는 경향이 있다. 나는 테크닉의 가벼운 신중함을 좋아한다. 일련의 잘 통제된 방법론적 프로토콜로서 결정화될 필요 없이, 숙련된 실천을 통해 연마되어야 하는 행동의 형태를 제안하는 테크닉의 방식이 좋다. 또한 나는 테크닉이 사고 과정에 대한 작업 방식과 사고가 참여하는 세계 속의 관계에 대한 작업 방식을 항상 동시에 언급하는 그 방식을 좋아한다. 사고의 비재현적 스타일은 잘 형성된 습관들을 새로운 가능성들로 열어두는 "사고의 테크닉"의 중요성을 전면으로 내세우고 있다. 이때의 가능성들은 새롭게 사유하기 위한 가능성들을 생산하기 위해 이 습관들을 유지하는 인지적 과정 안에서 존속한다(Connolly, 2002; Thrift, 2008). 물론 이것은 특별히 새롭지는 않다. 오히려, 그것은 미학적이고 철학적인 전통, 학문, 접근의 범위에 대한 사유에 활력을 불어넣는 후렴구의 울려퍼짐이다.

마찬가지로, 비재현적 접근은 이러한 관계를 새롭게 변형하거나 재구성하기 위해 세계 속 관계-이미 사유와 얽혀 있는 관계-와 (함께) 작업하는 방식을 실행practice하고 수행perform하는 것을 추구해왔다(Manning, 2009; Massumi, 2011). 요컨대, 글쓰기와 교육에서 조직화하는 용어로서 때때로 방법을 사용하기도 하지만, 테크닉이 일종의 "끝나지 않는 세계 속의 약한 이론"으로서 사유의 비재현적 스타일에 대한 에토스와 실천을 더 잘 보완하는 것처럼 보이기 때문에, 나는 테크닉을 선호해왔다(Stewart, 2008).

하지만 나는 이러한 경향에 대해 단서를 달기 시작했다. 이는 다양한 방식으로 비재현적 접근들을 중첩하고 이 접근에 영감을 주며, 이를 예시하는 작업을 하는 많은 인물들의 사유 속에서 방법이라는 용어가 매력적으로 사용되기 때문이다. 제인 베넷Jane Bennett(2010)의 작업은 사고 형성에 더 손쉽게 참여하도록 방법이 인간 너머의 힘을 세계와 우리 자신의 밖으로 나가도록 만들 것이란 기대 속에서 사유의 비판적 관습을 의도적으로 수정하는 방식으로 방법을 형상화한다. 이러한 맥락에서 방법은 사물을 바꾸는 것과 관련되어 있다. 즉, 사물을 낯설게 만드는 것, 그리고 새롭지만 겸손한 방식으로 사물의 세계의 생동감을 포착하는 사유를 허용하는 생성적인 병치 속에 사물을 배치하는 것 말이다.

또, 로렌 버렌트(Lauren Berlant, 2011)의 작업에서 방법론적 질문은 특이적인 것the singular이 일반적인 것이 되어가는 정동적인 과정의 급증과 전파를 추적하기 위한 사유와 글쓰기 방식을 찾는 것 중 하나이다. 나는 평범한 것의 사건이나 장면에 관심을 기울이는 문제와, 일상적인 것 속에서 정동의 구조적 힘을 더 뚜렷하게 만드는 사유과 글쓰기의 새로운 장르를 발명하는 태도의 측면 모두에서 버렌트 식 방법의 방식을 좋아한다. 따라서 장면은 문제가 되는 세계들의 힘이 어떻게 그들의 이야기의 일부가 될 수 있는지에 대한 질문을 제기하면서, 세계들의 감각을 모으는 방식이 된다. 비슷하게, 일종의 장면그리기scenographic 방법은, 한 이야기의 형식과 장르 속에서 수집되고 모아진 것이지만 상대적으로 이산적이고 자유롭게 "부유하는" 상태로 남아 있을 수 있는 일련의 사건들로서, 일상적인 정동에 대한 캐슬린 스튜어트의 글쓰기(Kathleen Stewart, 2007)에 영향을 미쳤다(Fannin *et al.*, 2010 참조). 이와 같은 방법에 대한 다양한 호소는 손에 잡힐 듯한 경험적인 세계에 대한 설명을 생산하기 위해 요구되는 이 같은 정확성을 반드시 희생시키지 않으면서도 방법을 어느 정도 부드럽고 가볍게 만든다. 여기에서 방법은 증명에 대한 특정한 인식론적 무대에서 일어나도록 강요받는 일련의 실천을 분명하게 설명하는 방식이라기보다는, 잠재적으로 감지할 수 있는 차이를 만드는 다양한 양태를 허용하는 세계 속에서 계속 나아가는 방식에 더 가깝다. 방법은 모호하게 남아 있지만 여전히 중요한 세계의 무언가를 끄집어내는 것을 목표로 하는 까다로운 기교를 지칭한다. 그리고 이 기교는 사회 과학의 인식론적 명령에 의해 덜 분명하게 틀 지어진 것에 대해서, 바로 그것에 대해서 경험적이다.

그래서, 방법의 문제에 대한 나의 상대적인 입장은 다소 바뀌기 시작했다. 초기에 있었던 나의 의구심에도 불구하고, 나는 테크닉과 방법 사이에 항상 명확한 구분이 있지는 않다는 점에서 둘 사이의 겹쳐짐이 있다고 보았다. 그렇다. 두 용어는 치안을 유지하는 방식으로도, 혹은 발생적인 방식으로도 다양하게 사용될 수 있다. 방법 또는 일련의 방법을 결정하라는 경고는 특정한 인식론적 명령의 집합을 반복하고 강화하는 것일 수도 있지만, 더 반응적이고 위험한 방식으로 발생하는 사물들에 주의를 기울이는 것일 수도 있다. 동일한 방식이 테크닉에도 적용되지만, 아마도 덜 그럴테다. 이것을 감안해서 나는 비재현적 사유 작업의 차원을 명명할 방법론적 테크닉을 확인함으로써, 매우 기꺼이 그 차이를 나누고자 한다.

진실로, 이 두 용어의 차이점은 가치와 학문적 경계 작업과 관련한 중요한 문제의 주위에 있지만, 나에게 있어 핵심 질문은 실제로 이러한 용어 중 어느 것이 더 바람직한가에 대한 것은 아니다. 또한 당연하게도 핵심 질문은 비재현적 사유 작업이 경험적이게 되는 순간을 두 용어 중 어떤 것이 더 잘 지칭하는지에 대한 것도 아니라고 생각한다. 그리고 이것은 사유-특히 비재현적 사유-가 이미 경험적이기 때문이다. 비재현적 사유에 대해 독특하지만 자주 무시되곤 하는 것 중 하나는 방법에 대한 질문이 제기되기도 전에 스스로의 경험주의에 대한 문제를 자백한다는 점이다. 이것은 사유가 경험적이게 되어야 한다고 가정하지 않는다. 대신 급진적으로 경험적인 전망, 사유가 다른 방식으로 경험적일 수 있고 실제로 그래야 한다는 전망을 추구한다. 이 세상에서는 그 무엇도 경험적이라는 용어 바깥에 있을 수 없다. 물론 '경험적인 것 너머' 무언가가 있다. 그 무언가는 때때로 가상의 측면에서, 또는 유령적인 것이라는 약간 다른 전통의 측면에서 명명되는 필연적으로 추상적인 과잉이다. 이런 종류의 경험주의에서 사유, 심지어 개념적인 사유조차도 결코 경험 초과적이지extraempirical 않다. 그리고 이 때문에 비재현 이론이 제기하는 경험적 질문은 일차적으로 인식론적 문제가 아니다. 우리가 소외되었던 세계에 도달하는 것의 어려움도, 이 세계에서 무언가를 추출하는 것의 어려움도 아니다. 오히려 그것은 존재론적 혹은 개체발생적ontogenetic 어려움이다. 우리의 어려움은 우리가 움직이는 세계들을 더 많이 사유하도록 이용할 수 있게 만드는 것과 같이, 다양한 방식들 속에서 어떻게 경험적일 것인가-어떻게 우리가 차이를 끌어내고, 그것을 감지할 수 있게 만들 것인가-에 있다(May, 2005).

따라서 작업의 비재현적 스타일에 의해 제기되는 경험적인 문제는 다음과 같이 틀 지을 수 있다. 이것은 사유가 현장 속에서 이미, 그리고 언제나 변화한다는 점을 중요하게 상기하면서, 변화하는 한 현장, 또는 현장들로서 경험적인 것에 주의 기울이기를 배양하는 것을 포함하는, 느슨하게 배열되어 있지만 종종 까다로운 사유의 상연 방식들을 고안하는 법이다. 이것은 외부에서 접근하는 법을 찾기보다는, 세계에 대해 혹은 세계 내부에서 움직이는 방식을 찾는 문제이다. 세계로부터 무언가를 수집하거나 추출하는 문제가 아니라 세계의 변화를 감지할 수 있고 잠재적으로 실행 가능하게 만들며, 아마도 세계 속에서 변화를 만드는 문제이다. 막연하긴 하지만 생각에 활력을 불어넣는 문제를 정의하는 일련의 상황과 함께 그리고 그 안에서 존재하는 가장 좋은 방식을 알아내려고 노력하는 것이다. 우리가 하고 있는 일, 혹은 우리가 해야 할 일이 증폭하기인지, 조정하기인지, 낯설게 하기인지, 끌어내기인지, 따르기인지, 전면에 내세우기인지, 모으기인지, 제자리 유지하기인지, 어떤 제약을 거는 것인지, 자취를 찾아내고 추적하기인지, 흩어지기인지 파악하는 것이다.

이러한 행동 방식의 무리를 구체화하는 것은 연구-창작을 위한 일련의 사변적인 명제를 절합하는 것articulating을 포함할 수도 있고(Manning, 2009; Manning, 이 책; Sheller, 이 책), 수행 방법에 대한 일련의 경고를 제공하는 것을 포함할 수도 있다(Dewsbury, 2009). 혹은 비재현적 사고와 글쓰기 스타일에 대해 독특한 무언가를 예시하는 방식으로 연구 이야기를 보여주는 것을 포함할 수도 있다(Vannini, 이 책). 또 다른 방식이자 여기서 내가 간략하게 추구하는 것은 사물과 함께 사유하는 방식의 창발을 상세히 설명하는 것이다. 그리고 좀 더 구체적으로 말하자면, 나는 작업의 비재현적 스타일을 추구하는 과정의 일환으로 대기적인 것과 함께 생각하고 이를 행하는 세 가지 방식의 창발에 대해 자세히 설명하고자 한다. 그리고 나는 대기적인 것을 행하기 위한 장치로서 풍선과 함께 한다.

장치라는 용어는 신중하게 선택되었다. 셀리아 루리와 니나 웨이크포드(Celia Lury & Nina Wakeford, 2012)가 언급했듯이, 장치는 분명히 도구적인 것, 즉 세계와 사유 사이의 어떤 차이를 절합하기 위한 기술적 인공물로서 지칭될 수 있다. 또한 그들이 언급한 바와 같이, 이 용어는 방법론적 테크닉과 그것이 무엇이든 그들이 함께 사용하는 것들이 사유를 위해 출현할 때에 문제를 어느 정도 상호 구성한다는 감각을 포착한다. 그래서 나는 정동적인 시공간의 발생을 추적하고 참여하기 위한 장치로서 사물을 생각함으로써, 상대적으로 단순하지만 다른 방식으로 사용하는 무언가가 사유의 비재현적 스타일을 상연하는 것의 일부가 될 수 있다는 점을 표시한다. 동시에 나는 어떻게 풍선이 뭔가를 일어나게 만드는 장치인지 보여주고 싶다. 그 과정에서 사물은 분리된 한 개체와, 만들어지고 있는 차이의 감각으로 이 개체를 에워싸는 대기적인 시공간의 과정적이고 관계적인 사건happening 모두에게 계속해서 이름을 부여한다.

사물들

언뜻보기에 사물을, 그것도 매우 특정한 종류의 사물을 강조하는 것은 직관에 어긋나는 것처럼 보일 수 있다. 특정한 측면에서 비재현 이론은 다른 무엇보다도 과정성과 관계성을 긍정하는 것으로 보인다(Anderson & Wylie, 2009; Latham & McCormack, 2004; Manning, 2009; Thrift, 2008; Whatmore, 2006와 같은 예시 참조). 이러한 강조의 반가운 효과는 구체적인 것을 물질성의 시금석으로 여기는 잘

못된 감각을 쫓아내는 것이지만, 객체의 형이상학적 상태에 관심이 있는 특정 사유 가닥에게 그 결과는 객체를 2차 현상으로 격하시키는 것이 된다. 이것은 사실 그레이엄 하먼(Graham Harman, 2008; 2011)과 같은 사상가들이 어떤 철학적 접근들에 반대하여 제기한 혐의이기도 한데, 그는 이러한 접근이 더 기본적이거나 근본적인 힘과 과정을 확신하며 객체를 과소하게 혹은 "과도하게 채굴하는" 작업이라고 주장하였다. 확실히, 그러한 주장은 비재현 이론에 영향을 미친 철학적 사유의 일부 가닥들에 대한 중요한 도발행위이다. 그러나 그럼에도 불구하고, 하먼과 다른 사람들(예: Bryant, 2011)이 발전시킨 일종의 『외계 현상학(*alien phenomenology*)』(Bogost, 2012)과 일부 다양한 비재현 이론 사이에는 특정한 공감대가 있다. 예를 들어, 비재현 이론과 마찬가지로 객체 지향 접근의 사변적 실재론은 접근할 수 없으며, 항상 재현을 초과하는 세계의 무언가가 있음을 제시한다. 마찬가지로, 세계에 대한 다양한 종류의 설명이 지닌 수행력performative force에 대해 각양의 글쓰기와 발표 스타일로 표현되는 공통의 강조 지점이 있다고 말하는 것이 타당하다.

예를 들어 목록list을 보자. 『외계 현상학』에서 이안 보고스트(Ian Bogost, 2012)는 목록이 비인간의 이상한 삶에 주의를 끌기 위한 효과적인 테크닉이라고 제안한다. 목록은 내러티브적인 해결의 요구를 거부함으로써 특정한 종류의 재현에 대한 관습을 넘어서는 길을 제공하기 때문에 가치가 있다. 더 나아가, 목록은 개별 항목들 사이에 일종의 절대적 간극이 존재하며, 각각은 결국 "완전히 고립된 상호 외계 존재"(같은 책)로 남아 있음을 상기시킨다. 보고스트에게 목록은 생성의 관계성이나 과정성보다는 존재의 괴리를 강조하는 것이다. 따라서 그에게 있어 목록은 비재현적 사유를 위한 수행 장치이지만 궁극적으로 비관계적이다.

분명히, 목록은 이산적이고 분할된 감각을 제공하는 데 탁월하다. 그러나 목록은 분리하면서도, 수집한다. 따라서 목록은 개별 항목 사이의 간극에서 다소간 상호 소외를 암시하지만, 그 사이에 무엇이 놓여 있는지 우리가 추측하도록 만들 수도 있다(Bennett, 2001). 마찬가지로, 목록에 있는 항목을 둘러싸고 있는 피부나 막이 무엇이든 절대적으로 불투과성인 것은 아니다. 언제나 약간의 침윤과 약간의 누출, 그리고 약간의 방출이 있다. 이것들이 중간에 초과적인 것을 발생시킨다. 그리고 목록에 있는 항목 사이에 무엇이 있든, 이것이 다시금 다른 객체로 전환될 필요는 없다.

따라서 비록 객체로의 전환이 특히 비인간의 독립적인 삶과 다양한 시공간의 강력한 얽힘에 집중을 두도록 많은 것을 제공하고(예: Meehan, Shaw, & Marston, 2013; Shaw & Meehan, 2013 참조), 또 객체가 반드시 물리적이고 구체적인 감각 속에 있을 필요도 없지만, 나는 모든 것을 궁극적으로 객체로 해결하고자 하는 사상가들의 사변적이고 형이상학적 움직임을 따르기가 꺼려진다. 왜냐하면 나는 사유의 비재현적 스타일이 관심을 기울이는 종류의 시공간에 대한 설명이 반드시 그러한 방식으로 해결됨으로써 제공되어야 한다고 확신하지 않기 때문이다.

대기는 이러한 시공간 중 하나이다. 실제로, 어떤 측면에서 비재현 이론의 독특한 시공간성이 가장 강력하게 표현되고 정교화되는 것은 대기의 개념에서 나타난다(예: Anderson, 2009; Bissell, 2010; McCormack, 2008; Stewart, 2007; 2011 참조). 대기는 다양한 범위와 강도의 정동적 시공간이 반드시 형태를 갖추지 않아도 강력한 집합이며, 또 그렇게 느껴질 수 있다는 사실을 전면에 드러내는 길을 제공한다. 대기는 신체 사이 혹은 신체를 가로지르는 정동적인 초과의 감각을 가리킨다. 대기는 무언가 일어난다는 감각으로 파악될 수도 있지만, 나는 대기를 객체로 생각하는 것이 어렵고 또 특별히 도움이 되지도 않는다는 것을 알게 되었다. 마찬가지로, 나는 대기와 어떤 것 사이의 관계 그 자체가 하나의 객체로 분해되는 것처럼 더 이산적으로 생각하는 것을 꺼린다. 이것은 단순히 내가 객체라는 용어의 연상을 단순히 버리지 못한 것이거나, 이 용어를 사고에 유용한 방식의 무언가로서 느슨하게 받아들이지 못한 것일 수도 있다.

따라서 나는 작업의 비재현적 스타일을 사고하거나 행하는 기술의 일환으로서 다양한 정도의 사물과 같은 부류의 자유재량권에 대한 가치를 전술적으로 긍정하면서도, 이러한 몇몇 사변적 전회의 취향이 지닌 객체화objectifying 경향을 따르지 않는다(Ashmore, 2013 참조). 나의 경향은 이산과 확산, 개체와 사건으로서 사물을 감각하는 것 사이의 어딘가에서 작업하는 것이다. 사물의 힘과 권력을 전술적으로 긍정하는 데 열린 자세를 유지하는 것은 세계 속의 배열을 함께 구성하는 관계와 연합을 이끌어 내고, 함께 묘사하기 위한 중요한 방식이다. 제인 베넷(Jane Bennett, 2010)의 작업이 보여주듯, 불연속적인 것에 주기적으로 주의를 기울이는 것은 객체에 대한 사유의 **기반**을 마련하는 것이 아니라, 우리가 상상할 수 있는 것보다 항상 더 많은 것을 포함하는 생태계를 지닌 세계 속에서, 선택적인 제약을 통해 사물의 속성과 질에 대한 주의를 배양하는 것이다. 이러한 의미에서 사물을 전면에 내세우는 것은 윤리적 민감성을 정교화하는 것의 일환으로 힘과 관계를 끌어내는 테크닉이다.

동시에 나는 어떤 것이 흩어지게 됨 없이 널리 퍼져 있는 무언가를 모은 것으로서 사물을 사유하는 것의 가치에 대해 마음이 간다. 이는 캐슬린 스튜어트(Kathleen Stewart, 2007; 2011)의 사물 감각으로서, 훨씬 덜 이산적이고, 훨씬 더 대기적이다. 일어나는 일들은 널리 퍼져있지만, 평범한 것들의 장면에서 감지되는 힘, 감각될 수 있는 힘의 집합이다. 그리고 스튜어트(2011)에게 조율[attunement]은 사물들의 모호함을 유지하는 평범한 세계에 대한 설명을 쓰는 과정의 일부로서 그들이 차이를 만든다는 사실을 인지하고 있으면서도 이러한 강력한 집합을 감지하는 태도이다.

여기서 내가 관심을 갖는 것은 (스튜어트와 함께) **무언가가 일어남**으로서 파악되는 것처럼 대기적인 것 사이의 어딘가를, 그리고 (베넷과 함께) 살아있는 물질의 생태학을 정교화하는 것의 일부로서 이같은 특정한 사물에 대한 선택적 주의의 어떤 종류를 사유하는 방식을 찾는 방법에 대한 질문이다. 나의 관심을 끄는 것은 퍼져있지만 만져볼 수 있는 시공간으로서의 대기에 대한 감각과 그러한 시공의 생성에 참여하면서 상대적으로 불연속적인 존재의 힘을 함께 유지하는 방법이다.

대기적인 현장연구

나는 사물들이 움직이고, 생성하고, 또 어떤 의미에서는 사물들이 정동적인 참여자로 있는 대기에서 사물들이 창발하는, 사물의 형성에 대해 사유함으로써 이러한 질문에 대한 답을 추구한다. 이렇게 시공간의 이야기를 말하는 방식으로 사물에 주목하는 것은 물론 새로운 것이 아니다. 이는 물질적 인공물의 움직임과 변이가능성에 대한 설명을 생산하는 데 관심이 있는 다양한 학자들이 사용하는 테크닉이다(Cook, 2004; deSilvey, 2006 참조). 때때로 이것은 사물을 따라가는 following 방식으로 이해된다(Cook, 2004). 따라가는 것은 내가 여기서 하는 일의 이름과 상당히 다르다. 왜냐하면 우리는, 따른다는 것을 어떤 의미에서 그것이 암시하는 의도성에 대한 감각 없이 사물이 우리를 따른다는 특히 낯선 방식으로 상상할 수 있어야 하기 때문이다. 더 중요한 것은, 사물과 함께 사유하는 과정은 생각과 사유 사이에서 일어나는 어떤 것의 지속적인 창발을 포함한다. 마찬가지로 중요하게, 내가 생각하고 싶은 대기적인 것은 불연속적인 존재와 모호하고 소용돌이치는 정동 사이 어딘가로 이동한다. 게다가 나는 대기적인 것을 이용해 무언가를, 그것의 정동적인 질이 기상학적이거나 아마 더 정확하게는 기체인 무언가를 지명하고 싶다. 나는 이러한 의미에서 느낌의 강도로 감각할 수 있고 때로는 감지하기도 하는 다양한 움직임 속에서, 서로 다른, 때때로 요동치는 요소들의 혼합물로 이루어지고 구성되어진 것으로서 대기적인 것을 간주한다(Ingold, 2006; 2012; McCormack, 2008 참조).

이러한 맥락에서 문제는 대기의 이러한 다중적 감각을 개방하는 방식으로 대기적인 것을 행하기 위한 장치를 찾는 법이다. 풍선은 그러한 장치 중 하나이다. 이제 얼마간 나는 풍선을 정동적인 의미와 기체적인 의미 모두에서 대기를 탐색하기 위한 장치로 생각한다(McCormack, 2009). 분명히, 풍선을 대기를 통하여 움직이기 위한 기술로 사용하는 것은 전혀 새로운 것이 아니다. 18세기 후반 열기구 비행의 출현은 다양한 종류의 측정 장치를 통해 대기의 물리적 특성을 명확하게 제시하려는 노력과 종종 병행되는 실험으로서, 대기를 통해 움직이는 것이 지닌 정동적인 경험에 대한 비행사들의 온갖 성찰을 불러일으켰다. 중요한 의미에서 풍선[열기구] 여행은 새로운 종류의 기본적인 지리학이 발생되는 일환으로서 이러한 경험에 의해 영향을 받는 신체의 능력을 반영할 기회를 제공했으며, 대기 경험을 실험할 수 있게 만들었다(Martin, 2011 참조). 예를 들어, 몽크 메이슨(Monck Mason, 1838)은 『항공학, 혹은 경기구 조종술의 이론과 실천을 묘사하는 스케치(*Aeronautica, or Sketches Illustrative of the Theory and Practice of Aerostation*)』를 저술하며 풍선 비행을 특징짓는 기이한 느낌, 더 정확하게는 고요함이·수반된 느낌의 부재라는 측면에서 하늘 높이 있는 경험을 회상하였다. 메이슨에게 이 경험과 그것이 일부인 "새로운 탐구 분야"를 이해하는 것은 감각하고 감각되기 위한 능력의 배열로서 신체의 본성을 캐내는 것을 요구한다. 그는 이렇게 덧붙였다.

> 인체는 서로 다른 비중의 다양한 물질들로 구성되어 있으며, 우연히 영향을 받을 수 있는 압력에 대한, 또는 다른 불안한 원인에 대한 상이한 민감성을 부여받았음을 관찰할 필요가 있다. 이것들이 하나의 동일한 추진력에 의해 모두 함께 작동할 때, 그들의 상대적 위치의 상당한 혼란이 반드시 뒤따르게 된다(1838: 119).

따라서 하늘 높이 떠 있는 풍선은 공중에서 대기적인 현장연구의 한 형태를 수행하는 데 사용할 수 있는 무언가이다(McCormack, 2010a). 여기에서 추구하는 대기적인 현장연구는 영향을 미치고 영향을 받는 다양한 신체의 서로 다른 능력에 대한 메이슨의 관심을 공유하기는 하지만, 인간의 여행 수단으로서의 풍선에만 의지하지는 않기 때문에 의미가 조금 다르다. 오히려 평범한 세계에서 단순한 형태의 사물로서 풍선의 존재는 시간의 흐름과 사랑하는 존재의 부재, 사건의 약속을 표시하는 다양한 방식에 대한 주의기울임으로 확장된다. 그것은 승객이 있든 없든 풍선이 정치적, 과학적, 미학적인 다양한 맥락에서 모든 종류의 정동적인 대기를 발생시키는 데 어떻게 사용되어 왔고, 또 어떻게 지금도 계속 사용되고 있는지에 대한 주의기울임으로도 확장된다. 그러나 여기에서 내 관심사는 더 제한적이다. 나는 특정한 일련의 관계, 의무, 애착과 관련하여 사유의 비재현적 스타일이 나타나는 방식의 일부로서 대기 현장연구가 실천될 수 있기에, 이 속에서 세 가지 순간의 윤곽을 목록 형식으로 스케치한다. 이 스케치는 필연적으로, 또 의도적으로 미완성이다.

1. 새롭게 감각하는 것에 관하여

나에게 그것은 풍선으로 시작되지 않았다. 시작이 종종 그러하듯, 그것은 사유에 대한 문제를 존재하게 만드는 질문과 함께 시작되었다. 그리고 그것은 차이를 만들어내는 세계 속의 무언가로부터 시작되었다. 정동을 생성시키는 것처럼 그것은 결정적인 마주침의 아직 결정되지 않는 가치로부터 시작되었다. 이 정동은 그 마주침의 좌표 후에도 오랫동안 계속해서 울려 퍼지는 방식으로 사유를 휘젓는다. 그것은 물질, 이미지, 문자의 특정한 조합의 매력에서 시작되었다.

그것이 바로 2005년 늦여름 노르웨이 북부 보되Bodø에 있는 한 박물관에서 내가 본 이미지이다. 그것은 얼음 위 반쯤 바람이 빠진 풍선과 그 풍선의 무너지는 형상을 응시하는 두 사람의 이미지였다. 그 이미지와의 마주침은 내가 1897년 북극으로의 앙드레Andrée 풍선 탐험[2]에서의 실종의 정동에 대해서, 그때 무슨 일이 일어났고, 무엇이 남겨졌는지에 대해 사유하도록 만들었다. 그러나 이것은 탐험이 모든 면에서 어떻게 실패했는지에 관한 이야기를 들려주었고, 또한 저것이 실패가 생성한 것에 관해 어떻게 나를 사유하도록 만들었는지에 대해 들려주었다. 이것은 여러 방향으로 며칠을 표류한 후 풍선이 얼음 위에 착지했고, 출발지였던 스발바르로 탐험대원 3명이 돌아가려던 중 결국 어떻게 사망했는지에 대해 담고 있었다.

***

때때로 시작들은 날짜나 위치를 특정할 수 없으며, 이런 종류의 특이성과 같은 무언가와 함께 추정할 수 없다. 그들은 때때로 관심이 생겨나는 느린 국면 변화phasing에 관한 것이다. 아직 형성되지 않은 창발하는 사건의 감각을 계속 괴롭히고, 잡아당기고, 견인하는 것에 관한 것. 뭔가 더 있을지도 모른다는 느낌에서 비롯된 희망에 관한 것. 아직 식별할 수 없고 사실 결코 식별될 수 없을, 윤곽을 지닌 세계 속의 소명을 둘러싼 일종의 순환에 관한 것. 연약하고 덧없고 때로는 실패하는 것. 형태가 없는 것.

그렇게, 이것은 질문, 논증, 사고방식, 또는 문제로 제기될 수 있기도 전에, 무언가에 대한 이러한 감각으로 작업하기에 대한 것이다. 계속해서 돌아오며, 우리가 의무 지게 되는, 거의 감지되지도 않는 관심을 통해 그 느린 사유를 계속하기에 대한 것. 그리고 지속하기에 대한 것이다. 존재로 나타나는 것의 움직임 한가운데에서

2 https://en.wikipedia.org/wiki/Andr%C3%A9e%27s_Arctic_balloon_expedition

지속하는 것 말이다. 이것은 고집스럽게 신비주의적으로 들릴 수 있다. 그러나 그렇지 않다. 이것은 엄격하면서도 개방적인 방식으로 무언가 일어나고 있음에 대한 이 새로운 감각을 유지하고 지원하는 어려운 작업에 관한 것이다. 그리고 그것은 형태 빚기에 관한 것이다. 즉, 사고를 위한, 그리고 사고의 객체가 될 수 있는 무엇이든 간에 그것을 반드시 환원하지 않아도 감각할 수 있는 무언가로 형태를 부여하는 것에 관한 것이다.

***

이것은 단순히 선반에서 무언가를 꺼내거나 이미 고안된 것을 반복하는 것이 아니다. 문제 생성의 부분으로, 부분적이긴 하지만 새로운 테크닉을 만드는 것과 관련이 있다. 이것은 사유의 비재현적 방식을 실험적으로 만드는 것의 일부이다. 즉, 연구를 수행하는 과정의 일부로서 세계 속의 참여를 위한 테크닉을 고안하는 실험이다. 사유가 다시 시작될 때마다 어떻게 진행해야 하는지에 대한 질문이 누구에게나 몫이 되는 사유 방식이다. 이것은 이미 사용 가능한 테크닉 모음 중 어떤 것을 사용해야 하는지 모르겠다는 질문을 제기하는 것과 완선히 다르다. 말을 하고, 그림을 그리고, 사진을 찍고, 동영상을 찍어야 할까? 이것들은 실제로 질문이 아니다. 당신을 나아가게 만드는 테크닉의 종류가 무엇일지, 어떤 테크닉이 실제로 도움이 될지 사전에 알지 못하는 것에 관한 것이다. 또 마침내 당신이 나아가는 데 도움이 될, 당신을 창발하는 문제와의 관계 속에 들어가도록 하는 아직 고안되지 않은 테크닉을 깨닫는 것과 관련이 있다. 아마도 이것은 너무 높은 기준을 설정하는 영웅적인 소리로 들릴 것이다. 그리고 아마도 항상 많은 것을 제공하는, 일이 되도록 완벽하게 작업 가능한 방식의 레퍼토리를 너무 무시하는 것처럼 들릴 것이다. 여기서 요점은 당신이 사람들과 이야기하고 사진을 찍는 것이 불가능하다거나 그래서는 안 된다는 것이 아니라, 일을 하는 이러한 방식들은 그것이 잡고 늘어진 것처럼 문제를 독특하게 할 다른 것의 독창적인 고안에 대한 생성적인 서곡이자 지원적 성격의 보충물이라는 점이다.

운이 좋다면, 운이 많이 좋다면, 여기에는 새로운 사유의 테크닉, 일이 벌어지는 새로운 방식을 고안하는 것이 포함될 수도 있다. 더 가능성 있는 경우는 한 맥락에서 친숙한 테크닉을 가지고 오는 것과, 다른 맥락에서 그 테크닉을 리메이크하거나 그것을 독창적으로 굴절시키거나, 또는 그것과 그것이 위치해 있는 세계 모두가 낯설어지게 변형시키는 방식으로 질적으로 다른 종류의 작업을 수행할 수 있는 방법을 포함한다. 혹은, 다시, 여기에는 맥락의 일부를 사유할 수 있도록 맥락을 낯설게 하고 그 스스로를 전환하도록 만들기 위해 상황적 맥락에 관한 테크닉을 사용하는 것이 포함될 수 있다. 이것은 일이 일어날 수 있는 방식의 조건으로 문제의 테크닉과 용어 내에서 작업하는 것에 관련되어 있다. 개념으로 사유하기는 항상 이 과정의 일부이다. 사유의 비재현적 스타일의 경우 개념은 세계에 적용되는 것이 아니며, 방법에 지나지 않는다. 개념은 사고될 때마다 다시 만들어진다. 개념은 세계에, 특히 중요한 지점은 다른 종류의 잠재력으로 개념을 손질하면서 그것을 재구성하는 방식으로, 차이를 만드는 방식으로 작동한다. 그리고 우리는 테크닉에 대해서도 같은 말을 할 수 있다.

***

이 이야기는 북쪽으로 향하는 탐험의 여파를 따라가는 것으로, 탐험에 대한 지식을 추가하거나 이야기를 단순히 반복하는 것에는 흥미가 없었지만 마음을 사로잡는 이야기였다. 흩어져 있는 텍스트, 이미지, 인공물로 이루어졌을 그것의 사후를 구성하는 것을 이해하려고 노력함에 있어서 탐험이 남긴 것은, 정말 흥미로웠다. 그러나 이렇게 행해진 것들은 이름도 붙여지지 않았다. 하지만 결국 탐사 자체는 그것의 조직적인 근거를 제공하는 하나의 테크닉을 가장한, 신통찮은 해결책을 보여주었다. 바로 원격 감지remote sensing이다. 간단히 말해, 원격 감지는 보통 멀리 떨어져 있거나 높은 조망 지점에 있는 감지 장치로부터 객체에 대한 특정한 종류의 자료를 포착하는 것이다. 풍선은 원격 감지를 위한 원형(原型) 장치였다. 그들은 세계를 지도처럼 위에서 볼 수 있게 허락했다. 그리고 앙드레 탐험대의 경우에는 가능하다면 지역 위를 날아 만든 지역 지도를 완전하게 만드는 주의 깊게 보정된 일련의 사진들을 사용하고자 하였다.

공중 관측 플랫폼으로서 풍선에 의해 촉진되는 이러한 종류의 원격 감지는 높은 고도와 원거리의 이미지 포착을 위한 테크닉이다. 최악의 의미에서 이 테크닉은 시각적이고 이 세상 것 같지 않은 추상을 위한 것이다. 그러나 수정될 수 있다. 남아 있는 것의 정동이 감지되는 과정을 파악하기 위해 다시 작업할 수 있다. 공중 조사로서의 원격 감지와 달리 이러한 종류의 원격 감지는 멀리 있는 객체의 질이나 속성에 대한 일부의 시각적 이미지를 생성하는 것이 아니다. 오히려 비재현적 사유를 위한 테크닉으로서 이 수정된 원격 감지는 인공물과 텍스트의 수집과 분산에 의해 생성되는 정동에 대한 반응 민감성을 육성하는 것이다(McCormack, 2010b). 그것은 정동의 다중 스펙트럼 배열에 대한 주의기울임에 관한 것이다. 이러한 방식으로 원격 감지의 가능성을 추구한다는 것은 테크닉의 본래의 의도를 인정하면서도, 그 의도를 넘어서는 방식으로 사용되도록 테크닉을 재발명하려는 소박한 약속에 관한 것이다.

2. 사물처럼 행하기

잠시 동안 나는 이 이야기의 중심에 있는 사물에는 충분한 주의를 기울이지 않았다. 그것은 다른 더 중대한 주제와 더 무거운 사고방식을 추구하기 위한, 훨씬 더 대단한 것들을 사유하기 위한 수단으로 남아 있었다. 그러나 당신이 그들에게 열려 있다면, 사물은 당신의 의향을 사로잡을 방법을 지니고 있다. 그리고 당신이 그들의 출현에 대한 각각의 경우에 반응하게 될 때, 사물은 변화한다. 사물은 다음과 같은 때 변화한다.

- 어느 날 아침 팍스 로드Parks Road에서 당신의 눈이 안개 속으로 떠오르는 주황색 풍선을 따라갈 때
- 몇 년 전 어느 안개 낀 저녁, 당신의 시선이 옥스포드의 래드클리프 광장 위에 매달려 있던 영화 "황금나침반the Golden Compass"의 한 장면을 촬영하기 위해 사용된 거대하고도 팽창된 산광기에 포획될 때
- 같은 광장에 빨간 풍선이 나타났을 때(그림 6.2 참조). 그들은 난간에 묶여있었다. 당신은 그들이 어떤 연유에서 등장했는지 궁금해하며, 사진을 찍기 위해 멈춰섰다. 당신은 그것이 무엇이든 익숙한 사물들의 이 기이한 모임에 의해 기대되는 특정한 때가 감각할만한 것이기를 바랐다. 사물의 모습이 드러났을 때, 당신은 실망했다. 각 풍선에 붙어있는 메모에 인쇄된 날짜는 옥스포드에

서 열리는 TED 강연 시리즈를 홍보하고 있었다. 하지만 어떤 일이 일어나고 있다는 감각 그 자체가 문제시 되고 지속되었다.

- 당신이 생일에 무슨 일이 일어나고 있다는 느낌을 주기 위해 얼마나 자주 풍선을 사는지 알아차릴 때

그것은 반복적으로 어떤 것에 주의를 기울이고, 매시 그 예시를 마주칠 때마다, 어떤 맥락 속에서, 어떤 영향 속에서, 종종 가장 눈에 띄지 않는 상황 속에서 기록을 만드는 것에 대한 문제이다. 이것은 사물이 섭동 perturbations(Ash, 2013)을 통해서 움직이고 섭동을 발생시키는 것처럼, 방해되고 거슬리는 사물의 현시됨에 대해 부드럽게 반응하는 것과 관련이 있다. 이 섭동은 대기의 느낌을 생성할 수도 있다.

그림 6.2. (그림 출처: McCormack, 2013)

이것은 단지 더 많은 것이 항상 보장될 것이라는 앎에 확신을 갖고 그 흐름을 따라가는 것이거나, 다른 더 대단한 것이 항상 나타나게 될 세속적 풍요로움의 안락함에 관한 것이 아니다. 그것은 어떻게든 반복과 반응적인 주의기울임을 통해서 무언가는 이룩하고 날아갈 수 있다는 감각, 즉 사물 간의 창조적인 변이의 선으로서 궤적의 감각에 대한 것이다. 그리고 모아지고, 조립하고, 재조립하고, 배열하고, 재배열하고, 병치함으로써 이것이 일어날 수 있는 가능성을 극대화하는 것에 대한 문제이다. 그것은 노력에 관한 것이다. 그 노력은 아마도 능동적이고 움직이기 위한 노력이지만, 마찬가지로 수동적이고, 고요하고, 반응적이며, 개방적이기 위한 노력이기도 하다. 이것은 그 과정 속에서 스스로를 사유하는 사고의 감각을 발생시키는 문제이다. 다시 말해서 베르그손Bergson이 직관적인 "충동impulsion"이라고 부르는 것의 지속적인 문제화이다. 이 충동은 사유를 "자신이 수집한 정보와 기타 세부 사항을 찾아가는 길에서 벗어나게 만든다. 그리고 그것은 그의 열거가 끝없이 이어진다는 점에서 그 자신을 발전시키고 분석한다(2007: 168)." 그것은 움직임과 사고가 당신을 어떻게 생각하는지에 관한 것이며, 발상이 어떻게 당신을 지니게 되는지에 관한 것이자, 사물이 어떻게 당신을 진행시키는지에 관한 것이다.

***

사물이 영향을 미치고, 다른 사물들과 당신이 그 사물이 영향을 미칠 때 그 과정에서 사물의 질과 속성과 함께 움직이는 방식이 나타나기 시작한다. 이것의 핵심에는 수직성이 풍선을 시공간의 생성기로 만드는 것들의 일부일 뿐이라는 깨달음이 있다. 진실로, 지상에서 볼 때 풍선은 오직 고도, 위에서 본 모습, 터무니없는 초월과 이것에 물든 모든 문제에 관한 것처럼 보인다. 그러나 이동하고 움직이는 장치로서 풍선은 또 다른 중요한 문제를 제기한다. 이 문제란 조종가능성의 문제, 곧 방향을 지시하는 방법을 찾는 문제이다. 보다 구체적으로, 이것은 무언가가 매질에 완전히 잠겨 있고, 이 매질을 통해서 그것이 움직일 때, 그것에게 방향 감각을 주는 방법의 문제를 제기한다. 그것은 어떻게 차이의 얇은 피부를 제외하고서 인접해있는 무언가, 그 대기 환경의 경계에 접한 무언가의 궤적을 굴절시킬 것인가에 대한 질문을 제기한다. 다시 말하지만, 풍선이 가는 한, 풍선이 대기 환경과 말하자면 하나가 된다는 자각은 전혀 새로운 것이 아니다. 메이슨이 쓴 것처럼,

> 모든 의도와 목적에서 [...] 대기 중에 자유롭게 배치된 풍선은 [원문 그대로] 공기 상자에 완전히 밀폐되어 있거나 혹은 박혀 있는 것으로 간주될 수 있다. 너무 완벽히 그러해서 (예를 들어) 만약 풍선을 바로 둘러싸고 있는 대기의 일부를 특정한 색으로 물들여서 구별할 수 있고, 그 상태에서 풍선에게 구성요소의 재량권을 맡긴다면, 풍선은 경로 수준의 모든 변동을 제외하고는 계속해서 같은 색의 매질을 가지고 있을 것이다. (1838: 132)

그리고 비행사에게 이것은 어떤 변화를 발생시키기 위해 당신이 푹 빠져 있는 매질에 반하는 문제에 관한 것이다. 즉, 풍선이 서로 다른 속도와 서로 다른 방향으로 움직이는 바람을 이용할 수 있도록 만드는 방식으로 당신의 고도를 수정하는 동시에 바람에 당신 자신을 맡기는 방법 말이다. 이것은 기껏해야 일종의 부분적인 조종가능성이라 할 수 있는 무언가의 방식을 고안하는 문제에 대한

것이자, 매질의 의무에 응답하면서 매질과 매질이 제공하는 것 내에서 일하는 것에 대한 것이다.

여기서 만들어질 수 있는 도약은 풍선에게 적용된 것이 또한 그들의 능력과 속성과 함께 사유와 글쓰기에도 적용될 수 있다는 것이다. 풍선을 대기적인 것으로 사유함은 사유의 다른 궤도에 자신을 맡기는 방식이 될 수 있다. 그것은 개별 신체를 넘어 힘과 흐름에 의해 발생하는 탈선에 자신을 내맡기는 것과 관련될 수 있다. 그것은 사고의 움직임의 방향을 사전에 결정하는 것의 불가능성과 부분적인 방향 감각의 필요성 사이에서 긴장하는 글쓰기 형식을 배양하는 것에 관련될 수 있다.

***

하지만 사유는 방황하는 선들에 대해 계속되는 방출 행위만을 할 수는 없다. 사유가 발생하기 위해서는 물질적, 시공간적 의미에서 일종의 일시적인 모여짐이 있어야 한다. 미셸 세르Michel Serres는 주변에 모이는 것, 사물을 둘러싸는 것, 그리고 그 사물을 구성하는 것이 무엇이든 이에 대한 감각을 묘사하는 방식을 안다. 그는 이것을 상황circumstance이라고 부른다. 세르에 따르면, 상황은 기상학적인 자질, 거의 대기적인 자질을 갖추고 있다. 세르는 다음과 같이 썼다.

> 상황은 세 사물을 최상으로 설명한다. 이는 우연보다 훨씬 더 멀리 있고, 매우 예측 불가능한 사건들로서, 주체, 객체, 혹은 본질의 부정확한 주변이다. 그리고 정체와 평형, 교란과 본래 상태로의 복귀, 동요하는 환경으로 나아가는 탈선의 까다로운 역사이다. 가령 라임나무와 그의

무성한 잎사귀, 저녁이 될 때 드리우는 짙은 어둠, 구름, 바람, 날씨, 꽃병을 넘어뜨리는 갑작스러운 바람, 몸 사이로 손과 팔의 몸짓, 빗소리, 흥분된 누군가의 목소리, 종래의 침묵이다.(2008: 297)

사물의 상황은 사물과 사물이 물들이는 모든 것 사이의 관계가 기록되는 대기의 가장자리이다. 상황은 주변으로 모이는 모든 것이며 또한 상대적으로 별개의 형태로 이해될 수 있는 무언가를 생성한다. 무엇보다도 풍선은 이런 식으로 이해될 수 있다. 그것은 한 형태를 지녔지만, 여행의 방향 속에서 모든 종류의 사소한 탈선을 발생시키는 요청solicitation들의 구름으로 둘러싸여 있다.

***

그래서 풍선과 함께 사유하기는 사물을 집합으로 확신하는 과정의 부분으로서 상황을 쓰는 방식을 찾는 것이기도 하다. 그것은 요청들이 지닌 후광의 자질the qualities of their halo of solicitations과 사물들에 주의를 기울이는, 상황적인 글쓰기 양식을 배양하기에 대한 것이다. 풍선을 고려하자면, 좋은 예시가 있다. 예를 들어, 이언 매큐언(Ian McEwan, 1997)의 소설 『인내하는 사랑(*Enduring Love*)』 첫 페이지에서, 갑작스러운 풍선의 등장과 풍선이 지닌 엄청난 수용력으로 풍선에게 끌어당겨지는 다른 모든 사물들에 대한 설명과 풍선이 참여자로 있는 정동적인 변화에 대한 설명은 일종의 상황적인 글쓰기를 예시한다. 그 책의 다른 모든 것은 사건의 상황적인 자질을 중심으로 돌아간다. 혹은, 다소 다른 도날드 바셀미(Donald Barthelme, 2003)의 『풍선(*The Balloon*)』을 생각해 보자. 맨해튼 상공에 갑자기 나타난 커다란 풍선과 그 사물에 대한 반응, 결코 단일한 내러티브에 합산되지 않는 반응들의 범위를 자세히 설명하는 단편 소설이다.

따라서 풍선이 제시하는 것은 상황적인 글쓰기에 있어서 겸손한 형태의 가능성이다. 즉, 탈선을 통해 사물이 차이를 만드는 다양한 방식에 주의를 기울이는 글쓰기 방식이다. 이것은 이 물체가 다양한 종류의 대기 집합에 참여하는 특정한 방식에 주의를 기울이고 그것을 쓰려고 노력하는 것을 포함한다. 그것은 사유의 질을 오직 부분적으로만 조종할 수 있는 대상으로서 진지하게 받아들이는 특정한 이동 방식을 배양하는 것을 포함한다. 이것은 조종가능성의 가능성 높은 문제와 상황의 생성적인 제약 사이에서 글을 쓰는 법을 배우는 것에 관한 문제이다. 그것은 사물이 움직이는 방식의 특성이 당신이 생산하는 설명의 질에 어떻게 영향을 미칠지 생각하는 것에 관한 문제이다.

***

그것은 당신이 이 글의 첫 번째 초안에 대한 피드백을 받은 후, 어떻게 내가 당신을 생일 파티에 데려갔는지에 관한 것이다. 당신과 함께 걸을 때 당신은 거기에서 자전거에 묶인 노란 풍선을 발견했고, 나는 사진을 찍었다(그림 6.1 참조). 당신의 친구인 생일을 맞은 소년은 세 살이었다. 그리고 그는 일종의 떠 있는 중앙 장식물로서 헬륨으로 채워진 3자 모양의 커다란 보라색 풍선을 받았다. 그것은 무거운 것으로 고정되어 있었지만, 충분히 확실하게 무게가 달리지는 않았다. 잠시 후 케이크를 먹으러 당신들이 정원에 모였을 때 누군가가 소리쳤다. 무슨 일이 생겼다. 이것은 그 '3'자가 정원 밖으로 날아가자, 당신들 모두가 어떻게 그것을 올려다보았는지에 대한 것이었다. 어떻게 당신이, 그것이 그리 멀리 가지 않았을 거라고 생각했는지, 어떻게 그것이 나무 위에서 머뭇거리는 것처럼 보였는지, 그리고 얼마나 오랫동안 그 상승을 추적할 수 있었는지에 대해 당신이 어떻게 놀랐는지에 대한 것이었다. 어떻게 당신이 그것을 순간적으로 잃어버렸는지, 하지만 다른 사람이 그의 형체를 어떻게 다시 찾았는지에 대한 것이었다. 그는 완벽한 대각선을 따라 멀리 올라가는 한 점으로 [그것을] 찾았다. 그리고 그것은 그러한 사물들이 결국 어디에서 끝나는지, 당신이 어떻게 궁금해 했는지에 관한 것이다. 즉, 누가 혹은 무엇이 그것들을 찾는지에 관한 것이다.

3. 연합의 형태

다음은 어디일까? 이것은 어디로 갈까? 기껏해야 내가 여기서 제공하는 것은 사물과 함께 사유하는 가능성을 향한 여정에 대한 나의 느슨한 방향 감각이다. 질 베넷(Jill Bennett, 2012)은 "실용 미학은 감각 기반의 정동적인 과정을 통해 세계를 이해하는 수단(으로의 예술)에 대한 연구이다. 이 과정은 신체를 직접적이고 친밀하게 접촉하는 것이지만 또한 공적 생활의 감정, 정서, 열정을 뒷받침하는 것이기도 하다(2012: 3)." 작업이 비재현적 스타일은 세계의 감각적이고 정동적인 이해 양태를 사유하고 고안하는 것과 맞물려 있다는 점에 있어서 실용 미학의 수정된 형태와 관련이 있는 것으로 생각할 수 있다. 이러한 작업의 스타일은 놀라울 것도 없이, 모든 종류의 예술적이고 수행 기반의 실천과 관련되어 있다. 그리고 그렇게 함으로써 그들의 목표는 미학에 대한 비판을 낳는 것이 아니라, 실험적 공생의 새로운 협력적인 시공간, 새로운 형태의 연합을 생산하는 것에 있어왔다.

***

단순한 사물들이 이러한 협업을 촉진하는 장치가 될 수 있다. 그리고 풍선은 그러한 장치 중 하나이다. 물론 풍선과 부풀릴 수 있는 물건들은 더 일반적으로 예술적인 관심과 실천에서 오랫동안 생각되어 왔다(Dessauce, 1999; Topham, 2002). 그러나 풍선의 질과 특성은 풍선이 비재현적 시공간을 통해 사유하고 작업하기 위해 하늘이 준providential 장치로 역할할 수 있도록 하며, 특히 대기와 관련해서 그렇다. 풍선은 독특한 방식으로 대기를 명백하게 하고, 그것을 감싸지만 또한 그것의 연합을 통해 발생한다. 그리고 당연히 풍선은 정동적이고 기체적인 의미에서 대기의 속성과 질을 이해하는 실용 미학의 일환으로 매우 구체적인 방식으로 이용될 수 있고, 이용되어 왔다.

예를 들어, 풍선은 부피 실험을 위한 장치를 제공한다. 그리고 그것은 대기적 시공간의 부피감 있는 특성이 어떻게 체적 측정으로 환원될 수 없는지를 보여주는 방식으로 그렇게 한다. 그들은 또한 강도와 범위의 의미있는 느낌에 대한 것이기도 하다. 즉, 비록 어떤 점에서는 거주 영역권의 기술적 기반시설에 의해 촉진되곤 하지만, 이는 시공간 깊이에 대한 감각에 관한 것이다(Sloterdijk, 2011). 우리는 대기의 시공간의 부피감 있는 특성에 주의를 끌기 위한 사물로서 풍선을 사용하는 상당히 잘 알려진 여러 작업의 예를 지적할 수 있다.

- 1998년에 처음 전시된 스코틀랜드 예술가 마틴 크리드Martin Creed의 작품인 "주어진 공간 속 절반의 공기Half the Air in the Given Space"에서는 건축 공간을 변형시키는 간단한 장치로 풍선을 사

용한다. 그는 다음의 지시 사항을 제공한다. "공간을 선택하시오. 공간의 부피를 계산하시오. 공기를 사용하여 이 공간의 부피의 절반을 차지할 때까지 흰색 12인치 풍선을 부풀리시오. 평소와 같이 공간은 공기로 가득 차 있어야 하지만, 절반은 풍선 안에 있어야 하오(www.martincread.com 참조)."

- 2002년에 처음 설치된 "흩뿌려진 군중 Scattered Crowd"에서 프랑크푸르트에 기반을 둔 안무가 윌리엄 포사이스William Forsythe는 거대한 갤러리 공간에 "피어오르는 소리의 너울 속에" 수백 개의 풍선을 매단다. 풍선은 "관계, 거리, 인간과 공허, 유착과 결정의 공중 경관"을 창조한다(Manning, 2013 참조)."[3]

- 2013년 예술가 크리스토 Christo는 독일 오버하우젠 가스탱크 Oberhausen Gasometer에 "큰 공기 포장물 Big Air Package"을 설치했다. 과거의 가스저장탱크 내부에 보관된 이 조각품은 높이 90m, 너비 50m, 반투명 폴리에스터 천 20,350m²와 밧줄 4,500m로 구성되어 있다. 그것은 177,000m³의 부피를 가지고 있다. 입구는 에어로크airlock를 경유해 있으며 두 개의 선풍기가 조각품을 계속 부풀린다.[4]

인정하건대, 이것들은 매우 간단한 예이며, 대기의 시공간이 지닌 다양한 자질을 실험할 수 있는 실용 미학의 한 형태를 위한 장치로서 풍선이 기능하는 가능한 길들을 보여주기 위해 단순하게 여기에 나열되었다. 각각의 경우에 풍선은 이산적인 존재라는 의미에서 사물이자, 사물들이 함께 모이는 과정에서 감지되는 대기가

---

3 www.williamforsythe.de/installations.html?no_cache=1&detail=1&uid=22 참조.

4 www.gasometer.de/en/exhibitions/current-exhibition 참조.

사물들로 있는, 사물을 행하기 위한 장치 둘 다이다. 각각의 경우에 풍선은 불연속적인 것과 확산된 것 사이에서 움직이고 대기의 특성인 산란과 집합이란 다양한 공간적인 경향을 긴장 상태로 유지하는, 관계적 실험 공간을 발생시키기 위한 장치이다(Anderson, 2009 참조). 각각의 경우에 풍선은 세르(Serres, 2008: 281)가 "교환자exchanger"라고 부르는 것처럼 작동하는데, 교환자는 확산자the diffuse가 감각하고, 감각되고, 느끼고, 느껴지는 현실성으로서 대기적인 것의 신체가 지닌 상황적 자질 속을 통과하게 만들고, 그것에 부피를 부여하게 하는 장치이다. 집단적 소속감과 몰입감의 생성을 지향하는 실용 미학의 일환으로, 이들 작품 각각의 정동적-물질적 시공간은 경험을 실험하기 위한 가능한 장소를 제공한다. 그들은 새로운 유대의 소박한 시공간을 생산함으로써, 대기 현장연구의 한 형태를 일어나게 하는 가능한 방법들을 시사한다.

***

나는 시사하는 것보다는 더 많은 일을 하고 싶었지만, 지금까지 기회가 없었다. 그래서 내가 이 글에 대해 8,000개 정도의 단어를 썼을 때 옥스포드에서 웨스트 브로미치까지, 곧 문을 닫을 플래그십 아트 센터 겸 갤러리인 "대중Public"이란 곳까지 당신을 데리고 갔다.[5] 나는 당신에게 약간의 재미를 약속했었다. 마틴 크리드가 제공한 풍선이 있다면 말이다. 그리고 나는 당신이 그것으로 가득 찬 방에서 놀 수도 있으리라 생각했다. 그러나 당신은 실망했다. 풍선이

5 www.thepublic.com/exhibitions/martin-creed 참조. 건축가 윌 알솝(Will Alsop)이 디자인한 "대중(Public)"은 공적 자금 지원을 받는 갤러리, 예술 및 교육 공간으로 글을 쓰는 시점에서 2013년 11월 말까지 폐쇄 예정이다.

없었기 때문은 아니었다. 그것은 거기에 있었다. 아름답고, 따뜻하고, 주황빛이 나는, 주어진 공간에서 공기의 절반을 차지한 채로. 그러나 그것은 막대 혹은 케이블 뒤에 보관되었다(그림 6.3 참조). 당신은 그것을 만지기 위해 안으로 손을 뻗으려 했었다. 그러나 그것은 거리를 유지했다. 이것은 당신이 온 목적은 아니었다. 이것은 당신이 움직이기를 희망했던, 경험적인 연합의 실험적 구름이 아니었다.

그림 6.3. (그림 출처: McCormack, 2013)

당신은 대신 텔레프레젠트 엠브레이스Telepresent Embrace, 플라이패드Flypad, 애니모Animo, 사운드 캔버스Sound Canvas를 이용하여 인터랙티브 갤러리에서 놀았다. 그리고 당신은 이 '대중'을 너무나 사랑해서 웨스트 브롬위치에 살기를 바란다고 나에게 말했다. 나는 대중이 곧 문을 닫을 것이기에 우리가 다시는, 아마도 영원히 여기에 오지 않을 것이라고 말했다. 이 공간, 그의 가능성, 그의 약속은 사라질 것이다. 그 모호하고 감각적인 대기는 지속하기에는 무리였고, 감당할 수 없었다.

펑

내가 이 장의 초기 버전에서 7,302단어를 썼을 때, 당신이 부엌에 있는 두 개의 바람을 넣지 않은 풍선을 나에게 선물했기 때문에 나는 당신에게 이 여행을 어느 정도 약속하였다. 생일의 잔재들. 빨간 것과 노란 것. 좋아하는 색의 반복. 그것들을 불자. 제발! 제발! 제발! 빨간색 먼저. 그 다음에 노란색. 당신은 그것들을 방 안에 던졌다. 당신은 너무 가벼운 것을 잡는 것의 어려움과 그것을 하늘 높이 유지하는 것의 쉬움을 이용하여 장난을 쳤다.

그리고는 둘 중 더 큰 것이 펑 터져 노란색 조각 밖에 남지 않았다. 당신은 갑작스러운 상실에, 사물의 사라짐이라는 최후에 대해 슬픔을 가눌 수가 없었다. 아마, 내가 그것에게 공기를 너무 많이 주었을 것이다. 나는 그것을 과도하게 부풀렸다. 당신이 신경 써 준다면, 내가 하나 더 불겠다고 당신에게 말했다. 그리고 당신은 그랬다.

***

생각하기 위한 장치로서 풍선은 확산하는 것과 이산적인 것 사이의 긴장에 대한 감각을 함께 유지하는 방식을 제공한다. 움직이기 위한 장치로서 방향적인 것과 상황적인 것 사이의 긴장을 유지하는 방식을 제공한다. 실용 미학을 위한 장치로서 대기의 경험을 실험하기 위한 시공간을 발생시키는 방식을 제공한다. 물론 풍선은 하나의 장치일 뿐이며 결코 특권적인 것은 아니다. 대기적인 것을 행하는 장치는 얼마든지 있을 수 있다. 예를 들어, 제임스 애쉬(James Ash, 2013)가 썼듯이, 스크린은 정동적인 시공간으로서 대기를 탐색하고 실험하기 위한 특별하게 중요한 또 다른 접점을 제공한다. 비재현적 실천의 생태학에 대한 지속적인 정교화의 일환으로, 그러한 것들에 대한 실험은 대기가 어떻게 미적, 정치적, 문화적, 경제적 가치를 생성하기 위한 다양한 테크닉과 기술에 대한 관심의 문제가 되는지를 전면에 내세우는 방식을 제공할 것이다.

하지만 이런 종류의 현장연구가 어디로 갈지 내가 알고 있다고 생각하는 것처럼 끝맺고 싶지는 않다. 이 장은 일련의 구체적인 실례가 아니며, 왜냐하면 비재현 이론이 담겨져 있는 세계의 모든 것이 객체는 아니기 때문이다. 혹 더 정확하게는, 이 세계들의 어떤 것은 때때로 항상 객체보다 더 많거나 적다. 세르는 "구름은 구름이며, 그것은 단순한 객체가 아니다. 강은 단순히 하나의 객체가 아니며, 섬도 호수도 그렇지 않다. 바다 소음도 마찬가지로(1995: 112)." 그리고 대기에 대한 감각도 그러하다. 부드러운 날, 가까운 날, 밀려드는 것들, 바람에 휘날리는 무언가, 내가 마치 이것을 끝내는 것처럼 하루하루 계속 줄어들고 있는 방 한구석의 빨간색과 노란색 풍선의 존재도 그러하다. 그리고 나는 왜 우리가 항상 그것이 줄어들도록 내버려 두는지 궁금하다. 우리는 절대 펑 터지지 않는다.

나는 '어떻게'라는 감각으로 돌아가서 비완성인 채로 끝내고 싶다. 사물과 그의 시공간이 우리를 생각하도록 강제하는 과정을 '어떻게' 명시할지에 대한 문제와 약속으로. 그들은 우리에게 처음부터 명확하지는 않을 수 있지만 여전히 창발하는 일련의 방식으로 어떻게 그것과 함께, 그것 내부에서 생각하도록 의무를 부과하는지. 별개의 존재로 감지될 수 있지만 객체로 항상 전환될 필요는 없는 사물의 '어떻게'로. 여기에서 중요한 대기적인 것들. 명백히 별개의 존재가 그것들이 구성되는 관계에 우리의 주의를 끌게 하는 때때로 모양을 갖춘 형태의 그런 사물들. 항상 그들이 참여하는 대기 과정과 관계에 의해 둘러싸여 있으며, 어떤 의미에서는 그것에 의해 구성되는 그런 사물들. "기상학적이라고 불러야 하는, 요동치는 요청의 구름에 잠겨 있는(Serres, 2008: 299)" 그런 사물들. 부드럽건, 폭력적이건, 온갖 방식으로 우리로 하여금 다시, 새롭게 생각하게 만드는 그런 사물들.

참고문헌

Anderson, B. (2009). Affective atmospheres. *Emotion, Space, and Society*, 2, 71-77.

Anderson, B., & Wylie, J. (2009). On geography and materiality. *Environment and Planning A*, 41, 318-335.

Ash, J. (2013). Rethinking affective atmospheres: Technology, perturbation and space times of the non-human. *Geoforum*, 49, 20-28.

Ashmore, P. (2013). Not a drama: things affect in Herbert Read's The Innocent Eye. *Environment and Planning D: Society and Space*, 31, 935-950.

Barthelme, D. (2003). *Sixty stories*. London: Penguin.

Bennett, J. (2001). *The enchantment of modern life: Attachments, crossings, ethics.* Princeton, NJ: Princeton University Press.

Bennett, J. (2010). *Vibrant matter: A political ecology of things.* Durham, NC: Duke University Press.

Bennett, J. (2012). *Practical aesthetics: Events, affect and art after 9/11*. London: IB Tauris.

Bergson, H. (2007). *The creative mind: An introduction to metaphysics*. Trans. M. Andison. Mineola, NY: Dover.

Berlant, L. (2011). *Cruel optimism*. Durham, NC: Duke University Press.

Bissell, D. (2010). Passenger mobilities: Affective atmospheres and the sociality of public transport. *Environment and Planning D: Society and Space*, 28, 270-289.

Bogost, I. (2012). *Alien phenomenology: Or what it's like to be a thing*. Minneapolis: University of Minnesota Press. Kindle Edition.

Bryant, L. (2011). *Democracy of objects*. Michigan: MPublishing, University of Michigan Library.

Connolly, W. (2002). *Neuropolitics: Thinking, culture, speed*. Minneapolis: University of Minnesota Press.

Cook, I. (2004). Follow the thing: Papaya. *Antipode*, 36, 642-664.

DeSilvey, C. (2006). Observed decay: Telling stories with mutable things. *Journal of Material Culture*, 11, 318-388.

Dessauce, M. (1999). *The inflatable moment: Pneumatics and protest in 68*. New York: Princeton Architectural Press.

Dewsbury, J. D. (2009). Performative, non-representational and affect-based research: Seven injunctions. In D. DeLyser, S. Herbert, S. Aitken, & L. McDowell (Eds.), *The SAGE handbook of quantitative geography* (321-334). London: SAGE.

Fannin, M., Jackson, M., Crang, P., Katz, C., Larsen, S., Tolia-Kelly. D. P., & Stewart, K. (2010). Author meets critics: A set of reviews and a response. *Social & Cultural Geography*, 11, 921-931.

Harman, G. (2008). Intentional objects for non-humans. www.europhilosophie.eu/recherche/IMG/pdf/intentional-objects.pdf. Accessed August 28, 2012.

Harman, G. (2011). Realism without materialism. *SubStance*, 40, 52-72.

Ingold, T. (2006). Earth, sky, wind, and weather. *Journal of the Royal Anthropological Institute*, 13, 19-38.

Ingold, T. (2012). Lines and the weather. In J. Ruskin, J. Brouwer, A. Mulder, & L.

Spuybroek (Eds.), *Vital beauty: Reclaiming aesthetics in the tangle of technology and nature* (12-28). Rotterdam: V2.

Latham, A., & McCormack, D. (2004). Moving cities: Rethinking the materialities of urban geographies. *Progress in Human Geography*, 28, 701-724.

Lury, C., & Wakeford, N. (Eds.) (2012). *The happening of the social: Devices, sites and methods*. London: Routledge.

Manning, E. (2009). *Relationscapes: Movement, art, philosophy*. Cambridge, MA: MIT Press.

Manning, E. (2013). *Always More than One: Individuation's Dance*. Durham, NC: Duke University Press.

Martin, C. (2011). Fog-bound: Aerial space and the elemental entanglements of body-with-world. *Environment and Planning D: Society and Space*, 29, 454-468.

Mason, M. (1838). *Aeronautica, or sketches illustrative of the theory and practice of aerostation*. London: F. C. Westley.

Massumi, B. (2011). *Semblance and event: Activist philosophy and the occurrent arts*. Cambridge, MA: MIT Press.

May, T. (2005). *Gilles Deleuze: An introduction*. Cambridge, UK: Cambridge University Press.

McCormack D. (2008). Engineering affective atmospheres: On the moving geographies of the 1897 Andrée expedition. *Cultural Geographies,* 15, 413-430.

McCormack, D. (2009). Aerostatic spacing: On things becoming lighter than air. *Transactions of the Institute of British Geographers,* 34, 25-41.

McCormack, D. (2010a). Fieldworking with atmospheric bodies. *Performance Research*, 14, 40-48.

McCormack, D. (2010b). Remotely sensing affective afterlives: The spectral geographies of material remains. *Annals of the Association of American Geographies*, 100, 640-654.

McEwan, I. (1997). *Enduring love*. London: Faber.

Meehan, K. Shaw, I., & Marston, S. (2013). Political geographies of the object. *Political Geography*, 33, 1-10.

Serres, M. (1995). *Genesis.* Trans. G. James & J. Nielson. Ann Arbor: University of Michigan Press.

Serres, M. (2008). *The five senses: A philosophy of mingled bodies*. Trans. M. Sankey & P. Cowley. London: Athlone.

Shaw, I., & Meehan, M. (2013). Force-full: Power, politics, and object-oriented ontology. *Area*, 45, 216-222.

Sloterdijk, P. (2011). *Spheres: Bubbles (Vol. 1)*. Trans. H. Wieland. New York: Semiotext(e).

Stengers, I. (2005). Introductory notes on an ecology of practice. *Cultural Studies Review*, 11, 183-196.

Stewart, K. (2007). *Ordinary affects*. Durham, NC: Duke University Press.

Stewart, K. (2008). Weak theory in an unfinished world. *Journal of Folklore Research*, 45, 71-82.

Stewart, K. (2011). Atmospheric attunements. *Environment and Planning D: Society and Space*, 29, 445-453.

Thrift, N. (2008). *Non-representational theory: Space, politics, affect.* London: Routledge.

Topham, S. (2002). *Blow up: Inflatable art, architecture, and design.* London:

Prestel.

Ward, K., Anderson, B., Coward, M., Sheller, M., Williams, A. J., Cresswell, T., & Adey, P. (2011). Reading Peter Adey's Aerial Life. *Political Geography* 30, 461-469.

Whatmore, S. (2006). Materialist returns: Practising cultural geographies for a more than human world. *Cultural Geographies*, 13, 600-610.

Whitehead, A. N. (1978). *Process and reality* (Rev. ed.). New York: Free Press.

7 서상법을 통해 민족지 생동하기

재현 이상의 스타일을 찾아서

필립 바니니Phillip Vannini

서문

이 장은 일종의 퀘스트이다. 나는 현장에서의 마주침과 경험을 단순히 **재현**하는 것 이상을 위한 민족지적 양식을 추구하며 글을 쓴다. 나는 지난 30여년 동안 민족지 연구자들을 괴롭혀왔던 재현의 위기에 대한 궁극적인 해결책을 찾은 척하지 않는다(Clifford & Marcus, 1986 참조). 이러한 전략들이 모든 비재현 연구자들에게 와 닿을 것이라고 생각하지도 않는다. 또한 다음과 같은 수사적인 선택이 모든 연구 주제에 적합할 것이라고 전적으로 확신하는 것도 아니다. 하지만 나는 현장 연구 글쓰기에 활기를 불어넣어 재미있게 읽을 수 있고 어쩌면 영감을 줄 수 있기를 야심차게 희망하며 이 현장 연구 글쓰기를 공유한다.

나는 이 장을 나의 글로 시작한다. 이는 캐나다의 자족적 삶off-grid living에 관한 현장 연구에서 끌어낸 3천 단어의 내러티브이다(Vanini & Taggart, 2014). 지난 2년 간 조너선 태거트Jonathan Taggart와 함께 여러 곳에서 민족지 연구를 수행하면서 캐나다의 모든 주와 지역들을 돌아다니며 열과 전기와 같은 대규모 사회-기술 네트워크와 단절된 사람들의 삶의 방식을 기록했다. 자족적 삶을 살아가는 캐나다인들은 다른 많은 면에서 상대적으로 자립적이다. 다음 글은 북극 툰드라에 있는 자족적off-grid 오두막으로의 여행이라는 색다른 현장 여정에 관한 이야기이다. 우리의 여행에 관한 이야기를 하고 난 후, 내 글의 부분성, 근접성, 즉각성, 잠재성, 형언불능성, 유동성, 그리고 성찰성에 초점을 맞추어 나의 선택들에 대해 성찰한다.

캠핑, 땅으로 나가기

그건 언제나 잘 먹힌다. 당신은 캠핑을 하다가 한밤중에 오줌을 싸고 싶은 참을 수 없는 충동을 느낀다. 별채는 불과 몇 걸음 거리에 있지만 신발과 헤드램프를 샅샅이 뒤지다가 잠에 들 타이밍을 놓칠까봐 걱정이다. 밖은 쌀쌀하고 옷을 입는 것은 번거롭다. 하지만 충동이 너무 강해서 항복할 수밖에 없다.

북극 툰드라의 기온은 영하 30도이다. 특히 밤에는 북극곰을 경계하라는 경고를 받았다. 그래서 당신은 아무리 헛된 생리적인 노력일지라도 배뇨 압력을 한 두 단계 올리려고 노력한다. 당신은 때이른 새벽에 반짝이는 광활한 지평선을 걱정스레 바라본다. 그리고 우려했던 일이 발생한다. 헤드램프의 빛은 50미터 정도 떨어진 곳에서 굶주린 채 당신을 번뜩이며 바라보고 있는 두 개의 형광빛 눈동자를 비춘다. 무거운 눈꺼풀 앞으로 당신의 인생이 주마등처럼 스쳐지나간다.

이누이트어로 수많은 작은 물고기들의 장소라는 뜻을 가진 '이칼루가악주 Iqalugaaqjuit'는 캐나다 누나부트 준주Nunavut territory의 배핀Baffin 섬 남쪽 해안에 흩어져 있는 외딴 소도시의 야영장outpost camps들 중 하나다. 이러한 벽지 소도시 대부분은 1980년대 중반에 세워졌는데, 캐나다 정부가 전통적인 유목민 생활 양식을 수 십년 간 말살한 이후 선주민의 사냥과 낚시, 세대 간 언어와 기술 이전을 장려하는 것이 마땅하다고 생각했던 때였다[1].

우리의 **일루갈락** illugalaq은 보다 신식의 건물이다. 이웃해 있는 다른 오두막들과 마찬가지로 17년 전에 팀문Timmun과 크리스티나Kristiina에 의해 지어진 이 오두막은 짧은 주말 휴가나 1주일 정도의 휴가에 주인, 가족, 친구, 그리고 가끔 손님들을 초대하는 기능을 한다. 크리스티나의 말을 빌리자면, "우리의 정신 건강을 위해", 그리고 "도망치기 위해" 이곳에 온다.

우리는 추운 4월의 어느 날 늦은 오후에 도착했다. 우리는 이틀 전에 빌린 파카와 시험해보지 않은 장갑을 가지고 캐나다의 웨스트 코스트를 출발했고, 4시간 전에 스노모빌을 타고 케이프 도싯Cape Dorset을 출발했다. 현명하지 못한 기어 선택 때문에 처음 몇 분간의 운전은 형편 없었다. 내 오른손은 거의 얼어붙어서 스노모빌 핸들에 고정되었고, 스노모빌은 정확히 시속 21마일로 설정된, 사람이 조종하는 크루즈 컨트롤처럼 작동했다. 고맙게도 첫 번째 담배 휴식 시간에, 로컬 지식이 나를 구했다. 크리스티나는 친절하게도 비버 털로 덮인 벙어리 장갑을 건네주었는데 크리스티나는 마치 엄마

1 역자 주: 1980년대 캐나다에서는 선주민 커뮤니티에 대한 식민 지배 및 말살 정책에 대한 조사가 이루어지고, 사과가 이루어지기 시작하였다.

처럼 비버 털 미트가 폴리에스테르 장갑보다 뛰어나다는 점을 알려주었고 팀문은 눈에 띄지 않게 나의 스노모빌 핸들의 열선을 켜주는 방식으로 구세계와 신세계의 혼합된 해결책을 제시해주었다.

케이프 도싯을 떠난 후, 우리는 호수, 연못, 강, 개울, 그리고 바다 위를 달렸다. 우리는 때때로 육지의 시골길을 정복하기 위해 얼어붙은 바다에서 멀어지기도 했고, 여전히 지형적 대체물을 이해하지 못하기도 했다. 북극에 가까운 캐나다 동부 지역에는 작은 마을 경계 안에 있는 몇 개의 포장도로를 제외하면 도로가 없다. 눈과 얼음 때문에 동절기인 11월부터 6월까지는 스노모빌로 이동하는 것이 가능하다. 7월, 8월, 9월에는 누나부트 공동체들과 야영장들이 분리되어 보트를 이용해 항해한다. 얼음이 깨지거나 다시 얼어붙는 봄과 가을shoulder season에는 비행기 외에는 무엇으로도 이동할 수 없다.

스노우모빌은 후천적 취향이다. 마치 가죽 채찍으로 엉덩이를 때리는 것처럼 말이다. 일단 허리 통증과 멍이 다 낫고 나면, 그것이 단지 돌아다닐 수 있는 또 다른 방법일 뿐이고, 사실 어떤 사람들에게는 이동이 일반적인 방법이라는 것을 깨닫게 된다. 또, 광범위하게 열성적으로 이용되는 것을 보면 개 썰매 운송은 얼마나 더 거칠었을 지 궁금하게 만들 것이다.

지역 사람들이 캠핑 가는 것을 나타내는 표현으로 선호하는 '땅으로 나가는 것'은 약간 부정확하다. '땅'은 실제로 눈으로 덮여 있고 일부는 꽁꽁 얼어붙어 단단하고, 일부는 푹신하지만 건조하고, 일부는 질척거리고, 일부는 반투명한 얼음이 있고, 일부는 가장 태양빛이 약한 시기에도 찬란한 청록색을 띠고 있다. 진짜 땅은 완전히 다른 실체이고 일 년 중 대부분은 보이지 않는다. 나는 이 새하얀 눈과 얼음 아래에 무수히 많은 눅눅한 색색의 초원과 모기가 가득한 얕은 호수가 있을 것이라고 상상 했지만, 실제로는 햇빛이 내리쬐는 빙판 위에 기껏해야 상상조차 할 수 없을 정도로 거친 생명이 없고 차가운 화강암이 점점이 흩뿌려져 있는 것을 목격했을 뿐이다.

우리의 속도계는 한두 번 정도 시속 30마일을 넘어섰지만, 그것은 잠시의 스릴일 뿐이었다. 겨울의 북극 경관에서는 일반적으로 빠르게 활공할 수 있지만 바다 밑에서 춤추는 조석력은 끊임없이 길trail을 위아래로 밀고 당기며, 마치 포뮬러 1의 시케인Chicane[2]과 비슷한 꼬불꼬불한 능선과 벽을 만들어낸다. 엄청나게 짜증나긴 하지만, 가장 장관인 것은 기복빙pressure ice이라고 알려져 있는 2톤짜리 얼음이다. 릴리푸티안Lilliputian에 고정된 빙산의 작은 공동체가 나타났다, 성장하고, 줄어들고, 하루에 두 번 조수에 따라 거의 사라져버리는 해안 근처에서 하는 스노모빌 여행은 마치 미로와 같아서 우회, 저속, 인내, 그리고 정체된 파크웨이에 합류하는 것과 같은 주변에 대한 주의를 필요로 한다.

존Jon과 나는 이전에 캐나다 노스웨스트 준주의 맥킨지 삼각주 여행에서 북극의 인기를 알게 된 후 북극에서 캠핑을 할 기회를 찾고 있었다. 기온을 생각하면 북극 캠핑은 생각 못할 일처럼 보이지만, 캐나다 북부 거주자들에게는 바빠지는 일정 속 번잡함과 소란스러움 그리고 현저한 소음(스노모빌 엔진은 생각만큼 조용하진 않

2 역자 주: 시케인은 주로 자동차 경주나 도시 도로에 사용되는 용어로, 주행로 상에 S자 모양의 커브가 연속적으로 이어져 있는 부분을 말한다.

다)이 있는 지역 사회에서 벗어나기 위해 선호되는 전형적인 방식이다.

팀문Timmun에 따르면, 모든 사람들이 항상 드나들기 때문에, 화물선을 이용해 북극 지역 사회에 1년에 한 번 이루어지던 해상 보급은 "예전 같지 않다." 가령, 이 지역의 수도인 이칼루이트Iqaluit를 살펴보자. 피자헛, KFC, 그리고 전형적인 캐나다 프랜차이즈인 팀 홀튼과 같은 가게들은 북극 동부의 최초의 신호등이 있는, 북적거리는 사거리의 샤와르마 식당, 호텔, 레스토랑, 꽃가게와 함께 관심을 끌기 위해 경쟁한다. 그래서 우리의 친구인 니비아크시(Niviaqsi)와 같은 지역 사람들이 때때로 정말 휴식이 필요하다고 말하는 것은 그리 놀라운 일이 아니다.

모든 캠핑 장비가 들어있는 두 개의 거대한 트레일러 창고를 내린 후에는 스테이션 왜건이나 SUV의 트렁크 공간은 **카무티익**Qamutiik의 화물 공간과 경쟁할 수 없다. 우리는 밤이 오기 전에 어망을 놓기 위해 서둘러 호수로 달려갔다. 팀문은 어렸을 때 혼자 낚시를 했다고 하지만, 어망으로 하는 얼음낚시는 **이누크**Inuk 한 명 분의 작업량이 아니다.

눈 속에 약 2미터 너비의 구멍을 파내는 것이 시작이다. 얼음으로 덮인 호수 표면에서 약 2-3피트의 눈을 치우면, 바로 옆에 두 개의 구멍을 뚫기 시작한다. 그런 다음 6피트짜리 얼음끌로 두 개의 구멍을 합친다. 그 다음에는 얼음 크롤러ice crawler를 구멍에 밀어 넣고 얼음 아래 떠다닐 수 있게 한다. 이는 눈이 덮여 있는 윗부분으로 전달되는, 크롤러의 금속 갈고리가 얼음 아래에서 쓸리는 소리를 듣고 그것이 어디 있는지를 알아내야 하기 때문에 매우 어려운 작업이다. 여기서 그 지점이란 두 개의 구멍을 더 파고 구멍을 뚫기를 원하는 정확한 지점을 말한다. 만약 추측한 것이 맞다면 크롤러는 그 곳에 있을 것이다. 이제 크롤러를 낚아채 첫 번째 구멍에서 운반한 밧줄을 잡는다. 이는 첫 번째 구멍에서 두 번째 구멍까지 뻗어 삽이나 얼음끌로 간단한 매듭을 지어 양쪽을 고정한 후 그물을 묶을 밧줄이다. 이게 다이다. 하룻밤 새 북극 곤들매기the char는 당신의 노력에 보답이라도 하듯 마법처럼 그물을 가득 채울 것이다.

크리스티나와 팀문의 오두막은 소박하고 작지만 16×12피트로 요리 공간, 이층 침대, 식탁 뒤에 자리잡은 접이식 소파를 둘 만큼의 크기는 된다. 더 크거나 편안한 공간은 저속하고 어울리지 않을 것이다. 난방은 프로판 연료 캠핑 스토브와 발전기로 구동되는 전기 히터로 이루어진다. 내부 온도는 섭씨 21도까지 올라갈 수 있다. 외부와의 기온 차로 인해 두 개의 공기교환기를 이용한 환기가 필요하다. 벽을 관통하는 플라스틱으로 덮인 단순한 구멍은 응결을 거의 막을 수 있다. 이 모든 것들은 문이 열릴 때마다 수증기가 폭발하는 것을 볼 수 있게 하는데, 밖으로 나가면 꼭 고기 창고에 들어간 것처럼 추울 뿐 아니라 그와 비슷한 장관을 목도할 것이다.

크리스티나는 정보의 보고다. 매일 저녁 그녀의 캠핑 이야기를 들으면 시간이 아주 빨리 지나갔고, 스크래블 게임은 이야깃거리가 다 떨어졌을 때 도움이 되었다. 땅 위에서의 캠핑은 이완과 분주함이 뒤섞인 것으로, 기본적인 안락과 순전히 생존을 위한 분주함조차도 도시 생활의 일상적 의례에서 벗어날 수 있을 만큼 재미있다. 팀문과 니비아크시는 크리스티나의 관찰 결과를 육체적으로 입증하려는 듯 한시라도 가만히 있지 못하는 애들처럼 오두막 밖에서 바퀴를 돌리곤 했다.

캠핑을 할 때는 마치 소꿉 장난을 하는 것처럼 계속해야 한다. 놀이에는 몇 가지 규칙이 있다. 캠프가 인류가 자립할 수 있는 최후의 전초기지라고 상상하고, 그 임시 거처가 영구적인 거처처럼 편안하지만 도전적이고 흥미진진할 수 있게 만들어야 한다. 잘나가는 캠퍼들은 마치 그들의 실력이 심사위원들의 면밀한 평가를 받는 것처럼 허세를 부리며 게임을 한다. 캠핑을 처음 하는 사람이나 나와 존처럼 머나먼 땅에서 이 게임을 해 본 사람 모두 듣고, 배우고, 또 게임을 방해하지 않으려고 한다.

맑았던 첫날 밤은 새벽에 흐려졌지만, 바람이 불면서 구름은 빠르게 사라졌다. 쌀쌀한 바람이 불고 온도는 영하 20도를 맴돌았다. 배넉Bannock과 라즈베리 잼을 잔뜩 먹은 후, 그물을 점검할 시간이 되었다. 우리처럼 어설픈 두 명의 남부 사람들도 도울 수 있을 만큼 간단한 일이었다. 이 또한 재밌었다. 첫 번째 구멍에 끄트머리가 없는 것을 확인한 후, 팀문이 아이패드로 결과를 기록하는 동안 얼음에서 그물을 완전히 끌어냈다. 물고기들은 아직 살아 있었지만, 밤새 나일론 그물망과의 사투로 눈에 띄게 지쳐 있었고, 갑작스럽게 차가운 공기에 노출되면서 충격을 받았다. 우리는 첫날 아침에 16마리를 잡았고, 저녁과 다음날에는 더 많이 잡아, 총 54마리가 우리의 **카무티익**에 들어갔다는 만족스러운 결과를 얻었다.

그동안 해변, 숲, 사막, 화산에서 캠핑을 해왔고, 지금은 북극 툰드라에서 캠핑을 하고 있지만, 지리적인 특성과 상관없이 캠핑의 성공에 있어 항상 중요한 변수 중 하나는 좋은 음식이다. 북극 곤들매기의 맛은 태평양 연어의 부드럽고 달콤한 살과 호수 송어의 부드럽고 육즙이 풍부한 것을 합친 것과 같다. 곤들매기는 날것으로 먹거나, 가로로 잘라 스테이크로 먹거나, 필레 형태로 잘라 하룻밤 소금에 절여서 먹을 때 가장 맛있다. 크리스티나는 우리에게 질긴 부위를 한 입 크기로 자른 다음, 그 조각들을 레몬 후추나 간장에 찍어 먹는 방법을 가르쳐 주었다.

200미터도 떨어지지 않은 곳에 6개의 객실이 있었지만, 우리가 그곳에 있는 동안 일루갈라크는 우리 이외의 방문객들을 받지 않았다. 이웃과 잡담을 주고받거나, 무선 신호를 찾거나, 6시 뉴스를 잡아야 하는 책임을 덜고, 이칼루가악주는 시간이 지날수록 똑바로 설 수 있고 고요한, 혹은 얼음 속에서 속삭임으로써 만족감을 느낄 수 있는 달의 변전소처럼 느껴졌다.

북극의 툰드라는 이상한 행동 방식을 가지고 있다. 눈에 보이는 미미한 흔적들은 이상한 까마귀, 늑대, 바다코끼리, 흰 도마뱀 또는 여우가 땅을 조심스럽게 돌아다니며 만든 것들이고, 이들은 당신을 당혹스러운 표정으로 보는 듯하다. 그러나 북극 툰드라는 평판만큼 척박한 곳이 아니다. 황량한 황무지는 커녕 대어가 되기 놀랍도록 쉬운 거대한 연못에 가깝다. 마치 툰드라는 그곳으로 가는 길을 찾는 모든 작은 동물, 식물, 인간의 삶에 스포트라이트를 비추고 싶어 하는 듯하다. 마치 "당신이 스타가 될 수 있는 기회"라고 말하고 싶어하는 것 같다.

어느 날 오후, 우리가 팀문의 스노우모빌로 지그재그로 움직이며 순록을 찾는 헛수고를 하고 있을 때, 나는 내가 그 땅에 대해 잘못 알고 있었다는 것을 깨달았다. 얼음 경관이 무색무취하다고 생각하게 만든 화강암 바위는 상상할 수 없는 특성으로 인해 상상력을 풍부하게 하는 특징을 갖고 있었다. 팀문이 섬 내부를 탐험하는 과정에서 화강암 바위의 패턴을 이용했을 때, 나는 바위들의 다양한 특징들을 감상하기 시작했다. 석이Tripe라는 균류로 인해 검게 변한 흑갈색 바위들, 겨울에 순록이 먹고살 수 있는 이끼들이 덮인 녹갈색 바위들, 그리고 내가 무식하게도 그 정체를 의심했던 피같은 것이 점점이 튀어있는 식물로 덮인 베이지색 바위들. 그리고 바위는 단순한 눈요깃거리 이상으로 앉을 자리가 부족한 장소에서 의자의 역할을 충분히 할 수 있을 정도로 태양열을 품어 따뜻했다. 나는 바위에 대고 사과하듯 몽환적으로 고개를 숙였다. 그들도 고고히 그들의 역할을 하고 있었다.

순록은 잡지 못했지만, 물고기는 많이 잡았다. 8파운드와 10파운드짜리 북극 곤들매기는 우리가 그물을 놓느라 파놓은 구멍들 뿐만 아니라 천천히 채낚기jigging를 하기 위해 뚫어 놓은 작은 구멍들을 통해서도 수면 위로 질서정연하게 올라왔다. 내가 패배를 인정한 후 이 모든 것에 대해 어리둥절해 하자, 크리스타는 "어떤 사람들은 캠핑할 때 하루 종일 채낚기를 하기도 한다"고 얘기했다.

눈에 보이는 물고기들을 모두 가질 수 있다고 들었을 때의 설렘이란… 비늘이 있는 짐승들과 눈을 마주치려면 얼음 구멍 아래로 머리를 밀어넣을 수 있을 만큼의 실력은 되어야 한다. 나와 존 둘 다 배를 바닥에 대고 눈 위에 너무 오래 누워있을 순 없었고, 오렌지 껍질 조각으로는 불쌍한 것들을 유혹할 수 없었다. 밀실공포증과 비타민 C가 부족한 척추동물들에 대한 공감으로 나는 현장을 배회하며 시간을 보냈고, 예상치 못한 별인 머리 위의 제트기가 무대에 도착하는 것만큼이나 동료 캠퍼들의 헌신에 매료되었다.

요즘의 북극은 바쁘다. 우리들 중 많은 사람들이 유럽이나 북미로 가는 길에 해발 3만 6천피트 상공에서 여행을 했다. 나는 둘째

날 오후 호수에서 처음 비행기를 발견했다. '뒤돌아 보기'는 나의 당혹스러운 감정을 포착하는 데에 반쯤 도움이 된다. 신기하게도, 그것이 확대되면서, 나는 그 광동체 제트기의 캐빈에서 누가 나를 볼 수 있는지 궁금해지기 시작했다. 나는 그들이 나를 볼 수 없다는 것을 알고 있었지만, 그들이 나를 알아주길 간절히 바랐다. 그리고 괴기한 일이 일어났다. 나 자신을 보았다.

거기서부터 나는 바로 그 비행기를 탄 채로, 내가 어디 있는지 보기 위해 커튼을 걷고 내 개인 모니터에서 상영되고 있는 영화를 잠시 멈추었다. 그리고 그곳에서 나는 나 자신을 내려 보았다, 저 아래에서로부터.

"뭐해?" 내가 물었다.
"왜 비행기에서 내렸어? 그러면 안된다는 걸 몰랐어?"
"가족과 함께 집에 있지 않고 왜 거기에 있어?"
"뭘 증명하려고 하는거야?"
"누구에게 과시하려는 거야?"

나는 변명을 하기 위해 몇 마디를 중얼거렸다. 나는 과시하려고 온 것이 아니라고 말했다. 나는 적어도 내 고향 섬의 그늘진 숲이 제공하는 아늑하고 사적인 은신처와 비교해보았을 때, 이 곳에 특히 위안이 되었기 때문에 그곳을 떠나왔다고 말했다. 나 또한 석유 탱크, 노스 마트, 북부 도시의 분주한 협동조합 상점에서 멀리 떨어진, 개방적인 오프그리드로 와야 할 필요가 있었다고 설명했다. 그리고 나는 횡설수설 하다가 마침내 할 말을 찾았다.

"나는 단지 조용히 있으려고 온 거야."

케이프 도싯에서는 스노모빌들로 시끄러웠다. 이칼루이트는 비행기들로 시끄럽다. 자동차, 페리선, 사람, 개, 그리고 다른 모든 것들이 관심을 끌기 위해 떠들어대는 가운데, 사방이 시끄럽다. "나야, 나, 나, 나를 보라고!" 모든 사람들이 언제 어디서나 소리를 지른다. 그러나 나는 편안할 정도로 고요하다고 나 자신에게 해명했다. 음속의 공허함, 눈과 얼음, 바위, 그리고 마침내 비버의 털로 뒤덮인 고요함의 폭발.

제트기가 조용히 날아가고 하늘이 마침내 엔진을 끄자, 나는 다시 한 번 압도적인 소음을 내는 힘을 갖게 되었다. 캠핑 동료들과 나누기 아쉬웠던 힘이었고, 나는 내가 이 고요 속의 유일한 주권자가 나뿐이었으면 하는 바람이었다. 유일하게 시끄러운 소리를 내는 사람은 눈을 부릅뜨고 얼음을 조각 내고, 큰 재채기를 하는 사람이었다. 나는 그것이 나뿐이었으면 했다. 내 귀가 전부인 무대의 주인공, 지구상에서 가장 크지만 가장 즉흥적인 연못의 가장 큰 물고기처럼 말이다. 나는 소리를 질러 그 메아리를 보고 싶다는 충동을 느꼈다. 하지만 그것은 적절하지 않을 것 같았기 때문에 조용히 하기로 결정했다. 그리고 그 곳에서 캠핑을 하는 동안 우리의 바쁜 세상 속의 떠들썩한 말소리와 불협화음의 광경에서 벗어나 잠시 휴식을 얻었다.

모든 좋은 것들이 그렇듯이, 캠핑의 본질은 매우 일시적인 특성이 있기 때문에 끝내야만 한다. 캠핑이 끝나지 않는다면 재미가 없을 것이다. 그리고 이는 나를 위해 준비된 따뜻한 물 속에서의 의례적 목욕과 바리스타가 준비한 에스프레소로 마무리되었다. 캠핑은 결국 의미가 없어지기 때문에 의미가 있다.

우리가 떠난 날 아침은 캠핑을 떠나는 사람 모두 만감에 젖어 있던 때였다. 니비아크시는 그의 가족을 그리워했다. 팀문과 크리스티나는 한동안 응결 속에서 휩쓸었던 일상을 그리워하는 것 같았다. 그리고 존과 나는 우리의 집을 그리워했고, 우리는 화이트아웃 현상을 경험한 후에 마침내 집에 도착했다.

그리고 그 전설적인 밤, 거의 오줌을 지릴 뻔 했던 그 번뜩이던 눈은 위협적인 곰이 아니라 멋진 여우의 것으로 밝혀졌다.

그렇다, 절대 실패하지 않는다. 당신은 북극에서 배고픈 곰이 가장 무서운 존재라고 생각한다. 그러나 두려움은 실제로 모두 당신 안에 있다. 머리 위로 날아가는 것, 교묘하게 몰래 지나가는 것, 스스로 캠프로 내려와 놀지 못하게 하는 것.

서상법: 재현 너머

민족지적 재현은 독특한 문체를 가지고 있다. 모든 비문학 장르의 공통적인 요소를 가지고 있지만, 서사성, 수행성, 관능성, 성찰성, 친밀성 등과 같은 여러 수사학적 특징을 공유한다(Gans, 2010; Tedlock, 2005). 물론 모든 민족지적 스타일이 특별히 '창의적인 것'은 아니다. 전통적, 현실주의적, 그리고 일부 분석적 민족지 연구자들은 인상주의적 장치를 거부하고 심지어는 혐오할 수도 있다(Adler & Adler, 2008 참조). 그러나 최근 몇 년 동안 포스트리얼리즘, 포스트모던, 체현, 감각적, 자민족지, 내러티브, 예술적 영감, 감정적 접근법에 대한 관심과 수용이 눈에 띄게 증가하고 있다

(Denzin & Lincoln, 2012). 그러므로 가장 보수적이고 실증주의적인 민족지 연구자들을 제외한 모든 사람들에게, 현장 연구 '고민writing up'은 새로운 차원, 범위, 그리고 도전이 되었다. 이러한 새로운 관심사들 중 가장 중요한 것은 생동하는 재현enlivening representation을 다루는 방법이다.

내가 말하는 '생동하는 재현'이란 사실, 경험, 행동과 상황을 충실하게 보고하는 것보다 민족지적 재현을 보다 생생하게 만드는 데 관심을 두도록 하는 일련의 수사학적 옵션, 전략, 실천을 말한다. 독자, 청취자, 관중들마다 각기 다른 반향을 불러일으키는 활기찬 기운과 도약을 통해 기대를 깨부수고 종이와 매체에서 그것들을 렌더링해 새롭고 예측할 수 없는 의미를 취할 수 있다. 다시 말해, '생동하는 민족지적 재현'이란 모방에 지나치게 몰두하지 않고 예술적 노력으로 현장 연구를 구성하려는 시도, 즉 창조, 생동, 재생의 잠재력을 일깨우는 노력을 뜻한다. 그러나 더 진행하기 전에 분명히 해야할 점이 있다. 나는 모방적 재현의 중요성을 부정하고 싶은 것이 아니다. 나는 백일몽이나 추측이 정직한 현장 연구를 대체할 수 있다는 생각을 전하고자 하는 것이 아니다. 나는 단지 비문학을 만들어내는 작업과 상상력과 창의성의 의도적인 결합이 상호 배타적인 실천이거나 이분법적 대안이 아니라고 제안하고 싶은 것이다.

그렇다면 어떻게 재현과 상상을 공존시킬 수 있을까? 만약 우리가 민족지 글쓰기를 현장 조사 중에 일어난 일을 대략적으로 복제하는 것으로 이해한다면, 우리는 민족지적 구성을 언어학자들이 '**서실법**realis mood'이라고 부르는 것으로 생각해야 한다. 서실법은 어떤 것이 사실임을 나타내는 데 사용되는 의사소통 서법이다. 가령, "캐나다의 북극에서 가까운 동부 지역은 전통적으로 사냥, 낚시, 수렵으로 생존해왔다"와 같은 평서적 문장은 서실법의 전형이다. 서실법은 과학적 의사소통의 핵심에 있는데, 이것이 논리적이고 결정적일 뿐만 아니라 설득력 있고 권위적일 수 있기 때문이다. 이 장에서 내가 제안하고자 하는 것은 너무나 중요한 서실법과 일반적이지는 않은 서법인 '**서상법**irrealis mood'을 결합하는 것이다. 서상법은 어떤 일이 사실이 아닐 수도, 일어나지 않았을 수도, 전혀 일어나지 않을 수도 있음을 나타낸다. 즉 서상법은 비현실적인 것과 초현실적인 것, 가능성, 조건, 소망, 두려움, 희망에 대한 감각을 열어젖혀 창조하는 데 사용되는 수사학적 방법이다. 서상법을 사용할 수 있는 여러 방식이 있는데, 다음에서 그 중 몇 가지를 설명하고자 한다.

부분성과 조건법

비재현적 민족지는 전통적인 질적 연구처럼 포괄성을 목표로 하지 않는다. 포괄적 현실주의 연구를 달성하기 위해 데이터셋을 범주에 따라 수평적으로 세분화하고, 범주 안에서 주제와 하위 주제를 구분하고, 재현적인 징표들을 인용구로 선택한다. 반면, 비재현적 민족지는 단순히 재현적인 단위, 사례, 표본을 통해 보고하거나 예시를 드는 것이 아니라 도발적인 단편들을 통해 환기시키는 것을 목표로 한다. 따라서 데이터는 재현적인 의미나 경향을 쥐어짜내기 위한 것이 아니라, 가능한 한 내러티브의 행동과 감각을 만들어내기 위해 사선으로diagonally 다루어진다. 비재현적인 데이터 조직과 애니메이션은, 중심의 기본 축을 통해 교차하는 가지들로 구성된 일종의 그리드의 논리보다는 무대캐릭터, 이벤트 예고, 대략적인 가능성, 빛나는 아이디어, 그리고 그 모든 찬연하고 깨치는, 동시적이자 필연적으로 배경에 드리우는 것을 인지하고 있는 그 모든 것에 대한 라이트쇼 무대의 미학을 보다 잘 따를 수 있다.

비재현적 글쓰기에서 부분성을 획득하는 일반적인 방법은 서상법의 여러 유형 중 하나인 조건법conditional mood을 사용하는 것이다. 조건법은 일반적으로 조건에 따라 달라지는 가능성을 나타내기 위해 사용되는 일반적인 표현 방식이다. 조건부 행동이나 감정은 명시적 또는 암시적으로 불확실한 사건, 상황 및 결과에 달려 있다. 영어에서 조건문은 일반적으로 will 또는 would와 if라는 단어를 사용하여 구성된다. 조건법을 활용하는 것은 전통적인 현실주의적인 서법에서 중요한 일탈일 수 있는데, 이것이 확립된 사실, 과거에 전개된 사건, 현재의 상황에 주의를 기울이는 대신 일어날 수 있는 일, 될 수 있는 일에 대한 감각을 열어주기 때문이다. 또한 조건법은 다른 일이 어떻게 전개될 수 있는지, 다른 특질이 어떻게 관련될 수 있는지, 또는 다른 과정이 어떻게 해석될 수 있는지를 나타내는 데 사용될 때마다 불확실성의 감각sense of uncertainty을 만들어낸다.

가령, 내가 글을 쓸 때 그러한 조건들을 어떻게 사용했는지 생각해보자. 나는 조건법을 적어도 두 문장에서 명확하게 사용했다. "더 넓거나 더 편안한 공간은 통속적이고 적합하지 않을 것이다," "내가 들었을 때 설렜던 것은 눈에 보이는 물고기들을 모두 가질 수 있었을 것이라는 점이다." 이 두 문장은 현장에서 중요한 현실 그리고 그것의 부재를 간접적으로 드러낼 가능성을 열어준다. 첫 번째 문장은 다른 어떤 것이 있을 수 있었는지 의아하게 만들고, 따라서 우리가 암묵적으로 인지하고 있는 사물이 실제로 어떤 것인지와 관련된 적절성과 적합성에 대해 숙고하게 만든다. 두 번째 문장은 성취되지 않은 잠재력에 대한 주의를 환기시키며, 따라서 내가 다른 사람들이 당연하게 여길 수 있는 결과를 달성하는 데 실패했음을 알려준다. 두 가지 모두 조건법을 사용함으로써 우리가 실제로 존재하지 않거나 발생하지 않은 어떤 것에 대해 상상할 수 있게 해주지만, 그렇다고 너무 명시적이거나 문자 그대로인 것은 아니다. 왜냐하면 이는 우리가 전체를 말하지 않더라도 부분적으로 암시하고, 예고하고, 윤곽을 그릴 수 있게 해주기 때문이다. 물론 훌륭한 민족지 연구자들은 말하기보다는 보여주고 싶어한다. 그리고 훌륭한 비재현적 민족지 연구자들은 항상 모든 것을 보여주는 대신, 친밀한 관계를 맺기를 원할지도 모른다.

잠재성과 가능법

비재현 이론과 연구는 공리적인 이론의 법칙을 따르지 않으며, 연역적 모델을 통해 연구 주제나 추론에 대해 통제력을 행사하려고 하지 않는다. 비재현주의자들은 오히려 예술과 인문학의 생성적, 시적, 표현적 힘에서 영감을 찾고 그들의 창조적인 잠재력을 본받으려고 노력한다. 문화적 상상력을 자극하고 변화를 일으키려는 실험적인 추진력과 불손함으로, 비재현적 민족지는 장난스럽고, 활기차고, 생기가 넘치기를 바란다. 비재현적 민족지 연구자들은 예측, 복제가능성의 가치를 거부하면서, 변형적인 경이로움에 사로잡히고 또 사로잡는 것을 목표로 한다. 따라서 비재현적 민족지 연구자들은 전통적인 방법론적 규칙을 따르는 대신 스스로에게 혁신, 기이함, 수행적 생명력이라는 창의적이고 약속된 잠재력을 가장 잘 활용하는 방법에 대해 묻는다. 다시 말해, 그들의 방법론적 지향은 내가 이렇게 하고 있는게 맞나? 가 아니라 내가 할 수 있는 다른 방법은 뭐가 있을까? 안될 이유가 있나? 이다.

민족지적 지식의 잠재성은 가능법의 사용을 통해 가장 잘 표현된다. 문법에서 가능법potential mood이란 잠정성과 확률성을 가리킨다. 가능법을 이용하는 간단한 방법은 자신의 진술One's statement을 회피하는 것이다. 하지만, 그렇게 하는 데에는 위험이 따른다. 잠정적인 글쓰기는 약하고, 거짓으로 겸손하며, 짜증스러울 정도로 사과, 제한, 부인으로 가득 찰 수 있다. 대안으로, 가령 글쓴이는 어떤 일이 단순히 그럴 가능성이 있다고 말할 수 있다. 비록 그 전략에는 아무런 문제가 없지만, 통계학자들이 그들의 프로젝트를 정확하게 추측할 수 있는 확률을 만들어냈고, 그 결과 그 단어가 상당히 부담스러운 짐을 가지고 있을 가능성이 높다는 것을 기억하는 것이 중요하다. 실제로 비재현적 민족지 연구자들이 추구하는 잠재성과 현실주의Realist 연구자들이 추구하는 잠재력 간에는 중요한 차이가 있다. 후자는 틀릴 가능성을 최소화하려고 노력하는 반면, 전자는 매우 명백한 잠재력에 대한 가능성을 추구한다.

가능법을 전개하기 위한 가장 좋은 비재현적 방식은 수사적 가능성, 결국 이루어질 수도 있고 그렇지 않을 수도 있는 가능성을 구축하는 것이다. 가능성의 구축은 상황의 고유한 특성을 드러내고 경이로움을 이끌어내는 잠재적 시나리오를 열어젖혀 글쓰기에 활기를 불어넣는다. 가능성을 구축하는 것은 극적인 긴장감과 서스펜스를 만들어냄으로써 묘사에 활기를 불어넣는다. 예를 들어, 배핀 섬으로 가는 캠핑 여정에 대한 서술은 분명하게 가능법으로 전개된다. 내가 곧 북극곰과 마주칠 것 같은 인상을 줌으로써, 나의 글은 그 만남의 가능성에 기반을 둔다. "그것은 결코 실패하지 않는다"고 썼던 그 글의 첫 번째 문장은 또한 묘사된 상황의 인식 가능성에 따라 그 양상(참일 확률)이 달라지기 때문에 확률적 진술이다. 이야기의 끝에 북극곰은 없다. 하지만 그 위험한 조우에 대한 두려움은 보다 많이 북극 여행 속으로 스며들 수 있다. 그렇기에 이는 내 글에서 강조하고 싶었던, 그 장소의 경험에 대한 중요한 정동적 차원이기도 하다.

형언불능성과 불확정법, 추정법, 가설법

재현 연구는 현실적인 묘사를 통해 세계를 모방하려고 한다. 현실세계가 진정한 재생산에 대한 탐색에서 항상 달아나고 있다는 점을 염두에 두는 한, 현실적인 묘사의 정신ethos of realistic description에는 아무런 문제가 없다. 다시 말해, 우리의 불완전성fallibility은 제한이 아니라, 우리가 새로운 현실을 만들어낼 수 있게 해주는 정상적이고 심지어는 환대 받는 조건이라 할 수 있다. 따라서 재현 너머의 것에 천착하는 민족지 연구자들은 묘사를 모방 행위로 볼 뿐만 아니라 모든 신비한 특성을 지닌 생활세계에 대한 다중적이고 모순적인 인상을 불러일으키는 기회로 간주한다.

생활세계는 형언할 수 없다. 생활세계의 덧없는 역학, '절대 그렇지 않다'는 특징, 고정하기 어려운 질감들이 끊임없이 우리에게 질문을 던진다. 그것들은 우리를 놀라게 만든다. 그것들은 우리를 놀라게 하고, 혼란스럽게 하고, 매혹시킨다. 결국 생활세계의 형언불능성이라는 것은 우리가 그것을 이해하는 프로젝트에 뛰어든 이유이자 계속 이에 매료되는 주된 자극이다. 만약 생활세계가 완벽하게 투명하고 설명과 묘사에 순응한다면 우리의 작업과 상상력은 얼마나 지루할 것인가!

그러나 재현적 글쓰기는 종종 삶의 형언불능성과 이와 함께하는 우리의 매력을 간과한다. 권위 있는 확실성을 위한 투쟁은 무지, 의심, 혼란의 인정을 배제하고 불가능하게 만든다. 펜이 종이를 스칠 때쯤이면 우리의 질문에 대한 답이 모두 나온 것처럼 앞으로 나아간다. 그러나, 비재현적 민족지 글쓰기는 매력의 내재성으로 돌아가는 것을 목표로 한다. 이는 대답하는 만큼 질문을 던지고 싶어한다. 대답하는 만큼 궁금해하려고 노력한다. 설명만큼이나 호기심을 자아낸다.

불확정법dubitative mood, 추정법presumptive mood, 가설법hypothetical mood이라는 서상법의 세 가지 표현은 생활세계의 형언불능성을 불러일으킬 수 있게 한다. 불확정법은 의심과 불확실성을 표현한다. 추정법 또한 마찬가지로 의심과 호기심, 걱정, 무지, 경이로움을 포함한다. 가설법은 가능한 상황, 사건, 또는 해석을 제시하는 탐색적 어조다. 'if'라는 단어는 이 세 가지 서법에서 모두 사용된다. 실제로 'if'와 그것의 다양한 조합, 예를 들어 'as if'와 'even if'라는 표현은 형언할 수 없는 글쓰기의 전형으로 생각할 수 있다. 'if'는 비재현적인 것에 대한 것이고, 'just like'는 모방적이며 재현적인 것에 대한 것이다.

나의 글은 내 현장 경험의 형언불능성을 일깨우려고 했던 만큼, 확실하게 모방을 시도했다. 예를 들어, 나는 북극의 암석들에 대한 실수나, 지질학적 문제에 대한 무지를 인정하는 것을 부끄러워하지 않았다. 또한, 글을 쓰는 내내 궁금증이 끊이지 않았다. 나는 개썰매 여행이 얼마나 불편했을지 궁금했다. 나는 얼음 아래의 땅이 어떤 모습이고 어떤 느낌일 지 상상해 보았다. 나는 그런 낯선 환경에서 지나치게 자신만만해한 적이 없었다. 따라서 설명을 웅얼거렸고, 기술을 발휘하지 못했고, 편안함을 느끼지 못했다. 그리고 "마치 툰드라는 그곳으로 가는 길을 찾는 모든 작은 동물, 식물, 인간의 삶에 스포트라이트를 비추고 싶어하는 듯 하다"라는 문장에서처럼 추정적인 단어 'as if'를 사용함으로써, 내 글을 보다 수행적이고 초현실적으로 만들 수 있는 비유를 도입했다.

즉각성과 지시법

시간의 비재현 이론은 현재의 다차원성을 강조한다. 현재의 시간은 차이와 반복, 미래에 대한 기대와 변화, 여러 가지 일들이 가상적으로 펼쳐지는 것들로 구성되어 있다. 따라서 비재현적 민족지는 현재의 다양하고 교차하는 시간성을 살리는 데 매우 민감하다. 민족지 연구자들의 경험과 기억의 환기가 갖는 즉각성은 가상의 미래가 현실화되는 리드미컬한 반복(예: 분, 시간, 일, 주, 계절, 연도), 사건의 지속 기간, 다양한 과정의 속도, 파악하기 어렵고 예측할 수 없는 것, 논쟁적이고, 모순적이며, 상충되는 실천과 같은 시간성에 의해 알려진다. 간단히 말해, 민족지적 생동의 즉각성에 대한 우려는, 현재 순간의 복잡성만큼이나 그것이 체현되고 위치 지어지는 살아있는 본질(예를 들어, 현장경험의 현 시점과 같은 것)에 대한 우려이다.

즉각성에 대한 깊은 관심은 민족지 글쓰기의 시제에 대한 의식적인 집착으로 이어진다. 이 문제에 대한 손쉬운 해결책은 없다. 각각의 프로젝트들은 가장 적절한 옵션을 선택하도록 요구한다. 가령, 현재 시제는 보다 개방적이고 유동적이다. 이는 마치 우리가 그 순간에 갇혀있는 것처럼, 확실한 방향이나 결단 없이도 바로 눈 앞에 사건, 행동, 경험 등이 펼쳐지는 것처럼 글을 쓸 수 있게 해준다. 이와는 대조적으로 과거 시제는 이미 종료된 사건을 나타내고 내래이션에 매우 적절하고 이상적이며, 종결감과 깨달음을 의미한다. 희망, 가능성, 희망 그리고 절망이나 운명까지도 불러일으키는 데 관심이 있는 민족지 연구자들은 미래 시제를 적합하게 생각할 수도 있으나, 미래 시제는 민족지 글쓰기에서 잘 사용되지 않는다.

시제의 선택은 중요한 것이지만, 우리는 모든 시제의 즉각성이 욕망, 의도, 목적, 필요성, 명령 및 결과의 선형 및 비선형적 시간 역학을 불러일으킬 수 있는 지시법을 통해서 표현될 수 있다는 것을 깨달아야 한다. 따라서 지시법jussive mood을 선택하면 현장 연구 과정의 내러티브적 요소를 강조하는 데 도움이 될 수 있다. 가령, 나의 내레이션은 우리 연구 목적의 내러티브적 기원을 강조했고(예: 존과 나는 이전 여행에서 북극의 인기를 알게 된 후부터 북극으로 캠핑을 갈 기회를 노려왔다), 우리가 북극을 여행하는 이유로 호기심을 꼽았다. 또한 지시법은 내가 설명한 몇몇 상황에 퍼지는 불가피성(예: 하지만 충동이 너무 강해서 결국 항복해야만 했고, 스노모빌 여행은 미로와 같아 우회, 저속, 인내가 필요하다) 뿐만 아니라, 독자들이 어떤 경험에 함께하도록 권유하는 구절(예: 여러분은 캠프가 인류의 마지막 자립 전초 기지라고 상상해야만 한다)에서도 분명하게 드러난다. 지시법을 통해 실천을 설명하는 것도 글을 보다 호명적interpellative이고 덜 단정적으로 만드는 데 도움이 된다. 가령, “당신은 구멍을 파면서 시작한다”라고 쓰는 미묘한 즉각성을 “팀문과 Niviaqsi가 구멍을 파면서 시작했다”는 다른 결정적인 진술과 비교해보자.

근접성과 감탄법

비재현적 민족지는 시간 뿐만 아니라 장소에도 착근되어 있다. 장소착근적 민족지emplaced ethnography는 어떻게 현장의 체화된 경험이 광경, 소리, 질감, 냄새, 맛, 온도, 장소의 움직임들로 채워지는지에 주목한다. 이것들과 현장의 공간성들은 연구의 초점이 지리학적인 문제인지와는 상관 없이 비재현 민족지 연구자들이 가꾸고, 반영하고, 배양하고 또 주의 깊게 환기시켜야 한다. 따라서 민족지적 재현은 근접성에 크게 의존한다. 민족지 연구자들이 사람, 장소, 날씨, 사건, 동물, 무생물, 관습, 아상블라주에 근접하는 것은 민족지적 저술을 친밀하고, 참여적이고, 중요하게 만들어줄 수 있다. 근접성은 반향reverberation을 매력적이고, 인간적이며, 다사다난하고, 독특하게 한다.

근접성을 표현하는 방법에는 여러 가지가 있다. 가장 분명한 것 중 하나는 감탄법, 즉 비재현적 민족지 전반에 걸쳐 계속 존재하는 서법이다. 감탄법admirative mood은 주로 놀라움, 경외, 매혹을 표현하기 위해 사용된다. 이는 발견, 그리고 탐험의 경험을 자세하게 설명하는 글에서 종종 나타나는 서법이다. 내가 쓴 글에서 감탄법은 툰드라의 특성에 대한 경외 뿐만 아니라 기복빙의 움직임에 대한 설명과 같은 몇몇 구절에서 뚜렷하게 나타난다(예: 북극 툰드라는 기묘한 행동 방식을 가지고 있고, 나는 바위의 다양한 특성들을 감상하기 시작했다).

감탄법을 사용하다 보면 낭만주의에 빠지기 쉽다. 결국 현장 연구는 여행이고, 여행은 지나치게 열성적인 탐험가의 서정적 명상에 아주 적합하다. 그러한 감탄적인 근접성이 통찰력 있고 적절할 때도 있지만, 감탄적인 민족지적 구성이 진부한 여행기가 되어버릴 수도 있다. 때때로 보는 사람들 눈에 우리 모두는 유죄다. 낭만주의의 함정에서 해방될 수 있는 방법 중 하나는 아이러니, 역설, 풍자와 같은 가정법의 또 다른 몇 가지 차원들을 활용하는 것이다. 가령, 내 글에서 팀문이 전통적인 관습을 기록하기 위해 아이패드를 사용하는 것과 같은 여러 가지 역설들에 대해 감탄법을 사용했다. 또한 그 장소의 낯선 특성을 언급하기 위해 다양한 역설적 감각을 이용했다.

지나친 낭만주의에 녹아들지 않고 감탄법을 이용하는 방법은 유머를 활용하는 것이다. 유머러스한 상황들은 일상생활과 현장 연구 모두에 만연해 있으며, 특히 새로운 장소, 새로운 상황, 새로운 사람들과 대면할 때에 매우 적절하다. 하지만 유머는 대다수의 문화기술적 글쓰기에서 결여되어 있다. 아이러니, 역설, 풍자를 통해 유머를 전달하면, 민족지적 구성이 무례하거나, 경건하거나, 너무 쉽게 매혹되거나 즐거워지지 않고 감탄할 수 있게 된다. 유머는 자신과 정보원을 덜 초인간적이고, 더 '현실'적이며, 더 쉽게 관계 맺게 하는 데 도움이 될 수 있다. 그리고 이는 친숙한 것을 비범하게, 비범한 것을 친숙한 것으로 만드는 전형적인 민족지의 입장을 전달한다는 목적을 수행할 수 있다. 요컨대, 감탄법은 민족지를 읽는 사람들이 마치 그 곳에 있는 것처럼, 현장에 가까이 있는 것처럼, 그리고 민족지 연구자 자신처럼 경이, 놀라움, 탐구 정신으로 가득 차 있다고 느끼도록 도울 수 있다.

유동성과 가정법

유동성은 변화하기 쉽고, 일정한 과정 중에 있는 상태를 말한다. 비재현적 이론과 연구는 고정적이고 정적인 모델을 통해서가 아니라, 변환transformation의 렌즈를 통해 탐구하는 주체들을 삶의 예외적인 특징이 아닌 규칙적인 특징으로 본다. 따라서 적응, 변화, 유연성, 다양성diversity, 융통성versatility, 가변성variability, 그리고 진화에 초점을 맞춘다. 특히 민족지 연구는 선형적인 방식으로 전개되지 않으며, 변덕스럽고, 일관성이 없고, 불안정하고, 예측할 수 없고, 위험하고, 무질서하고, 양가적이며, 애매하다. 결론적으로 민족지적 구성은 지나치게 선형적인 인상을 보이는 것을 피하고 대신 다양한 형태의 변화를 활성화하는 것을 목표로 해야 한다.

유동성을 표현하는 데 가장 큰 장애물 중 하나는 학술지 글쓰기와 관련된 기대다. 편집자와 리뷰어들은 글의 기초로서 논거, 배경, 그리고 명확한 연구 범위를 확실한 용어로 설명하는 서론을 기대한다. 그러나 이러한 전형적인 조직 방식은 연구 과정을 틀림없는 지적 설계의 실행처럼 느끼게 하는 도구적이고 선형적인 구조를 부과한다. 비재현적 민족지 연구자는 현장 연구의 창발적이고 과정적이며 변덕스러운 특성을 반영하는 연구를 구성함으로써 이러한 학술지 글쓰기의 템플릿과 이에 대한 기대를 물리치고자 분투할 필요가 있다.

유동성은 조직organization을 통해 달성되지만, 현장 연구의 변화와 적응에 활기를 불어넣는 글쓰기 스타일을 통해서도 달성된다. 유동감sense of fluidity을 자극하기 위해 사용될 수 있는 서상법으로는 가정법subjunctive mood이 있다. 가정법은 감정, 소망, 판단, 의견, 또는 아직 일어나지 않은 결과에 대한 필요성을 나타낸다. 종속절에서 사용될 때(예: 해가 지기 전에 떠날 것을 제안합니다) 이것은 실제로 충족 되었는지 여부를 언급하지 않고 과거나 현재의 욕망의 표현을 전달하는 데 사용될 수 있다. 조건법적 종속절에서 사용될 때, 가정은 의심과 불확실성을 강조함으로써 훨씬 더 강력한 효과를 가질 수 있다(예: 날씨가 화창했다면 목적지에 더 빨리 도착할 수 있었을 것이다).

가정법을 사용하면 민족지 연구자들이 작업의 지속적인 유연성과 개방성을 밝히는 데 도움이 될 수 있다. 즉, 현실이 청사진이나 인지 도식, 미리 계획된 결과에 따라 결정되지 않는다는 점을 강조하는 데 도움이 될 수 있다. 이를 통해 사람들이 어떻게 생각을 바꾸는지, 어떻게 행동을 하는지, 또는 무언가를 하지 않기로 선택 하는지에 대해 생기를 불어넣을 수 있다. 예를 들어, 내 글에서는 툰드라의 고요에 대해 내가 어떻게 행동했는지를 나타내기 위해 가정법을 사용한다. "나는 내가 이 고요 속의 유일한 주권자이길 바랐고," "오직 나뿐이었으면 했다. 내 귀가 전부인 무대의 주인공, 지구상에서 가장 크지만 가장 즉흥적인 연못의 가장 큰 물고기처럼 말이다. 나는 소리를 질러 그 메아리를 보고 싶다는 충동을 느꼈다. 하지만 그것은 적절하지 않을 것 같았고, 조용히 하기로 결정했다." 그러한 수사학적 선택을 통해 그 순간의 유동성에 활기를 불어넣는 것을 목표로 삼았다.

성찰성과 희구법, 의도법

비재현적 민족지는 포스트구조주의 연구들과 마찬가지로 절대주의적이고 보편적인 지식에 대해 관심을 보이지 않는다. 어떤 연구도 가치중립적이지 않기 때문에 비재현적 민족지 연구자가 생성한 지식은 개인적이며 상황에 따라 다르다. 성찰적 민족지 연구자들은 자기 강박에 빠지거나 방종하지 않고, 자신의 연구에서 자신의 위치를 정확하게 파악하고 경험, 성향, 목적, 감각, 분위기, 느낌, 기술에 의해 정보를 얻고 형성되는, 편향되지 않는 개인적 서사와 감정적, 체현적, 지적 관점을 갖고 자신의 작업을 공유한다. 그들의 존재가 탐구 대상을 어떤 식으로 채워 나가는지에 대해 성찰함으로써, 그들의 개방적인 목적에 비추어 연구자들의 해석은 더욱더 강력해진다.

방법론 책들은 연구자의 주체성, 성찰성, 상황성, 위치성에 대해 써왔기 때문에, 여기서는 그러한 주장들을 재탕할 이유도, 공간도 없다. 여기서 보다 설득력 있는 것은 성찰성이 어떻게 서상법을 사용하여 양식화될 수 있는지에 대한 논의다. 그 중에서도 성찰성을 활성화하기 위해 사용할 수 있는 서상법에는 희구법과 의도법

두 가지가 있다. 희구법desiderative mood은 소망wish과 욕망desire을 표현한다. 전형적으로 사용되는 동사에는 원하다want, 소망하다wish, 갈망하다long for, (하고 싶어) 견딜 수 없다ache, 열망하다crave, 원하다fancy, 선호하다prefer, 동경하다yearn 및 관련 동의어들이다. 가령, 나는 내 글에서 니비아크시가 우리의 캠핑 여행이 끝날 무렵에 그의 가족을 얼마나 그리워했는지를 전한 바 있다. 팀문과 크리스티나는 한동안 응결condensation 속에서 휩쓸었던 일상을 열망하는 것 같았다. 그리고 존과 나는 우리의 집home을 갈망했다. 그리고 나는 내가 얼마나 평화와 고요함을 갈구하는지를 전한 바 있는데, 그것은 나와 다른 사람들에게 캠핑의 중요성을 드러내는 욕망이었다. 희구법과 밀접하게 연관되는 것은 의도법volitive mood으로, 이는 희구법과 유사하게 소망과 욕망뿐만 아니라 두려움을 표현하는 데도 사용된다.

성찰성은 해석에 맥락과 관점을 더하는 데 사용될 수 있다. 전형적으로 가정적이고 비재현적인 분위기에서 성찰성을 발휘하는 독특한 방식은 소망wish 통해 수행하는 것이다. 소망하는 행동은 분석의 인지적 무게를 줄이는 감정적이고 정동적인 색조를 통해 해석에 색을 입힌다. 가령, 내가 비행기 승객들에게 어떻게 포착되기를 바라는지 생각해보자. 비록 이것이 가능성이 낮다는 것을 알고 있지만, 바로 그 소망이 나 자신을 다른 입장과는 또 다른 감정적이고 지적인 상태에서 볼 수 있게 해주었다. 물론 나는 내 자신을 그 비행기에서 본 적이 없었고, 내가 글을 썼던 방식에 대해 의문을 품은 적도 없었다. 하지만 그 소망을 통해 그 순간의 분위기로 특징지어지는 성찰적 관점을 도입했다.

비재현 이론은 점점 더 받아들여지고 있으며, 그 원리는 보다 명확해지고 대중화되고 있다. 그러나 비재현적 글쓰기는 이론적 아이디어와 존재론적 관념ontological abstractions을 개발하는 데 천착하는 비체현적 정신disembodied minds의 표현을 지나치게 자주한다. 비재현적 민족지 글쓰기는 자발적이고 희구적인 성찰의 힘을 불러일으킴으로써 이러한 경향에 대항하는 데 도움이 될 수 있다. 희구법과 의도법은 글쓰는 사람들 각각의 두려움, 소망, 욕망의 독특함을 강조하여 글쓰기에 활력을 불어넣을 수 있으며, 우리의 글쓰기 스타일을 보다 특별하게 만들고, 서로의 것을 덜 모방하고 덜 독창적이게 만들 수 있다.

스타일 찾기

대부분의 민족지 연구자들처럼 나는 창작에 대한 교육을 받은 적이 없다. 내 글재주는 그다지 특출하지 않다. 그리고 내가 전문 작가로 성공할 수 있을지는 매우 의심스럽다. 하지만 다른 많은 민족지 연구자들처럼 나는 글쓰는 것을 좋아하고 나의 단점, 한계, 그리고 내가 하는 모든 작은 일들에 대해 성찰하고자 끊임없이 노력한다. 이 장은 내 글의 수사학적 특징, 그리고 단순히 모방적이고 기술descriptive적인 성격 이상의 것을 제공하길 바라는 특성에 대한 성찰적인 연습이었다. 나는 내가 어려운 기술을 익혔다고 확신하지는 않으며, 또한 나의 제안이 완전히 독창적이라고 주장하기도 어려울 것이다. 하지만 나는 재현적 비재현적 민족지 연구의 발전에 대한 기존의 논의들에 기여할 수 있기를 바란다.

제한된 분량으로 인해 체현적, 감각적, 정동적 차원(Vanini, 2014

참조)이나 시각적 표현(Taggart & Vanini, 출판 예정)과 같은 비재현적 민족지 연구의 다른 차원들에 대해서는 논의하지 않았다. 그러나 나는 잘 알려져 있지 않고 제대로 이해되지 않곤 하는 사회과학적 글쓰기 방식인 서상법에 대한 충분한 관심을 불러일으킬 수 있기를 희망한다. 서상법은 비재현적 민족지 글쓰기 발전에 있어서 결정적이지만, '어떻게, 무엇인지'를 지시하는 서실법realis mood과 '어떻게, 무엇이 되어야 하는지'를 지시하는 의무 양태deontic mood와 병행하여 발전해야 한다. 왜냐하면 민족지적 글쓰기는 결코 진정으로 비재현적인 것이 아니고, 항상 재현 이상의 것이기 때문이다. 그래서 나는 계속해서 나의 스타일을 연구하고 더 잘 실패하기 위해 노력하며(Dewsbury, 2009), 다른 사람들도 나와 함께 실패하도록 부추긴다.

감사의 글

캐나다 사회과학 및 인문학 연구위원회의 자금 지원, 조너선 태거트의 연구 지원에 대해 감사를 표합니다.

참고문헌

Adler, P., & Adler, P. (2008). Of rhetoric and representation: The four faces of ethnography. *Sociological Quarterly*, 49, 1 30.

Clifford, J., & Marcus, G. (Eds.) (1986). *Writing culture*. Berkeley: University of California Press.

Denzin, N., & Lincoln, Y. (Eds.) (2012). *The SAGE handbook of qualitative research(4th ed.).* Thousand Oaks, CA: SAGE.

Dewsbury, J. D. (2009). Performative, non-representational, and affect-based research: Seven injunctions. In D. DeLyser, S. Herbert, S. Aitken, M. Crang, & L. McDowell (Eds.), *The SAGE handbook of qualitative geography* (322-335). Thousand Oaks, CA: SAGE.

Gans, H. (2010). Public ethnography: Ethnography as public sociology. *Qualitative Sociology*, 33, 97 104.

Taggart, J., & Vannini, P. (in press). Ethnography and the art of video documentation. In C. Bates (Ed.), *Video methods*. New York: Routledge.

Tedlock, B. (2005). The observation of participation and the emergence of public ethnography. In N. Denzin & Y. Lincoln (Eds.), *The SAGE handbook of qualitative research* (151-171). Thousand Oaks, CA: SAGE.

Vannini, P. (2014). Non-representational ethnography: Animating sensory and affective lifeworlds. *Cultural Geographies*.

Vannini, P., & Taggart, J. (2014). *Off the grid: Comfort, convenience, and the quest for a better life*. New York: Routledge.

8 생기적 방법론

살아있는 방법, 모바일 아트, 그리고 연구-창작

미미 셸러Mimi Sheller

> 다시 말해 우리는 방법론적 가치ante를 높일 수 있는 실험의 기술art을 발명해야 한다. 그래서 나는 특히 도발적인 인식의 자질을 만들어내는 다시 짜인 경험주의a rewoven empirics를 촉진할 사회과학을 찾고 있다. 즉, 연합을 시작하고 또 재시작할 수 있는 실험주의적 지향이 내재되어 있어야 한다. (Thrift, 2011: 7-8)

"실험주의적 지향"이 어떻게 사회과학으로 재구성될 수 있을까? 사회 과학의 창조적 물결은 최근 방법론적 전통의 기슭 위에 충돌하고 이동하며, 관계적이고 살아있으며, 상호적이고 생기적vital이라고 묘사되는 자유로운 다수의 방법들을 제시하고 있다. 사회과학에서 이러한 비재현 이론은 필립 바니니의 이 책 서문에서 설명한 바와 같이 사건, 수행, 진행 중인 해프닝 그리고 관계와 관련되어 있기 때문에 역시 해프닝, 사건, 수행, 관계, 정동과 관련된 현대 미술의 실천과 교차하고 상호작용하기 시작했다. 이 두 가지 실천 분야(비재현적 사회과학과 '관계적' 예술)가 서로에게 기울어지면서 사회 연구와 창의적인 실천의 교차로에서 새로운 방법론적 크로스오버를 제안하고 있다. 이 교차로에는 장소, 존재, 체현, 공간성 및 시간성에 대한 우리의 감각을 변경하거나 새로 만들 수 있도록, 그리고 동시에 아날로그와 디지털 둘 다의 일상 정치에 대한 비판 의식을 제정하는 사람, 장소, 환경, 기술 간 관계적 상호작용을 재편성하려고 진행 중인 노력이 있다.

이 장에서 나의 목표는 먼저 현재 사회학, 문화지리학 및 모빌리티 연구의 일부에서 진행되고 있는 방법론적 성찰을 개략적으로 설명하고, 동시에 간과된 페미니스트 인식론의 몇몇 선례를 알리는 것이다. 두 번째로, 나는 유사한 문제와 맞닥뜨린 현대 모바일 위치기반 미디어 아티스트들의 몇 가지 방식을 나타내고자 한다. 예술가와 사회 연구자는 때때로 협업하거나 실제로 그들의 작업을 단일한 실천으로 병합하여 비재현 이론과 그것의 잠재력을 더 잘 이해하는 데 도움이 될 수 있다. 일례로 나이젤 스리프트Nigel Thrift는 '사건과 작동을 위한 공연장'과 같은 개념과 '문화적 탐사'와 같은 방법을 끌어들이는 '새로운 실험적 사회과학'을 옹호했다. 나는 특히 모빌리티 연구와 모바일 미디어의 교차점에 있는 '실험주의적' 방법에 초점을 맞춰, 두 가지 예술 프로젝트, 즉 테리 루엡Teri Rueb의 음향 경관 작업과 예술가 로비드LoVid의 '아이퍼레이드iParade'라는 모바일 위치기반 작업을 통해 이러한 유형의 실천을 예시할 것이다. 마지막으로, 나는 이러한 다양한 학제를 넘나드는 실천이 '연구-창작research-creation'이라는 새로운 분야를 중심으로 어떻게 만나기 시작하고 있는지 탐구할 것이다. 이 '연구-창작'은 사회 과학과 참여 예술 모두를 도발적인 인식을 생성하기 위한 동시적이고 상호적으로 강화하는 실험적 방법으로서 제정한다.

살아있는 방법과 생기적 인식론

일부 사람들이 주장하는 것처럼 '빅데이터'로의 지속적 처리로 인해 촉발된 실시간 데이터의 끝없는 흐름에 직면하여 사회 과학 전반에 걸친 방법론적 위기가 있는가, 아니면 우리는 새로운 발생의 한가운데에 있는가? 사회학 내에서 레스 백Les Back과 니르말 퓨워Nirmal Puwar는 "사회학적 기술을 더 교묘하고 뛰어나게 만들", "살아있는 방법live methods"을 생성하기 위해 예술과 과학이 결합된 오랜 역사를 가진 방법론적 실험의 회복이 필요하다고 제안한다(Back & Puwar, 2012: 9). 백은 "살아있는 사회학은 연구자들에게 사회적 현실의 '새롭게 조정된' 특성에 주의를 기울이기 위해 움직이고 있는 것에 대한 작업을 요구한다. 우리의 현재 도전 중 하나는 모바일의, 그리고 순식간에 일어나는, 암묵적이고, 이동적이며, 혼란스럽고, 복잡한 것을 받아들이기 위해 정확하게 대응할 수 있는 주의력의 형태를 재발명하는 것이다(Back, 2012: 29)." 걷기와 디지털 기록을 방법으로 사용하는 다양한 형태의 '보행ambulant 사회학'에서 니나 웨이크포드Nina Wakeford의 '예술-사회학'과 브루노 라투르Bruno Latour의 '큐레이터 사회학' 프로젝트(같은 책: 32)에 이르기까지, 백은 사회학자들이 그들의 연구에 보다 교묘한 방식을 통합하고 있음을, 그리고 그에 따라 "사회학이 조각, 큐레이터 실천, 연극, 음악 및 텔레비전 드라마에서 확립된 기술을 사용하여 경험적 증거와 주장을 말하고 보여주는 새로운 방법을 개발할 수 있을 것(같은 책: 33)"임을 시사한다.

움직이면서 또 더욱 창조적으로 작업하는 이러한 감각은 일상을 구성하는 이동적이고, 잠깐인 순간들에 참여하고자 하는 보다 다양한 방법론들에서 계속되어 왔다. 모빌리티 연구 분야(Büscher *et al.*, 2011; Fincham *et al.*, 2010; Sheller & Urry, 2006) 내에서는 동행, 라이브 비디오 동작 녹화, 동시 동작 및 눈동자 움직임 캡처, 다양한 종류의 GPS 추적, 대화형 디지털 매핑 및 시공간 다이어리 등을 포함한 '모바일 방법'에 대한 탐색이 확대되어 왔다. 이는 정적, 대기, 멈춤, 더딤의 양상들로 바뀔 수도 있는 '움직이는' 존재being 'mobile'의 방식을 둘러싼 논쟁을 불러일으켰다(Bissell & Fuller, 2011). 또한 아카이브 연구나 내러티브 연구와 같이(Merriman, 2011) 반드시 움직이는 존재가 아니어도 모빌리티를 파악할 수 있는 방법에 대한 고려를 이끌어낸다. 그러나 모빌리티 연구 내 많은 접근 방식은 여전히 현장에서 데이터를 수집하고 이를 전통적인 학술지 논문으로 출판되는 글로 표현된 분석 형태로 가져오는 것을 지향하는 재현적 인식론에 의존한다.

다른 사회학자들은 '발명적 방법inventive methods'(Lury & Wakeford, 2012)과 '수륙양용 사회학amphibious sociology'(Lury, 2012)을 요구해왔다. 실리아 루리Celia Lury는 페미니스트 과학기술학 연구에서 나온 이론을 바탕으로 다음과 같이 제안한다. "살아있는 방법live methods은 반드시 관계와 부분, 구별과 맞물려야 하며, 중간 만들기, 끝없이 나누기, 혼합하기, 묶기, 합치기에 관여해야 한다. 이러한 방법들의 대상 즉, 살아있는 존재는 통일성이 없고, 불-완전하다un-whole-some. 다시 말해, 그것들은 부분적이고, 나누어떨어지지 않으며, 분산되어 있고, 분배 중에 있다(같은 책: 191)." 부분적이고 상황적인 지식과의 그러한 참여에 대한 선례는 행동 연구, 근거 이론, 그리고 도로시 스미스Dorothy E. Smith[1]의 중요한 저작 『문제로서 일상 세계를 연구하기(*Researching the Everyday World as Problematic*)』(Smith, 1987)와 같은 유물론적 에스노메소돌로지ethnomethodology[2]의 형태를 포함하는 페미니스트 인식론(Harding, 1991)에서 오랜 역사를 가지고 있다. 그러나 페미니스트 인식론은 최근 생기적 접근의 부활에서 매우 간과되고 있다.

문화지리학에서 비재현적 선회는 또한 창조적 예술과의 교차점을 강조한다. 문화지리학 분야의 2010년 논평에서 존 와일리John Wylie는 "삶의 정동적이고 감정을 자극하는 실천기반적 측면에 대한 [...] 압박", "다양한 유형의 쓰기, 방법, 형식 및 '결과물outputs'에 대한 욕망", 그리고 "[광범위한] 학문의 상대적으로 낮은 관심"을 개선하는 데 도움이 될 수 있는 "창의적인 글쓰기, [...] 사진과 비디오, [...] 장소특수적 예술 등"의 개발에 대한 관심에 주목했다(Wylie, 2010: 213). 특히 나이젤 스리프트와 데렉 맥코맥Derek McCormack의 작업은 앙리 르페브르Henri Lefebvre, 윌리엄 제임스William James, 존 듀이John Dewey, 그레고리 베이트슨Gregory Bateson, 펠릭스 가타리Félix Guattari와 질 들뢰즈Gilles Deleuze의 요소를 기반으로 '비재현 이론' 분

1 역자 주: 도로시 스미스는 유물론적 페미니즘을 취하며, 마르크스와 가핑클, 푸코 등의 영향 속에 '사람을 위한 사회학'을 구축하려고 했으며 제도적 문화기술지(institutional ethnography) 방법론을 발전시켰다. 예컨대 스미스는 가핑클과 마찬가지로 젠더가 더 넓은 사회적, 경제적 관계와 조정되는 도덕적 질서이며, 따라서 젠더는 단순히 의도하거나 의도하지 않는 주체들에게 부과되는 구조나 이데올로기가 아니라 "텍스트에 부여된 실제 관계의 복합체" 라고 보았다(Hicks, 2015, 482, Smith, 1990 재인용).

2 역자 주: 한국에서 에스노메소돌로지는 가핑클(Garfinkel)에 의해 창시된 해석적 접근 중 하나로 '민속방법론'이라 소개되고 있다. 그러나 그것이 구체적으로 어떤 연구 결과로 나타나는지 모호하고 내용 자체가 매우 난해해 민속학(ethnoscience) 또는 문화기술지(ethnography)에 관한 연구방법론(methodology of ethnography)으로 종종 오해되곤 한다. 손민호와 문성숙(2011)에 따르면 에스노메소돌로지의 관찰 초점은 문화기술지와 다르다. 문화기술지에서는 구성원들이 서로 공유하는 의미 체계가 문화라고 보는 입장인데 반해, 에스노메소돌로지는 어떤 맥락에서 의미를 부여하면서 그들의 일상적인 업무나 일, 생활을 해나가는 실천 전략들이 문화의 더 중요한 속성이라고 본다.

야를 정의하게 되었다. 비재현적 전환의 이러한 형태가 그 철학적 움직임에 대한 중요한 페미니스트 선례뿐만 아니라 정동 이론 및 인종에 대한 비판적 철학에서 현재의 페미니스트 작업을 지우거나 침묵시켰다는 점은 여전히 주목할 만하며, 많은 사람들에 의해 지적받고 있다. 사라 아메드Sara Ahmed와 같은 페미니스트 철학자와 디브야 톨리아-켈리Divya Tolia-Kelly와 같은 비판적 지리학자는 신체, 정동, 차이, 공간적 관계에 대한 사유에 상당한 기여를 해왔다(예: Ahmed, 2000, 2006; Rose & Tolia-Kelly, 2012; Tolia-Kelly, 2006, 2010, 2013). 톨리아-켈리는 또한 창의적인 예술가 및 다양한 형태의 대중 참여와 광범위하게 작업했다.

창조/창조성에 대한 많은 자기 생성적 비유는 이 분야에 알려주는 바가 있다. "그렇다면 사회과학자들의 작업은 자기 존재의 매체를 만들 수 있는 조사 방식을 [...] 수정하는 것보다는 새로운 무정향unorientations을 제안함으로써 사람들이 세계를 재작업하도록 도울 수 있는 문화적 조사를 생산하는 것이다(Thrift, 2011: 19)." 콘래드슨과 맥코맥(Conradson & McCormack, 연도 미상)은 세계**로부터** 조사하여 보고하기 보다는 세계**에서** 진행되고 있는 것의 방식으로서 연구방법을 호출한다. 이것은 수행, 참여, 마주침의 공간을 생산하는 현장조사의 움직이는 형식을 포함한다. 맥코맥은 이 과정을 의도하지 않게 "사유-공간"의 주름에 참여하는 질vagina의 은유를 통해 묘사한다:

> 이것은 가지각색의 과정적으로 공명하는 시공간들로 구성되는 세계들에 대한 비전이다. [...] 시간의 역동성을 위한 수동적인 배경으로서의 공간보다, 시공간은 초월적인 창조자 없이 이질적이고 생성적인 창조성

> 의 끊임없이 진행 중인 과정이다. 그리고 이 비전에서, 세계는 개별적 행위성이나 의도성이 작동하기 전에 사유-공간(thinking-space)이 구성되는 주름에 창조적으로 참여한다. (McCormack, 2008b: 3)

여기서 비재현적 방법은 의도성 이전에 전인지적으로 이해되며, '생성적 창조성'을 위한 매트릭스로서 시공간 자체의 역동성을 실험하고, ('남성적'으로 코드화된) 개인주의와 '딱딱한' 사회과학의 실증적인 데이터 수집보다는 ('여성적'으로 코드화된) 정동의 비합리성과 예술의 표현적 창의성에 더 가깝게 그것들을 이동시킨다.

그러한 여성형태적gynomorphic '운동-공간'에 더하여, 행위자-네트워크 이론 이후의 문화지리학은 더 나아가 비인간과 환경의 더 큰 행위성을 허용하는 포스트휴머니즘적 전회를 포함한다. 지리학자 피터 메리만Peter Merriman은 "모빌리티와 비재현 이론에 대한 저술들이 체현된 주체로서의 인간human embodied subjects, **또** 거주되고 횡단되며 인지되는 공간/장소/경관/환경 **모두**의 복잡하게 얽혀있는 수행성, 물질성, 이동성, 정동의 생산"을 기술함으로써 "공간-안-움직임-속-신체들bodies-in-movement-in-spaces에 대한 재현 너머의, 수행적이고, 표현적인 즉흥"을 추적하기 시작했다고 언급한다(Merriman, 2011: 99). 하이든 로리머Hayden Lorimer는 또한 맥코맥(2006)의 다음과 같은 주장에 주목한다. "삶의 정동적 차원은 기원과 발생에 있어 인간 너머, 혹은 초인간적이거나 포스트휴먼적인 것이다. 정동은 인간의 전유물이 아니라, 기술, 사물, 비인간의 생동하는 물질, 담론 또는 심지어 소음이나 생물들의 군집까지 포함할 수 있는 신체 사이에 분산되고, 그 외부에서도 발생할 수 있다(Lorimer, 2008: 552)." 아마도 이것은 '여성-되기becoming-woman'에서 '동물-되기becoming-animal'로의 들뢰즈주의적 이동일 것이다. 어느 쪽이든, 그것은 확실히 창조적으로 생성된다.

이러한 이론적이고 방법론적인 해프닝은 사회과학 연구에 접근하고 그 방법을 개발하는 새로운 방법을 제안하며, 그 중 많은 부분이 창조적 예술에 의존한다. 로리머 자신도 예술가들과 함께 작업하고 있으며, 이는 이 분야에서 점점 커지고 있는 추세다. 지리학자 마이크 크랑Mike Crang은 쓰레기와 인양에 대한 연구의 일환으로 사진촬영기법과 밀접하게 작업한다. 예술가 트레버 파글렌Trevor Paglen은 주목도 높은 예술 경력을 유지하면서 현업 지리학자가 되었다. 그리고 지리학자 팀 크레스웰Tim Cresswell은 현업 시인이 되었다. 다시 말해서 지리학자들은 더 이상 분석 및 프레젠테이션을 위해 '현장'에서 데이터를 가져오지 않고 그곳에 머물면서 다른 종류의 작업을 만들어내고 있다. 수륙 양용 사회학자, 비재현적인 문화지리학자, 모빌리티 연구자, 그리고 모바일 미디어를 사용하는 예술가는 각각 체현, 공간성, 그리고 사회성에 대한 새로워진 탐구에서 특성, 에너지, 조율, 배열, 강도를 환기시키는 데 참여한다. 데이터를 수집하거나 객관적인 현실을 재현하려하기보다 각 실천 분야는 대신 개입, 방해, 강화 또는 현재의 잠재력에 대한 고조된 감각 유발을 추구한다. 교류는 그러한 '무정향'에 대한 적절한 은유이지만 예술도 마찬가지다.

해프닝, 소리산책, 그리고 모바일 아트

핵심은 연합의 과정에 집중하고 작업할 수 있는 구조물로, 즉 차별적 특성을 전달할 수 있는 공간으로 기능하도록 공간을 디자인하고 생기를 불어넣는 것이다. (Thrift, 2011: 19)

재현적 예술의 대척점이 때때로 추상 예술 또는 아마도 개념적 예술로 이해되지만, 현대 예술 내에서 우리는 또한 일상의 예술로 시작하는 비재현적 방법의 또 다른 계보를 추적할 수 있다. 다다이즘Dadaism 및 초현실주의Surrealism와 연결되어, 1960년대 파리의 상황주의 인터내셔널Situationist International, 1960년대 뉴욕 앨런 캐프로Alan Kaprow의 '해프닝the happening' 이론과 플럭서스 운동Fluxus movement, 그리고 같은 기간 공연자와 관객, 무대와 현실의 경계를 허물었던 인터내셔널 아방가르드 극단에 의해 갤러리와 박물관 밖에서 예술이 실행되었다. 존 케이지John Cage의 음악은 아방가르드 안무가 전체 세대와 마찬가지로, 구조화되었지만 열린 결말의 해프닝에 영향을 미쳤다. 나는 여기에서 이러한 잘 알려진 운동들을 검토하고 싶지 않지만 이러한 모든 경향이 대화 또는 참여 예술의 발전에서 최근에 다시 포착되었다는 점만 지적한다.

1990년대에는 니콜라 부리오(Nicolas Bourriaud, 1997)가 '관계적 미학'으로 정의한 것으로 방향이 바뀌었다. 즉, 보는 사람의 참여가 필요한 일종의 '개방형open-ended' 작품이다. 예술사학자 클래어 비숍Claire Bishop은 "관계적 예술은 맥락을 초월하여 개별적이고, 휴대가 쉬우며, 자율적인 예술 작품보다는 환경과 관객의 우연성에 전적으로 의존한다"고 말한다(Bishop, 2004: 54). "참여를 위한 잠재적 촉발물로 예술 작품을 생각하는 이 아이디어는 해프닝, 플럭서스 지침Fluxus instructions, 1970년대 공연 예술, 그리고 '모든 사람이 예술가'라는 요제프 보이스Joseph Beuys의 선언이 보여준 생각에서 전혀 새로운 것이 아니다(같은 책: 61).” 비숍은 그러한 참여 예술에 그다지 매혹되지는 않았지만 그것을 정의하는 데 영향력을 미쳤다. 또한 심리지리학과 기 드보르Guy Debord의 ‘표류dérive’에 대한 발상이 일종의 도시를 통한 규정할 수 없고 불확실하고 우연적인 표류로서 적용된 프로젝트가 확실히 최근에 폭발적으로 증가하고 있다. 게다가 형상화된 경관을 통해 참가자들의 운동을 수반하는 로버트 스미슨Robert Smithson의 것과 같은 대지 예술과 강한 연관성이 있다.

이러한 유산을 바탕으로 오늘날 모바일 참여 예술에는 음향 산책acoustic walks, 심리지리적 표류, 장소특수적 스토리텔링, 공공 주석public annotation, 디지털 그래피티, 협업 지도 제작, 모바일 게임, 풍선 감시balloon surveillance 및 풀뿌리 지도 제작 프로젝트, 자전거타기 실험 극단, ‘증강 현실’, 또는 더 복잡한 ‘혼합 현실 상호작용’ 등이 포함될 수 있는 광범위한 실천이 있다. 2012년 대학 예술 협회 컨퍼런스에서 열린 ‘모바일 아트와 장소 만들기의 미학’에 대한 두 개로 된 세션, LA 리.플레이Re. Play (www.lareplay.net)라고 불리는 공동 큐레이트 전시회, 그리고 『레오나르도 전자 연감(*Leonardo Electronic Almanac*)』(Sheller, Iverson, Hight, & Aceti, in press)의 특별호를 포함해, 필라델피아에 기반을 둔 아티스트 하나 아이버슨과의 일련의 협력 작업에서 우리는 모바일 미디어 아트가 장소, 시간, 도시, 그리고 존재의 감각적 차원과의 상호작용을 유발하는 핵심 영역 중 하나라고 제시했다. 모바일 미디어 아티스트들은 물리적인 것과 디지털적인 것, 신체적인 것과 가상적인 것, 예술 작품과 일상 공간, 창작자와 관객의 구분을 흐리게 하는 ‘하이브리드 공간’을 통해 새로운 사회적 실천과 수행을 활성화하도록 우리에게 도전의식을 북돋우고 준비시킨다.

모바일 위치기반 미디어에 대한 최근의 많은 이론 작업은 이 분야에서 이론과 실습을 발전시키는 데 있어 실험적 예술의 중요함을 인정할 뿐만 아니라, 모바일 위치기반 게임과 인터페이스를 활용한 기술이 다양한 방식으로 상황적 사회 연구에 통합될 잠재성을 인정하고 있다(de Souza e Silva & Gordon, 2009; de Souza e Silva & Sutko, 2009; Farman, 2012). 또한 스리프트는 새로운 사회과학 방법론에 대한 그의 요구를 특히 예술 기반 실천과 연결시킨다. "보다 최근에는 예술가와 공연자들이 보행 가능한 장소를 만드는 방법을 실험하고 있다"며 스리프트는 "보통 물리적 소품과 정보 기술의 조합을 사용해 세계를 가로지를 수 있는 때로는 계획된 그리고 때로는 두서없는 행동 사슬로 연결 가능한 장소들은 [...] 확실히 생명력 있는 탐구 정신을 가지고 있다"고 설명한다(Thrift, 2011: 20). 모바일 미디어 예술가는 체현된 경험, 도시 및 자연 경관, 디지털 매개 공공 공간과 함께 열린(그러나 비판적으로 조정된) 참여의 새로운 방식을 통해 증강 또는 디지털로 증폭된 현실의 하이브리드 공간 내에서 생성하거나 이동하는 방법을 모색하고 있다.

예술가 테리 루엡은 그녀의 모바일 청각 작업에서 "출현, 체현, 정동이 정치적, 문화적으로 다양하게 채워진 경관을 통해 이동하고 생산할 때 감각하고-감각적인 신체sensory-sensual body의 경험에 함께 결합하는" 사고와 행동 경관을 탐구한다(Rueb, 2014: 243). 그녀는 그녀의 작업을 경험하면서 참가자들이 "모바일 기술에 의해 매개되는 공간에서 신체의 재구성된 관계를 (...) 기술이 우리의 장소 감각, 정체성 및 체현된 상호 작용을 재형성함에 따른 인식, 인지, 의식의 변형을 느낄 수 있기를" 희망한다 (같은 책: 249). 루엡의 『흔적(*Trace*, 1999)』은 경관에 내재된 GPS 좌표를 사용하여 소리 장치에 접속하는 최초의 지리적 주석이 붙여진geo-annotated 모바일 아트 프로젝트 중 하나였으며, 그녀의 후기 작품 『표류(*Drift*, 2004)』는 밀물과 함께 움직이는 장소특수적이고 반응적인 소리 환경을 만들어냈다. 『어딘가에: 앤더스우(*Elsewhere: Anderswo*, 2009)』와 『이름이 없는 장소: 비판적 음향 고고학(*No Places with Names: A Critical Acoustic Archaeology*, 2012)』와 같은 후속 프로젝트는 변위displacement(變位), 문화적 방향상실, 그리고 분리에 대한 아이디어로 작업했다. 루엡은 자신의 작업과 기타 모바일 경험 작품을 아래와 같이 설명한다.

> 저작물은 의미와 마찬가지로 특히 하이브리드 공간에서 움직이는 신체의 불확실한 조건을 이용하는 경향이 있는 위치기반 미디어 작업에서 창발적이고 맥락적이며 근감각적으로 굴절된다. 모든 모바일 경험에서 인식 여부와 관계없이 신체와 의미의 변위는 맥락, 의미, 해석의 지평을 끊임없이 바꾸는 것처럼 전개된다. 위치적 미디어에서 그러한 변위는.(...) 일종의 생성적 변위의 잠재성을 보유하며 수용되고 실제로 이 새로운 형식, 매체 및 장르의 고유한 자질로 나타난다. (Rueb, 2014: 242)

과정 철학과 정동 이론, 페미니스트 철학자 엘리자베스 그로츠Elizabeth Grosz의 작업, 사빈 브레이차메테르Sabine Breitsameter의 '하이브리드 공간' 개념을 바탕으로 루엡은 참가자들에게 "걷기, 자전거 타기 또는 운전 등의 물리적 동작을 통해 말 그대로 작품을 존재하게" 지시한다(같은 책: 241). 그녀는 "기술, 신체 및 주체성이 일상 경험에서 불가분하게 얽혀 있고, 모바일 기술이 이러한 얽힘을 더욱 강화"하는 방법을 설명한다(그리고 실험한다)(같은 책: 242).

우리는 그러한 모바일 위치기반 작업, 특히 경관을 가로지르는 신체의 감지된 움직임과 소리를 통해 작동하는 작업물을, 참가자가 단순히 다르게 생각하도록 하는 것뿐만 아니라 특정 종류의 장소 및 감각적 경험과의 움직이는 마주침들을 통해 그렇게 느끼지 않도록 하기도 하는, 비재현적 이론의 상연enactments으로 생각할 수 있다. 이것은 로리머의 "정동"에 대한 설명을 연상시킨다. 그는 정동이 "신체에 작용하고 신체를 통해 생산되며 전달되는 다양한 질감, 시간성, 속도, 공간성의 속성, 역량, 양식, 에너지, 조율, 배열 및 강도"라고 말한다(Lorimer, 2008: 552)." 스리프트는 '무정향'과 '분위기'의 현상학을 이용하여, 예술가들이 "동시적으로 '존재being' 자체의 방향인 신체와 세계의 합류지점"에 대한 메를로 퐁티Merleau-Ponty의 작업 그리고 "새로운 분위기가 명료화될 수 있는 서라운딩surrounding 기술의 진화"에 대한 슬로터다이크Sloterdijk의 작업을 확장하는 데 도움을 준다고 말한다(Thrift, 2011: 20). 또 그가 지역화localization라고 부르는 것의 가장 실천적 예는 "예술, 공연, 설치 예술, 장소특수적 예술 등에서 생겨난다(Bishop, 2005 참조). 그것들은 몰입의 경험을 생산하는 장소의 설계를 통해 예시될 수 있는 반응적 과정을 고안하는 것에 의존하며, 이는 차례로 새로운 연합들을 생산하고 그것들을 밖으로 투영한다(같은 책)"고 말한다. 이것이 바로 루엡의 작업이 달성한 바다.

게다가, 우리는 이러한 종류의 창조적인 작업을 연구 즉, 소리, 움직임, 감각, 경관 및 로리머가 기술한 많은 정동의 요소들에 대한 연구의 한 형태로 생각할 수 있다. 이러한 방식으로 작업하는 예술가 중 일부는 이론가이자 학자이기도 하다. 루엡 자신은 하버드 대학교에서 디자인 박사 학위를 취득했으며 버팔로의 뉴욕 주립 대학교 교수이다. 루엡은 그녀의 작업에 대해 다음과 같이 말했다.

> 여기서 나는 모바일 미디어 아트 및 경관 연구의 확장된 분야에 걸쳐, 디지털 미디어, 순수 및 공연 예술, 환경 예술 및 디자인, 건축, 경관 및 도시주의의 영역을 다양하게 가로지르는 설치물과 학술 저작물을 만들고 있다 [...]. 이 실천들에서 나는 신체, 주체성, 물질성의 깊이 얽힌 본성을 강조하는 인터페이스 예술과 디자인에 대한 생태학적 접근 방식을 추구한다. (Rueb, 연도 미상: 1)

따라서 우리는 그녀의 작업에서 예술 실천, 학술 연구, 실험적 디자인, 참여적이고 관계적인 선회를 취한 또 다른 분야 사이의 경계가 흐려지는 것을 본다. 예술가/사회학자 젠 서던Jen Southern의 작업에서도 유사한 궤적을 찾을 수 있다. 서던의 '공동모빌리티comobility'[3]에 대한 작업은 참여 모바일 위치기반 예술 프로젝트와 모빌리티 이론 및 인터랙티브 디자인을 결합하고 있다(Southern, 2013). 서던은 말한다. "예술, 디자인, 인류학 분야 전반에 걸쳐 일상생활에 대한 상세한 연구는 상황적, 실천적으로 달성되고 사회적으로 조직된 행동의 성격을 보여주며, 내가 연구 방법과 참여 예술 실천 모두에서 생산하려고 시도하는 것은 이러한 형태의 폭로하는 참여이다(같은 책: 65)."

다음 섹션에서는 과거의 역사, 기억 및 단편들을 추가로 이끌어내고 새로운 통로를 통해 그들을 현재로 움직이게 하는, 모바일 아트 실천에 대한 다소 다른 접근을 고려하고자 한다. 여기서 나는 비

3 역자 주: '공동모빌리티'라는 용어는 모바일 및 위치기반 소통의 새로운 특성을 설명한다. 그것은 먼 거리에서 다른 이들과 함께 움직인다는 새로운 감각으로, GPS를 사용하여 사용자가 지리적 위치를 찾고 다른 사람들과 공유할 수 있도록 하는 새로운 세대의 위치 애플리케이션에 의해 생성되고 가시화되고 있다(Southern, 2012: 76). 서던은 점점 더 대중화되고 있는 위치 애플리케이션이 장소와 근접성에 대한 사회적 경험과 모바일 경험을 어떻게 변화시키고 있는지 묻는다.

재현적 선회의 근저에 있는 페미니즘적 인식론뿐만 아니라 인종과 국가 건설의 이동 지리 역사에서 식민지적 얽힘을 감지할 수 있도록 만들고 싶다. 다시 말해, 비재현적 방법 또한 다룰 수 있는 더 큰 스케일과 정치가 있다.

알렉산더 해밀턴의 움직이는 집과의 마주침

> 목표는 바로 놀라움을 통합할 수 있도록, 불확실한 결과를 생산할 수 있는 프레임을 만드는 것이다. 이것은 게이버(Gaver, 2002)가 "도발적 인식"의 구성이라고 부르는 것인데, 이는 종종 예술적 충동(새로운 것을 상상하는 것)으로 간주되며, 사회 과학의 관행과 프로토콜에 그것을 이용함으로써 지향의 핵심 수단으로서, 순간적이지만 분명히 피상적이지 않은 언뜻 봄/흘낏 봄의 경험의 변화에 대비하고 받아들일 수 있게 한다. (Thrift, 2011: 18)

탈리 힌키스Tali Hinkis와 카일리 라피더스Kyle Lapidus로 구성된 아티스트 듀오 루비드는 참가자가 자신의 신체, 그들의 물리적 위치, 사용 중인 디지털 인터페이스, 가깝거나 먼 모든 잠재적 사회 관계를 도발적으로 인식하도록 하는 프레임을 만들어 모바일 위치기반 미디어(스마트폰과 GPS 위치 사용)를 실험한다. 이 경우 그들의 작업에 참여하는 것은 나의 연구 관심과 교차했고 내가 예술 기반 연구 과정에 대해 생각하도록 했다. 그들은 아이폰 앱을 통해 접속할 수 있는 아이퍼레이드라는 프로젝트를 만들었고, 나는 카리브해와 관련된 프로젝트에 관해 뉴욕 시립 대학에서 연구 협력자를 만나기 위해 방문하는 동안 뉴욕주 할렘에 있는 해밀턴 고지에서 이를 시도했다. 내가 아이퍼레이드의 GPS 위치 지도 인터페이스에서 위치를 찾았을 때 마침 이것은 뉴욕 시립대 캠퍼스에서 시작되었고, 표시된 지점으로 나아갔고, 그들이 녹음해 둔 음악과 짧은 내러티브를 들었고, 각 위치에서 녹화된 작은 비디오 클립을 시청했는데, 나는 순간적으로 내가 미리 녹화된 비디오를 보고 있는지 아니면 카메라와 화면을 통해 주변을 포착할 수 있는 증강 현실 앱을 사용하는지 확신이 서질 않았다. 이 '실시간real-time' 현상은 주변 거리, 인도, 건물, 심지어 사람까지 이상하고 극사실적인hyper-real 강렬함을 더했다. 그 순간 '실재the real'의 닻이 표류되면서 '재현'의 위상이 불안정해진다.

내 주변의 거리, 비디오 클립, 그리고 내 아이폰의 지도로 방향을 잡으려고 잠시 멈췄을 때, 나는 역사적인 표지 아래에 서 있는 자신을 발견했다. 낯선 사람이 나에게 다가와 그가 바로 거기에 살고 있다고 말했고 알렉산더 해밀턴Alexander Hamilton('건국의 아버지'이자 조지 워싱턴 대통령의 첫 미국 재무부 장관)이 바로 이 블록에 살았다고 말했다. 우리는 이야기를 나누기 시작했고, 그는 곧 아이패드를 꺼내 그가 최근에 자신이 태어난 영국령 서인도 제도의 네비스에 있는 해밀턴의 어린 시절 집을 찍은 비디오를 보여주었다. 이 중요한 국가적 인물이 카리브해에서 어두운 크리올 기원을 가지고 있었다는 것을 처음으로 이해한 바로 그 순간 왜 이 지역을 해밀턴 고지라고 불렀는지 나는 그제서야 깨달았다. 해밀턴은 덴마크계 유대인 남편에게서 도망친 불확실한 혈통의 프랑스인 위그노 여성인 레이첼 포세트Rachel Faucette로부터 네비스에서 '혼외'로 태어났고, 스코틀랜드 지주의 넷째 아들인 제임스 해밀턴James A. Hamilton과 함께 자랐다. 해밀턴의 크리올 어머니는 비백인이었을까? 그의 사회적 상승은 미국의 사회적 모빌리티에 대해 무엇을 말했는가? 낯선 사람과 나는 해밀턴뿐만 아니라 문화를 넘나드는 우정, 여행, 세계시민주의에 대해 흥미진진한 토론을 했고, 나는 이 세인트키츠인에게 카리브해 역사에 대한 나의 관심에 대해 이야기했으며, 할렘 스튜디오 박물관 및 기타 여러 위치에서 열리는『카리브해 십자로(*Caribbean Crossroad*)』전시회를 방문했다고 언급했다. 나는 또한 나를 그의 거리로 인도한 모바일 디지털 아트 프로젝트 아이퍼레이드에 대해 알고 있느냐고 물었지만 그는 알지 못했다.

그림 8.1. 해밀턴 고지에 있는 알렉산더 해밀턴의 가옥, 할렘, 뉴욕
(사진 출처: M. Sheller, 2012)

마침내 작별인사를 하고 휴대폰 화면에 배치되어 있는 나머지 아이퍼레이드 경로를 계속 진행했을 때, 나는 두 번 옮겨진 알렉산더 해밀턴의 실제 집에서 모퉁이를 돌아 끝에 다다랐고, 근처 공원에서 휴식을 취하며 알게 된 것에 충격을 받았다(그림 8.1 참조). 하얀색 셔터, 노란 파사드로 쓸려 올라가는 넓은 계단, 양옆에 옥외 현관이 있는 (네비스에 있는 그의 어린 시절 집을 거의 마치 옮겨놓은 것처럼, 어린 시절 집과 약간 연상되는) 그것은 확실히 식민지적으로 보였다. 나는 카리브해와의 마주침이 (세인트키츠인이 나에게 네비스에 있는 해밀턴의 집에 대한 비디오를 보여주고, 아이퍼레이드가 나를 모퉁이의 해밀턴 집으로 나를 안내하는 것과 같은) 왠지 모바일 아트 작품의 일부였다는 강한 의심을 품었지만, 나는 또한 그와 마주친 타이밍이 완전히 예측할 수 없었기 때문에 그건 불가능하다는 것을 알고 있었다. 이 움직이는 집들, 모바일 디지털 화면, 카리브-미국의 역사에 대해 토론하는 거리에서 만난 보행 참가자들 사이에 어떤 계획된 연결이 분명히 있었는가? 우리의 교차하는 존재는 너무 기이해서 이것이 우연한 마주침이었는지 아니면 아이퍼레이드와 관련된 조작 또는 공연이었는지 알 수 없었다.

'진짜 마주침'과 '디지털 예술'의 이 방향상실적인 우연의 일치는 내 남은 하루와 다음 날에 만연해 있었다. 다음날 나는 뉴욕 박물관의 『수도의 수도(*Capital of Capital*)』 전시회에 가 알렉산더 해밀턴의 초상화와 마주보게 되었는데, 여기에서의 자막은 뉴욕의 은행과 그의 연관성에 대해 설명했지만, 그의 카리브해 출신에 대해서는 아무 것도 말하지 않았다. 그런 다음 옆에 있는 바리오 박물관에 『카리브해 십자로』 전시회를 보러 갔을 때에도 다시 나는 해밀턴의 초상화를 마주하게 되었지만 그의 카리브해나 뉴욕과의 연관성에 대한 정보는 없었다. 이때까지 나는 예술가들에게 내가 만난 사람을 알고 있는지, 아니면 최소한 해밀턴의 카리브해 관계에 대해 알고 있는지 알아보기 위해 문자 메시지를 보냈지만 그들은 아무것도 몰랐다. 그들은 해밀턴이 네비스 출신인지조차 몰랐다. 나는 스스로가 역사적 현실의 물속에 잠긴 네트워크, 카리브해 크리올 역사와 현대 맨해튼 사이의 보이지 않는 연결 흐름, 그리고 화면과 해밀턴의 집을 보았을 때 낯선 사람과의 기묘하고도 뜻밖의 마주침에 대해 곰곰이 생각하고 있음을 발견했다. 그것은 우리를 어떻게든 움직이고 있는 교차로에 순간적으로 함께 묶어 놓았고, 내게 카리브해 이주, 대서양 횡단 자본의 흐름, 그리고 아메리카 대륙을 가로지르는 크리올 문화 네트워크에 대한 뉴욕의 혼합된 역사를 떠올리게 했다. 나에게 맨해튼의 의미는 이 마주침으로 다시 짜여졌다.

이 역사적 리믹스는, 확실히 수륙양용적이고 생기넘치며 생동했다. 그들은 또한 긴장되고, 상상적이었고, 순식간이었으며, 기묘했다. 그것들은 우리에게 "'지금이라는 덫trap of the now'을 피하고 더 큰 스케일과 더 긴 역사적 기간에 주의를 기울이도록" 요청하는 "살아있는 사회학"에 대한 백과 퓨워의 선언문을 생각나게 한다(Back & Puwar, 2012: 8). 디지털 방법이 반드시 현재주의적일 필요는 없다. 또 나는 '지금'에서 아이퍼레이드를 하고 있었지만, 카리브해의 모빌리티, 개인의 기억, 장소 만들기의 역사에 대한 기록 연구의 잠재적인 길을 열어준 다른 스케일의 시간을 경험하고 있었다. 장소의 역사와의 이 기이한 마주침으로 이어진 것은 로비드의 아이퍼레이드 경험의 '프레임'이었지만, 나는 내 경험이 독특했다고 생각하지 않는다. 각각의 사람은 자신만의 아이퍼레이드를 경험한다. 아이퍼레이드의 다른 참가자는 다른 종류의 잠수된 역사를 깨우거나 우연히 발견할 수 있고, 존재와 부재, 물리적이고 상상적인, 물질적이고 디지털적인, 과거와 미래가 동시에 있는 하이브리드 공간에 대한 '도발적인 인식'을 깨우거나 우연히 만날 수 있다. 실제로 모든 도시공간에는 움직이는 역사들, 상이하게 체현된 사람들, 물질적 객체들의 층들이 스며들어 있다. 그리고 이것들은 이러한 공간들을 지나면서 그들 존재의, 곧 거기 존재함의 흔적을 남긴다.

주변 공공 공간과 우연한 마주침에 관여함으로써, 그러한 연구는 잠재적으로 사람들이 새로운 형태의 공공 경험, 개방적인 상호작용, 높아진 인식과 같이 모두 사회과학에 매우 적절한 질문들을 시작하게 하는 것들을 발생시켜 예상치 못한 방식으로 중재된 공간성과 증강된 경관을 경험할 수 있게 한다. 로비드의 가장 최근 작업은 유알 큐알U R QR로 불리며, "디지털 시대의 정체성, 커뮤니티, 창조적 과정에 대한 사람들의 광범위한 횡단면 가운데서 대화를 시작하는 것을 목적"으로 한다(LoVid, 연도 미상). 흑백 마크로 칠해진 많은 사람들의 얼굴 사진으로부터 함께 콜라주된 살아있는 QR 코드를 만드는 것 외에도, 그것은 또한 쌍방향 페이스북 및 트위터 차원을 사용하는 사회적 네트워크 프로젝트가 될 것이다. 또한 에스더 폴락Esther Polak과 이바르 반 베쿰Ivar van Bekkum과 같은 다른 예술가들은 구글 어스와 구글 스트리트뷰와 같은 기술들과 함께 모빌리티, 기술, 그리고 감시 기술의 사적 전용에 의문을 제기하는 글로벌 네트워크 참여 프로젝트를 만드는 작업을 한다. 따라서 예술작품은 담화나 대화를 부추기는 기회가 되는데, 이는 또한 디지털 시대의 더 넓은 여론, 담화, 그리고 정체성과 공동체에 대한 이해를 찾는 사회학적 연구나 스리프트(2011)가 '생활세계 주식회사Lifeworld Inc.'라고 부르는 것과 비슷해지기 시작한다. 우리가 이러한 참여적이고,

관계적이며, 때로는 보행적인 예술로부터 무엇을 배울 수 있을까? 적어도 우리는 현재만큼 과거에 사로잡혀 있고 미래만큼 역사를 지향하는 환기적이고, 또는 도발적인, 비재현적인 것들을 위한 다른 방법들을 배울 수 있다.

결론: 새로운 미디어 환경에서의 연구-창작

비록 많은 예술가들이 학문적 틀에서 벗어나 독립적으로 일하지만, 이 장에 기술된 종류의 작업은 '연구-창작research-creation'이라고 알려진 실천을 중심으로 한 새로운 이니셔티브와 제도 구축의 맥락에서 특히 적절하다. 새롭게 인정된 연구-창작의 형식은 단순히 예술가들과 연구자들 사이뿐만 아니라 예술가-연구자들과 참여 대중들 사이에서도 다양한 형태의 협업과 공동 학습을 가능하게 했다. 예를 들어 캐나다에서 사회과학인문연구위원회는 2010년부터 연구-창작 시범 프로그램에 자금을 지원하기 시작했다. 이 프로그램은 다음과 같이 정의된다.

> 창의적 과정이나 예술 분야의 필수적인 부분을 형성하는 연구나 문학/예술적 작품의 창작을 직접적으로 촉진하는 예술 분야에 대한 연구 활동 또는 접근. 이 연구는 명확한 연구 질문을 다루어야 하며, 관련 분야 또는 문학/예술적 연구의 분야 내에서 이론적 맥락화를 제공해야 하며, 잘 고려된 방법론적 접근방식을 제시해야 한다. 연구와 그에 따른 문학/예술 저작물 모두 우수성에 대한 동료 표준을 충족해야 하며 출판, 공적 사용 또는 감상에 적합해야 한다. (SSHRC, 2010)

연구-창작 프로그램은 3년 연장될 수 있으며 개별 예술가-연구자 또는 그룹에 의해 수행될 수 있다. 연구-창작은 또한 "콘코디아 대학Concordia University의 순수예술학부 내 위치한 새로운 미디어 연구 및 창조의 선도적 센터"로 묘사되는 미디어 예술 및 기술의 연구-창작을 위한 헥사그램-콘코디아 센터Hexagram-Concordia Centre와 같은 학술 프로그램으로 발전했다. "센터의 최첨단 연구소와 장비가 새로운 미디어 아트, 디자인 및 대화형 공연 및 기술 분야의 교수진과 대학원생들의 학제 간 작업을 위해 풍부한 협업 환경을 제공한다(Concordia University, 연도 미상)."

비슷한 실천들이 음악에 존재한다. 파리 퐁피두 센터에 있는 음향/음악 연구소 IRCAM (Institute de Recherche et Coordination Acousticique/Musique)는 "IRCAM에서 과학적 연구와 예술적 창작 간 연결을 만들어내기 위해(IRCAM, 연도 미상)" 연구/창작 인터페이스 부서를 가지고 있다. 내가 있는 기관인 필라델피아 드렉셀 대학에서 나는, 로봇공학, 모션 감지, 스마트 직물, 신체 센서와 기타 다른 것들을 포함한 음악 창작과 공연을 위한 새로운 기술 및 인터페이스를 개발하는 ExCITeExpressive and Creative Interaction Technologies Center의 회원이다. 위치 기반 모바일 미디어, 촉각 기술, 몰입하고 스며드는 미디어, 그리고 반응성 직물, 센서, 표면 및 환경의 새로운 세대는 생동감이 차고 재활성화된 신체-실천body-practices, 움직임의 안무, 그리고 음향 생태학에 모바일 (그리고 딱히 움직이지는 않거나 멈춰있거나, 잠잠하거나 대기하고 있는) 주체를 참여시킬 수 있는 잠재력을 가지고 있다. 이렇게 새롭게 부상한 환경과 그 잠재력을 연구하기 위해서는 사회학, 문화지리학, 모빌리티 연구 및 다양한 연구-창작 실천을 융합하여 '살아있는' 사회과학의 공동모바일comobile 방법론을 만들어내야 한다.

스리프트는 현재 순간의 다섯 가지 사회-기술적 특성을 다음과 같이 설명한다. (1) "항상 움직임의 외형을 특권화하는 구조화된 연속성"(Thrift, 2011: 8), (2) 제스처-인식 및 상호작용하는 표면, (3) "움직임의 연속성이 세계에 정보 층의 꼬리표가 붙은 것처럼 위치 지어지는", "위치의식awhereness" (같은 책: 9), (4) "인터랙티브 구성"을 실시간으로 가능하게 하는 지속적인 피드백(같은 책: 10), 그리고 (5) "인식은 인물과 사물 사이의 훨씬 더 많은 공동 경험joint experience이 된다"는 생각(같은 책: 11). 이 장에서 나는 비재현적 사회과학 방법론과 창조적인 예술 실천(특히 새로운 모바일 미디어의 맥락뿐만 아니라 안무, 건축, 디자인과 관련해서도) 사이의 뜻밖의 융합에 대한 윤곽을 그려보기 시작했다. 연구-창작은 이러한 현대적 맥락에서 개입하고, 관여하고, 파문을 일으키는 가장 효과적인 방법 중 하나다.

어떤 경우에 이러한 창의적 연구 작업은 참가자들을 새로운 중재 방식으로 환경, 위치 및 소셜 네트워크와의 감각적 참여와 연결시키는 동시에, 기술, 중재, 감시, 연결의 문제에 대한 인식을 높인다. 많은 사람들이 존재의 현재 순간을 문화적으로 조사하기 위해 운동, 제스처, 상호작용성, 위치 정보, 피드백, 그리고 인간-사물 어셈블리지들을 활용하며, 또한 나는 "낯선 신체가 [그리고 우리는 낯선 역사를 추가할 수도 있다] 촉각적 마주침을 통해 생산되는" (Ahmed, 2000: 17) "이상한 마주침" (같은 책: 40)에서 현재를 재구성하고, 목적에 맞추지 않고, 리믹스하기 위해 과거 역사와 미래 궤적에 다가갈 것을 잠재적으로 제안했다.

체현과 공간화된 차이의 현대 현상에 기초하는 페미니스트 인식론과 비판 철학에 더 많은 주의를 기울이는 것은 우리가 더 넓은 범위의 사회적, 정치적 연구를 향한 그러한 방법을 개발하는 데 도움이 될 수 있다. 이러한 살아있는 방법live methods의 재활성화는 또한 교육학에서 중요한 변화를 암시한다. 왜냐하면 이 모든 방법들이 학생들을 교실에서 벗어나 삶의 살아있는 실험실living lab로 데려올 수 있기 때문이다. "도시의 생기와 예술"이라 불리는 협력 수업을 진행하는 동안 드렉셀에서 하나 아이버슨Hana Iverson과 더불어 창작 연구 센터의 안무가들과 함께 일하면서, 나는 예술가가 주도하는 연구가 교사와 학생 모두에게 예상되는 역할과 교실 공간의 감옥을 깨부수면서, 규범적 교실의 파괴를 실행하는데 특히 효과적일 수 있다는 것을 발견했다. 연구-창작은 또한 학습과 교육 교류에서 시작될 수 있다; 우리는 문자 그대로 그것을 움직이고, 우리의 몸을 움직이고, 스스로를 두서없게 만듦으로써 교실에 활력을 불어넣을 수 있다.

연구-창작은 또한 우리가 작업의 '결과물'을 어떻게 제시하느냐에 더 큰 영향을 미친다. 출판은 여전히 필요할 수 있지만 디지털 미디어와 온라인, 개방형 저널의 결합적 증가에 직면하여 인쇄 출판의 위기는 이미 기존 모델을 혼란에 빠뜨렸다. 많은 연구자들, 그러나 특히 비재현적 또는 '살아있는' 방법을 사용하는 연구자들은 그들의 연구가 취하는 형태(텍스트가 수행을 어떻게 포착할 수 있을까?), 전통적인 데이터 수집/데이터 분석/출력 모델의 선형적 시간성('결과물'은 과정을 어떻게 포착할 수 있을까?), 그리고 연구로서의 수행performance-as-research을 생생하게 나타내기에 유용한 새로운 맥락과 장르(컨퍼런스 프리젠테이션이 어떻게 창조적 또는 대화형 미디어를 포함하도록 재구성될 수 있을까?)를 다시 생각하고 있다. 예를 들어, 2013년 5월 몬트리올의 콘코디아 대학에서 모바일 미디어 연구소가 주최한 범아메리카 모빌리티 네트워크Pan-American Mobility Network의 네 번째 연례 컨퍼런스 "차별적 모빌리티: 네트워크 사회에서 운동과 조정"에는 대규모의 설치 예술, 참여형 모바일 위치 미디어 공연, 네트워크 소셜 미디어, 그리고 중요한 수행적 차원이 포함된 기조연설이 이루어졌다. 이렇게 골치 아프고 '불-완전한' 분위기 속에는 학문간 경계선들의 반가운 붕괴, 루리가 말했듯이 "섞이고, 묶이고, 합쳐지는", 그리고 수륙양용 사회학자, 동물-되기 지리학자, 그리고 혼합형 예술가-연구자들이 마침내 산란(産卵)하기 시작했다는 진정한 감각이 있다.

참고문헌

Anderson, C. (2008). The end of theory: The data deluge makes the scientific method obsolete. Wired. www.wired.com/science/discoveries/magazine/16-07/pb_theory. Accessed October 18, 2014.

Aron, J. (2012). Frankenstein virus creates malware by pilfering code. New Scientist, 2878. http://www.newscientist.com/article/mg21528785. 600-frankensteinvirus-creates-malware-by-pilfering-code.html#.VEVLGmddU_Y. Accessed October 18, 2014.

Ayache, E. (2007). Elie Ayache, author of the Black Swan. Wilmott Magazine, (October), 40-49.

Burry, J., & Burry, M. (2012). *The new mathematics of architecture*. London: Thames & Hudson.

Clough, P. T. (1998). *The end(s) of ethnography: From realism to social criticism*. New York: Peter Lang.

Clough, P. T. (2010). The case of sociology: Governmentality and methodology.

Critical Inquiry, 36 (4), 627-641.

Davenport, T. H., & Patil, D. J. (2012). Data scientist: The sexiest job of the 21st century. Harvard Business Review, October. http://hbr.org/2012/10/data-scientistthe-sexiest-job-of-the-21st-century/ar/1.Accessed October 18, 2014.

Derrida, J. (2006). *Specters of Marx: The state of the debt, the work of mourning and the New International*. New York: Routledge.

Feher, M. (2009). Self-appreciation; or, the aspirations of human capital. *Public Culture: Bulletin of the Project for Transnational Cultural Studies*, 21 (1), 21-42.

Foucault, M. (2005). *The hermeneutics of the subject: Lectures at the Collège de France 1981-1982*. Trans. G. Burchell. London: Macmillan.

Foucault, M. (2007). *Security, territory, population: Lectures at the Collège de France 1977-1978*. Trans. G. Burchell. London: Macmillan.

Han, J., Kamber, M., & Pei, J. (2012). *Data mining: Concepts and techniques*. New York: Elsevier.

Hansen, M. (2013). *Beyond affect? Technical sensibility and the pharmacology of media*. Paper presented at Critical Themes in Media Studies, NYU.

Hayles, N. K. (1999). *How we became posthuman: Virtual bodies in cybernetics, literature, and informatics*. Chicago: University of Chicago Press.

IBM. (n.d.). What is big data? — Bringing big data to the enterprise. www-01.ibm.com/software/data/bigdata. Accessed July 22, 2013.

Latour, B., Jensen, P., Venturini, T., Grauwin, S., & Boullier, D. (2012). The whole is always smaller than its parts. A digital test of Gabriel Tarde's Monads. *British Journal of Sociology*, 63 (4), 590-615.

Luhmann, N. (1996). *Social systems*. Trans. J. Bednarz. Stanford: Stanford University Press.

Lury, C., Parisi, L., & Terranova, T. (2012). Introduction: The becoming topological of culture. *Theory, Culture and Society*, 29 (4-5), 3-35.

Martin, R. (2013). After economy?: Social logics of the derivative. *Social Text*, 31 (114), 83-106.

Maturana, H. R., & Varela, F. J. (1980). *Autopoiesis and cognition: The realization of the living*. London: Springer.

Miyazaki, S. (2012). Algorhythmics: Understanding micro-temporality in computational cultures. Computational Culture. http://computatio nalculture.net/article/algorhythmics-understanding-micro-temporality-in-compu tational-cultures. Accessed October 18, 2014.

Parisi, L. (2009). Symbiotic architecture: Prehending digitality. *Theory, Culture and Society*, 26(2-3), 346-374.

Parisi, L. (2013). *Contagious architecture: Computation, aesthetics, and space.* Cambridge, MA: MIT Press.

Savage, M., & Burrows, R. (2007). The coming crisis of empirical sociology. *Sociology*, 41(5), 885-899.

Seigworth G. J., & Tiessen M. (2012). Mobile affects, open secrets, and global illiquidity: Pockets, pools, and plasma. *Theory, Culture and Society*, 29 (6), 47-77.

Shaviro, S. (2009). *Without criteria: Kant, Whitehead, Deleuze, and aesthetics.* Boston: MIT Press.

Sledge, M. (2013). CIA's Gus Hunt on big data: We "try to collect everything and hang on to it forever." Huffington Post, March 20. www.huffingtonpost.com/2013/03/20/cia-gus-hunt-big-data_n_2917842.html. Accessed July 22, 2013.

Steinmetz, G. (2005). The epistemological unconscious of U.S. sociology and the transition to Post-Fordism: The case of historical sociology. In J. Adams, E.
Clemens, & A. S. Orloff (Eds.), *Remaking modernity: Politics, history, and sociology* (109-157). Durham, NC: Duke University Press.

Terranova, T. (2000). Free labor: Producing culture for the digital economy. *Social Text*, 18(2), 33-58.

Terranova, T. (2004). *Network culture: Politics for the information age.* London: Pluto Press.

Thrift, N. (2007). *Non-representational theory: Space, politics, affect.* London: Routledge.

Thrift, N. (2012). The insubstantial pageant: Producing an untoward land. *Cultural Geographies*, 19(2), 141-168.

Wikipedia: The Free Encyclopedia. (2014). Derivative (finance). http://en.wikipedia.org/w/index.php?title=Derivative_(finance)&oldid=631039719 . Accessed October 20, 2014.

Whitehead, A. N. (1978). *Process and reality: An essay in cosmology.* New York: Free Press.

9 데이톨로지컬 전환

패트리샤 티시네토 클러프, 카렌 그레고리, 벤저민 하버, R. 조슈아 스캐넬Patricia Ticineto Clough, Karen Gregory, Benjamin Harber, and R. Joshua Scannell

지난 2013년 미국 중앙정보국의 총기술책임자the chief technology officer, CTO인 거스 헌트Ira 'Gus' Hunt는 뉴욕에서 개최된 '구조: 데이터Structure: Date' 컨퍼런스에 모인 소프트웨어 개발자, 코더, 프로그래머 군중에게 연설했다(Sledge, 2013). 거의 바람처럼 빠른 속도로 진행되는 파워포인트 프레젠테이션을 통해 헌트는 '빅데이터big data[1]'가 중앙정보국에 시사하는 비판과 가능성을 알리고자 했다. 그는 세계가 이미 '빅데이터의 세계big data world'가 되었음을 공표함과 동시에, 소셜미디어, 모바일 테크놀로지, 클라우드 컴퓨팅이 나노테크놀로지, 바이오테크놀로지, 센서테크놀로지의 '무한하고unbounded, 무질서하며promiscuous, 무차별적인indiscriminate' 능력들과 결합하면서 나타나는 두렵고도 매혹적인 비전에 대해서도 제시했다. 이러한 능력들의 기묘한 결합 혹은 결합 능력을 두고 헌트는 다음과 같이 선언했다. "인간이 만든 모든 정보들은 대체로 우리의 이해 범위 내에서

1 빅데이터는 방대하게 정의된(명료하게 정의되지 않은) 용어로, 일반적으로 시간이 지날수록 누적되는 많은 양의 데이터(일련의 페타(peta) 및 엑사바이트(exabytes))를 의미한다. 이 정도의 데이터 크기는 일반적인 데이터베이스 툴을 사용해서는 분석될 수 없으며 의미 있는 정보를 수집하기 위해 병렬 컴퓨팅(parallel computing)과 같은 전문화된 방법을 필요로 한다.

파악할 수 있습니다. (그리고 바로 그 인간들은 이제) 끝없는 데이터의 바다를 생성하는 걸어 다니는 센서 플랫폼walking sensor platform이 되었습니다." 헌트에 의하면 모든 '노이즈noise' 가운데 '신호signal'를 찾는 방법은 이러한 세계에 제기된 여러 난제 중 하나일 뿐이다.

빅데이터는 많은 경우 데이터의 규모가 단순히 '큰 것big'이라 일컬어지지만, 문제가 되든 자극이 되든 그것이 반드시 그 규모에 따른 것은 아니다. 그보다는 이제 데이터를 수집할 수 있는 속도가 중요하며, 단순 명령을 넘어 최적화된 솔루션을 도출할 수 있도록 데이터를 구조화하는 적응형 알고리즘 구조the adaptive algorithmic architectures가 중요하다. 알고리즘 구조는 더 이상 확률 예측이나 계산만 목표하지 않고 "어떤 명령어 세트set도 계산할 수 없는 것", 즉 "사물의 실제구조에 신규성novelty을 더하기 위해 순차적 연산sequential calculation에 사용되는 계산할 수 없는 양의 데이터에 의해 조건화되도록 작동한다"(Parisi, 2013: 9). 적응형 알고리즘 구조는 루치아나 파리시Luciana Parisi가 말한 "생물학적이고 물리적이면서 수학적인 형태로 신규성을 촉발시킬 수 있는 알고리즘의 잔존력, 곧 규칙의 프로세싱과 프로그래밍의 비결정성"을 가리킨다(같은 책: 13). 적응형 알고리즘 구조가 빅데이터 분석에 더욱 중요한 역할을 점하게 되면서 기술은 제도나 사람에 비해 더 빠르면서도 달리 나아간다고 느껴진다. 알고리즘 구조는 인식론적인 원천뿐만 아니라 존재론적인 원천을 제공하여, 헌트가 제시한 바와 같이 "무생물이 지각할 수 있도록 한다"(Sledge, 2013).

이 장에서 우리는 대규모의 데이터베이스와 적응형 알고리즘의 결합이 어떻게 사회성sociality의 새로운 존재-논리onto-logic 혹은 사회 그 자체를 환기하고 있는가를 탐색해볼 것이다. 인간 행위의 사회적 시스템으로서 사회학이라는 학문은 정치 및 경제와의 관계 속에서 몸들bodies, 주체들subjects, 맥락들contexts, 환경들environments을 구성하기 위한 현대적인 프레임을 제공해왔다. 우리는 존재-논리 혹은 우리가 '데이톨로지컬datalogical'이라고 부르고자 하는 것이 특히나 사회학에 이의를 제기한다는 점을 보일 것이다. 우리는 조지 스타인메츠(George Steinmetz, 2005)가 말한 사회학의 "인식론적 무의식epistemological unconscious"과 2차 세계대전 이후 사이버네틱스cybernetics의 시스템 이론systems theory[2]의 얽힘에 특히 주목하여, 폐쇄된 시스템들의 작동 원리와 통계적으로 예측가능한 인구집단들에서, 이러한 것들이 만들어내는 확률을 뛰어넘는 알고리즘 구조로 이동하는 사회성, 즉 포스트확률론postprobabilistic으로 전개되는 사회성을 재고하고자 한다. 우리가 데이톨로지컬 전환the datalogical turn이라고 부르고자 하는 것의 특징인 포스트확률론은 사회학의 인식론적 토대를 변화시키고, 사회학적 방법론과 그것의 존재론이 지닌 무의식적 추동력unconscious drive을 형성하는 실증주의, 경험주의, 과학주의 등을 비판한다.

더 나아가 우리는 데이톨로지컬 전환이 모던 또는 포스트모던의 종말을 알리는 재현에서 비재현으로의 이동(Thrift, 2008)과 공명한다고 주장한다. 다만 우리는 이 비재현으로의 이동이 무의식적으로 사회학적 방법론을 내내 추동했다고 이해한다. 따라서 우리는 이제 재현과는 다른 것으로 비재현을 취한다. 재현에서는 재현된 것

2 역자 주: 시스템 이론은 1950년~1960년 사이에 유행한 이론으로, 체계이론이라고도 한다. 시스템의 일반적인 개념의 원형을 기계적 시스템과 생물적 시스템으로 이해하고 이를 여러 시스템에 그대로 적용할 수 있다고 본다. 시스템 이론은 시스템의 부분들이 상호 연관되는 방식을 지배하는 일련의 원칙이 존재한다고 보고 이를 설명하고자 하며, 시스템간의 관계와 앞으로의 사회 변동을 예측하는 데 방점을 둔다.

의 현전하는 부재present absence가 있다. 그러나 우리에게 재현 속에 현전하는 부재는 비재현으로 대체된다. 아니 그보다 비재현은 빅데이터를 분석하는 알고리즘 구조에서 작동하는 계산할 수 없는 데이터의 실재적 현전을 지목한다. 추후 논의할 것이지만 이러한 구조들은 계산 불가능한 데이터의 선택을 자동화하여 프로그램 역량의 불확정성들이 매개변수들을 실시간으로 재프로그래밍할 수 있도록 해왔다. 우리는 빅데이터로 칭송되어 온 것과 그것을 분류하는 알고리즘 구조가 사회학의 무의식과의 근본적인 단절을 제공하기보다, 개별 사람들이 주로 수치화된 인간human figures으로 기능하는, 그러한 인구 집단을 측정하는 사회학적 방법론을 강화하는 역할을 해왔다는 것을 주장하고자 한다(Clough, 1998; 2010). 이러한 주장을 더 확장하여, 우리는 사회학의 측정 능력을 공격하면서도, 과학, 금융, 마케팅, 교육, 도시개발, 군사 및 치안 정책에 빅데이터 분석을 활용하기 위해 현재 구축되고 있는 알고리즘과 사회학적 방법론의 무의식적 추동을 보다 완전히 구체화하도록 준비되고 있는 알고리즘에 주목한다. 다시 말해 적응형 알고리즘 데이터 프로세싱은 인간의 행위로 구성된 사회적 시스템의 관찰자/자기관찰자observer/self-observer에 의해 허용된 단순한 재현으로 간주되는, 측정값과 숫자와의 관계에 관한 우리의 이해를 비판하며 사회에 근본적인 질문을 던진다. 빅데이터는 단순히 새로운 측정 기술이 보편적으로 사용되는 문제가 아니다. 그보다는 오랫동안 사회학을 귀신 들게 해왔던haunted 무의식적 추동력의 수행적인performative '등장'이다. 그리고 그 무의식적 추동력은 이제 몸, 자아, 맥락, 혹은 환경이 정치 및 경제와의 관계 안에서 재구성되며 만들어지는 사회성이라는 창발적 개념을 살아있게 만들고 있다animating.

이 장의 첫 번째 섹션에서 우리는 사이버네틱스와 사회학의 얽힘을 추적하여 사회학의 무의식적 추동이 언제나 데이톨로지컬적이었음을 밝히고자 한다. 비록 사회학이 인간을 넘어 통계학적 데이터로만 작동하는 과학이 되었지만, 사회학은 사회학의 수집 및 분석 기술들이 지닌 바로 그 속도로 인해 방해받아왔으며, 관찰하는/자기관찰적observing/self-observing 인간 주체의 보충 자료로 물러나야만 했다. 그러나 사회학의 무의식적 추동은 다시 한 번 현대 자본의 속도로 움직이는 비재현적 형태를 불러일으킨 새로운 기술을 만나기 위해 섞이고 또 끌어당겨지고 있다. 두 번째 섹션에서 우리는 빅데이터의 도래를 설명하면서, 이를 자본의 기묘한 포착들과 전조들의 수행적인 축제performative celebration로 이해한다. 매개변수 적응형 알고리즘 구조 같은 새로운 기술들은 숫자를 넘어 셀 수 없는 것incalculable에 도달한 수학을 야기했으며 더 이상 과정 때문에 속도가 느려지거나 인간 의식으로 다시 번역하느라 느려지지 않는다. 문제는 이러한 기술들이 학계에 배치되고 있다는 것이 아니라, 국가를 넘어선 자본시장의 도구들instruments로 인해 사회 과학의 탈취가 이루어지고 있으며, 이는 마이클 새비지와 로저 버로우즈(Mike Savage & Roger Burrows, 2007)이 명명한 "경험사회학의 위기crisis of empirical sociology"를 초래한다는 점이다. 어떤 사회학자들은 더 빨리 움직여서 (가령 데이터마이닝 학습하기와 같은) 이러한 위기에 대응해왔지만 데이톨로직스로의 전환은 근본적으로 사회학적 사고의 기저에 깔려있는 인식론 및 존재론에 대한 더욱 심오한 비판이다. 이는 구조/개인, 시스템/행위자, 인간/세계, 심지어는 활성/비활성과 같은 근본적인 이분법이 점차 지지 될 수 없게 되었음에도 사회학적 사고의 인식론과 존재론에 대한 비판은 아직 사회학 내에서 진지하게 다루어지지 않았기 때문이다.

마지막으로, 세 번째 섹션에서 우리는 비인간의 시공간성 아래 수치화된 인간의 글로벌한 분할disintegration을 설명하기 위해 파생derivative이라는 사회적 논리에 주목한다. 우리는 데이톨로직스가 확산되며 유동성의 혁신적인 파생적 전조derivation modulation를 통해서 새로운 이익이 창출되는 바로 그 때, 사회학은 인간현상학적 프로젝트, 가령 느림slowness, 유한한 신체bounded body, 인간 수치human figure과 같은 연구에 몰두했다고 주장한다. 이러한 재현의 절제는 데이톨로지컬의 수행성performativity으로 인해 생성되고 드러나는 새로운 사회성을 놓치거나 간과한다. 우리는 비재현 이론과 되기becoming와 운동movement을 향해 나아가는 다른 철학적 움직임들이 사회에 대한 비판적인 물음을 던질 수 있는 새로운 공간을 제공할 수 있을 것이라 제안하며 이 글을 마무리할 것이다.

사이버네틱스와 사회학의 무의식

우리가 데이톨로지컬이라고 부르는 이 출현은 데이터의 페타바이트petabytes를 빠르게 축적하고 선별할 수 있는 프로세서 속도의 현재 가용성에 달려있으나, 데이톨로지컬은 언제나 사회학적 프로젝트를 귀신 들게 했다(Derrida, 2006). 수치화된 인간 신체 및 인간주체 수치를 데이터화된 영토로 재분배하는 것은 그 시작부터 규율을 강조해왔다(Foucault, 2007). 또한 이러한 재분배는 사이버네틱스 연구의 질서와 사회학적 방법론 사이의 흥미로운 공명들과 얽힘들을 시사한다. 물론 사이버네틱스는 생물물리학적biophysical인 것에서 정보적인 것informational으로 해체하는 것에 집중되어 왔지만 또 결국에는 사회성에 관한 복잡한 정보학informatics을 체계적으로 기술해왔다. 이후 사회학은 사회를 이해하는 국가의 제1과학으로서 2차 세계대전 이후 재편성이 된 이래, 당연하게도 사이버네틱스의 깊은 매력에 빠지게 되었다.

비록 사이버네틱스와 사회학 사이에 엄격한 인과관계가 없더라도 우리는 데이터 중심의 인간 주체, 즉 데이터와 겹쳐 배열되는 주체의 생산을 통해 각 학문이 서로 얽혀있는 것의 윤곽을 그려보고자 한다. 사회학에서 관계들(통계적 상관관계 등)을 이해하기 위해 정보수집 속도를 늦추는 과정은 언제나 인간 행위로 이루어진 사회적 시스템에 적합한 의미들로 데이터를 변환하는 방법론적 필요조건이었다. 사회학은 이러한 데이터 속도를 관찰하는/자기관찰적 인간주체의 수치와 연결시켜왔다. 사회학과 사이버네틱스의 얽힘에 대한 우리의 연구는, 이 응고된 수치화된 인간을 액화liquefying시키는 것이 늘 학문의 무의식적 추동이지만 또 그럼에도 불구하고 현 시점에서 학문이 그 추동을 의식적인 상태가 되지 않도록 막고 있음을 보여준다.

사회학의 인식론적 무의식은 2차 세계대전 이후 사회 세계가 객관적으로 연구될 수 있다는 가정과 함께 출현했다. 실증주의, 경험주의, 과학주의가 무게중심을 차지하면서 사회학은 유용하고 예측에 적합한 국가의 과학이 되는 것을 목표로 했다. 사회학적 방법론의 기본적인 전제에 따르면 수집된 데이터는 그것을 조립하여 투자된 대중an invested public에게 다시 제시할 수 있는 연구자의 능력에 따라 질이 결정되었다. 제일 기본적인 수준에서 이는 사회학적 방법론이 인간 행위로 구성된 사회적 시스템의 재현적인 필요조건을 충족하기 위해 데이터 축적 및 순환의 속도와 규모를 조절하도록 설계되었음을 의미했다. 이것은 의식적/자기의식적conscious/self-conscious인 인간 아knower(我)의 현상학 혹은 인식론과 국가의 기술적 요구의 결합을 의미한다. 이는 제도가 인구 데이터를 인간 행동의 시스템에 접합할 수 있도록 하며, 다른 한편으로는 국가의 도구성instrumentality을 위한 인간 주체의 수치를 합리화할 수 있게 했다. 통계적인 모델과 복제 가능한 실험의 연구 방식은 "사회적 실천이 정말로 반복가능하다는 것을 점차 더 그럴듯하게 만들었으며 … 이러한 패턴화의 가능성에 대한 역사적인 조건을 무시하면서 광범위한 인간의 실천들을 끊임없는 사건들의 결합으로 해석했다(Steinmetz, 2005: 129)". 만일 역사적인 것이 그것의 모든 우연성과 불확실성의 측면에서 통계학적 모델과 복제가능한 실험의 레퍼런스가 아니었다면, 이는 역사적인 것이 '시스템'이라고 하는 더욱 강력한 개념에 의해 전치되었기 때문일 것이다.

1950년대에 이르러 일반화된 시스템이라는 개념은, 부분들의 상호작용과 상호연결이 그 기능성을 유지하면서도 전체로서의 시스템을 재생산하는 데에 작용하도록 하는 원리, 그리고 상호의존적인 구성요소들 또는 부분들을 가리키게 되었다. 사회성에 관해서 시스템과 그 기능성을 유지하는 것은 경계, 즉 시스템의 '외부'를 표시하는 경계의 측면에서 사회적 재생산의 능력을 참조하는 것이다. 시스템을 구성하는 상호작용이나 상호연결의 규칙성과 결합된 이러한 경계는 통계적 인구 수준에서 그 행위를 예측 가능한 것으로 모델링될 수 있도록 한다. 시스템 외부의 사회성 양상들은 독립변수의 패턴화된 움직임을 관찰하기 위해 '고정된 상태가 되어' 통제변수로 변모한다. 만약 이러한 움직임이 반복가능하다면, 이는 기술적으로 인구의 통계적인 확률들로 표현되는 행동역학들에 대한 지속

가능한 예측으로 번역될 수 있다.

통계학적 모델링은, 가령 역동적인 힘들의 유입이 관찰가능한 영향을 미칠 수 있는 경우처럼 상대적으로 폐쇄된 시스템이 상정될 수 있을 때에만 유용한 상호관계들을 만들어낼 수 있다. 시스템 이론은 사회과학계에서 인간 행위에 대한 진화모델의 발달을 이끌어왔다(이는 탤컷 파슨스Talcott Parsons의 연구에서 가장 두드러진다). 인간 행위의 진화모델은 사회성을 위계적으로 조직된 일련의 하위시스템들로 보고, 각각의 하위시스템들이 필연적으로 분리되어 있으며 외부정보에 상대적으로 폐쇄되어 있다고 이해한다. 따라서 파슨스에게는 생물물리학적인 것 혹은 유기적인 것과 사회문화적인 것 둘 모두 진화적 재생산을 일으키는 자급자족적 시스템이다. 이는 사회성을 개별 시스템으로 분할하여, 인구를 통계 모델로 포착 가능하게 만드는 외부와의 관계 안에 고정적으로 남아있을 수 있게 만든다.

이러한 연구 방식을 진행하기 위해서는 1차 사이버네틱스와 비슷한 인식론적 입장에 의존해야 했다. 사회학 연구에서처럼 1차 사이버네틱스는 미래 패턴을 확률적으로 예측할 수 있게 만드는 관찰된 자극에 대한 반응들의 특정한 내구성을 가정하는 항상성, 즉 평형추구모델equilibrium-seeking model을 근거로 한다(Hayles, 1999). 1차 사이버네틱스에서 연구자들은 어느 정도까지 관찰되고 있는 시스템의 **외부**에 서서, 들어오는 데이터를 안정화된 시스템 안에서의 변화에서 반복적이고 해석가능한 패턴으로 변환하기 위해 기술적 장치들을 적용한다. 1차 사이버네틱스는 관찰되는 시스템과 관찰장치들 사이의 이원성을 주장한다(사회학의 경우 장치는 연구프로젝트의 방법이다). 여기서 장치들은 연구자 및 연구대상의 암묵적인 비동일성을 생산하는 시스템을 통해 확장되지만 시스템인 것은 아니다. 이 지점에서 1차 사이버네틱스와 2차 세계대전 이후의 사회학은 관찰자와 관찰대상 사이의 차이를 가정하는, 본질적으로 실증적이고 경험적인 상상들로 서로를 비추고 있다. 안정된 연구자와 인간행동을 연구하는 시스템화된 환경, 그 사이에는 존재론적 분리가 있다.

1차 사이버네틱스와 실증주의적, 경험주의적, 과학주의적인 사회학의 무의식이 모두 관찰자와 관찰 대상 간의 차이를 전제했다면, 2차 사이버네틱스와 1970년대와 1980년대에 등장한 비판사회이론 및 방법론에서는 성찰적 개입은 데이터를 통해 관찰자의 비동일성을 '교정'하여, 인간주체가 관찰하는 것뿐만 아니라 스스로 관찰하는 것으로 간주되는 성찰적 개입이 상상될 것이다. 2차 사이버네틱스를 연구에 적용하고자 했던 사회과학자들과 2차 사이버네틱스 학자들이 특히나 우려한 것은 '자기생산autopoiesis[3]'이라는 개념이다. 움베르토 마투라나Humberto Maturana와 프란시스코 바렐라Francisco Varela가 처음으로 사용한 표현인 자기생산 시스템autopoietic system은

> 구성요소들의 생산(변형 및 파괴) 과정들로 이루어진 네트워크로서 주직된 기계이다. 구성요소들의 생산 과정은 다음과 같다. (i) 상호작용과 변형을 통해 지속적으로 재생하고 그것들을 생산한 과정들 (관계들)을 실현한다. 그리고 (ii) 이러한 네트워크의 위상적인 실현을 명시함으로써 그들(구성요소들)이 존재하는 공간에서의 구체적인 개체로서 그것(기계)을 구성한다. (Varela, 1980: 78)

3 역자 주: 자기생산은 신경시스템을 모델로 한 최신 시스템 이론으로, 자신이 스스로 자신을 제조하거나 재생산한다는 의미이다. 시스템 작동의 지속으로 시스템 요소들의 세트가 그때마다 결정되는 기구를 지닌다. 가령 어떤 프로젝트가 계속해서 작동되는 한, 그 프로젝트에 참여하는 구성요소는 그때마다 변동되며 결정된다.

다시 말해, 자기생산은 기계, 유기체, 시스템의 내부구조 및 네트워킹이 외부 환경에 대한 반응으로서의 (그리고 외부 환경과의 상호작용으로 인한) 새로운 반복을 통해 스스로를 재생산한다는 것을 제시한다. 이 개념은 니콜라스 루만(Nikolas Luhmann, 1996)이 시스템 이론으로 번역한 것이 가장 유명한데, 1970년대와 1980년대의 연구자와 포스트모던 혹은 비판이론가 사이에서 이론적 및 방법론적 지침으로 보다 폭넓게 사용되었다. 이들에게 자기생산 프레임워크는 연구자와 연구대상의 비동일성을 불안정한 존재론적 위치에 놓이게 했다. 자기생산 시스템에서 자문화기술지와 텍스트 분석과 같은 방법론들은 연구자가 (1차 사이버네틱스와 같이) 시스템 외부에 서서 그 시스템의 피드백 루프를 관찰할 수 없다고 주장할 것이다. 대신 연구자는 시스템의 피드백 루프의 일부분이라고 본다. 어떤 관찰자도 관찰된 시스템 외부에서 존재할 수 없는데, 자기생산의 조건 아래 시스템은 입력으로서 관찰자를 포함하여 입력 값 주위와 입력 값 안에서 자기조직self-organize하기 때문이다. 그럼에도 자기생산 시스템은 관찰자가 경계에 대한 이중적인 역할을 하므로 시스템의 경계성을 유지한다. 즉 시스템과 환경 사이의 경계는 2차 사이버네틱스 학자들이 그러하듯, 관찰자가 스스로를 관찰하는 것까지 포함해 관찰자가 관찰하는 효과로 간주된다.

이러한 입장은 대부분 유아론solipsism(唯我論)[4]으로 빠져들어 비난을 받아왔다. 만약 시스템이 지속적으로 '외부'에 대항해 재조직된다면, 그 시스템은 어떤 그 외부의 '실재reality'로부터 완전히 떼어

[4] 역자 주: 유아론은 '오로지 하나/혼자'라는 의미의 라틴어 'solus'와 '자기 자신'이라는 의미의 'ipse'를 합친 말이다. 오직 자기 자신을 최우선시하여 자신만이 존재하고 타인이나 그 밖의 다른 존재물은 결국 자신의 의식 속에 존재한다고 여기는 생각을 의미한다.

져 고립될 것이다. 사회과학에서 이론과 방법론에 관한 논의들 중 일반적인 담론은 보다 실증주의적, 경험주의적, 과학주의적 사회과학을 주장하는 측과 관찰자를 고려하거나 관찰자의 체화된 자기인식이 가시화됨을 주장하는 보다 반성적인 사회과학을 주장하는 측 사이의 갈등으로 귀결된다. 두 입장 사이의 깊은 고고학적인 연관성을 고려해보면 이러한 논쟁들은 한동안 지루한 것이었다. 두 입장 모두 인간주체의 수치와 고립된 것, 즉 열역학적 시스템에 의존한다. 두 경우에서 모두 관찰자의 역할은 계산된 방해나 번역 중 하나이다. 사회학에서 2차 사이버네틱스의 교훈은 주로 관찰의 장에서 '성찰성reflexivity'을 통해 하나의 존재를 인정하는 동시에, 그리고 나서는 인간관계를 분명하게 그려내는 전체적인 프로젝트에서 그 존재의 중요성을 기각하는 것으로 여겨졌다. 비판의 여파로 성찰성을 옹호하는 것은 대체로 연구대상을 '대변하는' 연구자의 능력과 의무를 방어적으로 주장하는 형태를 취해왔다.

이후 사회학에서 2차 사이버네틱스를 채택할 때에는 오히려 현상학적 프로젝트로서 인간을 표현하고, 무의식적인 데이톨로지컬 추동을 부정하는 주장으로 학문을 확고하게 좁혀왔다. 사회학적 추론은, 1차 및 2차 사이버네틱스 논리 사이의 균형을 이루면서도 기저에 깔려있는 각 학문의 데이톨로지컬 추동의 어느 쪽도 인정하지 않은 채로 정체되었다. 양적/질적, 미시/거시와 함께 관찰되기observed와 관찰하기observing라는 실패한 이분법의 끊임없는 소생은 포스트사이버네틱 계산 기술들과 밀접하게 관련된 새로운 계산 방식의 개발과 발맞춰 사회학의 많은 부분에서 전제하고 있는 가정들을 재고하는 것을 방해해왔다. 우리는 이제 이러한 새로운 계산 방식 또는 '빅데이터'라고 불리는 것들로 돌아가, 어떻게 바로 그 논리, 속도, 능력이 이러한 오랜 이분법을 어지럽히고 있는지 설명할 것이다.

데이톨로지컬 전환

IBM^International Business Machines corporation^에 따르면, "매일 우리는 250경 바이츠에 이르는 데이터를 생산한다. 그리고 지난 2년 동안에만 오늘날 전 세계 데이터의 90%가 생성되었다. 이 데이터들은 어디에서나 만들어지는데, 몇 가지 예를 들면 기후 정보를 수집하는 센서들, 소셜미디어 사이트의 게시물들, 디지털 사진과 비디오들, 구매거래기록들, 휴대폰의 GPS 신호들이 있다. 이러한 데이터들이 빅데이터이다(IBM, 연도 미상)". 이와 같은 설명은 더욱더 널리 분포된 매체들에 의해 빠르게 확산되었다. 빅데이터 과학자는 "21세기 가장 섹시한 직업"으로 묘사되어왔으며 사회학은 "그 행위에 한 몫을"하려고 노력한 수많은 학문 중 하나일 뿐이다"(Davenport & Patil, 2012). 그러나 사회학은 항상 그 행위의 일부였으며, 규제, 법, 사실상 수치화된 인간을 대상으로 한 생명정치와 같은 체포 장치^apparatuses of arrest^의 생포에서 벗어날 수 있는 능력(데이톨로지컬을 굳이 저항파나 자유파의 입장에 내재하는 것으로 보지 않고 재현 너머에 두는 것)을 지닌 데이톨로지컬을 통해 무의식적으로 추동되었다.

그러나 데이톨로지컬의 정식 데뷔는 학계와는 동떨어진 '사회적인' 데이터를 수집하고 분석하는 기술들의 재분배를 의미하며, 이는 경험 사회학을 위기에 빠뜨리지는 않더라도 경험 사회학에 도전장을 내민다. 사회학은 더 이상 '사회적인' 데이터의 수집 및 분석을 독점하지 않는다. 그보다 인간의 삶은 데이터화된 지형을 끝없이 통과한다. 데이터 분석 과정이 전 세계적으로 고르지 않게 분배되어 있다하더라도, 휴대폰으로 전화를 건다든지, 모바일 기계로 인터넷에 접속한다든지, 웹 링크를 클릭한다든지, 물건을 구매하기 위해 신용카드를 긁는다든지, 심지어는 병원에 방문하거나 과속딱지를 끊기는 보통의 많은 행위들은 이제 데이터 수집의 역동적인 현장이 되었다.

그러나 이러한 현장에서 일어나는 움직임들은 일방향적이지 않다. 데이터의 장은 몸들의 안팎을 통과하며 몸 내부와 몸들 사이의 참신하고 새로운 연결들을 계속해서 만들어낸다. 실제로 처음의 수집 현장에서 떠나 원활하게 이동할 수 있는 데이터의 능력은 빅데이터 생태계에서 높이 평가된다. 행동과 데이터 지점간의 변환은 거의 명확하지 않은 경우가 많고, 데이터가 이동할 네트워크를 증대시키는 수많은 제3자 및 제4자의 개입의 영향을 받는다. 예를 들어 고용주가 수집한 급여 및 급여명세서 데이터는 다른 '공공' 정보들과 함께, 데이터 프로필을 사고팔기 위해서 이를 수집하는 신용평가 회사와 데이터 브로커들에 의해 매매되는 데이터의 일부가 된다. 또 다른 예로 한 개인이 단순 구매를 하기 위해 일련의 클릭들을 거쳐야한다거나, 거래를 완료하기 위해 약간의 '무급 노동'이 요구되는 게임화된 마케팅 전략을 들 수 있다(Terranova, 2000). 이러한 마케팅 전략은 개인의 행동이 지닌 분명한 목적과 아주 적은 관련이 있는 데이터만을 생성한다.

다시 말해 데이터, 혹은 데이터베이스를 채우는 것은 사회학과 1차 및 2차 사이버네틱스가 제시해왔던 것처럼 데이터를 생산하는 사회적 행위들의 단순한 재현이 아니다. 데이톨로지컬의 '포인트'는 안정화된 시스템을 묘사하거나 재현적인 기록을 쫓아가는 것이 아니라, 일반적으로 노이즈로 폐기되는 정보를 수집하는 것이다. 이러한 데이터들, 가령 정동이나 무의식의 역동성, 혹은 비인간적 능력 등은 실제 사회학적 방법론에서 가장 전형적인 노이즈로 분류되지만 데이톨로지컬 전환에서는 핵심을 차지한다. 이러한 데이터를 분석하는 적응형 알고리즘 구조는 단순히 재현적인 것이 아니다. 오히려 그 구조는 계산불가능한 데이터를 파악하려prehend[5] 하고, 이에 그 데이터의 등장으로 발생하는 새로운 사회성을 조율한다는 점에서 비재현적이라고 볼 수 있다. 달리 말하자면 데이톨로지컬 전환은 재현과 그 재현이 의존하는 사회학적 상관관계와 관련이 있는 데이터세트에서 벗어나, 알고리즘적 생산에서 이루어지는 매개변수적 실천들의 계산불가능한 조절을 향해 나아간다. 이러한 실천들과 반대로 직렬 알고리즘의 작동 규칙은, 한 순서 다음에 오는 또 다른 한 순서는 숫자 세트 사이의 지속적인 상관성을 드러내도록 서로 경쟁해야 하는 데이터세트들 간의 관계에 도달하기 위해 자체적으로 완료되어야 한다는 것이다(가령 교차분석과 선형회귀와 같은 확률론적 접근방식). 빅데이터를 포스트 사이버네틱적으로 분석한다는 것은 이런 종류의 연속성에서 벗어나 숫자의 분석이 아니라 비

5 우리는 화이트헤드의 파악(prehension) 개념을 따른다. "각각의 현실적 개체는 무한한 수의 방식으로 '분할'될 수 있으며 각각의 분할 방식은 각각의 현실적 실체는 무한한 수의 방식으로 '분할'할 수 있으며, 분할의 각 방식은 파악의 확실한 몫을 생산한다. 파악은 현실적 개체의 일반적인 특징에서 스스로를 재생산한다. 즉 파악은 외부 세계를 가리키며, 이런 의미에서 '벡터성'을 가지고 있다고 이해될 수 있다. 또한 파악은 감정, 목적, 가치 평가, 인과관계를 포함한다. 실제로 현실적 개체의 어떤 특징이든 파악 내부에서 재생산된다(Whitehead, 1978: 19). 또는 화이트헤드에 대한 스티븐 샤비로(Steven Shaviro, 2009: 49-50)의 이해에 따르면, 파악은 "파악되는 중인 '데이터'의 '객관화' 및 '추상화'라는 특정한 선택을 또 달리 포함하는" 어떤 비감각적인 감각 또는 한 개체에 대한 지각이다. "어떤 것은 언제나 놓쳐지게 되거나 생략될 것이다."

재현에 기댄 매개변수 그 자체에 대한 분석을 향한다.

포스트 사이버네틱 논리에서 중요한 것은 입력과 출력 사이의 확실한 관계가 아니라 주어진 특정 입력들과 규칙들에서 새롭고 흥미로운 관계들의 세트를 만들어내는 능력이다(Terranova, 2004). 이러한 생산적인 신규성을 달성하기 위해, 빅데이터 분석은 실시간으로 매개변수를 변경할 수 있도록 많은 양의 패턴이 적은 데이터를 추가하는 적응형 알고리즘 구조에 의존한다(Burry & Burry, 2012). 적응형 알고리즘 구조는 관계적인 수를 생성하기 위해 따라야하는 규칙의 순서를 설정하지 않고 반드시 진행적이거나 목적론적인 순서에 따라 작동할 필요 없이 규칙들과 매개변수들이 서로 적응할 수 있도록 한다. 이러한 적응은 “한 알고리즘 혹은 또 다른 새로운 알고리즘의 진화로” 이어지지 않고 “대신 새로운 알고리즘적 행동”으로 이어진다(Parisi, 2009: 357). 예를 들어 미국 공군은 자동으로 생성되는 바이러스를 만드는데, 이는 컴퓨팅 네트워크의 수많은 프로그램을 거쳐 퍼진 다양한 ‘가젯들gadgets’(보행자 코드의 짧은 텍스트들)에서 추출한 코드 조각으로 스스로를 구축한다. 이 바이러스는 알고리즘의 규칙을 정의하는 특정 매개변수를 기반으로 자체 구축되며, 보다 흥미롭고 복잡하며 역동적인 관계들의 네트워크를 개발하기 위해 필요에 따라 그 매개변수들을 조정한다(Aron, 2012).

빅데이터 분석의 기초가 되는 연산수학은 기능적으로 숫자들 너머에 도달하는 수학, 즉 양적 및 질적인 측정 방법의 대립에 의문을 제기하면서 계산 불가능한 것에 도달하는 수학이다. 어디에나 존재하는 디지털 감시에서 생성된, 헤아릴 수 없을 만큼 크고 다양한 데이터 클라우드들은 숫자 너머의 수없이 많은 데이터를 효과적으로 렌더링하며, 적응형 알고리즘의 맥락에서만이 데이터 클라우드의 노이즈가 렌더링될 수 있다(Han, Kamver, & Pei, 2012). 개인적인 데이터의 경우 데이터의 세부사항이나 단일한 데이터의 보존자료(축적 기록)보다 데이터 보존 자료 일괄이 지닌 새로운 속성들의 관계가 중요하다. 그 관계는 정동적인 측정과 통제로 이루어진 특수한 양식뿐만 아니라 보다 광범위한 양식까지 가능하게 한다. 빅데이터는 몸이 생성하거나 혹은 데이터의 기록으로서 몸이 남겨둔, 외견상 다소 무작위한 정보만큼이나 '당신'에 대해 관심을 두지 않는다. 빅데이터의 목적은 신규성을 파악하거나 그것에 영향을 미치는 것이다.

이것이 정확히 빅데이터가 개인과 구조, 행위자와 시스템, 특수성과 보편성, 양적과 질적이라는 관계들에 문제를 제기하는 방식이다. 브루노 라투르Bruno Latour와 그의 추종자들에게, 편재해 있는 디지털 데이터 수집의 기록들과 궤적들은 행위자-연결망 이론ANT이 보다 온전히 실현될 수 있게 한다. 행위자-연결망 이론에서 빅데이터는 미시와 거시라는 두 개의 "수준levels" 대신에 "각각 받아들여지는 개별적 독립체들"의 가시화된 흔적들을 제공하고, 이때 독립체는 사람이나 도시, 혹은 사람의 속성이나 도시의 특성 등이 될 수 있다(Latour, Jesen, Venturini, Grauwin, & Boullier, 2012: 7). 따라서 데이톨로지컬 전환과 함께, 인간 주체의 탈중심화 외에도, 몸에 대한 정의는 인간 신체 혹은 자기생산적인 유기체로서의 신체 너머로 확장되고, 그러한 몸적 실천들bodily practices 자체가 데이터를 예시하며, 이는 다시 몸적 실천의 과잉을 생산한다. 따라서 시스템 내부와 외부의 차이는 해소되지 않은 채 풀리고, 환경이 무엇인가에 대한 의문이 제기된다.

이 모든 것은 우리가 재현의 프레임으로 사회에 대한 우리의 이해를 여과하지 않는 것이 특히 중요함을 암시한다. 그렇지만 컴퓨팅 기술이 단순히 복합적인 계산 과정을 통해 환원적인 것으로만 생각될 수 없는 경우, 재현적 프레임은 환원적인 정량적 측정을 보완하는 것으로 이해된다. 즉 그것들은 생물물리학적이고 문화적인 능력을 수량화하지도 않으며 단순히 그러한 능력에 근거하는 계산이나 정보로 이해되지도 않는다(Parisi, 2013: 13-14; Miyazaki, 2012 또한 참고하라). 다시 말해 디지털 컴퓨팅digital computing은 컴퓨터의 지능이 지닌 '인공적인' 특성이 본질적으로 제한적이라는 가정에 도전하는 방식으로서, 적응가능하고 '창소석인' 자체 능력을 지니고 있다. 또한 그보다 빅데이터는 계산 불가능한 확률로 인해 결정되지 않는 디지털 계산의 무한한 잠재력을 드러낸다(Lury, Parisi, & Terranova, 2012). 알고리즘으로 작동하는 빅데이터 분석에서 계산의 전환은 인간의 인지와 자기의식적 관찰자의 것으로만 여겨져 온 질적 계산의 형태를 가능하게 만들었다. 디지털 계산은 양적 및 질적 측정 방법의 차이를 매끈하게 다듬고 있다. 그렇게 함으로써 디지털 계산 혹은 구조적인 알고리즘은 환경이 그 시스템의 지속적인 기능함 혹은 자기생산이라는 제한적인 용어로만 재현되거나 등록될 수 있는 사회 시스템에 있는 관찰하는/자기관찰적인 인간 주체를 문제시하고 있다.

비판 이론과 2차 사이버네틱스의 자기인식적 관찰자는 전체 혹은 시스템을 재생산하는 자기생산적인 피드백을 암시한다. 비록 빅데이터의 구조적 알고리즘이 사각지대에 대한 끊임없는 인식론적 과잉을 통해 그 복잡성을 증가시키나, 한편으로 인간의 인식, 의식, 전의식에 대한 더 많은 탈중심화를 암시하는 계산불가능한 방식, 또는 알 수 없는 무의식적 방식을 이용한다. 부분들은 커질 수 있고 양적으로 압축될 수 없으며 그렇기에 전체보다 커질 수 있으므로, 부분들은 전체 혹은 시스템으로 환원될 수 없다. 알고리즘 구조는 전체와 분리된 부분을 대상으로 작동한다. 실제로 사이버네틱 논리에서 반드시 제외되거나 괄호로 묶일, 계산 불가능하거나 압축 불가능한 정보는, 계산될 수 없는 것이 언제든지 전체를 밀어낼 수 있는 알고리즘 구조 안에 접혀 있다. 이는 재현이 시스템을 넘어서게 만들고, 관찰하는/자기관찰적 주체가 비재현 이론의 이론적 지향을 상연enactment하는 곳으로 움직이게 한다.

사회 시스템에서 파생된 사회성으로

빅데이터가 "이론의 종말(Anderson, 2008)"을 상징한다는 주장에도 불구하고, 우리는 오히려 데이톨로지컬로의 전환이 인간과 시스템 지향적 사회학이 지닌 환상의 종말이라고 주장하고 있다. 사회학에서 인간 행위로 구성된 시스템과 관련된 인구의 통계적 생산은 자본의 다중적 공간에서 작동하는 파생적이고 재조합 가능한 형태로 분해되고 분산된다. 말하자면 통치를 위한 인구의 사회학적 생산은 증권화된 권력의 분류체계가 굳건하게 되는 주요 메커니즘이지만, 학문을 초월해 초고속으로 작동하는 자본의 측정 기술로 인해 스스로가 소외되어버린다는 이상한 위치에 놓이게 되었음을 발견한 것이다.

측정을 위해 일견 일리 있어 보이는, 항구적이고 한정적이며 반복적으로 관찰할 수 있는 인구에 대한 사회학의 주장은 1차와 2차 사이버네틱 학문 사이에서 준 실증주의자, 경험주의자로 자리매김해왔다. 가령 정보에서 노이즈를 제거하려는 사회학의 임무처럼, 정보 및 노이즈의 성질에 대한 그것의 가정은 빅데이터와 그 알고리즘 구조에 대한 현대의 레짐 아래 근본적으로 노이즈와 정보가 존재론적으로 분리될 수 없다는 점을 간과한다. 계산할 수 없는 노이즈는 매개변수를 재설정할 수 있도록 한다는 점에서 이미 항상 가치 있는 정보이다. 빅데이터 기술은 노이즈를 분석, 번역 및 평가할 뿐만 아니라 그 휘발성을 기회의 지평선으로 삼아 생산을 향상시킨다. 이러한 휘발성은 저리고 동요하는 것처럼, 혹은 다소 일반적인 시장 용어를 사용하자면 다양한 학문들에 걸친 지식 형성을 '방해'하는 것처럼 느껴질 수 있다. 그러나 이 휘발성은 특히 민중demos에 대한 고정적인 사회학의 설명을 문제시한다. 사회학적 측정 방법에 대한 데이톨로지컬의 비판을 고려했을 때, 통계분석을 통해 고정적인 상태로 유지되는 것으로 여겨지는 인구를 추적하고 쫓아가는 바로 그 프로젝트는 완전히 실패하지는 않을지라도 압박을 받는다.

전통적으로 통계적 및 인구통계적 데이터의 축적은 상호보완적이면서도 상호대립적으로 수행되었다. 인구통계학은 (일반적으로 x축, y축으로 구성된) 통계분석을 수행할 수 있는 원재료를 축적하는 경향이 있다. 즉 인구통계학은 통계적인(가령 예측적인) 방식으로 관계들을 측정하기 위해 고정될 수 있거나 가시화 될 수 있는 인구를 생산한다. 사회학적 모델링에서 인구통계학은 통계적 관계에 대한 가능성의 조건으로 기능한다. 물론 그 관계는 반복적(또는 위상적)인데, 통계모델이 역사적인 인구통계적 계산을 복잡하게 만들도록 미래의 인구통계적 정보의 축적으로 접혀 들어간 다음, 다시금 시간을 과거를 거슬러 투영한다는 점에서 그렇다. 그러나 통계적 데이터와 인구통계적 데이터 사이의 관계는 여전히 논리적으로 구별가능하다.

그러나 그 차이는 실시간으로 조정된 환경, 소비자, 범죄, 가정, 지역에 대한 데이터세트의 이력들에 대해 즉각적인 지리공간적 실현을 가능하게 함으로써 데이톨로지컬 전환과 함께 효과적으로 해체된다. 여기서 가령 걷기, 앉기, 기다리기, 흡연하기, 휴대폰 사용하기 등과 같은 코드화된 신체적 실천들은 디지털 감시라는 편재해 있는 광범위한 방법을 통해 읽히며, 새로운 관계를 생성하려는 목적으로 겉보기에는 무관해 보이는 세트들을 수집 및 분석하도록 설계된 빅데이터 분류를 통해 피드백된다. 통계분석과 인구데이터의 차이로 인해 유지되는 시공간의 분화differentiations는 해체된다. 우리는 데이톨로지컬이 명확한 인구통계학이 아니라 화이트헤드 학파의 "계기occasions(Whitehead, 1978)" 생태학으로 이어진다고 제안한다. 시간적으로나 공간적으로나 분리되어 있을지라도 계기는 현실에서의 운동이며, 또한 계기는 비록 시간적, 공간적으로 분리되어 있지만 실제로는 사회적인 것the social이 어떤 인구의 경계와 같이 끊임없이 형성되고 재형성되는 다중multitudes을 스스로 추적하는 운동이다. 이러한 인구통계학과 통계학의 혼합은 빅데이터가 이뤄내고 있는 다듬질 과정에 있어 핵심적인 부분이다.

여기에서는 계속 진행 중인 사회적인 것의 공식화가 역사적으로 사회적 구성물이라 여겨져 온 것을 대체한다. 후자는 파생된 순환으로, 접힌 정보나 계산할 수 없는 어떤 것으로까지 확장하는, 디지털적으로 지도화된mapped/mapping 우주에서 매끄러워지고 평평해진다. 접혀있는 정보 혹은 계산 불가능한 것의 배치는 비결정성의 배치이며, 이러한 비결정성이 사회를 측정하는 진행 중인 수행성 및 진행 중인 계산에 어떤 영향을 미칠지에 대해서는 불분명하게 남아 있다. 그러나 가능하게 된 것은 가령 사회 형성이나 인종적, 성적, 민족적, 계급적 정체성과 같이 납작하게 구조화된 범주들이 비결정성을 수반하는 즉각적인, 즉 컴퓨터를 통해 추동된 어셈블리지들로 작용하여 통계적으로 동원될 수 있다는 것이다. 즉 항상 적응적인 것이 측정이며, 실제로 자기측정적인 역학이 진행 중인 사회적인 것의 형성에 내재한다는 것이 우리가 주장하는 바이다. 데이톨로지컬의 조건에서 측정은, 힘들, 묶여지는 부분들, 또는 속성들의 재조합할 수 있는 역학과 관계의 생산적이고 정동적인 물질화라는 특이점이다. 계산은 환원적인 과정이라기보다는 (컴퓨터적) 계산에 열려있으며 디지털은 더 이상 더욱 두껍다고 추정되는 질적 계산과 쉽게 대조되지 않는다. 그 결과 빅데이터는 계산적 배열에 대해 변화하는 매개변수로의 출현을 붕괴시키는 새롭고 파악적인 사고방식을 가능하게 한다.

따라서 데이톨로지컬 전환은 화이트헤드 학파의 계기에 대한 과정 이론이라는 한 형태와 파생상품derivative[6]이라는 사회적 논리를 함께 그려내고 있으며, 이 둘 모두 과잉(복제와 반복성을 추구하는 과정에서 사이버네틱스와 사회학이라는 두 가지 질서에 의해 필연적으로 배제되는 과잉)의 배치에 대한 관심을 공유하고 있는 것으로 보인다. 정보로부터 노이즈를 제거하려는 시스템에서는 엄격하

6 파생상품은 그 가치가 하나 혹은 하나 이상의 자산에 근거한 금융 기구이다. 실제로 파생상품은 당사자들 간에 지불이 이루어질 조건(특히 날짜, 기초변수(underlying variables)의 결과 값, 개념적인 금액)을 명기하는 두 당사자 간의 계약이다. 파생상품의 가장 일반적인 유형은 선물(forwards, futures) 옵션(options), 스왑(swaps)이다. 또한 파생상품의 가장 일반적인 기초자산(underlying assets)은 상품, 주식, 채권, 금리 및 통화를 포함한다 (*Wikipedia*, 2014)

게 반복될 수 없거나 거짓으로 조작되어 반복될 수 없는 것, 혹은 질적으로 확률론적 계산의 범위를 넘어서는 것처럼 보이는 것(정동이나 무의식의 역동성, 심지어는 비인간적 능력까지)은 반드시 배제되어야 한다. 그러나 확률론적 측정의 범위를 넘어선 것은 빅데이터의 알고리즘 구조뿐만 아니라 경제의 퀴어화the queering of economy, 곧 랜디 마틴Randy Martin이 파생에 대한 그의 고심작에서 "경제이후after economy"라고 불러온 것도 해당된다(Martin, 2013). 확률론적 너머의 계산은 파생상품의 가격 결정에 특히 중요하며, 그것은 엘리 아야체Elie Ayache가 주장한 "시장형성"이라는 바로 그 과정이다(Ayache, 2007). 시장은 "거래는 절대 반복되지 않을 것이며, 이론적으로 통계적인 과정과 미리 정해진 역학을 통해서 애초에 계획된 파생상품의 가치가 절대 복제되지 않을 것"이라는 점에서 모든 거래로 이루어진다(같은 책: 42). 다시 말해 거래를 통한 가격 책정은 한 계기, 즉 가격 결정이 어떠한 기존의 추세나 경향, 원인을 전혀 참고하지 않는 극단적으로 우연적인 계기이다. 이것들은 시장형성의 역생산적retro-productive 측면들로 더 잘 이해된다.

거래를 통한 파생상품의 가격 책정은 '확률 너머로 확장된다.' 파생상품은 "확률이 청산되고 (맥락이) 흠뻑 스며든 후에 거래된다"(같은 책: 41). 맥락이 그것의 모든 가능성들로 포화되었을 때 맥락을 변화시키도록 하는, 아야체가 "역량"이라고 부르는 것이 전개된다(같은 책: 42). 거래를 통한 가격 책정은 "그저 가능성들의 표층에 있는 확률 분포를 수정하는 것이 아니라 모든 범위의 가능성을 수정하는 것"이다. 즉 가능성을 변화시키는 것이 아니라 맥락, 곧 맥락에 대한 모든 범위의 가능성을 변화시키는 것이다(같은 책: 44). 아야체에게 이는 "맥락의 고정성, 또 그에 상응하는 역동적 복제의 고정성을 보장하는 고정성을 지닌 독립변수(또는 독립변수들)의 역할을 하는 것"을 의미한다(같은 책: 42). 파생상품의 벡터들에서 달아나는 산출될 수 없는 정동적인 역량, 즉 과잉이 있다. 마틴이 언급한 바와 같이 "여기에는 방출되나 절대 완전히 흡수되지 않는 과잉, 고정시킬 필요가 없는 노이즈, 신고 됐지만 상환할 수 없는 부채"가 있다(Martin, 2013: 97). 과잉, 부채, 노이즈는 모두 유동성에 대한 추동을 지목하는데, 파생은 "생산자와 기생충을 동시에" 그 유동성에 위치시킨다(Seigworth & Tiessen, 2012: 69).[7] 그레고리 시그워스Gregory Seigworth와 매튜 티쎈Matthew Tiessen이 주장했듯이 파생은 이런 방식으로 "경사진 파생상품의 벡터에 대한 지속적인 재계산 과정을 통해 글로벌한 상대적 등가라는 평면을 만들기 위해 작동한다"(같은 책: 69). 거래를 통한 파생상품의 가격결정은 "화폐 가치의 최신 가치평가에 근거해 가치를 영원히 계산하고 즉시에 재계산하는" 과정이다(같은 책: 70).

잠재적 위험에 대비해 투자 상품을 결합하는 단순한 금융 기구라는 일반적인 인식에서 추론해보면 마틴은 빅데이터 알고리즘 구조에 의해 지적된 파생(물)로 하여금 알려진 사회성의 변화를 지적한다. 즉 시스템의 효과를 약화시키거나 전체의 일부분으로서 대수롭지 않게 축소하는 것이다. 마틴에게 있어 "시스템의 형이상학을 알려주는 부분과 전체 사이의 고정된 관계와는 대조적으로, 파생상품은 정확한 가격과 근본적인 가치를 두고 벌어지는 논쟁을 통해 불안정해진, 양극단 사이를 오고가는 운동으로 작용한다

7 시그워스와 티쎈은 유동성을 (더 광범위하게) "부분적으로 자금이 더 높은 '신용'과 이에 상응하는 더 많은 부채의 영구적인 지출/창출로 흐르도록 유지함으로써 (명목적 통화 성장 또는 '이윤'을 위한, 또한 지속적인 경제적 팽창을 위한) 미래의 의무를 이행해야 하는 글로벌 통합 금융시스템의 필요성을 더 광범위하게 언급한다(Seigworth & Tissen, 2012: 64)".

(Martin, 2013: 91)". 실제로 파생상품은 "근본적인 가치의 **경합성**을 알 수 없는 가치에 대한 시장의 기준점인 거래 가능한 상품으로 전환한다". 여기서 알 수 없는 가치란 계산 불가능한 가치이지만 그럼에도 측정되어 배치된다(같은 책). 파생상품의 묶음이 마틴이 언급한 "수평적 정향lateral orientation"을 제안하는 방식은 포스트모던 사회성에 대한 비교적 최근의 기술어구들을 대체한다. 즉,

> 원천에서 다른 어떤 것으로 일부 가치를 전달하는 것, 특성과 같은 것들과 결합될 수 있는 기존 표현의 속성, 다른 요인들과 조화 혹은 부조화를 이루며 이동할 수 있는 가변인자(variable factor) … 파생 논리는 우선적이거나 궁극적으로 단일한 전체 혹은 관습 및 관점의 통일로 나타날 필요 없이, 구체적인 특수성, 명확한 계약, 약속, 의무, 개입, 지불이 상호연결될 수 있는 방법을 인식하게 함으로써 우리가 해롭다고 여기는 파편화, 분산, 고립에 대해 언급한다. (같은 책: 85-87)

상품을 파생상품의 단면으로 절단하는 바로 그 행위는 '사물'이라는 상품의 존재론적 지위에서 해방시킬 뿐만 아니라 그 상품에 담겨있는 시공간의 벡터를 해방시킨다. 주택house은 더 이상 집home이 아니며, 오히려 가능한 미래에 대한 예측으로, 대비될 위험이나 이익이 될 위험으로 받아들여진다. 빅데이터는 이러한 예측 논리를 따른다. 왜냐하면 빅데이터는 무한한 데이터 지점들을 수집하려는 것뿐만 아니라 그러한 데이터 지점들에서 고유한 패턴을 생성하려는 데이터세트로 작동하도록 하기 때문이다. 이처럼 빅데이터는 움직이는 데이터이다. 빅데이터는 포착되거나 고정될 수 없으며 그렇지 않으면 빅데이터는 그것의 사회적, 금전적인 가치를 모두 잃게 될 것이다. 이와 같이 빅데이터는 지속적인 부채 기반 또는 신용 기

반의 유동성으로 작동하고 있는 파생 논리를 제공한다.

여기서 다시 화이트헤드 학파의 과정 이론과 관련되는데, 이 이론은 개별적인 경험의 계기들이 생성되고 그리고 생성적 과잉의 연속체로 다시 사라지는 것을 다룬다. 계기라는 개념을 활용하는 것은 변화로 맥박 치는 세계에 대한 개념적 조정을 필요로 한다. 따라서 우리는 계산의 세계에서 현재 진행 중인 사회 변화의 폭을 진정으로 파악하기 위해서는 이러한 조정이 필수적이라고 주장한다. 이 기초적인 움직임은 사물들, 곧 인간과 비인간 모두가 되기의 끊임없는 과정에 있게 할 뿐만 아니라, 사물들이 그들의 해석자로서 수행할 인지적 주체인 인간을 반드시 필요로 하지 않게 만든다. 사실 우리는 계산적인 것 그 자체가 연속체라는 개념을 향해 손을 뻗기 시작했는지 물을 수 있을지 모른다. 즉 아마도 우리가 인지하게 되는 것은 유동성이 흐름이 되는 파생상품의 정보기반 가격결정에서 시장이 반복적으로 형성되는 것처럼 사회를 반복적으로 형성할 수 있는 정보의 생명창출적 흐름이다.

만일 우리가 데이톨로지컬이 통계분석의 안정적이고 고정된 상태이 사물들을 넘어선 사고를 그리고 있다는 것을 인정할 수 있다면, 그때 어쩌면 우리는 데이톨로지컬이 우리에게 비재현 이론의 한 버전을 전달해주며 스리프트Thrift가 윌리엄 제임스William James에서 알프레드 노스 화이트헤드Alfred North Whitehead까지 이어지는 계보와 발을 맞춘, "급진적 경험주의radical empiricism(Thrift, 2007)"의 한 버전을 가져다준다고 결론지을 수 있을 것이다. 급진적 경험주의는 감각 또는 관찰 기반의 경험주의를 넘어 분산된 사건들이나 계기들이 발생하는 과정과 실천에 주목한다. 달리 말해 이 경험주의는 전개체적preindividual인 것, 타자, 또는 인간의 인지, 인식, 의식 아래에 있는 것의 실재를 인식한다. 그것은 지금까지 살펴본 바와 같이 데이톨로지컬 생산의 핵심이다. 그러므로 비재현 이론 또한 연구 방법이 수행성의 측면, 혹은 스리프트가 "놀이(play)(같은 책: 7)"나 "실험(같은 책: 12)"이라고 언급한 것의 측면에서 재고되어야 함을 제안한다. 스리프트에게 수행성은 다양한 시간성들과 함께 인간 및 비인간이라는 모든 종류의 몸들을 놀이로 이끄는 것이며, 그럼으로써 자연과 기술, 몸과 기계, 활성과 비활성이라는 대립으로부터 사회학적 사고, 방법, 연구를 분리하도록 촉진한다. 그러나 계산의 흐름과 급진적 경험주의를 이렇게 함께 그려내는 것이 언제나 과잉에 대한 발견을 축하하는 프로젝트인 것은 아니다. 그보다 우리는 앞서 제시한 바와 같이 저항이나 자유라는 (정치적) 색깔을 데이톨로지컬 전환에 덧입히고 싶지 않다. 실제로 새로운 계산 논리로서 데이톨로지컬 전환과 비재현 이론 사이에서 편안하게 어울리기 위해서는, 아마도 현재 정동적 역량이 이동 혹은 순환하고 있는 인간 너머의 행위자들의 상태 또는 효과에 대한 것을 포함하여 새롭고 까다로운 질문을 던지기 위한 압박을 느낄 필요가 있을 것이다. 그리고 그것은 스리프트가 "표현하는 인프라expressive infrastructure(Thrift, 2012)"라고 명명한 것을 야기하며 사고 그 자체를 수학에 개방해야만 하는 사회성을 물질화한다.

결론

우리는 사회학이 통치를 위해 통계적인 인구를 생산하도록 기능해왔다는 미셸 푸코(Michel Foucault, 2007)의 주장을 좇아왔으며, 더 나아가 이러한 통계적 인구가 인간으로 존재론적으로 환원될 수 있던 적이 없다는 그의 의견에 동의한다. 그 대신 인구는 사회학을 통해 구체적으로 표현되는데, 인구는 인식론적으로 인간 수치로 이식되며 성찰적인 사회학적 실천을 통해 장소에 고정된다. 푸코의 비판을 빅데이터 및 알고리즘 구조라는 동시대의 실천 영역으로 이행시키려면 정치적으로는 불편하지만 학문적으로는 불가피한 이동이 필요하다. 그 이동이란 인간주의 사회학 기반의 통치 방식 및 경제에 대한 비판에서, 파생이라는 속성을 지닌 경제이후를 인식할 수 있는 사회성으로 수학적으로 개방된 비판 사회학으로의 움직임을 말한다. 자유주의 경제에서 대개 배제되었던 정치는 대신 경제이후에서 통치의 정치적 효과가 시장 평가의 대상이 되면서 완전히 포함되었다. 본 지면에서 이 정치는 빅데이터와 알고리즘 구조라는 측면에서 다루어졌다.

비판 사회학은 인간 주체를 탈중심화하면서 통계 및 인구통계 데이터를 수집 및 분류하고 분석하는 방법을 탈시스템화하는 포스트사이버네틱 계산 논리를 인정한다. 즉 관찰하는/자기관찰적인 인간 주체는 사회성을 이해하려는 데이터 중심 프로젝트의 기반으로서 붕괴된다. 개인과 구조, 거시와 미시 수준, 체화와 정보, 자연과 문화, 활성과 비활성이라는 대립은 의문을 불러일으킨다. 우리는 라투르 등을 따라서 이러한 대립하는 가정을 거부하고 그 가정의 결과로 "사회학 이론에 의해 제기된 거의 모든 질문들은 이 대립되는 용어들 사이 올바른 경로의 탐색이라는 틀에 넣어졌다"고, 즉 그 용어들 사이의 관계를 설명하는 방법에 갇혀있다고 주장한다(Latour *et al.* 2012: 2). 라투르 등에게 이러한 대립은 사회학의 데이터 수집 및 분석 방법에 적용되어 온 바로 그 기술의 결과이다. 그들이 썼듯이 "'특수'와 '보편', '개인'과 '집단', '시스템'과 '행위자'는 본질적인 실재가 아니라 데이터세트 내부를 처리하는 데 사용되는 기술 유형의 결과로서 임시적인 용어이다(같은 책)". 그러나 데이터가 방대해지고 알고리즘 구조에 의해 분석되면서 사회학적 상관관계를 만들어 낸 그 대립들은 "납작해지게 되었다".

우리는 사회학이 사용한 측정 방법이 적절하지 않았다는 라투르의 의견에 동의하지만, 사회학에 대한 비판은 이보다 더 나아가야 한다고 주장한다. 사회학이 직면한 질문은 데이터세트를 더 잘 사용할 수 있는 방법에 대한 것이 아니다. 느린 사회학적 측정 방법과 관련해 데이터마이닝에 대한 관심이 점차 증가하는 것은 사회를 다루는 과학으로서 지배적인 위치를 되찾기 위해 측정 알고리즘 구조를 따라잡는 문제는 아니다. 그보다 오히려 실시간으로 인구를 접합하고 해체하는 사회학의 무의식적 추동에 대한 기술적 실현과 사회성의 본질이 어떻게 급진적으로 변화해왔는지를 직시할 필요가 있다. 또한 더 이상 이데올로기적인 설명이 요구되는 시스템의 주체가 아닌, 이러한 사회성에서의 주체성에 대한 질문도 중요하다.

그러나 주체를 구성하는 데 이데올로기적으로 실패했다는 점이 쟁점은 아니다. 대신 시그워스와 티센(Siegworth & Tissen, 2012: 68)은 단순히 인간의 욕구가 아니라 주로 기술적인 욕구로서의 유동성에 대한 욕구가 이데올로기를 앞섰다고 주장한다. 그들은 민영화, 신자유주의화, 기업화, 증권화에 대한 이데올로기적 담론들이 "유동성에 대한 신용 화폐의 욕구**의 효과들** 혹은 그 욕구**에 대한 반응들**(같은 책)"이라고 주장한다. 라투르의 "플라즈마"[8]라는 개념

---

8 역자 주: 플라즈마(plasma)는 아직 사회화되지 않았으며 아직 도량학적으로 포착되어 측정

화와 스리프트의 "절대 프레임은 아닌 직물fabric로서 유동하는 구조"라는 개념화에 따라, 시그워스와 티센은 유동성이 아마 라투르가 설명한 "평평한 네트워크적 지형의 … 그물망들 사이에" 있는 것이라고 본다(같은 책: 62-63). 이처럼 빅데이터 측정 방식과 파생적으로 가격을 결정하고 거래하는 방식(유동성을 유지하고 계산할 수 없는 것을 배열하는 것을 의미하는)은 오늘날 사회성에서 핵심이다.[9] 이 방식들은 또한 이러한 사회성의 주체, 즉 시스템을 참조하지 않는 주체를 재고하는 데 중점이 된다.

빅데이터에 대한 알고리즘 생산이 인간의 의식, 혹은 심지어 데이터를 유발한 인간의 행위를 참고하지 않는다는 것을 고려해보면, 그 주체는 근대적 사고방식을 지닌 의식적인 주체가 될 수 없다. 최근에 마크 한센Mark Hansen은 빅데이터의 주체화는 불가능하므로 주체는 데이터가 제시된 이후에 존재하는 의식이어야 한다고 주장해왔다. 그 대신 빅데이터는 "새로운 정신적 상태의 물질적 기반이 아니라 글자 그대로 **외부로부터의 침입으로서** 의식에게 공급된다(Hansen, 2013)". 이처럼 "의식은 그 자신의 효용성보다 뒤떨어진다는 것을 알게 된다(같은 책)". 이는 의식적인 주체가 그 자체로 환원적인 기술적 과정으로 축소되었다고 주장하는 것이 아니다. 결국에는 계산할 수 없는 확률들을 지목하는 데 있어 우리는 알고리즘 구조가 이런 식으로 환원되지 않는다고 본다. 오히려 한센이

되지 않은 것이다.

9 그러나 시스템에서의 이동을 추적하는 과정에서 우리는 네트워크(network)에 대한 위치를 발전시키지 못했다. 하지만 확실히 데이톨로지컬 전환은 네트워킹(networking)에 대한 사유에 영향을 미치기 때문에 평평한 네트워크적 지형이라는 표현은 현재 우리에게 충분한 언어이다. 여기서 더 중요한 것은 더 이상 시스템으로 사유되지 않는 것과 관련된 유동성에 대한 사유이다.

말했듯 주체는 역량의 유동성을 유지하면서, 경향을 추적하는 주체로 생각될 수 있다고 제안하고 싶다. 따라서 이 주체는 "이윤에 대한 단순한 미적분학"으로 축소될 수 없다(Feher, 2009). 대신 미셸 페어Michel Feher는 이 주체를 단지 금전적인 반환을 위한 것이 아니라 자기 자신에 대한 평가절하가 발생하지 않도록 그 평가를 관리하기 위해 투자된 것으로 이해했다(같은 책). 자기를 평가하는 주체는 시스템과 관련하여 자신을 아는 것이나 자아 성찰self-reflection과는 거리를 둔 실천에 몰두한다.[10] 그것이 바로 비재현적인 주체이다. 페어는 "사변적 주체speculative subject"[11]를 언급하는데, 우리가 제안하자면 사변적 주체란 역량의 유동성을 유지하기 위한 실천에 참여하며 그럼으로써 자기 평가를 위해 어떤 실천이 필요한지, 역량에 대한 지속적인 사변의 결실을 맺기 위해 어떤 종류의 동맹alliances과 공동체collectives가 그 실천에 요구되는지와 같은 논쟁에서 정치를 찾는 주체이다.

감사의 글

우리는 R. 조슈아 스캔넬R. Joshua Scannel로부터 데이톨로지컬의 아이디어를 얻었다.

10 이는 푸코의 저서인 『주체의 해석학: 1981-1982, 콜레주 드 프랑스에서의 강의(The Hermeneutics of the Subject: Lectures at the Collège de France 1981-1982)』(Foucault, 2005)에서의 실천(practice) 논의에 관한 생각이다.

11 역자 주: 여기서 사변적 주체는 손해를 피하고 이익을 극대화하기 위해 실천으로서 자기 평가를 지속한다는 점에서 한국에서 사용되는 부정적인 어감과 거리가 있는 의미로 '투기적 주체'로도 이해가능하다.

참고문헌

Anderson, C. (2008). The end of theory: The data deluge makes the scientific method obsolete. *Wired*. www.wired.com/science/discoveries/magazine/16-07/pb_theory. Accessed October 18, 2014.

Aron, J. (2012). Frankenstein virus creates malware by pilfering code. *New Scientist*, 2878. http://www.newscientist.com/article/mg21528785. 600-frankenstein-virus-creates-malware-by-pilfering-code.html#.VEVLGmddU_Y. Accessed October 18, 2014.

Ayache, E. (2007). Elie Ayache, author of the Black Swan. *Wilmott Magazine*, (October), 40-49.

Burry, J., & Burry, M. (2012). *The new mathematics of architecture*. London: Thames & Hudson.

Clough, P.T. (1998). *The end(s) of ethnography: From realism to social criticism*. New York: Peter Lang.

Clough, P. T. (2010). The case of sociology: Governmentality and methodology. *Critical Inquiry*, 36(4), 627-641.

Davenport, T. H., & Patil, D. J. (2012). Data scientist: The sexiest job of the 21st century. *Harvard Business Review*, October. http://hbr.org/2012/10/data-scientist-the-sexiest-job-of-the-21st-century/ar/1.Accessed October 18, 2014.

Derrida, J. (2006). *Specters of Marx: The state of the debt, the work of mourning and the New International*. New York: Routledge.

Feher, M. (2009). Self-appreciation; or, the aspirations of human capital. *Public Culture: Bulletin of the Project for Transnational Cultural Studies*, 21(1), 21-42.

Foucault, M. (2005). *The hermeneutics of the subject: Lectures at the Collège de France 1981-1982*. Trans. G. Burchell. London: Macmillan.

Foucault, M. (2007). *Security, territory, population: Lectures at the Collège de France 1977-1978*. Trans. G. Burchell. London: Macmillan.

Han, J., Kamber, M., & Pei, J. (2012). *Data mining: Concepts and techniques*. New York: Elsevier.

Hansen, M. (2013). Beyond affect? Technical sensibility and the pharmacology of media. Paper presented at Critical Themes in Media Studies, NYU.

Hayles, N.K. (1999). *How we became posthuman: Virtual bodies in cybernetics, literature, and informatics*. Chicago: University of Chicago Press.

IBM. (연도 미상). What is big data? — Bringing big data to the enterprise. www-01.ibm.com/software/data/bigdata. Accessed July 22, 2013.

Latour, B., Jensen, P., Venturini, T., Grauwin, S., & Boullier, D. (2012). The whole is always smaller than its parts. A digital test of Gabriel Tarde's Monads. *British Journal of Sociology*, 63(4), 590-615.

Luhmann, N. (1996). *Social systems*. Trans. J. Bednarz. Stanford: Stanford University Press.

Lury, C., Parisi, L., & Terranova, T. (2012). Introduction: The becoming topological of culture. *Theory, Culture and Society*, 29(4-5), 3-35.

Martin, R. (2013). After economy?: Social logics of the derivative. *Social Text*, 31(114), 83-106.

Maturana, H.R., & Varela, F.J. (1980). *Autopoiesis and cognition: The realization of the living*. London: Springer.

Miyazaki, S. (2012). Algorhythmics: Understanding micro-temporality in computational cultures. *Computational Culture*. http://computational culture.net/article/algorhythmics-understanding-micro-temporality-in-computational-cultures. Accessed October 18, 2014.

Parisi, L. (2009). Symbiotic architecture: Prehending digitality. *Theory, Culture and Society*, 26(2-3), 346-374.

Parisi, L. (2013). *Contagious architecture: Computation, aesthetics, and space. Cambridge*, MA: MIT Press.

Savage, M., & Burrows, R. (2007). The coming crisis of empirical sociology. *Sociology*, 41(5), 885-899.

Seigworth G.J., & Tiessen M. (2012). Mobile affects, open secrets, and global illiquidity: Pockets, pools, and plasma. *Theory, Culture and Society*, 29(6), 47-77.

Shaviro, S. (2009). *Without criteria: Kant, Whitehead, Deleuze, and aesthetics*. Boston: MIT Press.

Sledge, M. (2013). CIA's Gus Hunt on big data: We "try to collect everything and hang on to it forever." *Huffington Post*, March 20. www.huffington-post.com/2013/03/20/cia-gus-hunt-big-data_n_2917842.html. Accessed July 22, 2013.

Steinmetz, G. (2005). The epistemological unconscious of U.S. sociology and the transition to Post-Fordism: The case of historical sociology. In J. Adams, E. Clemens, & A. S. Orloff (Eds.), *Remaking modernity: Politics, history, and sociology* (109-157). Durham, NC: Duke University Press.

Terranova, T. (2000). Free labor: Producing culture for the digital economy.

Social Text, 18(2), 33-58.

Terranova, T. (2004). *Network culture: Politics for the information age.* London: Pluto Press.

Thrift, N. (2007). *Non-representational theory: Space, politics, affect.* London: Routledge.

Thrift, N. (2012). The insubstantial pageant: Producing an untoward land. *Cultural Geographies,* 19(2), 141-168.

Wikipedia: The Free Encyclopedia. (2014). Derivative (finance). http://en.wikipedia.org/w/index.php?title=Derivative_(finance)&oldid=631039719. Accessed October 20, 2014.

Whitehead, A.N. (1978). *Process and reality: An essay in cosmology.* New York: Free Press.

10 돌이킬 수 없는 상실

알폰소 링기스*Alphonso Lingis*

깨어나 눈을 뜬다. 주변의 환경은 그 자체로 자신을 수평선 구석구석까지 드러내고 있었다. 현실의 밀도와 토대를 깨워내면서 빛이 집을 조용히 채우고 있었다. 빛은 우리를 밖으로 소환한다. 흔들리는 나뭇잎과 복잡한 철사 같은 가지들, 호수 표면의 요동치는 은빛 물결, 달빛 아래 이동하는 구름들의 장으로. 우리의 눈, 우리의 귀, 우리의 확장된 촉각은 현실과 미래를 향해 열린다. 우리에게 그 자체를 드러내는 모든 것들 속에서 우리는 그것이 무엇인지, 그리고 무엇이 되어갈 수 있는지 본다.

우리의 인식은 드러나왔고 또 전해진 것들을 간직한다. 이 머무름으로 그것들을 다시-드러내면서, 그리고 가능한 것을 마음속에 그리면서, 무엇이 올지 예상하면서. 우리는 멀리 떨어진 것과 결여된 것들을 부르기 위해 언어를 쓴다. 그리고 서사, 진보, 운명, 비극, 희극, 혹은 우리 삶의 소극farce(笑劇)을 작곡하기 위해 언어를 쓴다. 서사는 우리를 둘러싼 환경의 일관성, 그리고 정체성의 응집력을 묘사하고 확언한다.

우리 앞에 열려 있는 미래의 장들은 가능성으로 점철되어 있지만, 가능한 것들이 미래인 것은 아니다. 가능한 것은 불가능할 수 있다. 지나갈 수 없는 길이라 밝혀질 수도 있고, 우리 손에 쥐어진 도구들이 부러져있을 수도 있다. 우리가 우리의 통찰력, 힘, 그리고 기술을 가지고 환경에 침입해 들어갈수록, 우리는 우리의 취약성과 유한함을 감지한다. 우리에게 내리꽂히는 타격에, 혹은 가까스로 벗어난 타격에, 우리는 우리 안의 심연을 느끼며 떤다. 미끄러운 계단, 너덜너덜해진 전기선, 전자레인지에 우리의 인생은 끝날 수 있다. 그것들the things 속에서 우리가 보는 모든 가능성은 아마도, 어딘가에서, 어디에서든, 어떤 순간이든 갑자기 불가능해질 수 있다. 그리고 그것들은 이제 미래가 없는 채로 현재 안에서 우리를 배회한다.

우리는 막연히 죽음이 우리를 쫓고 또 잡으러 오면서 우리 주변 모든 곳에 도사리고 있음을 느낀다. 그것은 미래의 저 끝에 있는 검은 벽이 아닌, 금방이라도 닥칠 듯한 목전의 것이다. 어느 순간에라도 시간의 철도는 끊어질 수 있다. 마틴 하이데거Martin Heidegger는 우리 주변에 자리하며 가능한 것으로 존재하는 모든 것들이 불안 속에서 갑자기 그들의 지지를 철회하고, 우리의 힘과 존재를 무로 환원하면서 우리에게서 모든 손을 놓은 채로 떠나버린다고 말한다. 그에 따르면 나의 죽음은 나의 존재가 무로 환원되는 것이다. 하지만 죽음이 무엇인지 안다거나 죽음을 무로 정의할 수 있다고 말하는 것은 너무 멀리 간 이야기이다. 불안은 다가오는 것들을 가늠할 수 없다고, 재현할 수 없다고 감각한다.

사물들의 날카로운 모서리, 타인에 의해 가해진 타격은 우리를 상처입히고 고통스럽게 한다. 고통 속에서 사람은 스스로에게서 몸을 돌려 외부환경으로 향하는 계획에 착수할 수 없을 것이라는 불능감을 점점 크게 느낀다. 그 사람은 고통으로부터 벗어날 수 없다고 느끼거나 자신의 신체적 물질성을 뒷받침할 수 없다고 느낀다. 행동의 시간은 과거의 행동과 사건을 방향과 추진력으로 전환하여 보존하는 전진적인 궤적이며, 사물, 길, 도구, 난관의 재현과 더불어 미래를 지도화하는 것이다. 고통의 시간은 과거의 계획들이 그 힘과 추진력을 잃어 우리가 그것들에 내재된 가능한 것들을 움켜쥘 수 없게 되는 시간, 미래가 끊어지는 시간이다. 고통의 시간은 죽어가는 시간이다.

노년에 이르러 우리의 힘을 꾸준히 찾던 행동은 무기력함과 탈진, 혹은 의학적으로 불치라고 판단된 질병과 더불어 시달림으로 바뀌고, 우리는 끝을 기다리는 스스로를 발견한다. 우리 과거의 추진력은 사라지고, 우리의 경험과 기술은 우리를 향해 다가오는, 또한 여전히 유예되어 있는 시간과 더불어 존재하는 죽음 앞에서 도움이 되지 않는다. 죽어가는 것은 시간이 걸린다. 죽음은 오기로 한 때에 온다. 우리는 어느 곳으로도 가지 않는, 그저 끊어질 때까지 연장될 뿐인 지금a now에 유예되어 있다. 죽어가는 시간은 미래 없이, 가능성 없이 견디는 죽은 시간, 지금이다. 우리 각자에게는 우리 자신이나 다른 사람들을 위해 아무것도 바라지 않고 아무것도 하지 않은 채 죽는 것만이 남은 그 시간이 올 것이다. 우리가 하는 것들이 공허한 미래에서 생산적인 결과를 투영하지 않는다면 남아 있는 이 시간을 어떻게 메울 것인가. 어떠한 광휘가 남아있을까, 우리는 무엇을 할 수 있을 것인가?

가브리엘 가르시아 마르케스Gabriel Garcia Márquez의 『백년의 고독』(1991)에서 아우렐리아노 부엔디아Aureliano Buendía 대령은 혁명군의 총사령관이 되었고 정부가 가장 두려워하는 인물이 되었다. 그는 서른 두 번의 무력봉기를 일으켰고 모두 패배했다. 그가 무수히 많은 적군과 민간인을 학살했기에 그의 많은 추종자들은 영웅이 되지 못한 채 패배했고, 죽었다. 열일곱 명의 여인에게서 얻은 열일곱 명의 남자아이는 그의 아들이었기 때문에 줄줄이 붙잡혀 죽임을 당했다. 세월이 흐르면서 그는 보수당뿐만 아니라 그가 헌신했던 자유당 역시 모든 원칙들을 저버린 채 권력만을 위해 싸우는 것을 보았다. 거의 20년 간의 전쟁 끝에, 그는 정부와 종전 조약을 체결했다.

그는 그가 태어났던 집으로 돌아온다. 그의 전투복을 잡역부에게 넘기고, 그의 무기를 태우고, 그가 어릴 때부터 썼던 시를 태운다. 그는 그가 세상에서 거쳐왔던 모든 흔적들을 허물어뜨린다. 그는 그 누구도 보기를 거부한다. 잠긴 문 뒤에서 그가 종일 하는 일이라고는 금빛의 작은 물고기 조각상들을 만드는 것뿐이다. 그는 물고기 조각에 비늘을 연결하고 아가미를 접착하고 지느러미를 붙이고, 눈구멍에 작은 루비를 끼워 넣는다. 그 물고기는 매우 작고 연약하지만, 완벽하다. 처음에 그는 작은 물고기들을 금화를 받고 팔았고, 금화를 녹여서 작은 물고기를 만들었다. 하지만 사람들이 그 금물고기를 장신구가 아닌 역사적 유물로 산다는 것을 알게 되었을 때, 그는 조각상을 파는 것을 그만두었다. 그는 하루 두 개의 물고기를 만들었고 스물 다섯 개가 되면 그 조각들을 다 녹여 다시 만들기 시작했다. 예술적 기교의 정밀함을 위해 요구되는 그 주의력과 집중력은 끈질기게 지속되는 시간을 채우고, 그의 기억을 상쇄하고, 전쟁에 대한 환멸감을 끊는다. 각각의 작은 물고기들은 완벽하며, 조각상을 만들고 또 녹이는 그 각각의 움직임과 순간은 완벽하다. 그는 이 조각상들 안에 그가 하는 모든 행위의 가치 유무를, 그의 이름을 지워낸다.

그는 또한 콜롬비아에서 발견한 점령지를 지워낸다. 정복자들[1]이 엘도라도el Dorado를 찾고 있었을 때, 몸을 금가루로 감싼 무이스카Muisca 족장은 뗏목을 금빛 조각상으로 채우고 과타비타 호수의 중심부로 노를 저어갔다. 그곳에서 그는 천천히 물속으로 빠져들어 갔고, 모든 금붙이들은 호수 속 물고기들과 함께 흩어져갔다. 정복자들은 어디에 금이 묻혀있고 저장되어 있는지 캐내기 위해 수 백 명의 선주민들을 고문했고, 호수의 물을 빼내기 위해 여러 차례 그들을 노예로 만들었지만 보물은 되찾지 못했다.[2] 그들은 무이스카족을 몰살시켰고, 그들의 문화와 지식을 말살했다. 그 결과 오늘날 적은 수의 작은 금조각상만이 의미를 잃은 채 남게 되었다.

이때 즈음, 아우렐리아노 부엔디아 대령의 여동생인 아마란타는 레베카를 위한 수의를 짜기 시작한다. 청소년기 그녀는 레베카와 약혼한 피에트로 크레스피Pietro Crespi와 사랑에 빠졌다. 아마란타는 그들이 결혼하기 전 레베카를 죽일 것임을 맹세한다. 그러나 피에트로 크레스피는 레베카와 결혼하지 않았고, 그가 아마란타에게 청혼했을 때, 아마란타는 그를 거절한다. 그녀를 설득하지 못한 채 그는 스스로 목숨을 끊는다. 몇 년 후 게리넬도 마르케스Gerineldo Márquez 대령이 아마란타에게 사랑을 고백하지만 그녀는 거절한다. 이 두 번의 거절은 그녀의 인생을 특징지었다, 반복되고 연장되면서.

"냉정한 마음에 두렵고, 응축된 비통함에 쓰린" 아마란타를 보러 온 최고령자이자 눈먼 우르술라Úrsula는

> 아마란타가 이제까지의 그 누구보다 다정한 여인임을, 그녀가 피에트로 크레스피에게 가했던 부당한 고문이 모두가 생각하는 것처럼 복수에

---

1 역자 주: 여기서는 특히 16세기 멕시코와 페루를 정복한 스페인 지도자들을 의미한다.

2 마지막으로 공인된 수색은 1965년에 이루어졌다. 그 이후 지금까지도 여전히 무허가 스쿠버다이버들이 보물을 찾고 있다.

> 대한 열망에 휩싸였던 것이 아님을, 게리넬도 마르케스 대령의 인생을 좌절시킨 순교자적 고통이 그녀의 악독함 때문이 아님을 연민과 더불어 명확히 이해했다. 그 두 행위 모두 헤아릴 수 없이 무한한 사랑과 완고한 비겁함 사이의 사투였으며, 아마란타가 그녀의 곪은 심장에 늘 지니고 있던 비이성적인 공포가 끝내 승리한 것이었다(Márquez, 1991: 250).

그 증오는 사랑의 맹렬한 고통에 대한 공포였다. 사랑이 때때로 증오로 변하듯, 증오는 때때로 사랑으로 변하고, 이 둘은 모두 고독의 무한한 이해에 기반해 가능해진다.

나이 든 아마란타는 이제 오직 레베카가 죽는 것만을 기다리고 있었다.

> 그녀는 레베카의 시체를 복원하기로 결심한다. 레베카의 얼굴에 낸 상처를 파라핀으로 가리고, 성인들the saints의 머리카락으로 만든 가발을 만들기로 결정한다. 그녀는 리넨 수의와 보라색 장신구가 달린 플러시 천으로 된 라인이 들어간 관으로 사체를 아름답게 만들고, 화려한 장례식과 함께 그 시체를 벌레들을 뿌린 곳에 넣을 생각이었다. 그 같은 증오로 계획을 짰기에 그녀는 그녀가 사랑으로 이 일을 했더라도 정확히 똑같은 방식으로 실행했을 그 음모에 대해 생각하면 몸이 떨려왔다(같은 책: 278).

그녀가 일하는 동안 각각의 바느질에 쏟은 주의와 집중은 그녀의 기억들을 더욱 데일 듯 뜨겁게 만들었다.

그러다 어느 날 죽음이 유령의 형태로 그녀에게 나타나 그녀의 수의를 만들라고 명령했다. "그녀는 그녀가 원하는 만큼 까다롭고 우수한 수의를 만들 수 있도록 허락받았지만, 레베카의 것처럼 꼭 정직하게 해내야 했다. 그리고 그녀는 수의를 다 만드는 날 해질 무렵에 그녀가 고통과 공포, 혹은 괴로움 없이 죽을 것이라는 이야기를 들었다"(같은 책: 279). 아마란타는 깨어있는 시간 내내 그녀의 수의를 만들었고, 잠든 동안에는 수의에 관한 꿈을 꾸었다. 때때로 꿈에서 깬 이후 아마란타는 새로운 디자인을 위해 그녀가 짰던 것을 풀어내기도 했다. 그것은 이제껏 짠 것 중에서 가장 완벽하고 가장 아름다운 수의일 것이다. 그녀가 작업한 지 4년이 지나면서, 각각의 실들은 그녀의 주의를 오롯이 흡수하고 있었다. 수의를 짜는 기간은 쉼터나 도구, 식기 만들기처럼 '가능성'의 미래의 시간을 여는 작업의 기간이 아니다. 수의를 짜는 기간은 과거가 서서히 사라져 그 시간 자체를 다른 실, 다른 지금으로 연장하는 '현재'의 죽음의 시간이다. 완벽함의 시간에서 성취된 것은 더 이상의 무언가를 요구하지도, 어떠한 다른 것을 가능하게 만들지도 않는다.

> 그녀 피부의 표면과 그녀 내부의 자신으로 환원된 세상은 모든 괴로움으로부터 안전했다. 아마란타는 그 계시를 수년 전 아직 기억을 정화하는 것이 가능했던 그때, 해질 무렵 피에트로 크레스피의 라벤더 향에 떨렸던 회상 없이 새로운 빛 아래에서 우주를 재건하는 것이 가능했던 그때, 증오도 사랑도 아닌 고독에의 무한한 이해로 레베카를 그녀의 절망의 구렁텅이로부터 구할 수 있었던 그때 받지 못한 것이 고통스러웠다(같은책: 279).

수의는 그녀의 인생에 대한 재현이 아니라 삶의 비통함에 대한 꼼꼼하고 끊임없는 소거를 재현한다. 수의는 그녀를 불멸에 봉안할 예술 작품이 아니다. 수의는 그녀와 함께 묻힐 것이다.

강렬히 우리 앞에 나타나는 것은 우리가 사랑하는 것이다. 사랑하는 이의 손을 잡고 있으면, 그 혹은 그녀의 실체가 우리를 지지하고, 그 혹은 그녀의 생의 맥박이 우리의 몸에 울려온다. 사랑하는 이를 어루만지며 우리의 몸은 쾌락pleasure과 고통의 욱신거림으로 떨린다. 우리는 사랑하는 이의 쾌락에서 쾌락을 느낀다. 사랑은 알고 싶은 가장 강렬한 갈망이다.

그러나 우리의 품에 벌거벗겨지고 버려진 채로, 사랑하는 이는 저 멀리 떨어져 있다. 우리의 어루만짐은 반복적으로, 목적 없이, 무엇을 찾으려는 지조차 모르는 채로 사랑하는 이에게 흘려 보내진다. 수년의 사랑 후에도 우리는 여전히 사랑하는 이의 충동, 흥미, 변덕에 놀라면서 그 혹은 그녀의 몸이 말로 표현할 수 없을 만큼 우리의 몸과는 다름을 주목하는 것에 매료된다. 들뜸은 놀라움, 예상치 못한 만남에서 솟구친다. 기쁨joy은 놀라움과 들뜸을 통해 만들어진다. 사랑은 유일무일한 존재에 부착된다. 이는 이방의, 이국적인 이와의 공생이다.

우리는 우리가 사랑하는 사람을 돌본다. 우리는 우리가 보살피는 이들을 사랑한다. 사랑은 모든 공격과 한멸로부터 행동하고 보호하고 지지하고 치유할 준비가 되어있는 애착이자 열정, 체념, 그리고 고동침이다. 사랑은 또 다른 삶의 힘과 찬란함에 대한 경이이다. 이는 사랑하는 이의 연약함과 취약함에 대한 염려와 떨어질 수 없다.

나의 임박한 죽음보다 더 비탄스러운 것은, 내가 사랑하는 이에게 엄습하는 죽음이다. **이해하는 것은 용서하는 것이다Tout comprendre c'est tout pardonner**. 그러나 나는 이해할 수 없다. 그 어떤 세상의 이유도, 그 혹은 그녀를 부서뜨린 기계의 힘 혹은 세균적 요인도 내가 사랑하는 이의 삶이 정교하게 다듬은 나와 세상에 대한 선함의 이치를 이길 순 없다. 나는 그 혹은 그녀의 죽음의 원인을 재현할 수 없고 그 혹은 그녀의 죽음이 남긴 심연을 재현할 수 없다.

이 트라우마는 쉽게 나을 수 없다. 지그문트 프로이트Sigmund Freud는 사랑하는 대상에 대한 나의 리비도를 전환하는 애도의 작업을 주문한다. 하지만 내가 사랑하는 이의 그 모든 선함과 실제, 그리고 이 사랑이 내 인생에서 만들어냈던 그 자양분들을 버리거나 배신하지 않고 어떻게 그 작업이 가능할 것인가? 나는 이 상실을 품어야 하고, 내가 사랑했던 멀고 이해되지 않는 사람을 간직해야 하며, 사랑이 내 안에서 만들어냈던 힘을 간직해야 하고, 살아갈 수 있기 위해 어떤 자원들이 가능할지 조합해야 한다.

> 마이클과 켈리가 결혼한 지 22개월 되던 그날. 마이클이 몬트리올에 있던 그날. 그날, 백 마일 떨어진 곳에서, 켈리는 삼중 추돌로 죽은 유일한 사람이었다. 그날 켈리는 삼중 추돌로 사망했다.

마이클은 무덤 속 관을 내려다보았다. 켈리는 검은 공허였다. 마이클의 마음은 검은 공허였다. 빛나는 직업과 다정한 미래를 위해 파견되었던 그의 젊은 날은 검은 공허였다. 장례식이 거행되었고 사람들은 잇따라 마이클을 토닥였다. 때때로 그들은 마이클의 마음에 남지 않는 어떤 말들을 중얼거리기도 했다. 그리고 그들은 하나 둘씩 떠나갔다. 아무도 감히 마이클을 돌려보내려 하지 않았다. 무엇을 위해. 무엇하러. 무엇을 말하기 위해 그러겠는가?

마이클은 사토장gravedigger이 삽을 들고 그 자리에 있었다는 것을 깨달았다. 그는 눈치를 보며 일을 시작하고 있었다. 삽의 흙이 켈리의 관에 떨어지며 그녀를 영원한 어둠에 묻었다. 무덤 파는 이, 낯선 자. 마이클은 무의식적으로 삽을 들어 그와 함께 무덤을 흙으로 채웠다. 어둠과 함께.

마이클은 마음을 잃었다. 마이클의 머리를 가득 메운 생각들은 마이클에게 어떤 활기도 띠게 하지 못한 채 그저 몸서리치며 모든 말들을 흐리게 하고 서로를 부술 뿐이었다. 느낌들은 어둠의 소용돌이를 마구 휘젓는다.

한 달 후, 마이클의 마음은 환영으로 가득 잤다. 환각 안에서, 켈리와 함께, 마이클은 본다. 그녀가 경직된 채 비명을 지르고 브레이크를 부서져라 밟아대던 모습을, 차가 소리 지르고 찌그러지던 모습을, 그녀의 몸이 으스러지던 모습을, 그녀의 숨이, 그녀의 생이 그녀에게서 달아나는 모습을. 매일, 하루 종일, 마이클의 마음에는 환영뿐이었다. 마이클은 상담을 받으려 하지 않았다. 그는 그 상상들이 두려웠던 적이 없었다. 그러다 3주 후, 환영은 더 이상 보이지 않았다. 그들은 돌아오지 않았다.

어느 날 마이클은 자전거를 타고 켈리의 무덤에 갔다. 그리고 그는 아파트로 돌아오지 않았다. 그는 동쪽으로 향했다. 홀로, 자전거에 몸을 맡긴 채. 두 달 후, 그는 대서양 해안에 도착했다. 그리곤 그는 태평양 연안에 있는 벤쿠버로 가기로 마음먹고 다시 동쪽에서 몸을 돌려 자전거에 몸을 실었다. 켈리의 무덤으로. 일여 년 간 그는 홀로 만 킬로미터에 달하는 거리를 자전거를 타고 달렸다.

일상생활과 일을 중단하면서까지 자전거 여행을 몇 주, 몇 달씩이나 한다는 것은 계획과 목적으로 착수되는 것이 아니다. 젊은 사람들은 친구들과 함께 때때로 그러기도 한다. 우리는 우리의 생각을 의도와 목표에 맞춘다. 젊은이들이 그런 행동을 하는 것은 그들의 몸을 단련하고, 그들의 힘을 탐험하고, 더 넓은 세상을 발견하기 위한 거라고 우리는 우리 스스로에게 말한다. 어른인 우리는 누군가가 대륙, 혹은 세계를 가로질러 자전거를 탄다는 이야기를 들으면 그들이 국제적인 형제애나 평화를 촉구하거나 에이즈에 걸린 아이들을 위한 모금을 하기 위해서라고 받아들인다. 목표, 의도는 언제나 꾸며지고 추가되는 것처럼 보인다. 그러나 특정 직업과 직위에 종사하고 있는 우리는 기실 이를 이해할 수 없다. 우리는 그저 그들이 다르고, 바보 같다고 여길 뿐이다. 우리는 그런 행동을 하는 스스로를 상상할 수 없다.

마이클은 아무런 이유도, 목표도, 의도도 없었다. 그것은 켈리를 위해 한 그런 것이 아니었다. 켈리는 검은 공허 안에 영원히 사라졌다. 자전거 페달을 만 킬로미터나 밟는 것은 그를 오롯이 신체에 몰입하게 한다. 의식은 이제 근육의 긴장과 이완, 힘과 피로의 느낌으로만 존재한다. 의식은 해와 바람, 추위, 비를 느끼는 몸의 표면에 존재한다. 생각하기, 기억하기, 장래 직업과 야망을 그려보기. 이와 같은 것들이 제외된 의식. 킬로미터에서 다음 킬로미터로, 길은 가파라졌다 내리막이 됐다를 반복한다. 때때로 그 길은 이슬과 새소리로 반짝이며 황홀한 풍경을 선사한다. 때때로 육체적 피로로 인해 눈이 흐릿해지고, 풍경은 초록빛 먼지로 사라져버리기도 한다. 여기에는 계획된 다음날이 없다. 날씨가 어떨지, 길이 어떨지 누가 알까. 하루가 끝나면 그저 어두운 잠에 깊이 빠져들 뿐이다.

우리의 보금자리는 우리가 알맞게 만든 도피처이자 피신처이다. 마이클이 밤에 머무는 자리는 곧 떠나기 위한 곳이었다. 열려있는 길은 그에게 움직이라 재촉했다. 만 킬로미터를 달리는 동안 자연은 그의 세찬 호흡, 강한 밀침, 격렬한 감정, 강한 당김, 열렬한 춤, 맹렬한 외침 속에서 그에게 파고들었다. 그는 자연이 그의 몸을 인도하고 있음을, 이전에는 절대 알지 못했던 믿음의 강도를 느꼈다. 마치 하늘 위를 나는 새처럼, 대초원의 토끼처럼 그는 자연 속 하나의 육체였다. 무한한 자연, 더 넓은 자연으로 끝없이 펼쳐지는 수평선.

자연은 꽃과 여러 색깔의 새, 종종대는 부드러운 털의 동물로 표면을 나타냈고, 아득한 찬란함을 펼치며 그의 의식에 드러났다. 길게 뻗은 길은 열중과 활기 속, 속도와 적막함으로 뛰는 심박에 안도감을 주었다. 광활한 안개가 피어오르는 풍경이 묘한 행복으로 진동하고 있었다. 숲의 나무들은 어진 동물들의 영혼과 신비로운 불가사의들을 속삭이고 있었다. 사람들은 다른 농장길과 마을에서 독특한 걸음걸이와 몸짓의 안무로 움직였다. 마이클은 경도와 위도의 추상적인 교차점을 통해 계속해서 도로를 지도화하는 GPS를 지니고 있었지만 그는 감정적 강도의 장소들을 표시하는 지도로 대륙을 지도화하고 있는 스스로를 발견했다.

그러다 어느 날, 서스캐치원Saskatchowan에서 그는 아침을 먹기 위해 마을로부터 멀리 떨어진 작은 주유소 겸 휴게소에 멈췄다.

그가 말하는 것을 들어보자.

그날 아침 이미 세 시간을 달려서 75마일 정도를 갔어요. 아침식사를 하려고 옷에서 지갑을 찾고 있는데 한 65세 정도 되어 보이는 남자가 나한테 오더니 내 자전거에 대해서 묻는 거에요. 그 남자랑 그 남자의 와이프도 거기 아침식사를 하러 온 참이었어요. 온타리오에서 앨버타로

간다고 하길래 온타리오 어디에서 왔냐고 물어봤더니 퍼킨스필드(Perkinsfield)에서 왔대요. 퍼킨스필드를 들어는 봤을지나 모르겠다고 하면서 말이에요. 그래서 내가 웃으면서 우리 가족의 여름별장이 퍼킨스필드에 있고, 세인트페트릭 교회(St. Patrick's Church)에서 결혼했다고 했죠. 거기가 퍼킨스필드 지역사회의 중심이라서 그 남자도 당연히 알더라고요.

들어가서 다 같이 아침을 먹었어요. 그 남자가 나한테 자전거를 타고 전국을 돌아다니면 부인이 신경 쓰지 않냐고 묻는 거에요. 그래서 켈리는 일 년 전 고속도로 12번과 국도 6번 사이 교차로에서 난 자동차 사고로 사망했다고 했어요(우연히도 그 교차로 역시 퍼킨스필드에 있다).

그랬더니 그 남자가 곧바로 나한테 "그 불쌍한 여자의 남편이 당신이라고요?!"라고 하더라고요.

이 남자가 켈리의 죽음에 대해 다 안다는 듯이 말하는 게 너무 충격이었어요. 그래서 숨을 죽이고 남자가 나한테 그다음에 무슨 말을 할지 기다렸죠.

그 남자 말에 의하면 그때 퍼킨스필드에 있는 식료품 가게에서 집으로 운전을 해서 가고 있는데 켈리가 사망했던 사건의 추돌 바로 직후를 목격했다고 하더라고요. 차에서 내려서 도움을 줄 수 있을지 봤는데 켈리가 딱 봐도 심하게 상처를 입었었다고 했어요. 얼마 뒤 응급차가 왔고 켈리를 병원으로 데려갔다고.

우리 모두에게 큰 영향을 줬던 그 일을 짧게 회상하면서 우린 다 같이 울었어요. 제이크는 퍼킨스필드에서 평생을 살았고, 나는 35년간이나 그 곳에 있는 별장에 갔어요. 부모님의 별장에서 일 킬로미터밖에 안 된 곳에 제이크의 집이 있었는데도 그날 그 순간 전에는 한 번도 마주친 적이 없었던 거에요.

지질학과 천문학의 직선적 시간, 역사의 직선적 시간, 그리고 우리의 일생에서 우리 각각의 시간이 있다. 출생, 유아기, 성장기, 학창시절, 그리고 직장이나 직위, 가족을 가지는 시간이다. 이는 어떤 상황들을 떠나고 또 그 자리를 맞춰가는, 실제 삶의 시간이다. 우리는 어린시절과 청소년기, 학창시절을 연 단위로 측정한다. 우리는 하루 근무시간과 과제시간을 분 단위로 측정한다. 자동차 사고, 죽음은 마이클을 이 시간의 바깥으로, 헤아릴 수 없는 우연의 시간으로, 운명의 시간으로 던진다. 측정 가능한 단위로 나아가지 않는, 전진하지 않는 시간은 사건들이 일어나고, 그 사건들이 또다시 사건들, 숙명의 사건들을 우연히 발생케 하는 기간으로 무한히 뻗어나가는 시간이다. 그 시간은 그 자체로도 이미 이 세계에서 멀리 떨어진, 신화에서 이야기하는 최고천empyrean같은 까마득히 먼, 세계의 외부에 존재하지 않았다. 그 시간은 자연의 시간이었다. 어둡게 우거진 숲의 언덕 위로 돌아오는 새벽의 시간, 사슴이 휴식을 취하는 시간, 보이지 않는 바람이 몰아치는 시간, 나비와 하루살이가 구름을 선회하는 시간, 천둥의 음산한 우르릉거리는 소리와 번개의 광적인 맹렬함, 꽃들로 만개한 땅에 부는 미풍에 이끌려 떠다니는 씨앗들의 시간. 마이클에게로 파고드는 자연의 시간.

켈리가 갇힌 시간은 떼어지고 또다시 조립되는, 파괴된 것이 다시 지어지는 시간이 아니다. 이는 절대적인 상실의 시간, 돌이킬 수 없는 시간이다. 자전거를 타는 시간은 성취나 완수가 없는 기간의 뻗어남이다. 그러나 이는 상상도 못 할 방식으로 마이클이 켈리를 다시 찾은 시간이다. 첫째, 켈리의 충돌사고 이후 삼 주 간의 환영 속에서. 그러고 나서는 수천 킬로미터 끝, 켈리가 죽었을 때 마이클을 대신해 그 자리에 있었던 제이크와의 우연한 만남 속에서.

내가 에드먼턴Edmonton에 강연을 하러 갔을 때의 일이다. 체류가 끝나갈 무렵 마이클이 강렬한 감정의 색깔들과 글로 매 페이지를 가득 채운 캐나다 전역의 두툼한 지도책을 들고 나를 찾아왔다. 그는 그 책을 『아틀라스(*The Atlas*)』라고 부르면서 그의 자전거 일주에 대한 지도라고 했다. 그는 내가 당장 그 책을 읽을 시간은 없을 거라며, 언젠가 나에게 그 책을 읽어주고 싶다고 했다. 그는 나에게 에드먼턴 페이지에 무언가를 써줄 수 있을지 물었다. 나는 강과 호수, 그리고 감정의 산을 흘렀던 시간에 대한 그의 위대한 지도와 그의 여정을 담은 달력에 무언가를 쓴다는 생각에 떨렸지만 그 제안을 거절할 순 없었다. 나는 그가 그 상실의 시간을 세심하고 절실한, 그리고 황홀한 작품으로 만들어낸 것을 경외감과 더불어 보았다.

내 죽음. 내 죽음은 나의 것이다. 우리 모두는 홀로 죽는다. 목숨을 바치는 것은 보답 없이 주는 것이다. 그러나 우리의 죽음은 타인과 연결되어있다. 죽는다는 것은 우리의 자리에 아무것도 남기지 않는 것이 아니다. 이는 다른 이들에게 우리의 자리를 주기 위함이다. 그리고 우리의 소유물들과 재산을 남들에게 주기 위함이다. 우리가 구입해서 집으로 만들었던 주택 혹은 아파트. 우리가 저축했던 돈, 새로운 기술을 습득하기 위한 자원들과 다른 이들을 돌보기 위함이었던 여흥과 자원들은 모두 다른 이들에게 남겨진다. 사려 깊고 충실하며 관대하고 부드러운, 혹은 효율적이고 분투하고 내성적이고 신중하고 경계하는 등 우리가 갖춰왔던 성격의 모습들, 그리고 우리가 수행해왔던 용감하고 대담하며 신뢰할 수 있는 행동은 우리의 물질적 세계에 새겨져 왔으며 다른 사람들에게 베풀어져 왔다. 우리의 죽음은 다른 이들을 위한 희생이다.

우리의 삶은 다른 이의 삶에서 지속된다. 우리는 우리 부모님의 기획, 의사intentions, 가치, 꿈들에 자리해왔다. 우리의 마음에는 몇백 년 전 죽은 사상가들의 직관과 탐색이 자리해왔으며 또한 다시 이들을 살아가게 한다. 우리는 미켈란젤로, 반 고흐, 윌리엄 블레이크와 같은 예술가들과 선각자들의 고양되고 비통해하는 눈과 더불어 우리의 눈이 보는 것을 형성해왔다. 우리의 목은 고대 시인의 성가, 우리의 부모님들이 사랑해왔던 가수의 노래들, 그리고 멀리 떨어진 섬사람들의 발라드를 불러왔다. 우리는 헨리 데이비드 소로Henry David Threau가 매사추세츠Massachusetts에서 했던, 그리고 존 뮤어John Muir가 네바다 산맥Sierra Nevada에서 했던 도보여행을 계속한다.

우리의 품에 있어도 사랑하는 이는 멀리에 있다. 우리가 몇십 년간 사랑했던 이는 이방인으로, 불가사의함으로 남는다. 우리는 우리가 사랑한 이를 알 수 없으며, 우리는 우리가 모르는 그 사람을 사랑한다.

항구는 다른 곳으로의 통로이다. 나는 트리에스테Trieste에 대해 읽고 있었다. 그곳에 가본 적은 없었지만 그곳은 사람들이 찾아가는 곳이 아니라 떠나가는 곳인 듯했다. 트리에스테의 선주민이 된다는 것은 출생지이긴 하나 닻이 올려져 있는 집을 갖는 것이다. 트리에스테는 12세기부터 자유공동체free commune였던 곳으로, 1327년부터 있었던 오스트리아의 유일한 항구였으며, 1867년부터는 오스트리아-헝가리제국의 유일한 항구였다. 그리고 1920년에 이탈리아에 합병되었다. 제2차 세계대전 중 연합군의 폭격으로 도시 내 조선소와 산업지구가 파괴되었다. 트리에스테는 1947년 국제연합United Nations의 보호하에 독립한 도시국가가 되었다. 1954년 도시국가는 분단되었고 이탈리아와 유고슬라비아가 각 영토를 합병했다. 1975년 이탈리아와 유고슬라비아는 트리에스테 자유지구the Free Territory of Trieste를 공식적으로 없앤 오시모조약Treaty of Osimo에 서명했고, 그 영토를 각각 나눠 가졌다. 시 경계 안쪽은 이탈리아어를 사용하는 사람들이 주를 이루었으며, 교외와 외곽 지역은 적은 인구의 독일인, 크로아티아인, 세르비아인, 체코인, 이스트로-루마니아인, 유대인들이 있긴 했지만 슬로베니아인들이 주를 이루었다.

호주에 가본 적이 있었다. 선주민 집단 외에도 이백여 개의 다른 민족집단이 있지만 지금은 전체 인구의 2.5퍼센트 밖에 되지 않는다고 했다. 제2차 세계대전 후 일본의 침략을 가까스로 피한 호주 정부는 '이주를 하거나 이슬이 되거나populate or perish'라는 기조하에 대규모 이민 프로그램을 시행했다. 1945년까지 7백만 명의 사람들이 호주로 이주했다. 현재 호주 인구 이천이백만 명[3] 중 4분의 1에 달하는 사람은 호주가 아닌 곳에서 태어났다. 시드니에서 사는 매리는 그리스에서 이주한 부모님의 딸이다.

그녀는 나에게 편지로 그녀의 친구 도메니코 데 클라리오Domenico de Clario가 볼티모어Baltimore에 있을 거라며 만나보라고 했다. 그녀는 도메니코가 예술가라고 했다. 그의 활동은 그림, 드로잉, 아상블라주, 활자 퍼포먼스, 장소-특정적 미술site-specific art과 설치미술, 피아노 공연 등을 망라한다. 그의 많은 시각예술과 음악 작업은 눈가리개를 한 채로 만들어진다.

도메니코가 우리 집에 왔다. 평균 키, 60대, 삭발한 머리, 멀끔하

3 역자 주: 2023년 현재 약 이천육백만 명이다.

고 표정이 풍부한 얼굴, 호주인 악센트를 가진 남자였다. 나는 그에게 호주에서 태어났는지 물었다. 호주에서 태어난 사람 찾기 어렵죠-라고 말하며 그는 웃었다. 그는 트리에스테 출생이라고 말하며 나에 대해 물었다. 나는 내 부모님이 리투아니아에서 이주해왔다고 말했다. 나의 아버지가 소작농의 칠전팔기의 정신으로 일했던 일리노이의 작은 농장에서 자랐다고도 말했다.

도메니코는 1947년, 그의 부모님, 조부모님, 그리고 여형제가 살던 트리에스테의 한 원룸 아파트에서 태어났다고 말했다. 1956년 그와 그의 가족은 호주로 가는 배에 올랐다. 그들이 도착했을 때 그들은 전 군막사 내 임시 수용소로 보내졌다. 6주 후 그의 아버지는 직장을 얻었고 그들은 멜버른 내 이탈리아인 지구로 보내졌다. 도메니코는 그가 멜버른에서 건축과 도시 계획을 전공했지만 학위를 따지는 못했다고 했다. 20대 때 그는 이탈리아로 돌아가 밀라노에서 일 년간 그림 공부를 했다. 해를 거듭하며 그는 그림과 드로잉, 조각, 퍼포먼스, 그리고 설치미술을 멜버른에서 가르칠 수 있게 되었다. 그리고 그의 예술을 창작하게 되었다.

나는 그에게 현재 무슨 작업을 하고 있는지 물었다. 그는 칼비노Italo Calvino의 『보이지 않는 도시들(*Invisible Cities*)』을 영어와 트리에스테어로 번역해오고 있다고 했다. 또 해 질 무렵이면 그의 집 뒤쪽 골목에서 56일이 넘는 날들을 연달아서 그 소설을 위한 즉흥 연주를 하면서 두 개의 이야기를 해왔다고 했다. 한 이야기는 그가 해왔던 여행에 대한 경험담이었고, 다른 하나는 그가 살고 싶은 세계 그 어딘가에 있을 집에 대한 묘사였다. 그는 그 작업을 멜버른의 빅토리아대학에서 2001년 박사학위로 발표했다. "그래서 결국 학위를 갖게 된 거죠"라며 그는 웃었다.

우리는 그가 가져온 이탈리아산 와인을 잔에 따라 뒷마당 데크에 앉았다. 그리고 덤불과 나무로 가득 찬 큰 뒤뜰을 바라보았다. 나는 내가 저 식물들을 다 키웠다고 말했다. 여기에 이사 왔을 때는 잔디 말고는 아무것도 없었다. 아마도 도시를 벗어나 내가 어릴 적 살던 나라로 돌아가고 싶은 충동에서였을 것이다.

"트리에스테를 떠났을 때, 아홉 살이었어요", 그가 말했다. 전쟁 중 어떻게든 겨우 살아남았던 그 배는 매우 낡은 것이었어요. 그 배는 지금 기준으로는 허가 나는 게 어림없을 정도로 사람들로 초만원이었죠. 사람들은 복도와 데크에서 잠을 잤어요. 그들은 전 재산을 보따리에 들고 왔죠. 고국으로부터, 가족으로부터, 그리고 친구들로부터 영원히 떠나고 있었던 거에요. 호주에서 그들을 기다리고 있는, 수년 전 봤던 먼 친척이나 친구가 그들 대부분이 가진 전부였어요. 우리는 42일 동안 바다에 있었어요. 6월, 그리고 7월. 여름의 열기, 적은 양의 식사, 형편없는 음식. 사람들은 각자의 방식으로 대응했죠. 말다툼을 하거나 잠을 설치거나 아프거나 하는 식으로요. 한 남자는 완전히 정신줄을 놓아버리더군요. 아무도 홀로인 것 같은 그 중년의 남자가 누구인지 몰랐어요. 그는 갑판에 몸을 기대 큰 소리로 불평을 쏟아내고 몇 시간 동안이나 중얼거리며 발을 동동 구르곤 했어요. 그리고 마침내 퍼스Perth에 도착했죠. 몇몇 사람들이 내렸어요. 그 남자는 배에 마중 나온 이민국 관계자들을 밀치며 멜버른으로 갈 거라 소리쳤어요. 이민국 관계자들이 그 남자한테 배가 멜버른으로 갈 거라고 했죠. 그 말에 남자가 절망하며 더 이상 배 타는 걸 견딜 수 없다고 중얼거리더라고요. 결국 이민국 관계자들은 그를 붙잡아 이민국 수용소immigration camp로 데려갔어요.

"몇 달 후, 멜버른 이민국 수용소에 있을 때, 그 남자가 퍼스 수용소에서 도망쳐서 멜버른을 향해 걸어갔다는 이야기를 들었어요. 퍼스에서 멜버른까지는 3,400킬로미터에요. 한 3분의 1 정도 갔을 때 노출로 죽었다고 하더군요."

도메니코는 말을 멈추고 저 멀리 뒤뜰을 바라보았다. 잠시 후 그가 나를 돌아보았다.

"4년 전 부모님께서 15년 전 그 배에 있었던 사람들을 집에 초대했어요. 다들 그때의 추억을 나누다가 어느 순간 그 남자를 기억해 낸 거에요. 그리고 나도 그 사람에 대해 다시 생각해보기 시작했어요. 몇 주 뒤 도서관에 가서 그 일이 있었던 연도부터 기사들을 뒤지기 시작했고, 결국 신문에 실린 한 작은 벽보를 찾았어요. 그 남자의 시신이 발견된 장소가 적혀있었죠."

"몇 주 뒤 짐을 싸서 버스를 타고 그 장소로 갔어요. 아무것도 없고, 평평하게 쭉 펼쳐져 있는, 사방이 사막인 곳이더라고요. 그리곤 멜버른 쪽으로 걷기 시작했어요. 열흘 동안요."

"그리고 다음 해에, 걷기를 그만뒀던 그 자리부터 다시 걸으러 갔어요. 또 다른 열흘이었죠. 작년에도 다시 그곳에 갔어요. 그 남자의 걷기를 계속하기 위해서요."

참고문헌

Márquez, G.G. (1991). *One hundred years of solitude.* Trans. G. Rabassa. New York: Harper and Row.

후기
비재현 이론 그리고 나 또한

헤이든 로리머 *Hayden Lorimer*

회고록은 비재현 이론이 겪은 우여곡절을 되짚어 보는데 매력적인 문학 형식으로 입증되었다 (Cresswell, 2012). 나는 본 후기에서 회고록과 같은 자전적 방식, 즉 '삶 글쓰기'를 통해서 갖가지 방법론적 문제, 접근법과 가능성, 경향, 이동과 난관들에 대한 비판적 의견을 제시하고자 한다. 어쩌면 회의적인 독자들은 내가 왜 이 접근법을 선택했는지 곧바로 의문을 제기하고 싶을지도 모른다. 특히나 비재현 이론가들은 자전적 모델이 의존하고 있는 존재론적 주권의 생물학적 원리가 문제시된다는 점에서 이러한 접근법에 저항해 왔기 때문이다. 그렇지만 이 지면을 통해 다음 질문에 대한 답변의 기회를 얻고자 한다. "개인적 경험과 진문직 경험 사이에 형성된 관점에 어떤 매력이 있는가?", "미래로 향하기 위해서 과거를 다시금 찾는 경로를 선택한다면 얻게 되는 이익은 무엇일까?" 방어를 하기 위해서 내 개인적인 사례를 말하자면, 사람들이 늙어가는 것과 마찬가지로 지적 운동 역시 늙어간다는 것이다. 당신이 어떤 프로젝트에 투자하거나 소속된다면, 놀라운 수준으로, 때로는 이상적인 수준 이상으로 결국엔 그 프로젝트를 따라가게 될 수 있다. 나이 듦과 익숙해짐이 어떻게 아이디어의 수용이 이루어지는 과정인지, 아이디어의 성숙이 정반대로 작동한다면 어떻게 연구자가 자신의 연구 분야를 느끼는 방식을 바꾸게 할 수 있는지 인식하는 것은 중요하다.

보다 넓은 역사 기술적 용어로, 타이밍 역시 비판적 회고에 적절하다. 『비재현 방법론(*Non-Representational Methodologies*)』이 출판되었을 때, 중요하게 기념될 날은 몇 년이 아니라 몇 달 후가 될 것이다. 『공간의 형성(*Spatial Formations*)』 (Thrift, 1996)은 미래의 대담한 지적 프로젝트의 초기 선언의 자리를 점했다. 다른 논객들은 어쩌면 비재현 이론의 기원에 대해서 다른, 혹은 보다 복잡한 지점을 꼽을지도 모른다. 그러나 영원히 '현재-성[now-ness]'이라 특징되는 (그리고 꽤 자주 이것의 충격 요법과 시급성에 기대어 당당한) 프로젝트가 곧 30년 차에 접어든다는 점을 생각하는 것은 다음의 질문들을 통해 논쟁의 조건을 상당히 재구성한다. 의도적으로 질문을 비틀어서, 비재현 이론은 '게임 체인저'로 계속 남아있을 수 있는가? "다음은 어디인가?"하는 질문을 반복함으로써, 끊임없이 갱신하는 것이 가능한가? 급진적인 아이디어가 일반적으로 용인되는 수준이 되어 주류가 된다면 어떻게 되는가? 이러한 질문들은 정확히는 아이디어의 일시성에 대한 질문으로, 약간의 장난기만을 가진 채 중년의 위기라는 위험을 향해 문을 개방한다.

다시 미래로

시작하며 이렇게 한 차례 목을 가다듬은 후 다시 물러나서 나의 기원에 대한 이야기를 해야 한다. 내가 처음 비재현 이론과 진지하게 씨름한 지 거의 10년이 지났다. 시작은 『프로그래스 인 휴먼 지오그래피(*Progress in Human Geography*)』에 실릴 리뷰 에세이 시리즈를 청탁받은 특수한 상황에서였다. 처음에는 내가 가진 선택지를 고민하면서 제안을 수락하는데 망설였다. 대부분은 "나 말이야?", "정말?", "내가 정말 이 이것들에 대해 실질적인 권위를 가지고 논평할 만큼 족보가 있나?", "내가 책임을 질 수 있을까?", "만약 내가 잘못짚으면 완전히 바보처럼 보일 텐데" 와 같은 내면의 대화로 이루어졌다. 솔직히 말해서 나는 결코 이 씬scene의 초창기 구성원이 아니었다. 그 지위를 부여받을 수 있는 사람은 상대적으로 소수이다. 2004년까지 내 역할은 최첨단에서 조금 떨어진 곳에서 그저 수동적인 관찰자로 흥미롭게 지켜본 것이 다였다. 한창 활동이 이루어지는 곳에서 스코틀랜드는 굉장히 멀리 떨어져 있는 것처럼 보였다. 이론적으로 말하자면 브리스톨 대학교가 중심에 있었고 모두가 그것을 알고 있었다. 지리학과 대학은 실험의 도가니였다. 그곳에는 나이젤 스리프트Nigel Thrift와 폴 클록Paul Cloke의 지도를 받고 있는 주목할 만한 대학원생 무리가 있었다. 그 '프로젝트'는 - 외부에서 볼 때 분명 온실 속 프로젝트로 보였기 때문에 - 신비감에 싸여 있었다 (말이 난 김에 말하자면, 현대 지리학을 공부하는 역사학자들은 연구 혁신의 전통적인 확산 모델을 영국 대학에서 있었던 비재현 이론의 이어지는 패턴화에 합리적으로 적용할 수 있다).

아마도 이 모든 자기 성찰에서 비롯된 함의가 행동으로 이어지는데 충분한 역할을 했을 것이다. 나는 수락한다는 메시지를 보냈고, 속도를 내는 것 자체가 중요한 과제라는 것을 뼈저리게 인식하고 관련된 문헌들을 모으기 시작했다. 곧바로 책에 몰두한 채로 여름을 보내게 되었다. 여담이지만 최근 봄을 맞아 다락방 대청소를 하는 동안 저널 아티클 출력물이 가득한 오래된 신발 상자 여러 개를 발견했고, 출력물 가장자리에는 나의 준비 노트가 빼곡하게 주석으로 달려있었다 (정말 솔직하게 다시 그것들을 파고들고 싶다는 강한 충동을 느끼지는 않았다). 하지만 그 당시에는 새로운 것을 만들어내기 위한 결단을 내려야 했다. 그중에서 주된 결단은 새로운 글쓰기 정체성을 주조하는 것이었다. "나는 누가 되려고 했나?" 선동가? 위험을 감수하면서도 모험을 즐기는 열광적인 지지자? 어릿광대? 물론 이것들은 모두 헛된 꿈이었고 어느 것도 프로그래스 인 휴먼 지오그래피 편집자들이 염두에 둔 것은 아니었다. 위기의 상황에 처했을 때 나는 더 넓은 지리적 공동체를 위한 중개자이자 대담자 역할을 맡으며 상당히 안전하게 일을 처리했다. 호기심 많은 사람들을 안내하는 언어로서 포괄적이며 해설적인 설명을 만들어내는 것이 유용한 기여처럼 느껴졌다.

뒤이어 일어난 글쓰기 경험은 읽기를 통해 경험한 것 못지않게 강렬했다. 글쓰기는 또한 장기화되어 결국 3부작 보고서는 나름의 윤년을 가지고 출판되었다(Lorimer 2005, 2007, 2008). 그렇다면 그것에 쏟은 모든 노력에 대한 대가는 무엇일까? 환영, 놀람, 그리고 인내 등 많은 것들이 있었다. 우선, 나는 이전에 내가 정말로 의식하지 못했던 목소리가 있다는 것을 알게 되었다. 그 찰나에 개념적 논의들에 비판적 개입을 하는 것이 꽤 새로운 학술적 역할로 다가왔다. 순진함과 서투름 사이 어딘가에서 이 사업 전체를 재명명하려고 시도해보기도 했다. 몇 년이 지난 후, 나는 거의 똑같은 일을 하기 위해서 일련의 사건들을 다시 찾아보고 있다. 동일한 방식으로 하되 미래의 방향으로 지도를 펼치기 위해서 새롭게 업데이트할 것이다. 그렇게 하기 위해서 우리는 조금 더 보충 작업을 해야만 한다. 당신이 제대로 큰 그림을 보기 위해서는 추가적으로 문화적 맥락이 필요하다. 이러한 목표를 설정하는데 무엇이 그토록 나를 불안하게 했을까? 그리고 무엇이 이러한 특정 지리적 논쟁 한가운데 위치해 있다는 가정을 하게 했을까? 이러한 물음에 답하기 위해서 (개략적이라는 점에서 미리 사과를 드리며), 이론을 새로 접하는 사람들과 그것에 이미 익숙한 베테랑 모두에게 비재현 이론의 사회학과 역사학의 일부를 상세히 되짚어보는 것이 도움이 될 것이다.

비재현 이론의 존재 자체를 둘러싸고 학문적으로 소소한 접전들이 약간은 추한 형태로 빠르게 일어났다. 좋든 나쁘든 논쟁은 마르크스주의, 페미니즘, 근본적 실용주의와의 대결 구도 속에서, 확고한 이데올로기적 적대감과 얽히게 되었다. '비재현Non-rep' (일반적인 대화에서 사용되는 약칭이며 여기에서 이제부터 사용할 용어이기도 하다)은 하나의 씬으로, 이것에 대해 잘 알거나, 잘 모르거나, 혹은 다른 무엇이든 간에 사람들은 어떤 의견을 갖는 것이 필요하다고 느꼈다. 다양한 위치에 있는 사람들은 자신들의 지적(知的) 본거지와 전통을 변호하면서 자리를 공고히 했다. 기습공격들이 오고 갔으며 삿대질과 쑥덕거림도 있었다. 학회에서 오고 가는 대화는 집념에 가까울 정도로 다채롭고 불꽃이 튀었다. 대립적 역동의 대부분은 결국 스타일의 측면에서 나타나는 유의미한 차이들로 귀결되는 것처럼 보였다. 비재현 이론은 그것의 생소함으로 인해 때론 놀랍도록 낯설게 느껴져서 이론적 언어로서 쓸모없으며 심지어는 매력이 없다고 여겨졌다. 이들이 다루는 주제 역시 비판의 대상이 되었는데 대부분 지리적인 것이라 하기엔 충분치 않다고 판단되었기 때문이다.

정동 속에서의 모험? 아우라나 분위기? 어포던스affordances[1]와 어

1 역자 주: 생태심리학의 중요 개념으로 행동 유도성으로도 번역된다. 심리학자 제임스 깁슨

셈블리지? 결여와 무질서? 의심의 눈초리를 보내는 이들에게 이 모든 것들은 수상쩍게 추상적이며 인상주의적이고, 콕 집어서 무엇이라 말하기 지독히 어려운 것들처럼 보였다. 뿐만 아니라 비재적 주장이 지닌 운율체계는 확실히 초자연적 수준의 자신감으로 고무되었다. 자기의식적으로 수행적인 스타일이고, 예상보다 솔직한 비재현은 집단적 페르소나를 부여받았는데 그 페르소나는 많은 사람들을 불쾌하게 만들었다. 그때 일선의 실무자들은 호기심 많은 동료들이 이 이론을 제대로 이해하기 위해서 낯설고 도전적인 길, 즉 사회 이론으로 얽혀 있는 길에 오른 것에 대해 상당히 차분해 보였다. 그 길이 미흡하다는 느낌은 유감스러운 부산물이었고, 의도된 것은 아니나 불편한 교훈이었다. 결말은, 얼마 지나지 않아 (그리고 그 이후엔 그 어느 시점에서든) 인문 지리학은 그 즉시 양극화되고 도전적인 무언가를 접하게 되었다.

그렇다 하더라도, 그렇지만… 혹은 어쩌면 이렇게 냉혹하게 규정된 특징들로 인해서 비재현 이론은 임무와 방법, 목적과 디자인, 언어와 태도, 마음과 영혼에 관한 보다 넓은 학문적 논의를 시작하고, 청중들을 흥분시키며, 계속해서 반응을 끌어내 왔다. 비재현 이론에 관해 오고 가는 말들과 주장들은 도약vaulting하는 습성이 있고, 이는 단순히 하위 학문 분야의 경계를 무시하는 것이기도 하다. 이러한 방법은 불쾌하게 하는 것만큼이나 사람을 끌어당길 수밖에 없다. 최상의 경우, 비재현 이론 글쓰기는 마치 인식의 한계를 바꾸는 것처럼 특정한 반짝임을 만들어내며, 자신의 존재에 깊이 파고들 것

(James J. Gibson)은 『시각적 지각에 대한 생태학적 접근(*The Ecological Approach to Visual Perception*)』(1979)에서 어포던스를 '행위자를 둘러싼 환경이 특정 관계 혹은 행동을 자극하고 촉진하는 것'이라 설명한다.

을 요구하며 역설적으로는 자신을 잃어버리게 한다. 이 모든 효과는 약간의 당당함과 매력으로 소화될 수 있다. 어쩌면 당신이 거기에 있었어야 했을지도 모르지만, 나는 나의 독서 경험과, 학회 페이퍼, 그룹 토의들, 그리고 정말로 아이디어-뷔페로 여행을 떠난 것처럼 느꼈던 술집 테이블에서의 대화들을 다시 불러올 수 있다. 모든 면에서 내가 궁금하거나 나를 어리둥절하게 한 지점이 있었고, 여전히 강수를 두는 학문적 기초 및 원리와 관련이 있는 또 다른 긴밀한 이슈들도 있었다.

비재현 이론의 강령은 (단지 문화지리학만이 아니라) 인문지리학의 정치윤리학적 아젠더를 '사회적인 것'에 집중하자는 것이며, 이는 반격을 자극하고 짜증을 유발할 수밖에 없었다. 사회적인 것이란 끊임없이 창발하고, 다공적이며, 즉흥적이고, 연합적이며 상황과 관련된 영역을 뜻한다. 상황이 어떤지 그리고 청중이 누구인지에 따라 비재현적 접근임을 알리는 난리법석들을 주장의 톤이 지나치게 강압적으로 선언적이라서 전체화하는 것처럼 보였을 수 있다. 초기에 제기되었던 가장 큰 불만은 (비재현적 연구가는) 책장에서 벗어서 이론 기반의 설명을 뛰어넘어, 계속해서 움직이고 어디론가 가는 과정에서 도출되는 연구 실천의 사례를 충분히 생산하기를 꺼린다고 인식한 것이다. 이러한 관습적인 (그리고 가끔은 너무나 조악한) 연구 가치의 척도에 따르면, 비재현 지리의 수사학은 경험적 증거가 필요했다. 이에 대해 한 반론은 이후 적절한 경험을 얻었다. 이론적 설명을 하는 것doing은 학문적인 실천 중 매우 실제적인 한 방식이라는 것이다. (단언컨대 정원 가꾸기나 춤추기처럼 체화된 실천이다). 인정! 그러나 이러한 원칙에 입각한 요점은 영리하지만, 일반 사회과학자들이 학술 연구의 순차적인 모델이라고 동의하는 것에 완전히 내재되어 있는, 적용 가능한 혹은 전이 가능한 이론이 필요하다고 계속해서 호소하고 있는 상황을 완전히 해결해주지 않는다. 가끔 접근법들의 차이는 비교할 수 없는 기준들과 대립적인 특정 단위들로 귀결될 수 있다. '급진적 경험주의'와 같은 어구는 공유된 어휘의 일부이지만, 이 용어는 날카롭게 대립하고 있는 해석이 그 기반이 되고 있는 것처럼 보인다. 일차적 원칙들 다음으로는 비재현적 방법론에 대한 질문이 남는다. 이것은 아주 큰 질문이다. 어떻게 비재현 이론을 작동가능하게 만들 것인가? 어떤 종류의 디자인을 따를 것인가? 정확히 어떤 방법들이 있는가? 방법들은 어디에 있는가? 당신의 비재현 이론에 대한 연구를 어떻게 재편할 수 있는가? 질문세례가 이어지고, 이것은 비재현 이론의 사회학화 문화역사학에서 그다음으로 내가 가야 할 곳으로 우리를 점증적으로 이끈다. 나의 견해는 비재현적 방법론 실천하기, 가르치기, 글쓰기에 대한 검토로 나눌 수 있다.

비재현 연구 실천하기

인문지리학이나 관련 연구 분야에서 비재현 이론 실천하기는 지도 그리듯이 계획될 수 있다. 활발한 활동들과 연관된 관심사들을 그린 지도책이 한때 고립된 학문적 현상으로 그려졌을 수도 있는 그곳에서 (비재현 이론의 지적 경계는 영국제도의 영토 경계와 깔끔하게 겹쳐진다), 비재현 방법론은 이 이론이 나아감으로써 최근에 더욱 전 세계로 뻗어갔으며, 그 과정에서 사유와 실천의 새로운 지평을 열어젖힌 정도에 대해 증명할 수 있다. 비재현 이론에 대한 각성은 확실히 더 전 세계적으로 관찰되는 버릇이 되었다. 그렇다면, 이렇게 늘어나고 확장된 비재현 이론 커뮤니티에서 실천의 본질은 무엇인가? 그리고 그 본질은 무엇으로 구성되는가? 어떤 특징들은 주목할 만하다.

첫째, 현재의 실천에는 유연함, 가소성, 절충주의가 분명히 드러나며, 이는 예술적 변이와 창조적 실천의 파생물을 생산하는 곱셈 기계(Thrift, 2008)로서 비재현 이론을 불러일으키는 비전에 충실한 특성이다. 이전에는 이 분야를 검토할 때 출판된 글에서 비재현 친화적 실천의 사례들을 찾아서 자유롭게 (비재현적인 것이라) 이름표를 붙였다. 비록 그 글의 저자들은 직접 그 이름표를 선택하지 않거나 혹은 출판된 글에서 그렇게 사용하지 않았을지 모른다. 그러나 이제 저자들은 다양한 방면으로 사용하기 위해서, 비재현 이론의 실험적인 태도의 여러 측면을 차용하고 변형시키는 데 거리낌이 없어 보인다. 그리고 그들은 '그 프로젝트'에 합류한 혹은 완전히 개종한 사람이 된 듯한 인상을 줄 필요가 있는지에 구애받지 않고 그렇게 한다. "이해에 따른 회의론Interested skepticism" (Tim Cresswell (2012)의 자기 묘사와 공명하는 용어)은 가장 건강한 방식으로 더 넓은 인정을 찾는 태도이다. 둘째, 만약 다방면의 다양성에서 찾을 수 있는 방법론적 공통성이 있다면, 그것은 연구의 위치라는 측면에서 가능할 것이다. 이 책의 내용과 『컬쳐럴 지오그래피(*Cultural geographies*)』 저널에서 주관하는 가령 '실천에서의 문화지리학Cultural Geographies in Practice'과 같은 포럼에서 나온 비교 사례 연구를 근거로 생각해 보면, 비재현 이론의 실천은 물들things의 한가운데에 사회적 및 관계적으로 위치할 수 있다. 운동, 기계, 만들기, 돌봄, 생물, 색, 화학물질 등 연구 주제가 무엇이든지 간에 중간은 물들이 시작하고 끝나는 지점이다. 그 한가운데는 발견되고, 들이닥치고, 그다음 남겨지는 장소가 아니라 오히려 양태이다. 이것을 중간에 있음middle-ness라고 부르자, 말하자면 말이다. 이러한 입장은 물들이 함께 현상적으로 실시간으로 일어날 때 연구가 발생하는 민족지 전통에 부합한다. 비재현 이론의 실천은 내재적으로 연합적이며, 사이와 함께의 운동이다.

셋째, 비재현 이론이 탁월하게 꼭 들어맞는 더 넓은 실천 영역이 있다. 최근 몇 년 간 비재현 이론 연구자들은 '정동적 전환'에서 중추적인 역할을 했다. 갈수록 다학제적인 클러스터가 되는 정동 연구는 사회 과학과 창작 예술을 가로지르는 관심사와 기술들을 요청한다. 특정 종류의 주제들이 수면 위로 떠올랐다. 특별한 순서 없이 우리는 다음에 열거한 목록을 전형적인 것이라 할 수 있을 것이다: 희망, 불안, 돌봄, 간절함, 기쁨, 경의, 매혹, 공포, 매력, 안전, 건강, 지능, 이동성. 이러한 주제들은 '포괄적인 칭호'를 찾자면 '추상 명사'라는 문법적 범주에 속하게 된다. 주목할 만한 점은 이 범주의 종류가 '구상 명사' (또 다른 구체적인 예를 들자면, 몸, 건물, 공항, 동물, 경관, 기차, 배, 병원, 풍선, 박테리아)와 짝을 이룬다는 것이다. 물론 내 직감에 불과하고 어떤 의미에서도 조사를 기반으로 한 증거에 의해 뒷받침되지 않지만, 인문 지리학에서 감지할 수 있는 비재현 이론에 대한 편안함, 친숙함, 흥미의 정도가 높아졌다는 사실은 이러한 추상적인 것과 구체적인 것의 결합과 관련이 있을 것이다. 연구는 이러한 용어들로 배열될 때, 주체, 장소, 기반 시설, 경제의 결합을 통한 물질화를 통해서 위치지어짐을 느낀다. 삶은 실천과 속성, 감각과 표면, 조화와 열망, 리듬과 질감, 힘과 기본 욕구를 통해 나타나는가? 체크! 동시에 아주 분명하게 모든 것들은 세속적인 사회 공간적 상황에서 분리될 수 없는 것으로 여겨진다. 체크메이트! 이것은 물질성과 비물질성 사이에 분명히 존재하는 것은 아무것도 없다는 것이 밝혀졌을 때 그 사이를 가르는 범주적 구분을 재창조하려는 보복주의적인 주장이 아니다(Anderson & Wylie, 2009). 대신 이론, 방법 및 사물의 차등적인 정렬 속에서 편안함의 정도가 어디에서 발견되는지 주목하는 것이다.

비재현 연구 가르치기

나는 직업상 고백을 해야 한다. 그것은 가르칠 때 저지르는 잘못의 스펙트럼에서 가벼운 쪽의 끝자락에 있음에도 나에게는 중요하게 느껴진다. 고백을 하자면, 비재현 연구 방법론을 나의 학부 수업시간에 넣기 위한 방법을 찾고 있지만 아주 만족스럽지 않아 곤란을 겪고 있다 (전문가 수준의 대학원 연구 훈련은 또 다른 문제이지만 여기에서는 잠시 제쳐두도록 하자). 나의 실패는 노력이 부족해서 일어난 것은 아니기 때문에 이 고백은 패배주의에 대한 헌장은 아니다. 노력했으나 기대에 미치지 못한 것이 나 혼자만은 아니라는 것을 안다. 그렇지만 비재현 이론과 관련하여 누락된 교육학적 측면에 대해 언급하거나 쓴 것들은 거의 없다. 이상한 상황이다. 왜냐하면 헌신적인 교수진들에게는 새로운 연구자들을 가르치고, 일반 대중의 관심을 불러일으킬 창의적인 방식을 찾는 것이 시급한 관심사여야 하기 때문이다. 분명 학위 교육 과정에는 다양한 요소들이 있지만 원칙적으로는 공부하는 지리학자들에게 비재현 이론을 소개하는 것이 가능해야 한다. 로컬의 예를 들어 자세히 설명해 보겠다. (내가 지난 10년 간 강의했던) 글래스고 대학에서 비재현적 주장의 주요 요지는 (실증주의에서 포스트구조주의, 지역주의에서 관계성, 지형학에서 위상학에 이르기까지의 모든 지적 발전을 아우르는 학문 변화의 서사인) 지리 사상의 현대사를 도표화하는데 전념하는 핵심 과목에서 환기된다.

당연히 비재현 이론 역시 학생들에게 지리학적 테크닉을 소개하고, 연구 실천의 일부인 데이터를 수집하는데 이용 가능한 방법들의 범위를 소개하도록 고안된, 동일선 상의 핵심 과목에서 빛을 보아야 할 것이다. 학위 프로그램의 더 큰 논리는 강의실에서 배운 개념적 및 방법론적 교훈이 학위 교과 과정 중 심화 단계에서 활성화된다는 것이다. 예를 들어 해외 현장 학습 중 환기되고, 학위 논문 연구 프로젝트 중 독립적으로 적용된다. 적어도 이것이 이론이다. 그러나 솔직히 말해서 나는 가장 성실한 학생들과도 그저 발만 담그듯 할 뿐이다. 일반적으로 비재현 이론의 수사학이 충분히 효과가 있지만, 학생들의 연구 실천으로 철저하게 전환하는 것에는 어려움이 있다는 것을 알게 되었다. 완벽하게 전달한다는 것은 좀처럼 일어나지 않는다. 그래서 내 문제가 무엇이냐? 하면 골칫거리는 바로 이것이다.

마찰[friction]은 다음의 세 가지 방식으로 나타난다. 첫째, 초기 학습자들에게는 비재현 이론의 깨달음으로 가는 길이 멀고도 험난하다는 사실이다. 학부생들에게 질적 방법론을 가르치기 위해서 기초적인 구성 요소는 필수적이다. 편의상 이것들을 사회적으로 문화적으로 지향하는 연구를 하는 지리학적 관습이라고 부르자. 다시 말해 외부 세계는 사회적 담론을 통해 구성되며 이러한 담론들은 분석적 읽기를 통해서, 연구자의 비판적 심문과 권위적인 분석적 읽기의 대상이 될 수 있다. 동일한 구성 요소가 비재현 이론의 반대편에 있는 최초의 논리에서도 필수적인 부분이었다. 여기에서 사회문화적 해석의 둔화 효과에 대한 응답으로 새로운 접근 방식이 등장했는데, 이는 일부 사람들에 의해 여전히 지배적인 문화적 전환의 유산으로 제시된다. 교실에서 이 규범적 방법의 '허수하비 논증straw man'은 수업 도구로 사용될 수 있다. 이는 현재 학문 방법의 초기단계에서 일어난 결함 있는 에피소드로 서술될 수 있다. 달리 말하자면, '한때 인문 지리학자들은 연구를 할 때 지식의 담론, 사회적 구성, 권력 구조를 반영한 것으로 이해되는 다중적이며 논쟁적인 의미를 찾기 위해서 텍스트에 관한 비판적 심문에 집중한 적이 있다.' 허수아비 논증은 극적으로 빛이 되거나 혹은 분해될 수 있기 때문에 방법론적 정통성에서 멀어진다. 최근에는 그 자리에 다음과 같은 변화가 일어났다. "하지만 이제는 일을 다르게, 솔직하게, 우발적으로 할 수 있는 여지가 있다." 이 변화는 '사회'를 설명하는 보다 창의적이고 민감한 수단을 위한 비재현 이론의 논거로 동원되었다. 그러나 이 경로를 선택하는 것은 시간이 많이 걸리고 우회적인 작업이며, 여전히 동료들이 가르치고 선호하는 다른 방법론적 접근 방식에 기인한 가치를 경멸적으로 평가할 위험이 있다.

둘째, 비재현 연구 방법을 효과적으로 훈련하기 위한 몇 가지 요건들이 있는데, 모두 간과해서는 안 될 매우 실용적인 것이다. 해석적 방법에 대한 수업을 위해서 '신문화지리학'은 원래 예술사와 문화 연구에 빚지고 있다. 이러한 관련 분야에서 선호하는 접근 방식은 비교적 쉽게 촉진되고, 교실 환경에 도입할 수 있다. 이중 슬라이드 프로젝터나 TV-비디오 장치는 구입하거나 설치하는 게 그리 어렵지 않았다. 블라인드를 내리고, 조명을 끄고, 텍스트 해석을 시작하는 것이다! 방법론적으로 비재현 이론의 접근들은 공연 예술과 창작 예술이 주도한 것의 덕을 많이 보고 있다. 이것은 모두 새로운 전문 지식을 개발하고자 하는 기존의 경험 많은 연구자들을 위한 해방이었다. 그러나 학부 교육의 경우, 예를 들어 무용 치료, 증언 연극, 민족지적 영화 제작의 수행에 관한 (장기간의 특강보다 덜한) 스튜디오 기반의 워크숍을 고안하고 구현하는 것은 매우 까다롭고 잠재적으로 많은 비용이 든다. 그리고 이것은 학생 단체의 집단적 보수주의나 이러한 실천주도적 실험들이 학과별 기술skills이라는 넓은 포트폴리오에 어떻게 편입되는지에 관한 동료들의 의구심을 고려하기 전이다. 정리하자면, 방법론적 전문성은 전문가의 서비스와 지원이 필요하다.

물론 대안적 교수 영역들이 존재한다. 비재현 이론 방법론은 조용하게 자제하면서 착수할 수 있으며, 여전히 비슷한 가능성을 제공한다. 예상치 못한 만남이나 노출을 장려하는 것은 보람 있을 수 있다. 한 가지 예가 떠오른다. 어린아이와 같은 호기심으로 돌아가 호기심을 우리가 지닌 환상과 경이로움의 저장고를 활용하기 위한 수단으로 삼는 것이다. 어린 시절의 경험은 보편적이며, 단지 우리가 우리 몸의 초기 버전을 기억하기만 하면 된다. 한편으로는 '느린 연구'의 리듬과 속도가 완전히 수용될 때, 참을성 있는 관찰을 위한 기술을 육성할 수 있으며 이탈과 변위의 실험들이 발생할 수 있다. 그렇지만 시간표상 그러한 수업을 짜는 것은 까다롭다. 이미 수업으로 가득 차 있고 부담되는 학생들의 생활 방식에서 방해받지 않는 시간을 확보하는 것은 비현실적인 이상일 수 있다.

셋째, 지금까지 비재현 이론 연구자들은 방법론적 설계나 실천적 구현에 관한 질문을 다루는 교과서적 설명이나 교구들을 만드는데 상당히 조심스러워했다. 시장에서 비재현 실천에 대한 '방법'이나 '단계별' 설명은 만성적으로 부족하다. 나 역시 느껴봤기 때문에 그 원인을 알 것 같다. 그러한 자원이 제공되면 계획에 따른 학습, 표준화된 종류의 적용, 정형화된 결과로 이어질 수 있다는 두려움이 있는 것이다. 템플릿 기반 접근법이 도입되면 예측할 수 없고 완성되지 않은 세계에서 발생하는 즉흥적 실천이나 우발적 기획에는 저주가 된다. 자발적인 창의성이 비재현 이론 접근의 본질이기 때문에 사전 계획은 따분해질 수밖에 없다. 어쩌면 순수주의자들의 주장도 마찬가지다. 만약 그렇다면, 그 원리는 너무 귀중하게 들려서 평균적인 학생들의 사고방식은 까맣게 잊고 배우기를 열망하게 되는데, 도움의 손길이나 안내의 목소리 없이 혼자 모험을 떠날 것이라는 전망으로 인해 두려운 원칙으로 느껴질 수 있다

방법론적 교수, 학습, 훈련에 대한 다른 견해가 '있다'. 근미래의 시나리오를 전제한 세대의 변화 중 하나로, 이 시나리오에서 학생들은 데이터 시대에 3.0의 능력을 갖춘 채 태어난 독학하는 디지털 네이티브에 도달한다. 여기에서 나는 '사회'을 추출하고, 으깨고, 녹이고, 서술하며 배개하는데 적합한 다양한 역량의 스펙트럼과, 정성적인 빅데이터 소스로 접근하는 수많은 네트워크화된 구성들을 구상하고 있다. 뿐만 아니라 기술에 능통한 학생들이, 정동적 스타일에는 잘 적응하였지만 여전히 아날로그적 훈련에 머물러 있는 그들의 학문적 연장자들을 쉽게 능가할 것이라고 예상하고 있다. 나는 알아야 한다. 이는 마치 내 얘기처럼 느껴진다. 만약 내가 이미 이해하는데 뒤쳐졌다는 것이 증명된다면, 단지 벌어진 틈새의 상징이 될 것이다. 아마도 우리 시대의 새로운 요구들은 이미 충족되고 있을 것이다. 더 많은 교육학적 관심을 촉구하는 이 세 가지 당부는

모두 유행에 뒤떨어지는 것처럼 보일 위험이 있지만, 내 생각에 잠재적인 비재현주의자 집단에게 방법론적 혁신을 효과적으로 전달하기 위해서 중요하다. 간단히 말하자면, 다음으로 교과과정 개정이 한바탕 일어날 때 나는 나의 방법론적 사유 모자를 다시 쓸 것이다.

비재현 연구 글쓰기

비재현주의자는 어떻게 더 많은 지리학자들과 동료 연구자들이 그들의 언어를 말하도록 하는가? 이 책의 몇몇 장은 대단히 개인적인 진술, 강렬한 실제적인 참여로 읽히기 위해 의도되었는데, 분명히 특정 목소리의 산물이며 특별한 관심의 에너지로 읽힌다. 앞 절에서 언급한 바와 같이, 잘하면 비재현적 문헌은 반응성과 함축성으로 가득 찬 삶 한가운데에 놓여있는 작가라는 인상을 줄 수 있다. 물론 이것은 문학적인 효과로 사실 글쓰기 수행은 실재 장면에 몰두하는데 거의 관여하지 않고 오히려 정반대로 실재 장면에서 분리되어 있기 때문이다. 많은 배우자, 파트너, 또는 가족들이 증언하듯, 글쓰기가 진행될 때 삶은 정확하게 중단된다. 사건을 되살리고 사건에 근접하는 것은 얻기 어려운 능력이다. 또한 매우 소중해서 심지어 신화화되기도 한다. 틀림없이 모든 학문 공동체 중에서 비재현 이론을 다루는 사람들이 창의적이고 다르게 글 쓰려는 야망에 가장 솔직했고, 가장 분명히 작가를 존경할만한 문화적 인물이라고 의식했다. 작가의 영향과 그들에 대한 부러움은 과학적 논문이라는 표준적인 형태에 대한 대안으로 이들이 긴 형식의 에세이를 사용함으로써 드러난다. 다른 구성적 실험들, 서사, 장르, 형식, 사용역, 표현 양식이 뒤따랐는데 일부는 무심했고 당연히 모든 실험들이 온전히 성공하지는 않았다. 비재현의 이러한 문학적이고 언어적 측면은 무엇으로 만들어져야 할까?

우선, 이는 마침내 글쓰기가 대학의 일반 교육에 필수적인 기술로 취급된다는 것을 의미하며, 그 기술은 방법론 기계의 내부에 있는 것이지 나중에 덧붙여진 것이 아니다. 효과적인 의사소통을 하기 위해서 너무 자주 간과되지만 좋은 문체를 갖기 위해서 언어를 선택하고 사용하는 것은 '작가'라고 불려지길 원하는 모든 사람들과 밀접한 관련이 있어야 한다. 이 책에서 바니니가 기여한 바와 같이, 글쓰기에 관한 글쓰기는 적용 가능한 테크닉을 아낌없이 제공함으로써 형성적 학습 훈련으로 다뤄질 수 있다. 이러한 테크닉적 접근은 어셈블리의 뚜껑을 들어 올려 견본 에세이를 제공하며 그 안에 들어있는 전술과 속임수에 대한 법의학적forensic 조사가 병행된다. 글쓰기는 예술만큼이나 많은 수행을 만들어 내는데 이때 접목은 공예에 필요수적인 균형추이다. 방법론적으로 말하자면, 창작활동으로서 글쓰기가 조금도 매력적이지 않다는 사실을 드러내는 것은 도움이 된다. 오히려 글쓰기는 고통과 좌절까지는 아니더라도 단어들을 계속해서 수정하는 일상적인 노력과 더 동일시되어야 한다. 필요한 동작들은 가구를 비치하는 것만큼이나 단순하다. 가령 의자, 책상, 노트북, 키보드, 마음속의 생각, 화면 속 페이지에 입력할 손가락. 그리고 노트북에 쏟는 특유의 노력들로 인한 만성적인 통증과 아픔 (가령 회전근이 뻣뻣하거나 다른 근육에 있는 통증)이 있다. 만약 방법론적 진실이라고 평가되는 무언가가 있다면 확실히 이것이 그것이다.

두 번째로, 비재현적 글쓰기에서 심오한 이론을 제공하거나 함의

해야 한다는 존재에 관한 성가신 질문이 남아있다. 이 난국은 깊이나 정도에 따라 판단되는, 기본적인 척도에 대한 문제로 취급될 수 있을 것이다. 즉 지적 안정감을 주기에 충분하지만 글을 잠식할 정도는 아닌 수준이어야 한다. 때때로 철학적 친연성이나 가치에 대한 긴 외삽은 전적으로 적절하고 큰 깨달음을 준다. 그러나 다른 모델들도 가능하다. 예를 들어, 직접적으로 자기 참조를 하는 것이 가장 쉬운 방법이다. 나는 창의적인 지리적 글쓰기를 만들어내는데 영감을 받기 위해서 비재현 이론이 필요했고 글을 쓰는 도중에도 비재현 이론이 필요했다(Lorimer, 2012; Lorimer & Wylie, 2010). 물론 비재현 이론이 반드시 최종으로 출판되는 작업의 형식에 드러나지 않을 수 있다. 건축학적 비유가 도움이 될 수 있다. 건축의 단계에서 건물은 청사진과 비계의 존재에 의존하지만, 완공 상태에서는 관찰자의 눈에 즉시 분명하게 보이는 청사진이나 비계는 거의 없다(어쩌면 그중 아무것도 볼 수 없을지도 모른다). 어떤 경우에는 골조가 떨어져 나가는 것을 허용해야 한다. 까다로운 문제가 발생할 수 있기에 이는 반드시 인정되어야 한다. 학문적 기준과 문학적인 스타일 모두를 동시에 충족하려는 하이브리드 글쓰기는 어려움에 부딪힐 수 있다. 저자는 인용 없이 어떻게 지적 부채를 인정하면 좋을까? 저널 편집자가 그러한 글쓰기에서 글을 제출할 때 요구되는 저널 고유의 스타일을 찾을 수 없거나 혹은 특별히 고려해야 할 사례라고 첨부된 채 도착한 것을 발견할 때, 그 글쓰기는 편집자로부터 어떤 종류의 환영을 받을 수 있을까? 실험적인 것에 수용적인 심사자라고 해도 저널이라는 게임에 자리 잡은 규칙들을 따르면서 비관례적임을 공정하고 정직하게 다루는 방법을 찾기 위해 분투할 때, 심사자가 따라야 하는 조치는 무엇이 있을까?

세 번째는 전적으로 환영할 만한 것으로, 비재현적 글쓰기는 예의주시하는 상태state of vigilance를 다양하게 표현한다. 이는 눈에 띄게 민족지적이며 동시에 전체적으로는 동떨어진 방식이다. 이걸 어떻게 말하면 좋을까? 비재현적 글쓰기는 보고 느끼는 것에 대한 높은 인식이다. 그것은 모습이 바뀌는 감각들의 자질에, 그리고 분산된 행위성의 성질에 맞춰 조율하는 것이다. 연구자는 냄새, 색깔, 맛이 목소리를 부여받은 방식을 들으려고 귀 기울임으로써 다르게 알아차릴 준비가 되어있고, 눈과 마찬가지로 귀를 통해 응시할 준비가 되어 있다. 그것은 발화의 파편으로 형성된 작은 드라마 혹은 말이 아닌 소리와 발성의 표현력에 주의를 기울이는 것이다. 한편 그러한 소리와 발성은 우리의 규칙적인 의사소통과 일상의 연합의 많은 부분을 구성하며, 우리는 비언어적 형식의 연대감, 공감, 좌절을 위해 그러한 것에 의존한다. 그것은 채워지길 기다리는 공허한 것으로 취급하는 것과 대조적으로, 무엇이 혹은 누가 침묵을 만드는지 아는 것에 관한 것이다. 사회의 복잡성에 민감하게 맞춰진 이러한 종류의 글쓰기는 탈체현적인 정신의 산물이라거나, 마찬가지로 '정신-나간dis-enminded 육체'의 산물이라는 비평가들의 비난에 종속될 수 없다.

실현된 이상

생각하기, 연상하기, 학습하기, 움직이기, 글쓰기가 비재현 이론 연구를 위한 방법론적 작동 양식이라는 합의가 이루어질 수 있다는 전에 하에, 나는 여기에서 그것들을 비판적 조사 대상으로 삼고자 했다. 내가 관여한 전기적인 역사를 이용하고 자원을 찾기 위해서 나의 기억 저장소를 뒤진 것은 더 나은 어제들로 가득한 이야기를 들려주면서 향수를 비호하려는 의도는 아니었다. 비재현 이론은 그런 회고적인 탐닉을 즐기지 않을 것이다. 대신에 그것은 하나의 작업으로서 지적 존재를 목적지가 아니라 과정으로서 다루면서 "다음은?"을 반복해서 외친다. 그 과정에는 계속해서 하기[doings]와 잘못하기[misdoing]가 있을 것이며, 은밀히 거래된 아이디어들의 앞으로 가기[to-ing]와 뒤로 가기[fro-ing], 더욱 증식된 목소리와 문제들이 있을 것이다. 그리고 많은 연구자들에게 비재현 이론의 실천이 2차 자연[second nature]이 되었다는 명백한 사실이 존재할 것이다.

참고문헌

Anderson, B., & Wylie, J. (2009). On geography and materiality. *Environment and Planning A*, 41 (2), 318-335.

Cresswell, T. (2012). Review essay. Nonrepresentational theory and me: Notes of an interested sceptic. *Environment and Planning D: Society and Space*, 30 (1), 96-105.

Lorimer, H. (2005). Cultural geography: The busyness of being "morethanrepresentational." *Progress in Human Geography*, 29, 83-94.

Lorimer, H. (2007). Cultural geography: Worldly shapes, differently arranged. *Progress in Human Geography*, 31 (1), 89-100.

Lorimer, H. (2008). Cultural geography: Non-representational conditions and concerns. *Progress in Human Geography*, 32, 551-559.

Lorimer, H. (2012). Surfaces and slopes. *Performance Research*, 17 (2), 83-86. Lorimer, H., & Wylie, J. (2010). LOOP (a geography). *Performance Research*, 15 (1), 4-11.

Thrift, N. (1996). *Spatial formations*. London: SAGE.

Thrift, N. (2008). *Non-representational theory: Space, politics, affect*. London: Routledge.

■ 역자 후기

한국의 사회과학계에서는 2010년대를 전후하여 인간-비인간의 이분법을 넘어 끊임없이 얽혀있는 물질의 장(場)에서 사회와 세계에 대한 새로운 이해를 발굴해내고자 하는 신유물론new materialism 연구가 새롭게 대두되고 있다. 특히 기후변화, 인류세, 코로나 팬데믹 등 인간이 그어놓은 정치적, 사회적, 윤리적 경계를 가로지르는 글로벌 이슈들을 이해하는 데 있어, 물질세계의 분리불가능한 연속성과 상호의존적 구성을 강조하는 신유물론적 관점의 유용성이 크게 주목받고 있다.

비재현 이론 역시 신유물론의 거대한 조류 속에서 지리학, 인류학, 사회학, 문화학 등 다양한 분과학문을 가로지르며 활용되고 있다. 다양한 학문 흐름의 중첩된 영역으로서 비재현 이론은 최근 사회과학에서 널리 활용되고 있는 행위자-연결망 이론, 어셈블리지 이론, 수행성 이론, 인류세, 비인간 논의, 사변적 실재론, 객체지향 존재론과 같은 이론적 자원들 및 철학적 조류와 그 맥락이 닿아있다. 특히 비재현 이론에 대한 주목은 학술연구의 과정에서 재현이 불가능하여 덜 중요한 것으로 여겨지고 주변화되었던 무수한 물질들이, 실제로는 공간과 사회의 역동성과 창발을 가능케 하는 불가분한 행위자임을 밝혀내는 것과 관련된다. 즉, 전통적 연구방법론에 기반한 공간-사회 연구에서는 분석의 대상으로 여겨지지 않았던 '주변부' 물질들을 재조명하고 거기에 내재된 가능성을 탐색하고자 하는 연구자들에게 새로운 길을 제공하고 있다. 그 새로운 길에서, 비재현 이론은 반복되기보다는 일시적인 것이, 지속되기보다는 휘발적인 것이, 발화되기보다는 체현되는 것이, 경험적이기보다는 사변적인 것이, 재현되기보다는 재현되지 않는 것이 지닌 관계적이고 창발적인 힘을 연구의 영역으로 끌어올 필요가 있다고 우리에게 요청한다.

2018년 여름, 역자들의 모임인 LABS[Lives, Affects, Bodies, Spaces] 또한 기존의 연구방법론으로는 설명할 수 없는, 재현 너머 그 무언가에 대한 실마리를 잡아보고자 나이젤 스리프트[Nigel Thrift]의 『비재현 이론: 공간, 정치, 정동』을 읽으며 시작되었다(Thrift, 2007). 그러나 비재현 이론에 대한 이해가 깊어질수록, 비재현적인 연구, 비재현적인 것에 대한 연구를 어떻게 수행해야 하는가에 대한 고민 역시 깊어져 갔다. 때로는 비재현적 연구는 불가능해 보이거나, 심지어는 '학술적' 연구가 아닌 것처럼 보이기도 했다. 이처럼 '비재현적 방법론'의 결여는 비재현 이론, 비재현적 연구마저도 '설명할 수 없는 것에 대한 침묵'이라는 학계의 전통적 윤리 속으로 흡수되어, 결국에는 '복수의 이론 중 하나'로 병렬될 수도 있다는 위기감을 갖게 했다. 이 책은 이러한 고민 중에 발견되었고, 강독으로 시작한 세미나는 곧 전남대학교출판문화원과 일할 기회를 얻어 번역 작업으로 이어졌다.

이 책의 강점은 비재현 이론을 신유물론에 기반한 여타 이론들과 병행하여 단순히 나열하는 데 그치지 않고, '대안적 연구방법론'의 가능성을 탐색함으로써 보다 근원적이고 구체적인 차원에서 비재현적 학술연구의 지평을 확장시킨다는 점이다. 비재현적 방법론을 구축해가는 데 있어 이 책의 저자들은 유일한 방법론적 해답을 제시하지도, 유일하고 고정된 지적 규칙을 체계화, 목록화하지도 않는다. 대신, 세계의 다양한 비재현적 요소들을 각자의 언어와 문법으로 '감각해가는' 과정을 기술함으로써, 비재현적 사유가 학술연구에 영향을 미칠 수 있는 다양한 방법, 예컨대 경험연구와 데이터, 연구의 다층적 양식들styles, 장르, 매체를 개괄하고 이를 끊임없이 재상상해갈 수 있도록 열어젖힌다. 그리고 이를 바탕으로 비재현적인 것에 대한 연구가 설득력을 획득해갈 수 있는 대안적이고 새로우면서도 다양한 학술 작업의 가능성 및 그 경로를 '수행적으로' 증명해나간다.

따라서 이 책은 비재현 이론, 비재현성에 대한 이해를 확장하는 동시에, '비재현적 연구'의 새로운 지평을 위한 새로운 방법론적 요소들, 예컨대 연구의 대상, 목적, 방법, 스타일, 매체의 가능성을 개방하기 위한 지적 가이드라인으로 쓰일 수 있을 것이다. 특히 대학 및 대학원의 질적 연구방법론 강의에서 기존의 교재와 다른, 대안적이면서도 실험적인 접근법을 제공하는 교재로 활용될 수 있을 것이다. 일상의 포착, 일시성, 수행 등을 중심으로 연구의 얼개를 뻗어나가는 다양한 지적 사조, 예컨대 페미니즘, 포스트모더니즘, 인류세, 비인간 논의 등은 현재 한국에서 가장 뜨거운 지적 대화가 축적되고 있는 분야 중 하나이다. 그럼에도 불구하고 관련 연구를 어떻게 가르칠 것인가를 다루는 교수법과 관련한 책은 많이 부족하다. 다양한 사례와 관점을 통해 비재현적 연구를 소개하고 있는 이 책이 유용히 쓰일 수 있기를 기대한다.

2022년 2월에 번역을 시작한 후로 계절이 4번 바뀌었고, 다시 2월을 맞았다. 반복되는, 그러나 결코 반복되지 않을 시간 동안 고민하고 토론하며 해나간 작업이 누군가의 갈증을 조금이나마 채워줄 수 있기를 소망한다.

2023년 2월

광주, 나주, 서울, 밴쿠버, 뉴브런즈윅, 토론토의 겨울에서

LABS(Lives, Affects, Bodies, Spaces)

참고문헌

Thrift, N. (2007). *Non-Representational Theory: Space, Politics, affect.* Abingdon, Oxon; New York: Routledge.

찾 아 보 기

ㄱ

ㄴ

ㄷ

ㄹ

역자 소개

□ 김수정 (전남대학교 지리교육과 조교수, sjkim108@jnu.ac.kr)

김수정은 개발도상국의 도시 문제와 이주자 공간, 아메리카 대륙 한인 디아스포라의 이주와 이동성에 관심을 두고 있다. 그동안 멕시코 항만과 로스앤젤레스 한인 의류업 종사자들의 이동성과 민족관계, 국내외 이주자 집거지의 분포와 로컬리티에 관한 연구를 했고, 주요 논문 및 역서로는 "Su-Jeong Kim(2022). Global Socio-economic Networks of the Apparel Industry: the Case of the Los Angeles Fashion District. GeoJournal 87: 1961-1981", "이영민 외 역(2021). 『이주·경계·자유: 실제적 진단과 변증법적 접근』, 푸른길: 서울"이 있다. 서문과 7장을 번역했다.

□ 김지혜 (서울대학교 환경계획연구소 객원연구원, jhkim15@snu.ac.kr)

김지혜는 자연과 사회의 관계, 특히 해양의 공간성과 비인간의 행위성, 그리고 생태 정치를 관심있게 살펴보고 있다. 해양쓰레기를 매개로 생산되는 인간과 비인간들의 혼종적인 연결망을 추적하여 박사논문 『해양쓰레기와 함께 세계 짓기: 지구적 해양보전에서 나타나는 존재들의 연합과 분열』을 작성하였다(김지혜, 2022). "존재론의 자루(2022). 『인디오의 변덕스러운 혼』, 포도밭출판사 : 충북"을 공역하였다. 6장을 번역했다.

□ 김진영 (텍사스 주립대학교 아시아 연구학과 박사과정 수료, jjean00@utexas.edu)

김진영은 한국의 발전주의에서 신자유주의 체제로의 이행 속에서 가족과 젠더, 모성, 재생산 기술, 그리고 불임/난임 문제에 관심이 있다. 이를 바탕으로 현재 "불임에서 난임으로"라는 제목으로 박사논문을 쓰고 있다. LABS 활동을 하면서 희망의 정동, 비인간-인간(생식 물질과 생명)의 경계 넘기에 대해 관심을 갖게 되어, 관점이 확장되었다. 2장을 번역했다.

□ 김현철 (토론토대학교 지리학과 박사과정 수료, hchul.kim@mail.utoronto.ca)

김현철은 동아시아 내 다층적인 돌봄 공간의 감금정치에 관심이 있다. 박사학위 논문에서는 사회의료 엘리트, 종교지도자, 혹은 "세계시민"으로 스스로를 정체화하는 여러 그룹들이 생산해 내는 담론과 실천이 어떻게 특정 조건 하에서 정동적 분위기들을 강화하며 음성나환자촌의 감금로직을 촉발, 조합하고 구성해나가는지 연구한다. 대표적인 논문 및 역서로는 "김현철(2021). 감금지리 내 경계, 모빌리티, 순환의 위상학. 공간과 사회31(3): 91-135", "김현철 외 역(2018). 『섹슈얼리티 지리학 : 페미니즘과 퀴어 지리학의 이론, 실천, 정치』. 서울 : 이매진"이 있다. 3장과 10장을 번역했다.

□ 이보아 (서울대학교 지리학과 박사과정 수료, boah8596@naver.com)

이보아는 탈성장과 기후정의로 가는 생태 정치, 과학기술 정치에 관심이 있다. 특히 이질성과 복잡성이 증가하는 국면에서 지식과 정동의 흐름을 생산하는 인간-비인간 권력관계에 주목한다. 유사한 맥락에서 현재 밀양송전탑 반대 운동의 권력관계, 주체화, 장소만들기를 주제로 박사논문을 쓰고 있다. 8장을 번역했다.

❑ 이지선 (브리티시컬럼비아대학교 지리학과 박사과정, jslee9528@gmail.com)

이지선은 이동하는 존재들에 관심이 있다. 서울로 이주한 청년, 한국 농촌으로 이주한 외국인 노동자에 관한 연구를 했고, 현재는 공간 간의 위계가 어떻게 이주자를 둘러싼 인식론적 불평등을 구성하는지에 주목하고 있다. 4장과 후기(Afterword)를 번역했다.

❑ 정예슬 (이화여자대학교 사회과교육학과 박사과정, yeswill97@gmail.com)

정예슬은 도시-농촌 공간과 이동하는 존재들의 얽힘에 관심을 두고 있다. 특히 도시-농촌 문제의 양상과 가능성을 인간-비인간을 아우르는 존재들의 (임)모빌리티의 측면에서 연구하고 있다. 그간 존재론적 시도로서 플랫폼 배달 노동자와 농촌 외국인 이주노동자의 장소, 한국 도시-농촌 이분법의 인종 및 젠더적 함의 등을 연구했다. 9장을 번역했다.

❑ 정학성 (한국농촌경제연구원 연구원, hoxnation@naver.com)

정학성은 지역의 개발, 재개발의 정치지리학적 역학을 다양한 접근법으로 살펴보고자 시도하고 있다. 한국적 맥락에서 국가의 지역(재)개발 담론과 정책이 지역에 착근되며 발생하는 복합적이고 예기치 못한 변화를 살펴본 연구를 수행했다. 개발담론과 실천이 다층적 권력관계망 위에서 복잡하게 (재)영토화, 탈영토화하며 지역을 형성해가는 과정에 꾸준히 관심을 갖고자 한다. 1장을 번역했다.

❑ 최하니 (럿거스, 뉴저지 주립대학교 사회학과 박사과정, hanee.choi@rutgers.edu)

최하니는 대안 먹거리 운동을 비롯한 환경 윤리적 실천 내부의 젠더/섹슈얼리티 관점의 변화와 그에 따른 동학에 관심을 두고 있다. 또한 페미니스트 관점의 인식론이 사회과학에 적용되는 과정에서의 굴절과 그 비판적 적용에 관심을 갖고 있다. 이를 위해 여성주의 지리학 비판이론, 도시 및 지역계획학 이론, 사회학의 질적, 혼합연구방법론을 함께 탐색하고 있다. 한국의 대안먹거리운동의 일례인 '농부시장 마르쉐@'에 관한 석사논문을 썼다. 5장을 번역하였다.